荆楚文化丛书
（艺文系列）

丛书主编／丁凤英
本系列主编／刘玉堂

荆楚民间风俗

Jingchu Minjian Fengsu

桂　胜　张友云／编著

WUHAN
PUBLISHING HOUSE
武汉出版社

(鄂)新登字 08 号

图书在版编目(CIP)数据

荆楚民间风俗/桂胜,张友云编著. —武汉:武汉出版社,2014.12

(荆楚文化丛书・艺文系列/丁凤英主编)

ISBN 978-7-5430-8717-0

Ⅰ.①荆…　Ⅱ.①桂…　②张…　Ⅲ.①风俗习惯史—湖北省

Ⅳ.①K892.463

中国版本图书馆 CIP 数据核字(2014)第 235395 号

编　　著:桂　胜　张友云

责任编辑:李　俊

装帧设计:刘福珊

出　版:武汉出版社

社　址:武汉市江汉区新华下路 103 号　　邮　编:430015

电　话:(027)85606403　85600625

http://www.whcbs.com　　E-mail:zbs@whcbs.com

印　刷:武汉中科兴业印务有限公司　　经　销:新华书店

开　本:720mm×1000mm　1/16

印　张:18　　字　数:360 千字　　插　页:4

版　次:2014 年 12 月第 1 版　　2014 年 12 月第 1 次印刷

定　价:36.80 元

荆楚文化丛书

序

尹汉宁

荆楚文化源远流长、博大精深，在中国文化的版图上拥有重要位置。湖北是荆楚文化的发祥地，具有历史文化、红色文化、旅游文化、少数民族文化等多方面深厚的文化积淀，文化名人、文物古迹、文化遗产数不胜数，悠远厚重的历史底蕴为湖北文化建设乃至经济社会发展留下了独特而宝贵的文化资源和精神财富。

省委书记李鸿忠同志指出，深入贯彻落实党的十七届六中全会精神、推进湖北由文化大省向文化强省跨越，关键是要将湖北丰富的文化资源转化为文化力量、转化为文化产品、转化为文化事业和文化产业。这就需要我们深入挖掘、系统研究荆楚优秀传统文化，在文化认同中提升文化自信，在文化传承中增强文化自觉，为文化资源优势向文化软实力和文化生产力转化奠定坚实基础。

《荆楚文化丛书》由湖北省炎黄文化研究会组织省内五十余位专家学者，历时三年编撰而成。丛书分胜迹、史传、学术、艺文四个系列，每个系列由十卷组成，凡四十卷，约一千二百万字，首次对荆楚文化进行了全方位研究，堪称湖北历史文化研究与普及的鸿篇巨著。期望全省干部群众特别是广大文化工作者，通过阅读和学习《荆楚文化丛书》，从湖北丰富的文化资源中汲取智慧和力量，以更加强烈的文化自信和文化自觉，奋力投身建设文化强省的伟大实践！

是为序。

（作者为中共湖北省委常委、宣传部部长）

目 录

第一章 绪言

“十里不同风，百里不同俗。”荆山楚水，俗风炽盛。一千五百多年前《荆楚岁时记》（南朝·梁·宗懔）辑录的民俗事象，有的消亡，有的式微，更多的生生不息。

民风民俗是民众对于地域事物的集体审美评判，反映了历史形成的生产方式、生活方式、风俗习惯、性格情感、文化心态，从一个侧面展示了地域文化的风采，群体映射的心理反映、情感偏向、行为方式等。民风民俗是认识该地域及其社区群体的入门指南。

图 1-1 安陆凤凰（木雕）

荆楚民风民俗是湖北荆楚民众多年来比较认同的民俗，但也不是一成不变的，有的民俗已经消逝，有的民俗又在萌生；有的民俗保留原有的文化基因而有变异，有的民俗在一段时间保持相对稳定。特别是一百多年来，社会的巨大转型和现代化的推进,各种民俗发生了或多或少的变异。“世界上没有什么永恒的东西,世界上一切都是暂时的、变动的,自然界在变化,社会在变化,风俗习惯在变化。”①

荆楚民俗事象不一样,但民俗心理一样。民俗表达不一样,但文化基因一样。从民俗相异中找本质性的意象,从民俗变迁中找共时性的事象,从社会中找民众性的意象,从地域中找乡村性的事象。观察民俗的意象和功能,有助揭示民俗发生、发展、乃至变异的历时性和共时性的规律。

域异风同,俗别曲似

民俗传承离不开民众的参与。民众在传承民俗过程中,或多或少地打上地域民族文化的烙印。民俗不仅具有地域性,还具有民族性。

湖北境内,多民族汇聚,兼爱互利。湖北省共有 54 个民族成分(缺乌兹别克族、德昂族),人口总数近 6000 万。其中,少数民族人口总数为 257.97 万人,少数民族人口占全省总人口的 4.4%。人口在万人以上的民族有 7 个:汉族、土家族、苗族、回族、侗族、蒙古族、满族。湖北少数民族呈大分散、小聚居的分布格局,除土家、苗、侗族主要聚居在自治地方外,约有 15 万少数民族散居在全省各地,主要散居杂居在武汉、襄阳等大中城市以及鄂西北和江汉平原的一些乡镇。

荆楚地域有一个恩施土家族苗族自治州,2 个自治县——长阳土家族自治县、五峰土家族自治县;有 10 个散居的民族聚居乡镇——钟祥市九里回族乡、洪湖市老湾回族乡、仙桃市沔城回族镇、郧西县湖北口回族乡、松滋市卸甲坪土家族自治乡、宜都市潘家湾土家族自治乡、神农架下谷坪土家族自治乡、恩施市芭蕉侗族乡、宣恩县晓关侗族乡、宣恩县长潭河侗族乡;有 11 个民族村(居委会)——郧县杨溪镇清凉寺沟回族村、襄阳市友谊街居委会、竹山县城关镇东门回族村、枣阳市顺城回族民族村、石首市槐树堤回民居委会、郧县南化镇马纵岭村、襄阳县双沟镇双北回族村、房县化龙镇长望回族村、丹江口市三官殿办事处马湾回族村、枝江市江口镇回族镇、鹤峰县三家台蒙古族村。

---

① 《斯大林全集》第一卷,第 279 页。

图 1-2　恩施土司城

鄂西南和江汉平原不同地域的“伙计”称谓，风习相同，都是一种对陌生人表达亲近的称谓。土家族人的“伙计”是陌生男女表达亲近、情爱的称谓，延伸为一家人。潜江人（汉族）的“伙计”是陌生人表达亲近、友好的称谓，延伸为一家人。土家族人和潜江人相隔近千里，婚嫁之时均有哭嫁[①]，哭嫁程式与内容亦基本相同。鄂东南的崇阳县人与浙西南的文成县人相距两千里，方言相近，崇阳人能够听懂文成人的方言。

荆楚民族众多，分布广，导致民族民俗气象万千，纷纭锦绣。但民俗的不同，并不排斥共同的情感、价值观，共同的文化心理，共同的文化事象，这是本书的着力点。正如钟敬文先生常常强调中国古代的民俗志著作形成一样：好多民俗志著作都是作者在经历了国破家亡、背井离乡之后因怀念家乡风物而作。江山破碎、田园荒芜之后，故国神游，旧日那些平淡无奇、司空见惯乃至于熟视无睹、习焉不察的陈规旧习、乡风村俗，恍然变得栩栩如生、历历在目，愈发令人珍惜、让人眷恋，用文字绘声绘色地把它写下来，或者对晚辈絮絮叨叨地讲出来，于是就有了那些萦绕着悠悠情韵的家乡风俗志。人们在地方传说中借风物抒发自己的

① 哭嫁：见第二章第一节。

悲欢，表现自己的生活理想。

荆楚风俗与风物传说密切相关。“西山风景好，会把人醉倒；不尝‘东坡饼’，算是白来了”的鄂东民谣，将旅游习俗与饮食传说结合一起构成风物传说“东坡饼”流传基因。对“东坡饼”传说的研究，不仅可以捕捉到“东坡饼”传说的发生、演变过程，而且可以探讨当地的旅游和饮食习俗，进而在一定程度上了解当地的民俗文化。钟敬文先生曾对类似民俗事象有精辟的论述：民俗是研究民间传说的重要依据。风物传说所形成的民间习俗，极具个性，或多或少地与传说有着绵密的联系。研究民间习俗，可以捕捉到传说的发生、演变过程。

荆楚民俗的风物传说将历史人物故事和神话人物故事地方化，有时也使用寓言的手法把山川拟人化，或把一般民间故事落实到特定的地方风物上，形成多姿多态而又独具特色的民间传说的一个品种。虽然风物传说的地方性十分明显，许多仅为某一地方所特有，但有些故事却广泛流传。黄鹤楼的传说，围绕一个基本的中心黄鹤楼展开。武当山的传说，围绕武当山及其周边的环境、事物展开。正如，乌丙安在《论中国风物传说圈》中指出：风物传说流传发展过程中，一般情况下都有一个传说的基本中心，由此中心向风物边缘扩张开来，形成传说特有的走向。风物传说既是文苑中的一朵奇葩，又是中华民族民俗、民风、民情的千年积淀，具有百科全书式的文化价值和历史价值。

不同的区位、不同的地域、不同的物候，孕育了丰富多样的荆楚民风民俗。不同民俗事象既有共同性，亦有差异性。湖北地处洞庭湖以北，西、北、东三面环山，向南敞开，形成一个西高中低东丘陵的不完整盆地。既有高山、低山、丘陵、盆地和平原，也有河流、湖泊和古冰川等，还有喀斯特、红层、红壤、黄壤等特殊地貌土壤。鄂东、鄂东南、鄂西北、鄂西南、鄂中江汉平原等各地既有类同的民俗，亦有各具特色的家乡民俗。

鄂东有大别山脉，俗称“巴山”，巴河[①]、倒水[②]、举水[③]、浠河、蕲河等长江支流由北向南哺育古巴山人；与豫、皖交界，为桐柏山、大别山山脉，受豫、皖习俗影响，是佛教禅宗文化发祥地之一；大洪山附近的绿林山，至今流传东汉时期绿林军起义的故事。

---

① 巴河：又名巴水，是长江支流，发源于麻城市雪峰山。因古大别山又名巴山而得名。

② 倒水：是长江支流，发源于河南新县大别山。在涨渡湖以下，因洪水期受江水顶托，河水倒流而得名。

③ 举水：又名柏树河、柏举河，是长江支流，发源于鄂豫交界处小界岭。因上游为古柏举地而得名。

鄂东南蜿蜒着幕阜山脉，道教名山九宫山耸立在幕阜山脉中段，与湘、赣接壤，淦水宛如玉带由东南向西北注入向阳湖，还有富水和陆水。春秋战国时鄂东、鄂东南与吴越相交，三国时期属于孙权的吴国，形成了既有吴头楚尾的文化特色，又有本地特色的鄂南习俗。

图 1-3 咸宁幕阜山

鄂西北有神农架、巫山、荆山等组成的大巴山东段，群山叠嶂，森林茂密，河谷幽深，是楚人滥觞之地，亦是土家人活动的重要地方。还有秦岭延伸的武当山，是道教圣地。这里有发源于陕西宁强县蟠冢山的汉江①自西向东流过，沿途有堵河②、南河③、神定河④、丹江、唐白河、蛮河等不断加入。这里与汉中接壤，交往密切。春秋战国时，一度为秦国管辖，"朝秦暮楚"⑤的典故发生于此。这里的

① 汉江又名汉水，古时称沔水，俗称襄河、丹江。

② 堵河：古名庸水，亦名堵水，俗称陡河、乌江，是汉江上游最大的支流，因韩家洲堵在入江处而得名。

③ 南河是汉江支流，因源于古房陵州南山地区而得名。

④ 神定河：其上游俗称百二河，是汉江支流，发源于十堰市鸡笼山，流经十堰市区。因多由山溪汇集，山洪暴发时河水猛涨，民间认为只有祈神才能安定而得名。

⑤ 出自宋・晁补之《鸡肋集・北渚亭赋》："托生理于四方，固朝秦而暮楚。"故事发生于战国时期，处于秦楚夹缝中，或者说是缓冲地带的关垭（今湖北省竹溪县蒋家堰镇和陕西省平利县长安乡交界处），由于秦楚争战残酷而激烈。秦人早晨占领了关垭内的楚地，但是晚上，楚人又夺回了失地。如此反复，使得居住在关垭一带的百姓，为了生存，不得不朝秦暮楚。据说生活在这块土地上的人，当秦军打来的时候，就插上秦国的旗子，穿上秦人的衣服。晚上楚军打来，则换上楚国的旗子，穿上楚人的衣衫，如此而已。

民众生活受秦巴习俗影响较大,秦陇文化特色明显。

鄂西南有大娄山、武陵山、柴埠溪大峡谷,是云贵高原的东北延伸部分。峡深山高、路遥闭塞。发源于利川齐跃山东溶洞的清江蜿蜒流经该地,沿途有忠建河、野三河、丹水、渔洋河等主要支流流入,在宜昌注入长江。清江古称夷水,又名盐水。鄂西南与川渝、湘黔交界,聚居着土家族、苗族、侗族等少数民族,民风民俗异彩纷呈,蕴涵湘、川、黔的风味习俗,有巴蜀、湘西、黔东文化痕迹。

鄂中江汉平原北面背靠桐柏山,西面傍大巴山,东面接巴山[①],南面隔长江和洞庭湖与湖湘相望。沮漳河、澴河[②]、府河[③]、应山河、天门河、东荆河、内荆河等滋蕴熏陶、守望相助居住此地的楚人。这里是荆楚文化核心,民俗特色炫目多彩。

"一方水土养一方人"。荆楚的地物风貌、风土特产、山川古迹、地名物产、风景名胜、名优特产、珍禽异兽、奇花异木、历史传统等孕育独具特色的荆楚风俗习尚、民俗风情、民族民情、地域文化。荆楚人运用奇妙的幻想,将深厚的情感借助超自然的形象寄托到地方风物中,赋予山川、古迹、物产以鲜活的个性和永恒的生命。

同中生异,异曲同工

荆楚民俗犹如九头鸟,具有包容性,神祇与妖孽同体,祥瑞与灾祸相杂,文化孕育与符号外现共生,从众趋同与个性张扬相谐。同饮长江第一大支流汉江的两岸各地民众,对她的称谓各不相同。流经襄阳至潜江的汉江,该地民众称谓襄河;流经沔阳及其以下地区的汉江,该地民众称谓汉水。同为喇叭,荆楚地区各地喇叭调式不同。同为锣鼓,各地锣鼓板、眼各异。同为喇叭和锣鼓,"呜音"是喇叭和锣鼓合奏;黄石市的牌子锣、江汉平原的"十样锦"等喇叭和锣鼓不合奏,按照各自的曲调、板眼演奏。同为民间艺人发明的乐器,"呜音"、"呜嘟"各异。

---

① 巴山:通称大别山。

② 澴河:又名澴水、大悟河,发源于河南省罗山县与湖北省大悟县接壤的灵山,流经孝感市区。因源头绕山环流而得名。

③ 府河:古名清发水,又名涢水,是长江支流,发源于随州市西南大洪山,流经随州市区。因流经旧德安府辖地而得名。府河与澴河原来各分其流,府河流入汈汊湖,澴河流入长江,1959年实施府澴河改道工程,将府河撇出汈汊湖,改入长江,澴河改入府河,从此府河、澴河成为同一水系。

“呜音”。俗称巫音喇叭，常用于道士在民间丧事、庙会等习俗中配合演奏。呜音乐器与唢呐类似，俗称“土喇叭”，但不是唢呐，比唢呐大，只有六孔，而且后孔一般不用。演奏者赋予呜音乐器各个乐音以独特的韵味，演奏技法独特，流传于宜昌市夷陵区、远安县、保康县等咀水流域。呜音演奏合乐时的乐器有大号、马锣、边鼓、咚鼓、勾锣、战鼓、包锣、引锣、镲子等。呜音留传下来的曲谱有几十个。“呜音”已经入选国家级非物质文化遗产。

图 1-4 南漳的沮漳巫音

“呜嘟”。呜嘟，俗称“叫嘘子”，或“泥巴哨”等。流传于湖北农村的儿童器乐，用黏性大的黄色泥巴捏制，形状各异，腔体中空，一般有三个孔，好的“泥巴哨”有五个孔以上。用黄色泥巴捏制后，晾干即成，一般不在太阳下暴晒。比较优秀的是嘉鱼县毕寅生烧制的呜嘟。毕寅生将“泥哨”进行改造，拓宽音域，扩大共鸣腔，校准发音孔，形成十一度音域，改善了音准、音色、音量。根据吹奏时发出幽深、质朴、低沉、浑厚、圆润、悠长、穿透力强的“呜呜——嘟嘟——”声音，取名“呜嘟”。“呜嘟”已经入选湖北省非物质文化遗产名录。

同一居地，不同言说。潜江市积玉口镇荷花村一个自然村落，“一”字排开有二十多户居民，一边村民房屋的地势比另一边村民房屋的地势高不到半米。两边村民平常生活融洽，相互串门，相互帮扶，但日常说话各不相同，各说各的调，各过各的习俗。讲潜江方言的村民居住一边，讲荆门方言的村民居住另一边，双方都听得懂对方的语言。两边居民偶有通婚,荆门方言的姑娘嫁潜江方言的小伙,荆门方言的姑娘改说潜江方言。潜江方言的姑娘嫁荆门方言的小伙,潜江方言的姑娘改说荆门方言。

图 1-5　嘉鱼的呜嘟

同一民俗,不同流传。郧县武家河村前的一段堵河俗称乌江,位于汉江与堵河的交汇处。汉江堵河口的端午龙船会演绎独特的"吃会"习俗。不是纪念屈原,也不是送瘟神。堵河口的端午龙船会已经入选湖北省非物质文化遗产名录。

图 1-6　安徽和县乌江镇的一段长江(俗称"乌江")

图 1-7　湖北郧县柳陂镇堵河流入汉江的一段(俗称“乌江”)

一种传说是纪念“西楚霸王”。项羽与刘邦的最后一战在当地乌江,由于“西楚霸王”项羽无颜见江东父老,自刎在乌江(今安徽和县乌江镇的乌江)。楚国故地的十堰市郧县汉江堵河口附近的民众为了纪念项羽,每村组织一个黄龙会,在乌江(今郧县的堵河流入汉江的一段,俗称乌江)举行龙船会。每年农历五月一日到五月五日,黄龙会会首到白龙庙祭拜,然后将船抬出来,重新用桐油油漆一遍,待到油漆干后将船放到水里浸泡十二个时辰,再给船安装上龙头、船舵、旗杆等,至此,船不再是普通的船,而是龙船。龙船装扮好后,到乌江划一遍,俗称“演船”。划龙船之前,放鞭祷告,烧香祈愿。最后,卸下龙船上的龙头、船舵、旗杆等,俗称“送龙”。“送龙”后,将船抬上岸。

另一种传说是纪念先祖用智慧淹死周昭王抢捞财富。周昭王率军第三次进攻楚国后,携带大量金银珠宝、物质财富回师到达堵河口,楚人为周昭王提供胶粘的木船。船行到汉江江中时,裂解开来,周昭王落水。楚人假装抢救周昭王,实际上是抢捞金银财富。用龙船会形式再现抢捞的情景。

同类习俗,事象各别。鄂西南的八月十五有摸秋[①]习俗,鄂西南的汉族人摸秋的主要意象是祈生。没有子女的妇女,或自己或让亲友到他人的瓜果田里偷瓜果,被“偷”的人家要大骂。民间认为吃掉瓜果妇女就能怀孕。鄂西南土家族摸秋的主要意象是祈死。“摸秋”是为了纪念山民们相约在八月十五日除掉无恶

① 摸秋:见第二章第三节。

不作的元朝官兵。民间认为当晚只要“偷”到手吃了瓜果表示有收获，被“偷”的人家则不能骂的。其他各地“摸秋”详见第二章第三节。

“白虎”事象。白虎被认为是土家族图腾。不同地域的土家族人对白虎的敬畏不同。清江以北的土家族人认为白虎是吉神，带给人们吉祥、平安和富裕。清江以南的土家族人认为白虎是瘟神，带给人们灾难、凶恶和贫困。丧葬习俗也是如此。清江以北的土家族人认为人死是福，笑对人生，要跳欢快的撒叶尔嗬。清江以南的土家族人认为人死是烈，感念人生，要跳壮观的摆手舞。

图 1-8　长阳武落钟离山白虎亭

崇凤娱凤，祈祥纳瑞

荆楚民俗犹如凤凰祥临，浪漫多情。楚人梦幻、浪漫的气质集中体现在瑰丽的神话传说中。有以凤凰为语体，将凤凰作为神灵崇拜的习俗。有以凤凰为本体，通过一定的事象直接演绎凤凰的习俗。有以凤凰为喻体，将人和事幻化为凤凰的习俗。

“神鸟”事象。楚人的祖先祝融就是凤鸟的化身，有崇凤的传统。“在楚人看来，凤是至真、至善、至美的神鸟”①。

① 张正明：《楚文化史》，上海人民出版社 1987 年版，第 7 页。

图 1-9 咸宁凤凰崇拜

凤凰是楚人生活的一部分，无论是闲暇休息，还是岁时节日，都少不了凤凰。鄂东，祭祀一定要有雄鸡。鄂中，婚前定情的礼物需有鸡一对。鄂西，丈母娘看到女婿手中提的礼物——鸡，就知道女儿生的小孩是男孩还是女孩。

"凤舟"事象。凤舟作为娱乐之用，一直可以追溯到春秋战国时期的楚国。沿江河发展的楚人，离不开船。楚人造舟、用舟的历史悠久。除战船、商船、民船外，王公贵族用舟作为游船，"鄂君方泛舟于新波之上，乘青翰之舟"[①]。"青翰之舟"即"青羽之舟，悬竖长尾青羽、旌旗的一种凤舟"[②]。洪湖市临近长江的新堤端午节赛舟是一场龙舟与凤舟的竞渡比赛，凤舟用于娱乐。每逢端午节，当地以长江边的内河为界，内河东岸惯用龙舟，西岸惯用凤舟，俗称"东龙西凤"，一直沿袭至今[③]。

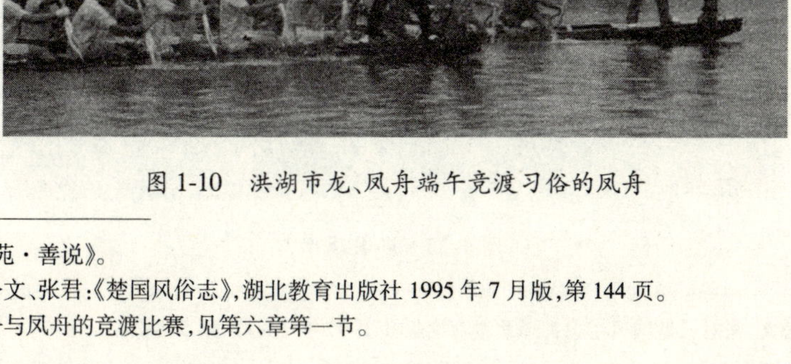

图 1-10 洪湖市龙、凤舟端午竞渡习俗的凤舟

① 《说苑·善说》。
② 宋公文、张君：《楚国风俗志》，湖北教育出版社 1995 年 7 月版，第 144 页。
③ 龙舟与凤舟的竞渡比赛，见第六章第一节。

图 1-11 利川市女儿会中的凤舟

“凤凰灯”事象。 玩龙灯是华人在岁时节日庆祝的一种文化标志，但楚人崇凤，以凤为楚人的一种文化标识。“楚人尊凤，以凤为图腾，是因为楚族源于东方民族鸟图腾集团，是来源于楚人原初的固有信仰”[①]。当代，郧县尚存在一种在岁时节日玩凤凰灯的习俗。“凤凰灯”已经入选国家级非物质文化遗产名录。

图 1-12 郧县凤凰灯

① 宋公文、张君：《楚国风俗志》，湖北教育出版社 1995 年 7 月版，第 506 页。

文人笔下的凤凰属相。凤凰是文人的挚爱，是百姓生活器具的脸面，是人生的追求与向往。凤是真诚的化身。屈原用凤鸟的求爱追求理想的坚贞，“吾令凤鸟飞腾兮，继之以日夜”[1]。凤凰是达到理想彼岸的信使，“凤皇（凰）既受诒兮，恐高辛之先我”。屈原用雄凤、雌凰接受对方的信物，表达理想的定见。凤是吉祥幸福的象征，房屋建筑、生活器皿、饮食服饰等许多方面均以凤鸟为装饰。荆州博物馆的大厅整个墙壁上，装饰了一幅飘逸、飞舞、美丽的凤鸟。楚人对凤总存在着一种深厚的感情。

具有丰富想象、细腻手法的宋玉，利用清新的语言，自然贴切抒发自己的情感与寄托。借凤凰以自喻“众鸟皆有所登栖兮，凤独遑遑而无所集”，抒发“贫士失职而志不平”的感慨，提出“谓骐骥兮安归？谓凤凰兮安栖”之疑问，揭示楚国腐朽统治。浪漫多情的宋玉还留下“巫山云雨”的遐想，“曲高和寡”的意境。

凤凰祥瑞，引颈高歌。荆楚人唱歌、唱戏，往往一唱三和。鄂东有罗田高腔，孕育了京剧创始人余三胜的声腔，鄂东皮黄腔更是京剧声腔的滥觞。鄂中的鸡鸣腔孕育了平原高腔，构成江汉平原皮影戏的主旋律，是荆州花鼓戏和荆河戏的重要唱腔形式。鄂西北的山二黄、鄂西南的灯戏和柳子戏，均有当地高腔的因子。

乌鸟互变，雅俗共赏

荆楚民俗犹如玄鸟，戏谑人生。玄鸟，即黑鸟。楚人敬畏玄鸟。楚人在太阳崇拜中认为“太阳有乌”。古代神话传说太阳是三足乌拖着运行。现实生活中比喻“日往月来、时间流逝”，往往说乌飞兔走。民俗意象具有双重性，乌既表示对现实的满足，又有对即将逝去时日的依恋。荆楚人认为六十岁以上的人死去，现实生活已经获得满足，其丧是喜事。在恩施农村，子女为了孝敬自己六十岁以上的父母，往往为在世的父母跳丧舞“撒叶尔嗬”，以依恋于即将逝去的时日。对待人生犹如楚人庄子《逍遥游》，用奇特的想象和浪漫的手法追求顺乎自然、超脱于现实，获得无穷的自在自由的意境。

乌既有神性，又有人性。楚人既有表达对现实不满，又有夸天、尊重自我、尊

① 《离骚》。

重他人的意象。流传于武汉地区的贱三爷传说,诠释了乌的双面性。即尊重自我、尊重他人的一面。在社会上,对从事剃头、修脚、擦背的人往往看不起,认为是下贱职业,俗称"贱三业"。贱三爷曾做过这三种职业。贱三爷与人们一起谈天说地,吹嘘自己的职业时说:"我告诉你们:我敢摸皇帝的头,能捏娘娘的脚,王公大臣的脊背我敢搓!你们哪个的生意如我?"对自己职业的偏爱,就是对自我的肯定,自信、自尊、自强。

面对他人的错误,亦需有宽厚的心胸。贱三爷的岳母病了,他的妻子送了一斗米回娘家。贱三爷的母亲病了,他的妻子用一把米给婆婆煮稀饭。贱三爷虽然不满,却没有当面指责妻子。从那以后,他就对女儿特别好,对儿子不理不睬。妻子不满意,他"要一斗,不要一把"。妻子问:"么事要一斗,不要一把?"贱三爷说:"姑娘长大了会疼我。我有个三病两痛的,她会送一斗米把我。养儿子冇得用。我病了,他的堂客[1]只抓一把米给我煮稀饭。我当然疼姑娘了。"对他人不满,却不明确指出来,而是用自己违反常理的行为规劝。

"乌见异则噪[2]"是荆楚人对待社会生活的一个侧面,民间用乌鸦表达自己的异议,对所谓正统的物事发出抗议。小女婿曾经作为一种客观存在,被正统思想所称颂。流传在江汉平原的民歌《小女婿》[3],用鸦雀和老鸹(乌鸦)起兴唱出了妻大夫小的尴尬与无奈,对已成年的女性和未成年的男性结成夫妻不满,对婚姻陋习的控诉。唱词有五段,"鸦雀子架几架(呀呃),老鸹子哇几哇(呀呃),人家的女婿多么大呀(我的妈妈子舍),我的女婿一低喀(也呃)。说起他一低喀(呀呃),他人小鬼又大(呀呃),我与那旁人说闲话呀(我的妈妈子舍),他横睛鼓眼斜(也呃)。隔壁的王大妈(呀呃),跑过来劝奴家(呀呃),他一年小来两年大(我的妈妈子舍),好拐都不说他(也呃)。站在那踏板上(呀呃),冇得两尺长(呀呃),我把他拖出去喂豺狼(我的妈妈子舍),他吓得像鬼汪(也呃)。睡到鸡子叫(呀呃),他扯起来一泡尿(呀呃),把我的花卧单屙湿了(我的妈妈子舍),他真是个急作宝(也呃)。睡到那半夜深(呀呃),像那蚂蟥在叮(呀呃),一搞搞不到半寸深(我的妈妈子舍),恨不得合骨吞(也呃)。"

---

① 堂客:方言,妻子。

② 宋代·陆佃《埤雅》。《埤雅》是一本释鱼、释兽、释鸟、释虫、释马、释木、释草等的书籍。

③ 《小女婿》:因为男的太小,故称"小女婿"。一说京山民歌,一说天门民歌。入《中国民间歌曲集成·湖北卷(1988年)》认定为京山县民歌。

现在人们传唱时，第五句改变成“我越想越有气（呀呃），妈妈与我拿主意（呀呃），坚决与他打脱离（我的妈妈子舍），不要这小女婿（也呃）”。

图 1-13　乌鸦

荆楚民俗具有较稳定的地域性，但相类民俗在同一地域呈现不同的事象。同时，不同民俗或多或少又保留远古文化的基因。民间风俗赋予荆楚民众筚路蓝缕的创业精神，“一鸣惊人”的创新精神，开拓进取、锐意改革的发展精神；赋予荆楚民众卓尔不凡、秀外慧中的气质，“敢闯敢干敢为天下先”的品质。

第二章　婚娶寿诞习俗

汇聚汉水、清江的荆江[①]孕育出风味独特、别具一格的荆楚婚、娶、寿、诞习俗文化，透视出荆楚各地不同地域特色的人情往来和质朴的乡间风情。荆楚各地人生礼俗以诞生礼和丧葬礼为两极，以成年礼、婚礼为中介，分成两个大的阶段。在这两个阶段之间，荆楚礼俗表达的是乐生重死、尊祖恤幼的意象。

地域辽阔的荆楚地势由于地形、地貌、气候方面的差异，加上千百年来人口迁徙、流动，以及不同族群的独特风土人情，形成了丰富多彩的民俗事象，也形成了独具个性的婚、娶、寿、诞取向。西南地区的土家族、苗族等民众则形成本民族特有的婚、娶、寿、诞习俗。这些习俗被传统固化，族族相传，代代相随。在这里，婚、娶、寿、诞似乎不仅仅是不同习俗活动，而且更深地表达了一种象征之意，体现荆楚人特有的思维方式和价值取向，隐含着浓厚荆楚人的地域感情和心理。

寿诞礼仪的基础，源于独特的重生崇死的文化信仰。我国古代有所谓“五福”，讲的是五种人生理想。民间的说法是福、禄、寿、喜、财。管子曰：“不慕古，不留今，与时变，与俗化。”婚、娶、寿、诞与习俗息息相关。风俗可谓浩若烟海，难以言尽。习俗中，承载的民俗内容、感情及荆楚人的愿望，透过人生礼仪充分反映了荆楚人对风俗的重视和对祖辈师长的尊敬，寄托着慎终追远的浓浓盛情和吉祥团圆的殷殷祈望。

第一节　求亲纳彩

“男大当婚，女大当嫁”，旧时通行父母之命、媒妁之言。上世纪中叶以前，荆

① 荆江：长江在湖北一段的别称。

楚地区的求亲纳彩一般有看亲、纳彩、问名、认亲、纳吉、纳征、请期等礼仪。江汉平原一带求亲纳彩一般有发八字、定庚、求肯、过门、选期、报期、歇嫁、陪礼、过礼等过程。江南一带有订盟、过礼、求喜、报期等过程。土家族的求亲纳彩一般包括相亲、认亲、拜年、哭嫁、陪十姊妹、陪十兄弟等过程。随着社会变迁、发展,特别是改革开放以来,很多习俗已经被淡化了。但淡化归淡化,婚俗依旧顽强存在于人们的日常记忆,只不过形式有所不同。比如一些地方订亲,需要到各亲戚家认门,送肘子肉等。比如有的订亲靠媒人牵线,双方有意,便把男方带到女家见面,称作看亲。女方若同意,便留男方吃饭。男方若不同意,则不能吃饭。若双方同意,女方就回访人家。女方由母亲或嫂子陪同到男方家了解情况,有明访,也有间接访、暗访。有的是自由恋爱,甚至网恋。订亲的方式也不一样,或买衣物、手机,或项链、戒指、耳环"三金"中的一项或数项。

"茶定"习俗。鄂东一带媒人将女方带到男方家,女方到男方家相亲,让男女双方面对面加强了解。观察彼此的仪表、谈吐,了解彼此的父母、兄弟姊妹、家业财富,以及男方家所处的环境、物产、劳作、乡村邻里关系等情况。相亲过程中,男方通常端一杯糖水和一杯茶水给女方。女方如果不同意,则喝糖水;如果愿意继续交往,则喝茶水。民间认为,茶是一种能够在高山苦寒之地生长的植物,具有坚忍不拔、不能轻易移植的特性。女方喝了茶叶茶,表示贞定。用糖水和茶水示意,反映了民众的体面意识。一旦看到女方嘬茶水,男方家便准备宴席留媒人和女方吃饭。现在,鲜有"茶定"习俗。

图 2-1　茶水

图 2-2　黑糖水

“抛石定亲”。抛石定亲原为恩施、长阳一带的神话传说。大地遭遇洪荒之后，世间只剩下兄妹俩。兄要与妹合婚，妹以抛出两块磨盘石来确定亲事，祷告上苍，磨盘石合则结婚，磨盘石不合则不许。随后，逐渐演变为青年男女抛石定亲的习俗。一般在三月三，或歌墟，或踏青时节，在花丛间、树荫下、山梁上，欲择偶的小伙子梳好头发，身着蓝色新衣，与自己的男伙伴（不能穿蓝色新衣）一起。欲择偶的姑娘也将头发盘成一团，戴上耳环，身穿蓝色新衣，披一块侗锦，与自己的女友（不能穿蓝色新衣，披侗锦）一起。如果互相看中，双方代表侧耳交谈。谈妥之后，双方同桌吃一顿米粉或豆皮，然后选择在一稍宽阔的平地开始抛掷泥块。首先，由男主角手持泥块向女主角进攻，随后，伙伴们纷纷助战，将对方主角打得“遍体鳞伤”。男主角追击时，女友们便帮助她挡驾，用泥块反击。男方如能将女主角掷得遍体“伤痕”，就可把女主角背回山寨做新娘，但必须等她伤愈后才能完婚。如果女方打算要男方上门，那定要请众多女友把小伙子掷伤，再把他背回山寨作上门郎[①]。现在此种习俗演变成青年男女情投意合、互赠信物，确定恋爱关系，送定亲茶，向社会公开。男方的舅爷或叔叔将糯米粑粑、米花和酒菜作为“定亲茶”送到女方家。酒席上，由男方亲人向女方父母介绍男青年的性格、人品等情况，女方家里人也介绍女青年的情况。青年男女双方至此确定婚姻关系，不能随意悔婚。宣恩一带尚遗留有青年男女以山歌和木叶作为交流思想感情媒介的习俗。或以手帕为信物作为定情的方式。手帕一般是素帕，为丝织品。在

① 恩施芭蕉侗族乡高拱桥小学向洪彩讲授。

劳动生活中男女相恋者送手帕揩汗、揩手，借以表示互相关心和爱慕之情，隐喻思（丝）念情人之意。

“姑表亲、姨表婚”。恩施、长阳的土家族受到汉族婚姻习俗的影响，曾存在“接骨种”、“扁担亲”、“坐床”等姑表婚、姨表婚习俗。俗语“姑家女，伸手取”，“舅家要，隔河叫”，“姑表婚，亲上亲”。土家族有姑家之女嫁舅家之子的传统惯制，称之为“接骨种”，或“还骨种”。姊妹的子女通婚亦较常见，姨表间结亲称之为“扁担亲”。兄亡弟收嫂叫“坐床”。妻亡续妻妹称“填房”。现在青年男女可以自由选择对象，摈弃了“接骨种”、“扁担亲”、“坐床”等习俗。

“进话”。恩施、长阳的土家族青年男女相爱后，男家须请介绍人（媒人）到女家提亲，俗称“进话”。讨口气约期是否可以到男家“看廊场”。女方家若同意，则表示可以“提亲”。男方即准备到女家正式提亲，去行“认亲礼”。在正式提亲时，约定女孩到男家见面的时间“看廊场”，或叫“过门”，或称“踩门户”、“相亲”。

“看人家”。在江汉平原一带，不论是自己相中对象还是媒人撮合，都要相亲，俗称“看人家”、“访人家”。“相亲”时，姑娘穿着新浆洗的衣服，与本家几位直系亲眷一起到男方家。来到男青年家里，品评小伙子，看山看水，看竹园、菜园、山田远近，看是否家宅兴旺，“柴方水便”。男家请厨师下厨，请邻里亲人作陪。歇一晚，姑娘与本家几位直系亲眷商量是否同意。女家相亲不满意，第二天则用若干暗号表示，以避免双方难为情。若没有暗示，男家要给女方一些见面礼物，名曰“打发”。如女方收了“打发”，男家母亲便拿出“见面礼”给女方，女方接受，即表示确认同意这门亲事，否则即不中意。相亲后算是两家开亲了，逢年过节，双方就得“走亲戚”。

现在“看人家”、“访人家”由女朋友家安排，送烟、酒、粮、火腿等到女方的姑妈、外公、舅舅、叔叔、伯伯等亲戚家，女朋友称呼什么，男方跟着称呼什么，在女方亲戚家玩一玩，让女方亲人们看一看。亲戚家给“打发钱”，喊一声就可能有赏钱。

“求亲取八字”。咸宁一带“相亲”以后，男方正式请媒人到女家“求亲取八字”（出生年、月、日、时的天干、地支）。俗谓：“求黄花闺女，不是一讲就成。”女方父母征求伯父母、叔父母的意见正式表态后，将女方亲戚的姓名辈分及送礼的等级等提供给男方，男方再择日“认亲”，也叫定庚。双方择定“认亲”日期后，媒人在女方家放爆竹，正式订下“认亲”事宜。男方备下茶、肉、手帕、鞋袜、裤带、手表、头饰、提货及几套时髦新装等礼物给女家，男方另外准备肉、酒、茶食之类的礼品若干份，礼品装入精致的篾篓（俗称笆篓），或挑，或抬，由媒人或男方家能说会道的伯叔领头，将礼品装成台盒（实为托盘），吹着唢呐热热闹闹到女家，晚上掌灯时分当着女家亲眷一一“亮宝”；同时，将男方的姓名出生年月日时，即所谓的“八字”写于红纸上放在一个台盒内，俗曰“庚书”，去到女家“讨红庚”，也叫“发八字”、“讨八字”，送到女家去，女家则六亲聚会，备办宴席。

媒人将台盒打开，备有礼单，逐一介绍亲戚的辈分称谓，依次送礼，男女即依次呼出某伯、某叔、某姨、某舅。女家亦用同样格式书写女方的姓名年月日时，女方的亲戚也要给男方一些礼物，表示对这场婚事的赞同，即所谓“对八字”。如男女八字和谐，即行认亲礼，这便是“认亲”了。认亲后，男方“求喜”（男家求女家订良辰吉日娶亲），男女双方加紧为儿女操办婚事。现在，“认亲”礼通常是男家给女家现金。

“纳征”。古时，一束帛和一对鹿皮的礼物称为“纳征”。五匹帛象征“五行”兼备，三匹黑色代表阴，二匹红色代表阳，两者相并一束，象征婚姻“阴阳交合”。一对鹿皮称“俪皮”，取成双成对的意思。现在恩施一带不送帛和鹿皮。每到正月新年，女婿挑去粑粑、猪腿、酒等礼品到未来岳父家拜年。来年，男方要求“过日子”或“过日子贴”时，男方在送当年的新年礼物时必须要给女方送猪尾巴。民间认为，猪尾巴是猪身上最有活力的地方，也是全身最牢固的地方，抓住猪尾巴，猪就被牢牢控制，人吃了猪尾巴，一辈子有肉吃，日子过得流油。女方看到未来女婿的新年礼物中有猪尾巴后，双方思想上就都有了底。男方则要到女家去征求意见，叫做“求喜”，俗曰“搬恩”。如女方同意嫁，然后订婚。订婚俗称“插毛香”，或“作小揖”，或“作大揖”，“吃糖酒”亦称“订酒”。

“合婚”。男家请算命先生合婚（即看男、女双方的生辰八字有无冲克），男女双方的八字合得上，无冲克，则择定结婚的具体时间，俗称“看喜期”。恩施土家族结婚时间一般在重阳之后，然后把择定结婚的时间写在红纸上，称“日子贴”，请介绍人送给女家，商量结婚的礼银、礼物数量等。男女双方进行结婚登记，领取结婚证书，这个日子叫“过喜会”。一经确定，即不容改变，表示婚姻关系已正式确定。是时，男家择吉日由介绍人（媒人）陪同携带两瓶酒、糖果糕点、毛巾、香皂、粑粑、酒肉、女孩衣饰等简单礼物，到女家告之“合婚”结果。

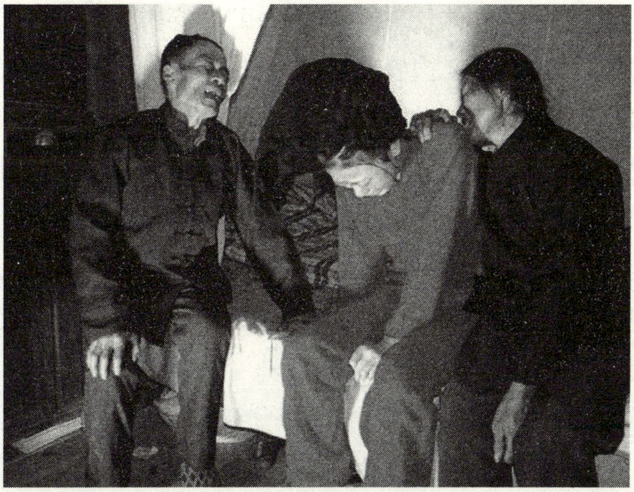

图 2-3　哭嫁 1

图 2-4　哭嫁 2

“哭嫁”。恩施、巴东、潜江一带婚期定下后，男女双方开始积极筹备结婚彩礼和出嫁的妆奁事宜。女方在婚期前一个月内，新姑娘停止其他农活，主要任务是做鞋、绣花等针线活动。家里请来匠人弹棉絮，打嫁奁，做嫁妆，做彩鞋等。匠人一进屋，新姑娘的“颂达”或称“哭爷娘词儿”（即哭嫁）就开始了，特别是“过喜会”，哭嫁达到高潮。哭嫁通常在新娘的闺房进行，见娘哭娘，见婶哭婶，哭词各不相同。新娘哭到谁,谁就必须去陪哭。男的不会哭,也要说几句安慰、祝福的话以示惜别。哭嫁的哭唱形式一般分为一人哭唱和两人哭唱两种,“哭爹妈”、“哭哥嫂”、“骂媒人”、“别姊妹”、“梳妆”、“辞祖”、“穿衣”、“哭上轿”等,即兴发挥的比较多见,形式比较自由。内容有表述自己的命运、父母的养育恩情、兄嫂姐妹的情谊以及媒人可恶可恨的欺骗行径等。哭嫁在新娘出嫁前一夜最为热闹,特别是天亮之前,父母、姐妹与新娘对哭时,如泣如诉,声泪俱下,把亲人间的恩情表现得淋漓尽致,旁观者无不感动落泪。

哭的规矩为:母女哭,姑侄哭,姊妹哭,舅甥哭,姑嫂哭,骂媒人。开头是母女对哭,而后是婶婶、嫂嫂及姐妹们陪哭。哭的主要内容有回忆母女情,诉说分别苦,感谢养育恩,托兄嫂照顾年迈双亲等。

姐妹们陪哭时,在闺房放一方桌,置茶十碗,邀亲邻九女依次围坐,新娘居中,为“包席”,右女为“安席”,左女为“收席”。新娘哭起声,“安席”接腔,依次哭去,不分昼夜。这也就是俗称的“陪十姊妹”。一直哭到婚期。出嫁前夜,从内到外都必须穿新衣,外套一般是红色,红色避邪最吉利。

“过礼”。恩施、潜江一带,在迎亲的前一天,或婚前三天,或婚期(过喜会)头一天的上午,要送一定数量的糖、茶、烟、酒、礼银钱和一套新娘喜衣,并接洽第二天娶亲事宜,这叫做“过礼”。是时,男方将迎娶的彩礼和为女方亲戚准备的肉、酒、衣服、首饰、粑粑等礼物,备成礼盒,由媒人都管、迎台师(吹鼓手)、迎亲客等一干人马,吹吹打打、热热闹闹地到女方家去。将礼盒置于堂屋中央,名曰“装盒”,于是女方的朝堂先生及亲戚亦迎上来,开始了一场约定俗成的礼仪程式:

男方都管(朝堂先生,总管)首先致词:“红漆台盒四只角,主家请我来装盒。众亲听我来说作:一根树儿生得高,鲁班拖斧来砍倒,解分板,打台盒,打起台盒装彩货。上装孔雀开屏,下装二龙戏珠;左装丹凤朝阳,右装锦绣衣着;东装半猪整羊,西装酥食花果。盒装已毕,请朝堂先生开盒。”

女方的朝堂先生走上前,打开彩礼箱,名曰“开盒”并致答词:“红漆台盒宽又长,主家请我上华堂,开盒,开盒,众亲听我说唱。一开天长地久,二开地久天长;三开荣华富贵,四开金银满堂;五开酥食花果,六开半猪整羊;七开鸳鸯一对,八开凤凰一双;九开花果团圆,十开红色才是锦绣衣裳。开盒已毕,百世其昌。”

如果女方乐意受礼,则开盒结束;如果女方对彩礼不满,有意刁难,都管和朝堂先生另有一番对话或对唱，直到最后一方让步，方才收场。

过礼回来，男方设家宴，邀请新郎亲友中的未婚青年欢聚一堂，通宵饮酒歌唱，以示祝贺。此种贺喜仪式就叫“陪十弟兄”。届时，席上设一令杯，选一个未婚青年担任歌师傅唱开台歌开令，然后依次歌唱。唱得好的就多吃些菜，唱得不好的就罚喝酒。有独唱、对唱，一人领唱众人帮腔等形式，唱的内容有相互奉承贺喜之类的吉利话、故事、古人、盘歌（猜调）等。最后由歌师傅唱圆台歌，收令散席。

第二节 婚庆嫁娶

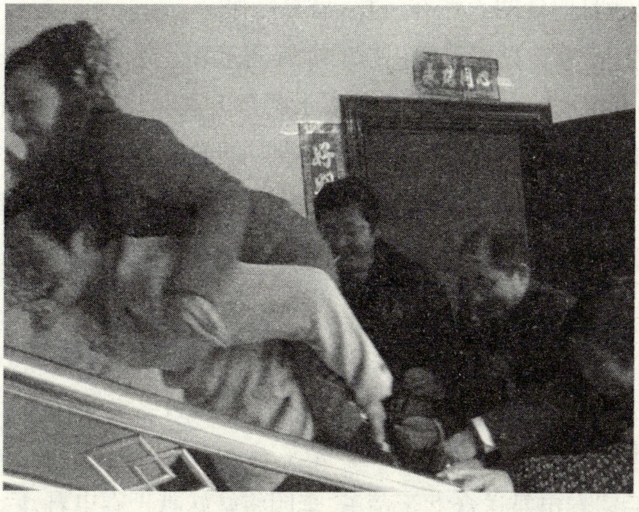

图 2-5 公公背儿媳妇

一、婚庆嫁娶习俗

荆楚有“结婚三日无大小”、“闹喜闹喜，越闹越喜”、“宾客看嫁妆”之说。但各地结婚仪式和规制各有不同，特别是嫁娶仪式丰富多样，别有一番情趣。同是江汉平原的潜江和松滋，结婚仪式略有不同。潜江的婚庆嫁娶一般有辞父母、发亲、拦车马、接升、交亲、拜堂、闹房、喝“纠脑壳茶”、回门等过程。松滋的婚庆嫁娶一般有娶亲、开脸、辞堂、发亲、发号(挂匾)、拦车马、治煞、迎嫁妆、拜堂、传茶、喝交杯酒、入洞房、铺床、坐床、陪新郎、陪十兄弟、陪新娘、陪上亲、陪媒、谢媒、示箱、穿鞋、下厨、回门等近三十道仪式。即使是同一个乡镇，婚庆嫁娶也略有不同。如：潜江积玉口镇的太和场村与樊场村相距不过十里，太和场的习俗，是新郎必须亲自到女方家里迎娶新娘；樊场的习俗相反，新郎绝对不能到女方家里迎娶新娘。

除初婚外，还有招坐堂女婿、寡汉再娶、寡妇再嫁、童养媳成亲等几种特殊情况的婚嫁。共和国前，有女无儿的人家先征求族人的意见，得到许可招坐堂女婿后才办婚事，结婚完全由女方办理。生育儿女，一般随女方姓。年纪轻的寡汉再娶一般与初结一样，年纪大的省去很多仪式。寡妇再嫁，自己丝毫不能自主，听任摆布。穷苦人家儿子多，难娶媳妇，便在儿子很小的时候抱养一个女孩，长大后做媳妇。女孩长到十六七岁时，便与儿子结婚，不备彩礼，不办酒席，在腊月二十四或二月花朝日，让两人住在一块，就算结婚。

恩施一带，土家族姑娘过去出嫁时要穿露水装。露水装包括一套露水裙、一双露水鞋、一方露水帕、一把露水伞。露水裙是土家女子的婚服，制作相当讲究。背后绣一面钵，胸前绣一口明镜，下摆绣一圈一圈的珍珠，衣上的花边用彩线配绣。

"贡婚·神婚"。远古贡献婚在先秦时期遗存， 为战败国、附属国向战胜国、宗主国的君主贡献女性。《史记·春申君列传》载："楚考烈王无子，春申君患之，求妇人宜子者进之，甚众，卒无子。赵人李园持其女弟(妹妹)，欲进之楚王，闻其不宜子，恐久毋宠。……于是李园乃进其女弟，即幸于春申君。知其有身，李园乃与其女弟谋。"李园妹承间以说春申君，将自己献于楚王。"春申君大然之，乃出李园女弟，谨舍而言之楚王。楚王召入幸之，遂生子男，立为太子，以李园女弟为王后。"春申君送众女于楚王，李园将妹妹献于春申君，后者又将之献于楚王，均属贡婚[①]。

黄冈有一个特殊的"神婚"现象。年轻人结婚，头三天新郎不能上新娘的床。让新娘与独脚七郎佬同睡，以免遭受灾难。民间认为，七郎佬本是玉皇大帝的独儿子，由于不务正业，偷鸡摸狗，被钟馗挥鞭打断了一条腿，成为独脚。但，独脚七郎佬恶性难改，继续做坏事。由于神通广大，无处不在，人们又恨又怕。因此，结婚头三天让新娘与神灵独脚七郎佬睡觉。逢年过节，在祭祖的同时，还要另设祭品祭独脚七郎佬，并向他祷告："请七爹爹莫怪!"民间认为，若不如此，七郎佬

① 宋公文、张君：《楚国风俗志》，湖北教育出版社 1995 年 7 月版，第 158 页。

会偷尽家里的财物。在耕耘收获之前，要用三块瓦片或石头在田头搭一个小洞，上供一小酒盅饭，烧一张黄纸，敬七郎佬，否则七郎佬将田里的水放干，或将收割的庄稼踏进泥里。出门远行也要祭祀七郎佬，以免车翻船沉、做买卖赔钱。七郎佬之所以能做尽坏事，是因为戴着顶"避发帽"，人们看不见他。但他却怕牛鞭抽打。民间不仅有和他斗争的故事，而且还有如下民谣：独脚七郎佬，偷鸡不学好；牛踢尖尖篮，鞭抽避发帽[①]。

孝感市孝昌区个别地方结婚首夜，新郎、新娘不能同床。新娘由送亲的女性（可以是前辈，也可以是同辈）陪伴，第二天送亲的人走后，夫妻才能同床。

搭"帐篷"。娶亲之日，是男女双方的大喜日子，隆重而热烈。结婚男女两方举办喜宴，都要搭"帐篷"，或称"亲棚"，或称"青棚"，或称"灶棚"[②]，招待亲朋好友。婚庆嫁娶的时间一般三天，也有一天，或多天的。现在，武汉、黄石、荆州等大中城市的结婚男女在宾馆饭店举行婚礼，搭建"合亲门"。男方家长将新郎带到"合亲门"，女方家长将新娘送到"合亲门"，双方家长在"合亲门"将新郎、新娘送到对方家长手中。

图 2-6 告祖

"告祖祭神"。婚礼的前一天，开宴席请族内或本村本湾的亲戚、老人、帮工等

① 详见韩致中收集整理的《祭七郎佬》。

② 灶棚：咸宁地区的称谓。在咸宁市，结婚前，或结婚后小孩出生前，新郎不能到新娘家过夜，必须在新娘村庄外搭建的帐篷过夜。俗称"窝棚"。路途遥远的新郎为了不误婚期，提前一天到"窝棚"过夜，第二天吉时迎娶新娘。

吃“老客酒”，新郎、新娘要敬祖先，有的地方还要敬土地公公[①]。鄂西的远安尚存在婚前告祖礼仪，江汉平原尚存在婚前敬族祖习俗，这是喜庆的开始。姑娘动身去婆家发轿前，到堂屋拜祖宗，拜别父母亲朋，脚穿筒鞋，从闺房经堂屋到轿前这段路程，脚不沾地；否则，会带走娘家的福禄。出大门时，将筒鞋外面的鞋留在屋里。

“戴花酒·穿旧衣”事象。男女双方家里请客收礼，男方派人到女方迎嫁妆、接新娘，新郎披红戴花，亲友祝贺，新郎新娘入洞房，青年人在晚宴后开始闹新房至深夜，这叫戴花酒。或称正宴，或称正酒。在咸宁，新娘动身时，亲朋给一些钱财，实际上是为了新娘在夫家有私房钱用。在随州，当姑娘要出嫁的时候，姑娘家的亲朋好友都要拿出看家本领，动手缝制出五颜六色的衣物，赶好日子送上，称为添箱。新娘上花轿前，新娘的母亲拿出一件丝丝缕缕、补丁摞补丁像破麻袋的旧罩衫给新娘穿在新衣外边。这是“财不外露”在人生礼仪的意象。

“黑布伞·发箱”事象。鄂西南苗族人结婚时，父母或舅家必须送一把黑布伞作为嫁妆给女儿，寓意把在父母家一切吉祥如意的东西带过去，到男方家后才能够独立生活。

抬嫁妆的发箱礼仪，一般先发主箱主被。由新娘的哥弟当众上锁，上锁时一脚门里，一脚门外，新郎递上红包后才给予钥匙；每发出一件，男方家须说吉庆话。如吉庆话说得女方家不满意，则给两包香烟才准予抬走。鸡毛帚最后从窗子里往递出，男方要给钱“买”。有的地方，嫁妆在酒筵前就让搬走。

“抢夺·敲门”事象。《左传》记载庄公十四年，楚文王率领军队灭掉了息国后，将息国国君的夫人妫氏纳入后宫，并立为王后，生下了堵敖和熊恽(楚成王)两个王子。《说苑·正谏》记载有楚文王劫夺的船民之女：“荆文王得如黄之狗，箘簬之矰，以畋于云梦，三月不反，得舟之姬，淫(《吕氏春秋·直谏》记作“舟姬”)，期年不听朝。”《左传》宣公十年和成公二年记载，楚庄王率领军队打下陈国后，杀死陈国大夫夏征舒，欲将夏征舒之母夏姬据为己有。这三桩婚事都属于典型的抢夺婚。春秋时期中原王公贵族将战争中俘获的女性充作奴隶、婢妾、嫔妃的事例极多，但极少将之册立为王后、君夫人、正妃和正妻的。从这一点看，楚国婚俗比中原婚俗保留的旧因子要更多一些[②]。结婚时的敲门现象类模拟抢夺婚，充斥

① 土地公公：咸宁地区称为“福神”，一般建在村头，每个屋场有一个“福神”。
② 宋公文、张君：《楚国风俗志》，湖北教育出版社 1995 年 7 月版，第 157 页。

喜暴力亦或同意暴力因素。

在武汉地区流行"敲门"。"敲门"的仪式和规程事先双方已经商量好了。到女方家后，放鞭炮，俗称"报信"，女方家的亲戚或新娘同辈将大门关上。到门前放鞭炮，俗称"炸(栅)门"。男方礼事送红包，俗称"打发"。红包内一般包5元或10元钱不等。往往过一道门要送多次红包。新郎与守门的亲戚互有问答。新郎敲门要喊某某(新娘的名字)，或老婆，或爸爸，或妈妈，接亲的人一起喊"开门"，然后众人一起推门。门坏了是喜事，表示新郎真心喜欢新娘。新郎回答伴娘的提问，进房后，给新房内的众人分发红包。新郎单膝下跪献花，送结婚信物给新娘，对新娘表示爱意。新娘接受献花，然后扶起新郎，相互戴上胸花，牵出新娘。向女方父母行礼，并敬茶，并向二老保证会好好照顾新娘。新郎、新娘拜别父母，新郎抱新娘从花车左车门入车，新郎再从车头到花车右车门进入车内。放鞭炮，俗称"谢亲"，启动花车。

图 2-7　公公背儿媳妇

"公公背媳妇"。天门、仙桃的婚庆嫁娶中尚存在公公背媳妇习俗。在古代的文献资料中，将该类事象称为"谑亲"或者"暖房"等。"戏妇"可追溯至汉代。"新婚之夕，于窗外窃听新妇言语及其动止，以为笑乐"[①]。西晋葛洪的《抱朴子》

① 《汉书》。

中也有一段有名的关于“戏妇”的记载：“俗间有戏妇之法。于稠众之中，亲属之前，问以丑言，责以慢对，其为鄙黩，不可忍论。或蹙以楚挞，或系脚倒悬，酒容酗酱，不知限齐，至使有伤于流血，暖折支体者，可叹者也！古人感离别而不灭烛，悲代亲而不举乐礼，论娶者羞而不贺。今既不能动蹈旧典，至于德为乡闾之所敬，言为人士之所信，诚宜正色，矫而呵之，何谓同其波流，长此弊俗哉。然民间行之日久，莫觉其非，或清谈所不能禁，非峻刑不能止也。”[①]

民国时期，在大冶新郎和新娘回洞房后，喜官着官袍、头戴徐九斤那样的帽子坐到堂屋的案桌前。喜官右手拿起惊堂木说：“被告人□□□（新郎，本节下同）出来。”新郎立即走到喜官案前。“有人告你抢占胡家（胡编乱造的胡）的媳妇！”原告（假扮的人）到喜官旁诉说有冤：“本来○○○（新娘，本节下同）是我的妻。”以打官司的形式，让新郎开口说新娘是自己的妻子，让新娘开口说新郎是自己的丈夫，愿意嫁给她[②]。

在天门、仙桃一带，结婚的主人家提前几天请邻居和朋友吃饭商讨戏谑自家的事象。民间认为，谁被整得越热闹，表示那一家人缘越好，比较旺。在举行仪式之前，到专门出租婚礼服装的商店租像戏服一样的衣服，迎娶新娘时给化妆的公公婆婆们穿，公公有多少个兄弟则租多少套。众人用湿的草木灰将公公、婆婆的脸抹黑，像丑角一样将脸上弄满灰再印上两个大白圆圈，眉毛画粗，称为“灰爹”“灰婆”。在离新郎家约1公里的路程，公公和其兄弟全部上阵开始一个一个轮流背新娘，公公和其兄弟的老婆手拿扇子，脖子上挂着醋瓶子跟在后面，新郎在旁边拿一个像衙门的衙役拿的牌子，牌子上面写着“鸣冤”。到家门口，戏谑的人换掉对联，让公公和新娘一起读有淫秽色彩的对联。如：一位男数学老师和一位水电部门女员工结婚时，对联是“一条线段两驮圆锥描绘强劲红图，一扇红门两个脑袋涌动秀媚山峰”，横批是“几番高压”。在举行证婚仪式时，新郎和新娘由证婚人念完结婚证书后，主持人开始主持公公和媳妇的证婚。主持人颁发一个专门制作的扒灰证，颁给公公。随后，几个公公婆婆都坐到台上去，公公开始玩游戏，发表感言等[③]。

要公公背上儿媳妇，意象公公与儿媳妇不得越轨。“公公背媳妇”这种婚礼

① 西晋·葛洪：《抱朴子》。摘自《诸子集成》卷八，中华书局，1954年12月初版，第149页。
② 详见石仪泱收集整理的《打喜官》。
③ 详见武汉大学余园硕士论文《天沔地区戏谑婚俗研究》。

过程的戏谑形式，通过“越轨”言行起到预防越轨的作用。

咸宁市咸安一带有结婚三天无大小的习俗。是时，男人摸新娘，女人摸新郎，甚至做出越轨的模仿交媾的行为。

“夜嫁”。孝感有夜晚嫁女的习俗。是时，新郎要亲自去接新娘。新娘家亲朋好友要盘问女婿，即戏弄新郎。从新郎进门到吃酒处处设障，用门顶泼水、席间对联、肉中穿线、缠紧筷子等难为新郎，考验新郎的性情和才智。新娘出嫁的时间一般在二更天，没有结婚的年轻后生在路上戏弄新娘，新郎、媒人以及抬嫁妆的打着灯笼随行，四更左右到达新郎家。

“卯日婚”。鄂西南的侗族流行着每年农历十月第一个卯日为婚配日的迎娶习俗。是时，凡婚龄男女青年，均以此日为结婚之日。比如2009年的婚配日是2009年11月18日，农历十月初二（辛卯日）。由于侗族同寨不可以开亲，有的结婚男女相隔百里、甚至几百里。在崇山峻岭中，路途遥远，交通闭塞，信息不灵，常常受择定时辰的约束，贻误婚期而改他日。有时误了改，改了又误，反复折腾，为追求吉日，常造成亲家不和。传说，有两个老人为了解决这个矛盾，出面召集侗区的侗民商量，商定只要不是同姓同宗，在本寨也可以开亲；每年农历十月第一个卯日为婚龄男女完婚的黄道吉日。现在，选定十月“卯日婚”的现象比较少见。

“花轿婚”。使用花轿结婚一度绝迹，现在有回归的迹象。有的先用汽车接新娘，到村庄外，新娘再坐花轿；有的用汽车装载新娘嫁妆，用花轿接新娘。一般是每个村子有一乘花轿，若借用须给喜钱到花轿主人家。娶亲当天发轿宜早不宜迟，往往丑时，或寅初，就要发轿了。鹤峰一带，在新娘还未到新郎家里以前，男方要请夫妻双全、家庭和睦、儿女多、声望好的妇女开好铺，又请梯玛（土家族从事祭神驱鬼巫术的人）念安床词，使新婚夫妻和睦。如喜床上铺的稻草要顺着铺平，象征小两口今后的日子过得顺当平安。忌横着放，因“横”有蛮不讲理之嫌，将导致小两口不和睦。花轿到婆家后，梯玛用一雄鸡，给新娘退煞。男方在门前点一堆火，迎亲队伍从火上跨过，叫“拦车马”。然后由两个中年妇女扶新娘出轿，跨七星灯。新娘下轿后要在大门槛上蹬三脚，以示通报了男家的老祖宗。新媳妇进门，婆婆要用盘端枣子、花生、桂圆、栗子等给新媳妇吃，以求早生贵子，花着生[①]，要有儿有女。民间有“五男二女七宝座”之说，即能有五

① 花着生：俗称“花胎”，即头胎是男，第二胎则为女，依次而生；反之亦然。

男二女为最佳。

图 2-8　咸宁一带的花轿婚

"铺床、撒帐"。鄂中江汉平原、鄂东南一带，在新娘未进房之前，男方请儿女双全、夫妻和睦的"有福人"铺新人床。铺床人一边铺床，一边唱《铺床歌》。铺床人可得"红包"。红包一般藏在被窝内，也有故意藏在裤筒里，让铺床人不能轻易找到，以此逗乐。嫁妆到后，要将新娘带来的蚊帐挂起来，施行"撒帐礼"，即向帐子里或被褥下撒枣、栗子等之类，取它们的谐音"枣栗子"（早立子）。

"结发夫妻"。古代鄂东的新娘与新郎一起拜堂——拜天地、拜祖宗、夫妻对拜。拜堂时，抢占堂屋中脉（所谓子午线）。据说抢占与否，涉及未来男女双方在家庭中的地位。拜堂后，新郎新娘入洞房前，要把对方的头发各梳一缕出来，连在一起，表示两个人的生命要永远在一起，你中有我，我中有你，永不分离，即"结发夫妻"，再入洞房。新郎新娘入洞房便要抢坐床沿中央，谁抢到了床沿中央，谁以后就当家做主，另一个就只有听话的分了。新娘使劲将新郎挤到偏位去，至少两个人在床沿并排坐。现在比较少见。

"闹房"。鄂中江汉平原、鄂东南一带，无论长辈、平辈、晚辈等亲戚六眷还是邻居好友，都可进入新房中道喜嬉闹。各地城市乡村"闹房"习俗各不相同。来凤农村闹房，首先新郎（在新房门内）与闹房领头人（在新房门外）相互盘诘。闹新房者先讲婚姻的根古（即根源，传说），再说百年好和、多子多孙等吉利话，或者用民间言辞激将新郎，让新郎把门打开。房门打开后，闹房领头人恭贺新郎新娘，

图 2-9 闹洞房

赞赏新娘的陪嫁(即嫁妆),语言风趣、诙谐。随后,闹房领头人开新郎新娘的玩笑,要烟、茶、花生、板栗、手巾、荷包等。或者涂脸扮女,装成妖丑之态,戏弄新娘,口出嬉言。或者向新娘提各种难题,让其回答,以绕口令试其口才等。新娘装烟倒茶,拿出从娘家带来的葵花籽、板栗、核桃、花生等干果及点心让闹房人品赏,大家边吃边喝,边说边笑,热闹非凡。闹房领头人说收场话语,闹房人便会纷纷离开洞房。闹洞房一般在十一二点钟结束。

图 2-10 闹洞房

“脸面钱”。婚期第二天,新郎、新娘梳妆完毕,便在堂中拜见男方各位长辈亲友,新娘一方由送亲的客人执掌茶食和进见礼,给男方长辈一双鞋或一双袜,或鞋袜成套,外带泡米、切糖、红糖茶,先拜父母,再拜高曾祖,再遍及远房伯、叔、舅、姑、姨六亲。同辈百客吃散茶,吃散茶就不给鞋袜。男方吃茶者,要给茶钱,俗称“脸面钱”。咸宁一带,新娘送茶时,同辈百客可以与之嬉趣对答。一般是同辈人先开口。

“整交待”。恩施一带,拜茶完毕,设宴待客,女方送亲的客人到堂屋东侧(左)就座,男方父母长辈齐聚堂屋西侧(右)就座,新婚夫妇坐于男方正中,女方送亲的客人对男方父母提出保障新娘子权利的要求,男方做出保证,俗称“整交待”。“整交待”过后,女方送亲的客人算是把姑娘完全交给了男方,男方在鼓乐鞭炮声中送女方送亲的客人启程。有的地方,新郎新娘在结婚第二天早饭时依次到每桌敬酒。

“大公鸡结婚”事象。利川一带土家族婚礼中,把结婚看做是人生第一大事,婚期不能更改,否则就等于结两次婚,不吉利。如果新郎因特殊情况一时不能够参加婚礼,新娘则要选择一只新郎家的高大健壮且羽毛为红色的大公鸡(白色和黑色的绝对不行)作为新郎,由新娘抱在怀中举行婚礼,拜天地、父母、亲朋以及“夫妻”对拜,抱进洞房,换上亲手做的青布鞋,在床上走四圈,寓意夫妻间新生活一轮轮开始,四季恩爱,白头偕老,永不分离。最后,剪下一根长鸡毛压在枕下,把公鸡放出去。

“长寿面·回门”。旧时新婚夫妇次日起床后要吃“长寿面”,两人共一碗,不吃也要用筷子挟一点送到嘴里。

婚礼的第三天,新郎随新娘回娘家看父母,新郎拜见岳父岳母,当天在太阳落前返回。俗传,在娘家住一晚,就一年不生小孩。若当天不能返回,事先在新娘娘家的村外搭一个窝棚,供新郎、新娘休息。新婚一个月,男方的亲戚要请新娘走满月,由婆婆或嫂子陪同,亲友家要打发衣服、鞋、袜等。若亲友多,则选择到家庭所处地势高的亲友家做客,称为“往上走”。

鄂西南苗族新郎、新娘结婚三天后回门,村里的兄弟姐妹聚在一起反复考新郎。是时,第一次上门的新郎进堂屋,姑娘小伙们在堂屋门槛下事先放一根一尺多长的楠竹筒,考察新郎的观察力。然后拜见岳父岳母。兄弟姐妹则倒茶、装烟。把一支装有辣椒粉的"特制香烟"递给新郎,考察新郎的辨别力。进餐时,由辈分高、有才华、能喝酒的人陪新郎在上席就座,他们联合起来向新郎敬酒,考察新郎的口才和智慧。新郎吃饭弟妹给新郎添饭倒茶时,乘新郎稍不留意,用一张蘸上茶油和锅灰的小纸片涂抹新郎的脸,考察随机应变的能力。到了晚上,主人或院中长辈请来苗家歌手,与新郎开展对歌、吟诗等[①]。

"拜帐"。新郎、新娘"回门"返自家后,要对挂到门前树顶的门帘参拜,戏谑公公与新娘。村里的哥儿们、爷儿们、三姑四婶、大姑娘小媳妇在小树前将新郎、新娘团团围住,熙熙攘攘齐聚树下。众人将新郎赶到一边,让公公和新娘站在一起,让公公和新娘念夫妻荤俗、新婚的打油诗。随后,众人再戏谑新娘,摸、掐、抱新娘,让新娘念一些荤诗、荤话。最后让新郎到树上去下门帘。回到家里,重新挂起洞房门帘。随即炸响一挂喜庆的鞭炮,表示"拜帐"的成功和对乡亲们的感谢。

图 2-11 酒店婚礼

"酒店婚俗"事象。现在城市人结婚一般选择在酒店举行。结婚前一天与酒店负责人和司仪协商婚礼议程和相关事宜,有的还要"走台"[②]。准备拉花炮、结婚证、交换的信物、烟、酒、糖、红包、头花、假睫毛、配饰及更换的服饰等东西。结婚当天,伴郎、新郎、新娘、伴娘[③]站在宾馆大门右侧,四人从外向内依次排开,伴

① 景河(音)收集整理。
② 走台:演出用语,即彩排,按照时间安排和程序预演一次。
③ 伴郎、伴娘:跟随、协助新人。

郎捧花在新郎右侧，新郎拿烟，新娘拿打火机，伴娘托喜糖。就餐时，新娘的长辈和兄弟姐妹一家坐在主座左边，新郎的长辈和兄弟姐妹一家坐在主座右边。关系越亲近的越靠近新郎、新娘的位置。婚礼仪式有新郎父母携新郎到婚礼门等候，新娘父母送新娘到婚礼门。双方父母将子女交给对方，一起合影，新人在中间，新娘父母在左边，新郎父母在右边。一家人走到婚礼台上。证婚人宣读证明婚姻的合法，颁发结婚证书。主婚人祝福两位新人，介绍两人结合的大致过程。两位新人互换结婚信物，喝交杯酒。父母代表感谢来宾，全体来宾一起祝福新人。

二、特殊婚俗

在民间有相当长的一段历史时期，存在过给未婚夭亡的年轻人配阴婚(也称“冥婚”)的习俗。阴婚的目的是祈望单身男女在阴间能够过夫妻恩爱的生活。一般是将两个去世时年龄相仿的男女合葬。配阴婚大多发生在年幼过世还未到婚嫁年龄的孩子身上。凡配阴婚的，要么死于非命，要么因贫穷和残疾等原因终身未娶。

三国时期，曹操的儿子曹冲死了。曹操很悲痛，想到曹冲只有十三岁就死了，还没有婚配，觉得曹冲死后单身一人一定很寂寞。出于疼爱、想念儿女的心情，认为生前没能为他择偶，死后也要为他完婚，尽到做父母的责任。就聘了一个甄氏人家的亡女配为妻室，与曹冲合葬，完成阴婚[①]。《孔雀东南飞》里，焦仲卿休了刘兰芝。刘兰芝投水自尽，焦仲卿也上吊自杀。后来，两家人将离婚的两人合葬在一起，完成阴婚。

在荆楚地区曾有阴婚的残余。民间认为，不给死去的未婚者“成亲”，家中会闹鬼，家人不宁。通过“冥婚”，墓主两家成为“亲家”。阴婚一般要举行一定的仪式，特别是迎娶仪式不可少。是日，如结婚一般，宴请亲友。男方有娶亲厢宾(有儿女的老年妇人)，女方有送亲厢宾(有儿女的老年妇人)。在喜房的北面墙上供奉神灵和一个供桌，上面供“新郎”照片或牌位，在一朵大红花的下缀缎带上写上“新郎”，在一对龙凤盘里面放一些苹果，死去的人多少岁放多少只苹果，意象是平平安安。女方“闺房”中供“新娘”照片或牌位，也在一朵大红花下缀缎带上写上“新娘”。有如结婚一样，男方的娶亲厢宾用“新郎”照片或牌位迎娶“新娘”照

① 《三国志·魏书·武文世王公传》。

片或牌位。迎接"新娘"后，将"新娘"照片或牌位放在喜房的供桌上与"新郎"并列。并用红头绳将两幅照片拴起来，取月老牵红线的意思，盖上红、黄两色的彩绸。然后，娶亲厢宾给神灵上香叩拜。再由茶房端来"合杯酒"、"子孙饺子"、"长寿面"，供于"新婚夫妇"照片或牌位之前。亲友给照片或牌位磕头行礼。两家亲家互相道喜。

举行了"结婚"仪式之后，择个"黄道吉日"女方起灵，将棺柩起出后，马上在坑内泼一桶清水，扔下去两个苹果。男方则在坟侧挖一穴，露出"新郎"棺柩的槽帮，将"新娘"埋入此穴，进行"夫妻"并骨合葬。葬完，在坟墓前陈设酒果，焚化花红纸钱，举行合婚祭。男、女双方的父、母等家属（即两家亲家）边哭边道"大喜"。此后，男、女两方便当作亲家来往了。

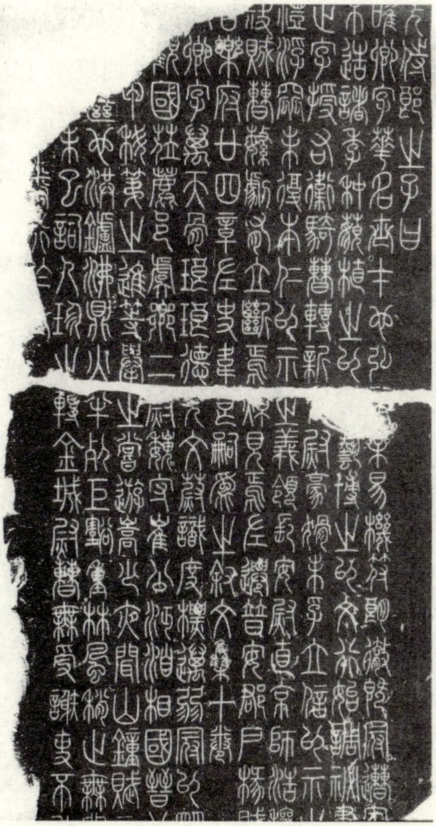

图 2-12 《三坟记》（碑阴和碑阳），现存陕西省西安碑林

"合坟"事象。合坟的习俗自古就有。合坟可能源于结婚时的"合卺"，也可

能源于阴婚习俗。在古代,结婚交杯时称“合卺”。卺是一种匏瓜,俗称苦葫芦,它的味道苦,不能够吃。合卺是将一只卺破为两半,用线将卺柄连接起来,将酒倒在卺中,新娘新郎各饮一卺。象征夫妇原为二体,由婚礼把俩人连成一体,所以分之则为二,合二则为一。饮了卺中苦酒意味着婚后夫妻应同甘共苦,患难与共,隐含音韵调和,新娘新郎婚后和睦协调,喜结琴瑟之好。

时下,偶见有子女为已经亡故的父母举行合坟习俗。合坟时主要是本家和外婆家的人员参加。合坟之前,本家的长子或长孙,与外婆家的长子或长孙要烧香给前亡者,告诉他(她)家里来人了,让他(她)把阴宅的门打开,要合坟。一种是先亡与刚亡的合坟。一种是父、母已经亡故多年,现在将分离两处的棺柩合坟。将先亡棺柩的坟侧挖一穴,露出棺柩槽帮,并向槽帮泼一桶清水,然后在阴宅里放上纸制的糕点、纸钱等物品焚化。司仪读祷祝文。本家的长子或长孙,与外婆家的长子或长孙牵三色线,抓把泥土抛撒到坟头上,其他亲戚再动手,一般不用外人,填土合坟。然后上香,烧纸钱,放鞭炮。放完鞭炮,不回头,全部回家。仪式完成之后,所有人在中午十二点以前到达老俩口的家里,至此合坟结束。这就是合坟的全过程。

图 2-13 合坟(比周围的坟大一倍)

第三节　生育习俗

生育习俗是指已婚妇女待孕、待生、哺育的过程和行为方式，包括生育活动和标签化仪式两个方面。妇女遵守各种各样的禁忌和礼仪，担当创造人的特殊角色。妇女待孕期间，有祈生习俗、性生殖信仰习俗、模拟习俗等。待生期间，有怀孕、母体调养习俗，如：有不吃公鸡、螃蟹、兔肉等饮食习俗，有不看猴子、不见新娘等行为习俗。哺育期间，有哺乳、坐月子、育儿等习俗，如：洗三、取名、抓周等习俗。

一、生诞礼俗

人们在“万物有灵”①的潜意识中认为，人、神、鬼、动物、植物等都有一个生诞，甚至事物、活动、行为等也有一个产生的日子，并被称为诞辰。远安县有祭祀嫘祖的庙会活动，恩施有为牛庆祝生诞的牛王节庙会活动。还有为死去的人庆祝生诞，如纪念董必武的诞辰。为事物庆祝生诞，如，庆祝中华人民共和国诞辰（国诞）50 周年。将组织机构拟人化，如，庆祝中国共产党诞辰 90 周年。“生”、“诞”合指人出生的日子，又称诞辰。生诞一般指出生的时日。诞辰一般是生日的敬称，多用于庄重场合或所尊敬的人。

待孕、待生习俗。新媳妇怀孕叫“有喜”、“灌肚”，古时也叫“身怀六甲”。《易・无妄》载：“无妄之疾，勿药有喜。”《达生篇》云：“得孕后即宜绝欲，若再扰子宫，其胎或一月、三五月必堕。”妊娠反应称“害肚”；腹部隆起叫“出怀”；分娩叫“豢伢”；难产，脚先出来的叫“踩花生”；屁股先出来的叫“坐花生”，落地时不哭的叫“闷地生”，要摔罐子。过去，接生婆接生的工具是剪刀加艾叶水。现在妇女分娩一般都去医院。新儿下地后放鞭炮，请家族中的女人们吃面。男人到岳母家叫恭喜，岳母给礼品，叫送“毛祝米”，“正祝米”在洗九朝时女婿来接外婆时带去，双方都要放鞭炮。

① 万物有灵：18 世纪英国的著名哲学家休谟在其《宗教自然史》一书中，认为早期的人类在形成“灵魂”观念之后，常常把这个观念从人自身外推到与自己生活有关的万物之上，想象它们也和人类一样有一个灵魂，支配着它们的活动。孔德称之为“物神崇拜”。泰勒则称之为“万物有灵论”。

荆楚民间风俗认为妇女受孕及胎儿的素质既与男女性生活相关，也与日月星辰、环境事物、行为素养、饮食禁忌等等相关，留下了很多的传说。如，男女在日蚀或月蚀时交合得孕，生的小孩一般有六指儿或缺嘴儿等残疾；在日月晦暗时交合得孕，生的小孩一般多呆傻多愚痴；在子时、午时交合得孕，生的小孩一般多聪慧、健壮、贤明。昼夜之间阴阳互相消长，机体随时发生相应变化。子夜十二点左右阴盛，子夜十二点以后阴衰，天亮时阴尽。在子夜十二时左右，睡眠片刻后，肌体得到休息，则阴气盛而精气足，如果这时交合受孕，生子则聪明、健壮。午时十二点左右阳盛，午时十二点以后阳衰，天黑时阳尽。在午时十二时左右，大脑得到开发，肌体得到阳光沐浴，则灵性盛而馨气足，如果这时交合受孕，生子则聪慧、贤明。

图 2-14　孕妇

“有孕是喜，不孕是祸”。楚辞《天问》说“女娲有体，孰制匠之？”王逸注：“传言女娲人首蛇身，一日七十化，其体如此，谁所制匠而图之乎？”意谓女娲造就人类。女娲在正月初一创造鸡，初二创造狗，初三创造羊，初四创造猪，初五创造牛，初六创造马，在初七造人。所以民间认为正月初七是人日。人们祭祀这位人类之祖，典礼十分隆重，修女娲娘娘庙，用最高礼节“太牢”（猪、牛、羊三牲齐备）来祭祀。女娲充当媒人创造了嫁娶之礼，让人们懂得“造人”的方法，让人类凭自己的力量传宗接代能传承下去。婚后"不孝有三,无后为大"。过去,不育的夫妇常常悲观失望,苦闷烦恼。求子心切的夫妇,便乞望神灵的赐予,形成独特的求子民俗风情。现在,荆楚流行比较广的是由婆婆替儿媳妇求子祭祀女娲娘娘。

向神灵祈子习俗。各地流传的送子神灵有武当山父母殿中的三霄娘娘①,阳新县仙岛湖观音洞的送子观音,恩施土家族祭祀德济娘娘(廪君的妻子)等。属于"南派"的老河口市木版年画传人陈义文介绍,木版年画中有大量的"观音送子"、"五子登科"、"和气娃娃"、"百子禧春"等祈子习俗。如年画"麒麟送子",画面正中为一头龙首、狮尾、鹿身、身披鳞甲、马蹄细腿的麒麟,背上有的驮着一个年轻妇女,手中抱着一个胖娃娃,以示送子。

武当山的父母殿始建于明永乐年间,早年毁废,清代在紫霄大殿后面的崇台上重建,三层砖木结构,杂式木构架,面积不大,五间共有 22 米,殿进深 12 米。殿内设有三座神龛,殿内正中的神龛上供奉真武神的父母(即净乐国王明真大帝和善胜皇后琼真上仙),左神龛内供奉的是观音,右神龛内供奉的是三霄娘娘(即送子娘娘)等,称为百子堂,善男信女常常到此求儿女。天下禅林的黄梅五祖寺建有求儿塔,善男信女背向求儿塔在一定的距离里将石头或分币等扔进塔门中,即为吉兆。

图 2-15 观音送子

"女孩变成男孩"说。荆州有一位善雕观音的老石匠,只有一个十四岁的女

① 三霄娘娘,即父母殿,位于武当山紫霄殿后面。1931 年 5 月,贺龙元帅率领红三军攻克古均州后,曾驻扎在武当山,紫霄宫一度成为红三军后方医院。红三军司令部就设在父母殿西侧的房间里,同时也是贺龙元帅的卧室和办公室,至今保存有当时用过的桌椅床铺和办公用品。

儿，一直没有儿子。有一晚，老人做了一个梦，梦见观音和弥勒佛在开玩笑，老人撞到了弥勒的肚子，弥勒的肚子竟然渐渐大了起来，老人急得哭了起来。梦中的弥勒佛叫他雕一尊塑像，让观音手抱一个胖儿子。醒了后，老石匠按照梦中兆象雕了一尊观音。不久，他的妻子便怀孕生了一个儿子。自此之后，不少妇女风闻观音送子，争相购买，以求如愿以偿。送子观音除了能送子外，还掌控了孩子的性别，认为求男得男，求女得女。甚至认为观音有改变性别的能力，可以令一个女孩变成一个男孩[①]。无限延伸观音菩萨的神通，颇具中国特色。

图 2-16　张仙送子

送子观音是信仰佛教的善男信女祈子的精神寄托。观音菩萨作为生育之神，被后世记载到经书中："若有女人设欲求男，礼拜供养观世音菩萨，便生福德智慧之男。设欲求女，便生端正有相之女。"[②]又说："晋孙道德益世（疑为"益州"）人也，奉道祭酒，年过五十未有子息。居近精舍，景平中沙门谓德必有儿，当至心礼诵观世音经，此可冀也。德遂罢不事道，单心归诚观世音。少日之中而有梦应，妇即有孕，遂以产男也。"向观世音求子，一般是想生小孩的妇女绣一双小鞋或塑一个泥娃娃，在大年初七（人日）放在观音像前，或者偷观世音佛座下放着的

① 《述异记》。
② 《法华经》中的《观世音菩萨普门品》，摘自武汉归元禅寺印刷品。

绣鞋或泥娃娃，上香祈祷。如果年中不孕，可以去取回；如果真的得子，就长期供奉在佛桌上。现在只有少数人信奉此习俗。

"喝茶求子"。祈求多生、早生的习俗在节日中比较流行。在天门，春节期间接待新婚客人喝茶，主家一般都要摆四个盘子，即一盘花生，一盘炒熟的南瓜子（或一盘炒熟的冬瓜子），一盘自制酥饼（或一盘自制炒米糖）和一盘自制的番饺，以此表达互祝早生贵子、生意兴隆、生活美满的愿望。吃饭时，必定有一盘卤制的莲藕。现在"喝茶求子"演变成一种接待客人的风俗。

"照月得子"。秋收后，青年男女主要的人事活动是"合男女"的祈子仪式。中秋节后，男女相会（隐含着祈求生殖），妇女对月祈祷，男女月下出游，俗称为"走月亮"，这是古代民间妇女的解禁日。妇女盛装出游，踏月访亲，或逗留尼庵，深夜不归。据同治《江夏县志》记载，中秋夜江夏城中滋阳桥特别热闹，桥上的石龙首成为出行少妇争相抚摸的对象，为的是能得到媒神的恩惠，祈子的意义十分明显[①]。可是，按习俗月圆之夜不适宜受孕的啊！

图 2-17 龙首桥

① 萧放：《中秋节的传统习俗》载上海新民晚报 2008-09-13。

年轻女子都希望婚后有喜，做丈夫的也渴望妻子能生儿育女。在传统习俗中，盛行祈求多生、早生。由亲人或特殊人物通过某种物事向结婚或已婚的妇女作出象征性的“送子”活动。在结婚时，女方要陪嫁子孙桶、茶壶等物事，并在上面盖上“麒麟送子”或“喜”字的红纸。

“要荷包”。在恩施地区苗族姑娘的嫁妆中，常有一个大南瓜，因为南瓜的籽不仅特别多，而且生长快。以南瓜做嫁妆，即希望新婚夫妇像南瓜一样多育子女。五峰一带有闹新房“要荷包”的习俗。新娘入洞房的第一晚，人们前来闹房，兴唱《荷包歌》要荷包。荷包由女方缝制，荷包里大多装有枣子、花生、栗子、桂圆之类，交与伴娘带至男家，枣谐音“早”，花生谐意“生男、生女、再生男、再生女等花着生小孩”。“要荷包”意象是新娘要早生贵子。现在仍然流行新娘带荷包。

图 2-18　荷包

“谐音求子”。在咸宁崇阳一带，结婚的被面往往绣上莲蓬和笙，谐音“莲(连)笙(生)贵子”；新娘走出轿门时，婆家请多子女的妇女以铜钱撒地，名为“鲤鱼撒子”。吃饭时，厨师必定送有一盘鲤鱼上面放一片红萝卜的菜。鱼是生殖力较强的生物，此举是以“鲤鱼撒子”、“鲤鱼红萝卜”祝福新婚夫妇多生子女、团团圆圆。

“婚后祈子”。女子结婚一二年不孕，鄂东南一带常见的有送“石榴”、“孩儿灯"、"鹅卵石"、"麒麟"等。男家亲朋于阴历正月十六日晚，扎糊一婴儿，绘成"麒麟送子"，敲锣鼓、放鞭炮送至不孕妇女之床榻，由主人倒糖茶招待。喝过茶即刻将碗倒扣，认为这样可生男孩。洪湖、沔阳一带农村则有偷拔一船桩用红纸包裹，乔装婴儿送至不孕妇女家。在江汉平原的石首一带，除夕之夜，公婆将竹筷放到摇篮内，祈求来年家中快生个儿子。

"摸秋"。八月十五中秋之夜，亲戚或朋友偷某种物事送盼望得子的妇女，俗称"摸秋"，或者称"偷瓜送子"。民间以瓜象征子，各地流传着偷瓜送子的风俗。成语"种瓜得瓜"、"瓜熟蒂落"、"瓜瓞绵绵"都与生育有关。

江汉平原一带中秋之夜盛行到田间"偷"冬瓜、南瓜或葫芦等，以求瓜瓞绵绵。有的是婚后数年不育的夫妇自己偷，有的是请儿童偷，有的请多子的人家偷，有的是多子的人家偷后送给祈子的人家。参加这类的活动的人，一定是已有儿女的人。主人家发现了往往要假意大骂一通，如，"偷了我家的瓜，去喂崽的。""哪个偷人的偷了我家的瓜，吃了要屙红屎（生孩子的隐晦说法）。"但是，不能够骂"断子绝孙"等之类的话。有的男青年到意中人的园中去"偷"，偷时嬉笑打闹，共享"偷"的幸福果实。

偷到手之后，将事先准备好的小孩衣服套在瓜上，再用彩笔绘出眉脸，叫做"瓜孩"，用竹箩抬上，敲锣打鼓送到无子人家。这时，受瓜的主人要端出月饼，请送瓜人品尝，待送瓜人走后，受瓜人将瓜放在床上，与妻伴睡一夜，第二天早晨将瓜煮熟进食，据说以后即可怀孕。咸宁地区的习俗是将瓜和葫芦等放在祈子妇女的床下；江汉平原地区的习俗是祈子妇女将瓜和葫芦等吃掉。

襄阳一带一般是先故意向瓜田的主人透露消息。然后，年长的两位妇女结伴晚上去偷人家的南瓜。主人高嗓拖腔叫骂："谁偷我家的瓜，我求送子菩萨狠狠罚她，生个顶胖的胖娃娃。"偷瓜贼的叫声引来村民们的哄笑。偷瓜贼用小儿的上衣或用红布包包上南瓜，在锣鼓鞭炮声中送至想要孩子的人家，放进被窝中。并向主人祝贺："恭喜你生个娃子!"同时一问一答。甲："八月十五庙门高，"乙："有(孩子)啊!"甲："人家的媳妇头一遭，"乙："有(孩子)啊。"希望生孩子的媳妇随后把南瓜煮熟吃了。据说，即可怀孕生子。

鄂西南地区的习俗一般在八月十四晚上摸秋，俗称"摸四不摸五"。摸来或自己吃，或暗送亲友。将偷来南瓜、柑子、橘子等放在祈子妇女床上，用被子盖住。

睡觉前，将瓜果吃掉。当时，这些瓜果大都还是青的，意象庆吉平安。瓜果的主人对于失盗都会破口大骂，但这样的骂都不会伤人，而是越骂对方越高兴。谚语云："黄狗骂青天，越骂越新鲜。"因此，鄂西南的当地民众称呼小孩子为瓜娃子。

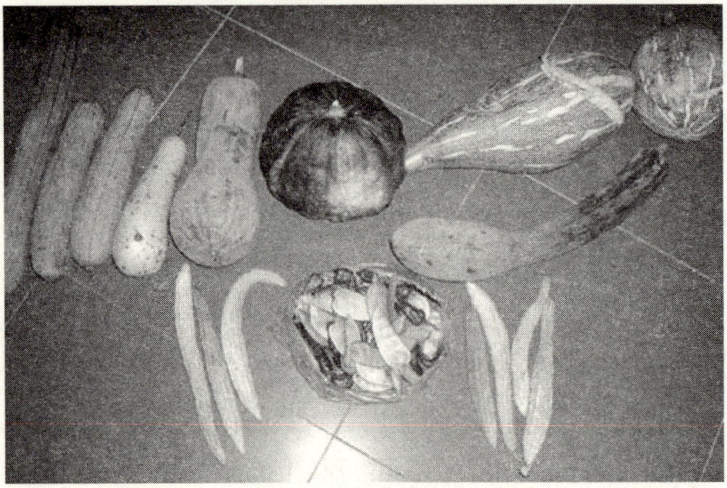

图 2-19　摸秋的瓜类

生育兆象。鄂东黄梅一带，凭经验鉴别孕男孕女。孕妇怀孕后，越来越漂亮，则认为所怀的是男孩；越来越丑，则认为所怀的是女孩，俗称"美男赖女"、"女带母相"。向未满三岁的小孩讨彩头，童孩说孕妇所怀是男孩，则是男孩；说孕妇所怀是女孩，则是女孩。俗称"童孩通神，童言无忌"。孕妇肚子圆，妊娠线对上，认为怀女孩；孕妇肚子尖，妊娠线对不上，认为怀男孩。孕妇梦见蟒蛇、毒蛇是男孩，梦见小蛇、菜花蛇是女孩。

江汉平原一带人们认为，妇女多吃酸性食物，将来怀孕会生男孩；多吃辣性食物，将来怀孕易生女孩。"尖男圆女"俗说：怀孕肚子小不显大，尖尖的要生男孩；肚子大大的，圆圆的要生女儿。"贫男富女"俗说：郧西一带认为，妇女生活较差，家庭困苦多生男；妇女生活较好，营养丰富多生女。"左男右女"俗说：老河口一带流传怀孕妇女的肚子向左偏，则生男孩；向右偏，则生女孩。"儿带母愁，女扮娘容"俗说：孕妇面带愁容，所怀则为男；妇女怀孕后面部变化较大，所怀则为女。"合男异女"俗说：钟祥、荆门一带认为，妇女年龄与怀孕月份与生男生女相关。若妇女年龄与怀孕月份正好都是偶数（或单数）奇偶相合，则生男孩；若妇女年龄与怀孕月份两数奇偶相异，则生女孩。"叩门兆面"俗说：在孕妇预产月的初一，进入孕妇家第一个叩门的非家庭人员是男性，则预兆生男；若第一个叩门的是女性，则预兆生女。“女坐男立”俗说：在孕妇预产月娘家来人送催生礼时，进门若见孕妇站着，便是生男之兆；若见孕妇坐着，便是生女之兆。“内男外女”俗说：在送催生礼入门时，若碰到的第一个人面孔朝屋内，则孕妇会生男；若碰到的面孔朝屋外，则会生女。

饮食兆象。民间认为怀孕妇女的饮食、行为、心性等与孩子形象、健康、心智、行为密切相关。孕妇若吃了兔肉（或说兔嘴子肉），产下的孩子会长个三瓣嘴，即兔唇[①]。江汉平原一带认为，孕妇吃了河蚌肉，生下的孩子滋舌头，长大了吃饭喜欢咂吧嘴。孕妇吃了螃蟹，胎横难产，生下的孩子咂泡沫流口水，手或脚呈现外八字，心性向外。孕妇吃了鳖，生下的孩子有项颈不长。孕妇吃了鸭子，生下的孩子有摇头病。鄂西一带人们认为，孕妇吃了猪头肉，生下的孩子生疮、生疖子。孕妇吃了生姜，生下的孩子有六指。孕妇吃了狗肉的话，将来孩子爱咬人，吃奶时也爱咬奶头。孕妇吃了驴肉，将来孩子不听话，有“犟驴性”。孕妇吃了公鸡，生下的孩子夜里啼哭到天明。咸宁、崇阳、通山一带认为孕妇吃了烧焦的食物，将来生出的儿子身上留有疤痕，脸上生黑痣。而孕妇喝炖鸡汤，吃猪内脏等，能够给孕妇补养，婴儿身体健康。孕妇临盆前，吃几次老醋炒猪肝，能够防止胎衣不下。神农架、十堰一带，人们认为孕妇不能吃苦瓜、吊瓜，否则影响胎儿皮肤。吃苦瓜皮肤粗糙，吃了吊瓜身上泥淋淋。孕妇不能吃薏仁，否则会造成流产。而怀孕快要生产的时候，要喝枸杞头煮青皮鸭蛋去胎毒。

行为兆象。孕妇不能跨越绳索，绳索象征胎儿脐带，否则导致难产。不能在孕妇房间里刮眉毛、剪指甲，否则宝宝出生后会没有眉毛。孕妇参加葬礼，不下跪；不到未过五七的死人家中，否则会难产。孕妇不能接近丧事，不能见棺木、祭祀、“做功德”等，小鬼多得很，不然冲伤胎儿。孕妇不能抱别人的孩子，抱过的孩子要生病，俗称“替胎”。不能看猴子、猴戏，怕儿子生下来像猴子一样言辞表达不清楚，而且十分好动。

鄂西一带人们认为，在孕妇床头挂有他人物件，生下的孩子有骈指。在孕妇床头置刀剑，生下的孩子有缺唇。在新婚夫妇交拜时，堂屋侧置秤，生子是驼背。

---

① 西晋张华著《博物志》中就记载有“妊娠者不可啖兔肉，又不可见兔，令儿缺唇。”唐代昝段著《产宝》。和宋代朱瑞章著《卫生家宝产科备要》均有此说。

孕妇攀登果树，果树第二年不结果。孕妇仰高取物，吊在屋梁上或其他较高的东西，以后常招猫鼠。孕妇荷负重物，家里男人要得病。

咸宁、崇阳、通山一带认为有了身孕的妇女，不能行房事，不能提重物，否则会动胎小产或难产。孕妇探亲访友，需要用祭品祭拜亲友村庄的土地神，防止该村的殇鬼妖魔会附上身，导致难产。孕妇不能看别人分娩，否则将来要难产。看人家挖沟，生小孩缺唇。孕妇看了蛇，生下的孩子要伸舌头。孕妇看了猴，生下的孩子有尾巴，全身长毛。孕妇看了虎，生下的孩子缺唇，全身斑纹。孕妇看了皮影戏，生下的孩子不长肉。孕妇参加别人的婚礼不可以吃喜宴或喜饼喜糖等，不能到新娘身边去，也不能摸新娘的轿子、嫁妆，或坐新娘床，否则，对双方都不利，新娘日后不是克夫守寡，就是丧子绝后。怀孕期间，家中小叔、小姑嫁娶，不能迎亲纳礼，否则胎儿会受惊吓。

神农架、十堰一带，人们认为孕妇不能动剪刀、针线、锥子等利器，否则会伤了胎神而生下缺耳朵、瞎眼睛的孩子。孕妇在预产期前一个星期不准回娘家，娘家见红对娘家是不好的。孕妇可以治疗小病小灾：头痛感冒了，请孕妇摸摸；胳膊拧了，请孕妇摇摇；肚子痛，请孕妇用手揉揉；有眼病了，请孕妇用嘴吹吹。

石首、枝江一带，人们认为妇女怀孕的头两个月，她的房间不能随意变动，不能钉钉子，不能随便搬动家具或更换被子、床单、席子之类，否则，容易造成胎儿不稳定，导致流产。孕妇不可以将手举高过肩，如晒衣服等，会造成流产。不能拍孕妇肩膀，否则可能导致流产。家有孕妇的人不能动砖瓦土石、修葺房屋、拆窗、砌灶等，容易惊动胎神。不能吃虾，否则孩子长大后经常流泪，患红眼病等。

潜江一带，女儿婚后第一次怀孕，娘家闻讯后，一般在孕妇怀孕三个月左右，送一张单人床到女婿家。暗指夫妇从此以后该分铺而居，以利孕妇的健康和胎儿的发育。妇女在怀孕期间凡事都得特别谨慎，以防流产。流产不仅是一件不名誉的事情，而且被认为是受神明或祖宗责罚的结果。孕期内必须履行许多禁忌，如夜晚不能外出，怕碰着邪煞，投胎作祟。孕妇不能观看戏剧，戏剧人物，深印脑际，将来产下花脸孩童。孕妇腹部高胀时不能提及猫、狗、鸡、猪、鼠等动物。孕妇不能与人打骂，打骂丧身失性，还可能招致“生孩子没有屁眼”、“豁嘴”、“堕胎”等诅咒言语。

其他兆象。生殖崇拜往往与其他民俗结合在一起。如，阳新县太子镇每年农历十月十五的“接太王”习俗中有接送鹅卵石（意象为雄性的睾丸）的习俗，抛开祭祀石敬瑭的因素，生殖崇拜达到神圣的地步。洪湖市新堤一带端午节期间龙舟、凤舟竞渡，把生殖崇拜推到极致。龙舟上用红布包裹成两个直径1米的圆形物件放在舟尾，象征雄性的睾丸。凤舟上用2.4米（象征一年二十四个节气）左右的十二根竹子（象征一年十二个月）裹上红布，铺排成扇形物件放在舟尾，象征雄性的凤凰。兴山县一带求子的妇女往深山中的石洞丢石子，传说丢中即会受孕，把洞口看做是产生婴儿的阴门。神农架石林处有一根石柱，被当地人称为祖根，看做是男人的阴茎。

胎教。《正俗方》云：“怀孕妇人性宜宽厚，神全气和，不惟安胎，生子必温厚，古所谓胎教也。”武汉大学冯德全教授被誉为中国著名的儿童早期教育专家，他提出“0岁方案”享誉海内外30年，经久不衰。其“0岁方案”与遗留湖北广大地区的孕期环境民俗有异曲同工之妙。

哺养、育婴风俗。孩子生下来后，各地有产妇哺养、育婴的风俗。襁褓中的婴儿并不知晓环绕其赞美与祝福的各种诞生仪式。作为生命周期仪式开端的诞生礼仪是人生礼仪的起点，也是个体生命走向社会化的开始，承载着各种意义的象征符号，并在其举行过程中构筑和展现社会的观念和结构[①]。

产妇将要临盆之时，家人就开始张罗一切。产房门首贴一张红纸条，上写“姜太公无禁忌”，卧床帐上也贴一张道士符，目的都是在于驱逐邪煞。房内用具不许妄动，恐惊扰土地神，不利于婴孩。孕妇生产时，禁止带钥匙的人进入产房，称为“锓奶”。认为带钥匙的人进入产房会用锁锁住炕席，将来产妇没有奶。产妇临盆时必请稳婆，俗称“接生婆”。接生婆的任务是帮助孕妇分娩，分娩后她照顾并清理婴孩。无论是生男生女，分娩之后，家里人就预备寿面或糖粥，分给邻里亲属，表示孩子已平安坠地。现在孕妇一般在医院待产，此种习俗已经不流行了。

“开奶和踩胎盘”。江汉平原一带，婴儿诞生后，首先要吃别人家妇女的奶，称为“开奶”。若是男孩，吃生女孩妇女的奶；若是女孩，则吃生男孩妇女的奶。如此，可以避免将来小孩长大成人后有不育之祸。孕妇生产后，一般把胎盘装入瓦罐，以泥封口，在夜深人静时埋于大路口，或者丢入水塘，或埋在孕妇的房门后。认为胎盘被千人踩、万人踏，可使小儿无病无灾；丢入水塘可以带走不祥之

① 蔡磊：《仪式中的象征与结构——以周城诞生礼为例》，载《中华文化论坛》2004年第04期。

兆，免除洪涝等天灾人祸；埋在房后，落叶归根，养儿防老。

"坐月子"。孩子生下来后，产妇要坐月子。坐月子似乎是产妇人生的一个难关，"一定要坐满三十天月子"。产妇不能下床活动，要躺在床上，这样身体才恢复得快而好。孕妇产后不能出外吹风，即使在室内也不能被风吹，身体要遮挡严实，以防中风。孕妇在夏天产后三天或冬天产后一周要用草药之类的水洗澡去风。其后，一个月内不能洗头、洗澡，否则会受风寒侵袭，将来头痛、身体痛。洗浴后，如果头发未干，不可结辫，不可马上睡觉，否则湿邪侵入会造成头痛、脖子痛。故有"坐月子不洗头"习俗。产妇月子里不能刷牙、梳头发，这样做将来牙齿会过早松动及头皮疼痛。"坐月子要天天吃大补"，产妇不能吃蔬菜、水果及生冷食物，否则会伤脾胃和牙齿。"坐月子（或产后一百天）不同房"。

图 2-20　坐月子

在鄂西土家族，生女孩，要为女孩在院坝栽牡丹和泡桐。日后，父母将每年卖牡丹的钱积攒起来，到女儿长大出嫁时，送与女儿做陪嫁。女儿出嫁时，用泡桐树打家具作嫁妆。生男孩，要为男孩在院坝栽柚子树，意为多子繁衍后代，也是父母日后将每年卖柚子的钱积攒起来，到儿子长大结婚时支用。在鄂西苗族，家中生女，要为女孩选一空地栽植几十株、甚至几百株杉苗。杉苗与女儿一起成长。十八年后，女儿长大成人，杉树长大成材，因此女儿杉又称"十八杉"。女儿出嫁时，砍伐数株办嫁妆。此俗源于一个传说[①]。

① 相传鄂西四百年前无杉树。有一木匠外出做工，带数株杉苗至家时，恰值妻子生一女。木匠喜不自禁，即刻将树苗植于房前屋后。女儿出嫁时，其父以杉为材为其做了嫁妆。后相沿成习。

婴儿从诞生之日起,有“落草”、“报喜”、“三朝”、“十朝”、“满月”、“命名”、“抓周”等人生礼俗。用每个人生礼俗和仪式祈求保命、长命。在分娩的时候,让产妇坐在盆上生产称“临盆”;让产妇在铺上麦秆和谷草的床上生产称“落草”。

“报喜”。婴儿降生当日,婴儿的父亲必须亲自抱着一只鸡、携带喜蛋去向外婆家报喜。生男孩抱公鸡,生女孩抱母鸡,名曰“报喜鸡”。生男孩喜蛋要带单数,生女孩喜蛋要带双数。喜蛋上面用红纸盖着,生男孩红纸上写“弄璋之喜”,生女孩红纸上写“弄瓦之喜”,寄寓孩子落地生根。

武当山地区报喜则不同。婴儿降生后,由婴儿的父亲向其外公外婆报喜。若生的是女孩,礼品则为公鸡、鸡蛋和盐;如是男孩,则为母鸡、茶叶和烟。婴儿的外婆家接礼便知道是男还是女,还礼与女婿所送的相反——送来公鸡,还以母鸡;送来母鸡,还以公鸡。约定送祝米(或称“满月酒”)的日期。

鄂西南一带,婴儿出生三天,婴儿的父亲到岳父母家放一挂鞭炮,围绕岳父母家房屋转三圈,将一只鸡(生男抱母鸡,生女抱公鸡)送到岳父母家报喜。岳父母家接到女儿生孩子的喜报后,母亲带着女儿“坐月子”吃的鸡、蛋、红糖、面条、大米等食物和婴儿穿用的尿布、衣服、背布前去祝贺,并看望照顾自己的女儿。

“三朝”。在婴儿出生之后第三天举行的庆贺仪式,称为“三朝”,也叫做“洗三”、“吃面”、“汤饼会”、“三旦”。洗澡是迎接新生命的一种仪式,有洗三朝和洗九朝两种,现在都是洗九朝。接生婆用艾叶煎水给新生儿洗澡,滚红鸡蛋,祝福新生儿健康成长。洗后由奶奶抱出门拜天地,焚香鸣鞭三鞠躬。有的与家婆、姑、姨、舅娘、亲娘等女长辈见面,俗称“见拜”,接受长辈们的红包与祝福。洗九朝请客办酒,很隆重,都是女客,现在男客也来。席间,先吃一碗面,故俗称“吃面”。

送礼一般写“浴麟之敬”或“汤饼之敬”。当日必请稳婆前来给孩子洗澡。洗澡的方法:先预备一盆温暖的水,加入艾草。用去除蛋壳的熟鸡蛋周身摩擦,擦后方才下水施洗。洗毕,必抱孩儿向天祝拜,给孩子取乳名,设酒席宴客。襄阳一带多用艾叶、花椒等给婴儿洗澡,由老年妇女为婴儿擦身,认为这样做可以去掉胎气。有的地方边洗还要边唱喜歌,预祝他长大成人之后能够读书做官,出人头地。同族已婚的女性要送周岁以内婴儿穿的鞋帽。宜昌一带,用陈艾篙煎水给婴儿洗澡。洗完后再用煮熟的剥掉蛋壳的鸡蛋在婴儿脸上、身上、腿上反复滚动,边滚边唱:“我家有个小宝宝,出生三天洗个澡,圆圆的鸡蛋身上滚,滚出恶毒百病消。”认为鸡蛋可以吸尽恶毒除病消灾。现在少数地方仍然保留这种习俗。

“十朝”。亦称“开甲”(天干之数)、“开旬”(十天为一旬)。是日,还有命名仪式。开甲虽在小范围内进行,却比小孩的平常生日要隆重得多,主要亲属是祖父母、外公外婆和舅姑等,礼品以面条、文具、礼金为主及其他食品。当代时兴生日蛋糕、吹蜡烛、唱生日快乐歌曲等。逢十为一甲,小孩逢十后就是人生数甲开始,步入六十花甲轮流转的第一甲之列,故称“开花甲”。由祖父母给孙儿“命名”,祖父母写下“命名”礼事,送长命锁(取名习俗在下一节详述),这是婴儿进入人群的重要仪式。现在“十朝”习俗往往与满月习俗结合在一起,单独出现比较少见。

“满月”。产妇坐月子叫“蓄月”,产妇在生产后的一个月内不能做事、出门、洗澡,门头挂圆镜,摇窠头里插刀剑,外人不准进房。误闯进去的,荷包里所有东西都得掏出来,特别是钱。还要演绎送奶仪式:煮鸡蛋、油面,放在提桶里,喊“奶来了”。这期间婴儿不能被抱出户。到了一个月,婴儿可以适应离开母亲的环境。婴儿满月要举行庆贺仪式,凡是参加满月礼的女性长辈都要送礼,称为“吃满月酒”,或“月酒”,或“贺满月”,或“做满月”。外公外婆遍邀同宗亲友一起贺喜看望外孙(外甥),礼品一般以米为主,以斗盛米,用红纸将斗口封住。还有玩具、“长命百岁”银锁、狗头帽、猫头鞋、老虎兜肚、老虎褥子、老虎帽子、衣料、百家衣[①]等。届时,外公外婆的礼物要摆开,让众人赏评,称“看月活”。主人的本家亲朋一般给钱(俗称“上干礼”),或买礼物。送礼金的红封袋上,生男写“弄璋之喜”、“充闾之敬”或“弄璋之敬”。生女写“弄瓦之喜”、“门楣之敬”或“弄瓦之敬”。宴毕临别,主人家一般回赠红蛋、糖等。回赠的红蛋,生男单数,生女双数。

“剃胎发”。古今中外都很重视剃胎发礼仪。婴儿第一次理发,称“满月头”,由舅舅主持剃掉胎发。届时,主家设宴待客。满月的当天或前一天,给婴儿剃头。许多亲友都来参加宴会。理发师滚红鸡蛋,主家要封红纸包。剃头留“性命奪”,有的留“老儿辫”,拴住好养活;还有的剃边头。剃了满月头,婴儿才开始戴帽,要抱着婴儿走街串巷见街坊邻居。据说,这样可以使婴儿将来不怕生人。从娘胎带来的胎发不能剃完,要在额头留一撮“聪明发”,或脑后留一撮“撑根发”,意为不忘养育之恩。剃头师傅将艾草、葱、石头等放在浴盆里,先倒生水(冷水),

① 百家衣:一种向亲戚邻居乞讨五颜六色碎布剪裁缝制成的衣服。民俗认为,婴儿穿上这种衣服可以保佑长命百岁、富贵平安。

再倒相当分量的开水。冬天将煮熟去壳的四个整鸡蛋放入水中，夏天将煮熟去壳的四个鸭蛋放入水中。剃头师傅为婴儿剃掉头发及眉毛后，拿起鸡蛋或鸭蛋在婴儿头上、脸上、身上滚一圈，边滚边说一些吉祥话。剪下的胎发，置桂圆壳内，用红线串挂床前"压邪"。有的将婴儿的胎发做成毛笔进行保存，寄寓孩子的人生历程由自己写出，寓意学业有成。武汉一带，婴儿的剃胎发一般固定在农历二月二，俗称"二月二龙抬头，剃胎发，讨个好彩头"。

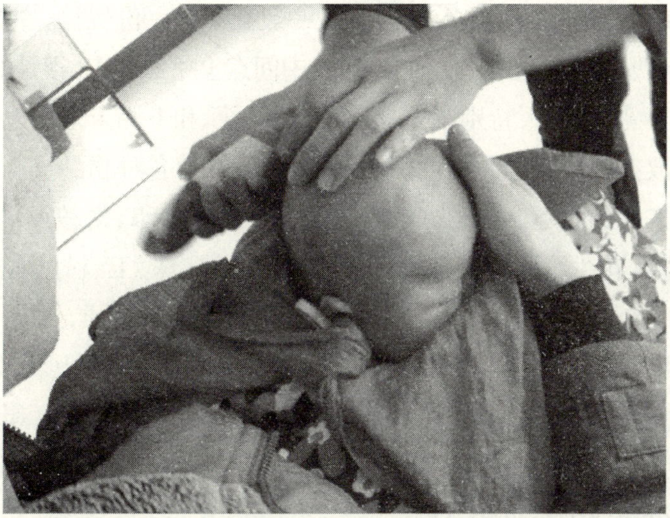

图 2-21 剃胎发

孝感一带，有的在出生二十四天(即第二十五天)为婴儿剃头，意象是一天代表一孝。古代有大孝二十四人的说法，希望婴儿未来成为第二十五位大孝之人。或许出于"孝行感天"的原因。有的剃头日选定吉日，如初三(代表富贵)、初四(悦色)、初八(长命)等。鄂西南、江汉平原有的地方在婴儿满 1 周岁时，为孩子剃头。

"走满月"。新生儿剃满月头之后，母亲走满月，大多是亲戚来接。鄂东一带，由同族同辈已结婚的女性将婴儿的眉心涂白，然后由丈夫将妻子送到娘家，称为"走满月"，或"出满月"、"住满月"。有的地方，生男孩由丈夫送妻儿到娘家，生女孩则由娘家来接。娘家同辈已结婚的女性在门口接过婴儿，放在门后轻轻翻一个滚，洗掉婴儿眉心的白色，改涂成黑色，同声高喊："白狗子进来，黑狗子出去！"

鄂东北一带，婴儿满月，有"黑鼻子看外婆，红鼻子看奶奶"之说。妈妈在抱孩子走娘家之前，姑姑送袜子，婴儿的奶奶或同族祖辈女性在其的鼻子上画一个黑色圆点；返回时，姨娘送婴儿棉袄，舅妈送一件穿在婴儿衣服外面的褂子，外婆或娘家祖辈女性把黑色圆点改为红点，并将一绺多种颜色的线系在外孙颈上或搭在肩头，寓意“亲亲有缘，绵延不断”。

“抓周”。关于这个仪式，《红楼梦》第二回“冷子兴演说荣国府”一段中提到宝玉“抓周”的情节。孩子生下一年满一周岁俗称“做晬”、“吃周岁粑”。外祖母备办衣衫鞋袜、食物、银器、玩物、珈椅子[1]等送给外孙，叫做“晬礼”。周岁办酒接客，大都是女客，家婆最大，坐首席。客人一般都备了一份贺礼。“周岁粑”是用粑模子把糯米粉压成印子粑，上面有花纹，中间点上桃红圆点，很是好看，作贺客“回篮”的不蒸熟。这一天特别举行检验小孩子天赋和卜测未来前途的“抓周”仪式。把小孩放在一个圆形竹器内，孩子的身边摆放着各种物品，任由孩子抓取，以判断孩子未来的志趣。男孩一般摆放笔、墨、纸、砚、印、戈、矢、洋枪、银元、厘顶、筷子、红蛋、花生米等。女孩一般摆放尺、针、线、珠、玉、粉、头、梳、镜台、食品、玩具等。孩子抓三次。用他或她抓到的三件东西的性质，来断定他或她是智，是愚，是廉，是贪等。阳新一带在小孩周岁时，父母为其穿上新做的虎头鞋。虎头鞋以黄布精心制作而成。鞋头绣一虎头，中间绣一“王”字。虎为“百兽之王”，民间认为小儿穿上虎头鞋，可为其壮胆、避邪，也有祝福小儿长命百岁之意。现在农村部分地区仍然有此习俗。

图 2-22　抓周(吴志坚摄)

① 珈椅子：一种在小孩能够坐之后准备的小孩坐具。

鄂西南的土家族在小孩周岁时“打干亲家”，即给孩子找干爹（义父）。若为男孩，一般在僻静的岔路边立“指路碑”，或在小井沟上“搭桥”，拜第一个过路人为干爹；若为女孩，一般在家中“供水”，拜第一个进家的人为干爹。老河口一带，婴孩过生日俗称“长尾巴”，中午的家宴要吃面条，称喝“长命汤”。生日忌喝“米汤”、“黏粥”，俗话说喝了要“一年糊涂”。咸宁一带，孩子过生日这天要受打骂，否则不长。

婴孩一般在两三岁时断乳，城市婴孩一般在九个月到一岁时断乳。做母亲的一般用姜汁或苦胆等涂抹乳头。婴孩经过数次痛哭流涕，便放弃吃乳的习惯了。小孩的童年一般从三岁起，到十二岁（意象小孩经过一轮子、丑、寅等十二地支年份，脱离母亲。随后进入少年）时止。

“收惊”。小孩在五六岁出门游玩，回来时如果疯狂发作、得病发烧等，家里就为他“收惊”。小孩的母亲问明孩子游玩的地点，拿着孩子的一件外衣和一个镜子，来到原地用手向地上连拍三下，口里念着：“某某不要惊，赶快跟着回去。”然后从地上拣一块石头（或土块）带回，一路上呼喊着“某某回来，某某回来”。到家后，把镜子、外衣和石头（或土块）都放在孩子床上。还有的“收惊”习俗是在小孩熟睡后，从大门一直到小孩睡觉的门均打开，关上其他所有的门窗，小孩父亲在大门外叫““某某不要惊（或玩），赶快回来”。小孩母亲在小孩床边答应“回来啦，回来啦，回来啦”。依此三遍。然后关上所有的门。

“习劳”。鄂西南的侗族人在小孩五岁举行“习劳”仪式。是年初夏，小孩的母亲将小孩领到田边（有水的庄稼地为田，没有水的庄稼地为地），小孩从母亲所在的这边田坝经过田里的烂泥巴爬向父亲所在的那边田坝，意涵为小孩从此脱离母亲的怀抱，开始接受艰苦的磨炼，跟父亲学习劳动。有句俗语：“从母亲那里学到善良，从父亲那里学到勤劳，从祖父那里学到耐性。”此种习俗已经比较少见。农村地区演变成母亲要小孩为田间劳动的父亲送饭菜、茶水。城镇地区演变成母亲要小孩去商店为父亲买酒，或买酱油。咸宁人在谈论五至六岁的小孩时，往往说“我家的（小孩）能够买酱油了”。

“一甲”。小孩满十岁为一甲①。是时，亲朋好友齐聚一堂，天道酬勤，小孩母亲坐在最尊贵的座位上，恭祝十年寒暑抚育的艰辛。婴孩度过天灾频繁降临的“一甲”时日，用十岁生日告慰天、地、神、灵等的保佑，警告魑、魅、魍、魉等鬼怪不

① 一甲：甲、乙、丙、丁、戊、己、庚、辛、壬、癸，简称“一甲”，易（河图、洛书之数）理为十。

能骚扰。江汉平原一带，一般为小孩庆祝整十岁。鄂东南一带，一般为小孩庆祝虚十岁。鄂西南的侗族在小孩满十岁时，由父亲领到田边，从田坝的这边经过田里的烂泥巴爬向祖父（没有祖父则请寨里德高望重的老人）所在的那边田坝，由祖父在田坝那边接着。意涵为要向祖父学习和锻炼意志，培养耐性。鄂西南土家族在小孩满十二岁时，有请巫师"度关煞"或"打十二太保"活动。寄予父母盼儿女长大成人的愿望。"度关煞"习俗已经没有了。一些地区小孩十岁的生日由外婆主持正式宴席，遍请亲朋，称"爱子寿"。鄂西北郧西一带在小孩满十二岁时庆祝，一到十二岁以兆象十二地支，小孩从此可以脱离娘娘（一说女娲娘娘，一说孟姜女娘娘，一说土地娘娘）的庇佑，母亲脱离苦海，不再时刻向神灵祷告。

二、取名习俗

名，《说文解字》认为："名，自命也，从口，从夕，夕者冥也，冥不相见，故以口自名。"冥，既命。中国远古人认为万事万物都是有生命的；万事万物都是有阴阳，也是阴阳结合的产物。故，"名"是指给有生命的阴阳两隔不相见的一个口头上称谓。任何一个事物的"名"，是由看不见的"命"和具有一定意义的喊得出的符号所组成。旧时店名多用茂、昌、泰、祥、顺、和等吉利字眼，招牌用木板漆成红或黑色，写上金字，叫做金字招牌；有的门头一侧挂一布幡，上面写（或画）着本店经营的项目。人的名字有乳名、学名、艺名、笔名、字、号、绰号、释名、赐名等。礼节上，自称或称呼下辈一般是用"名"，称呼尊长一般是用"字"。如，婴儿爱"浠痰（流口水）"，爱"浠痰"的叫"痰八溜"。这绰号有人相伴终身。

取名，即命名。古今中外人们取名时，离不开身处其中的环境和习俗。婴儿诞生三天取乳名。诞生三个月取学名（正式名字）。古时读书人有名又有字。女孩十五岁才能够取字，开始讨论结婚事宜；男子二十岁才能够取字，开始被认为是成年人。此俗已经少见。现在称官位、职业，如，某某厅长、某某处长、某某经理、某某总裁、某某老师、某某工程师等。文人学者发表作品时有取笔名的习惯，作者常用笔名发表文章。

民间认为，名字的好坏，不仅会影响人们命运的吉与凶，还影响到其他方面的事业和前途；取名要有针对性，根据个人命格的需要，选用符合命格的数理、五行以及字的音、形、义等取名字。如果命格不需要，再好的名字也枉然，甚至起到不好的作用。万物可类象,万物皆有灵,万物能通灵。由一笔一画构成的方块汉字所组成的姓名不仅有象、数,还有音、义。具有阴阳五行内容的象、数、音、义跟"仰观象于天,俯观法于地,观鸟兽之文,与地之宜,近取诸身,远取诸物,以通神明之德,以类万物之情"的周易八卦符号有相通之处,不是随意乱造的。如五行中的"水"、"火"与八卦中的"坎"、"离"二卦的卦象相通,又与宇宙自然物、时间、方位相连。

"取乳名"。为婴儿取乳名,一般取贱名。民间认为,名字越贱,小孩越容易养大。子女身体状况不好,便取名狗娃、狗子、叫花子、狗剩儿等。有的子女长得俊俏,父母却取名丑丑、二丑、丑女等。子女长得活泼可爱,父母反而取名小赖、大憨等。现在城区比较少见。鄂东南一带,婴儿的乳名一般是某某子、某某宝,如虎子、狗宝等。

"取学名"。诞生三个月为小孩取学名,一般比较正规,根据阴阳五行和八卦数理,用蕴含本人精、气、神最美好的"字"来命名,以期传承情、意、志,达到"天人合一"的境界,想象未来的美好。民间认为,中国象形字源于自然界的"物",本身具有生命灵气。凶名招凶祸,吉名为成功之基。命运(八字)与姓名俱好,则吉上加吉。凡事自然吉人天相,百谋顺遂,福寿双全。命运坏,姓名亦坏,则凶上加凶,凡事困难重重,穷困潦倒终生。命运好,姓名坏,减命中福分,出现逢吉变凶。命运坏而名好,补救先天不足,遇事会逢凶化吉。不论先天命运好坏如何,一定要选好大吉大利的名字以补救或辅助,获得人生的富贵和长寿。人的姓名不只是一个简单的名号,对人的情绪、智力、婚恋、健康等各方面有着一定的影响。根据阴阳的变化、先天命运的实际情况,有针对性来恰当取名,效果才好。如,福多身弱的命,不宜取达、山、贵、伟、腾等勇猛、刚强的字,而宜取忠、孝、守、敬、诚等温和、善良的字。身旺财弱的命则相反。俗话说:"赐子千金,不如教子一艺;教子一艺,不如赐子好名。"姓名中的字形象征着符,字音象征着咒,字义象征着愿。

第四节 成人礼仪

在社会成员达到成熟年龄时举行相关的仪式,被称为成年礼或成人礼。中国古代,男女到成年期有"人社典礼"仪式。未行此礼的男女,都不算为完全资格之人；行礼之后，他们方才能够享受成人的一切权利义务。男子的成年礼叫冠礼，女子的叫笄礼，“婚姻冠笄，所以别男女也。”[①]郑玄注：“男二十冠，女许嫁而笄，成人之礼。”男子成人之礼也称“出幼”，女子成人之礼也称“上头”。男子行“出幼”礼时，必起一个名字，留为登载族谱用。

修谱一般20年一次，以前只叙男丁，具名，媳称某氏。定字派，子孙按字派取名，论辈分，修成时一般举行仪式，一房一套，一般不给外姓人查看。同姓内分宗族，九族为本宗(亲房)，即高祖、曾祖、祖父、父亲、己身、儿子、孙子、曾孙、玄孙。高祖兄弟衍生的后代，对本宗来说叫别宗，也叫大房，按兄弟顺序称“二房”、三房”等。高祖之父称为“远祖或太祖或某世祖、大祖”。宗族内有修谱、定族规、修宗祠、祭大祖等大事。现在还搭台唱戏庆贺，经费按“红丁”(男性)摊派。现在很多族姓修谱，女孩也入谱。

成年礼与成人礼有一定的细微差别。成年礼一般是一种社会规范，成人礼一般是行为规范。如咸宁一带，民间认为，男子二十岁、女子十八岁则为成年人。荆楚不少地方认为，举行婚姻仪式后才表明长大了，才被要求去履行成年人的行为规范。特殊情况下，挑起家庭生活重担的十四、十五岁男孩或女孩被赋予当家人，也赋予为成年人，可以谈婚论嫁，但不是成人。江汉平原一带认为，参加劳动的十八岁男、女是成年人，特殊情况下，十四、十五岁当家做主或独立支撑门户也为成年人。成年人的社会标签一般是参加劳动、能够独立生活。我国法律规定，年满18岁的中国公民具有完全民事权利和完全民事行为能力，属于成年人。

从民俗角度看，需要通过一定的仪式来确定为成人。成人的行为标签一般是谈婚论嫁、谈亲说爱，媒人开始踏入门槛。成人的行为标签是男女有性行为。成人礼仪更多倾向为男女性行为关系。鄂西、江汉平原一带在结婚时通过告祖礼仪作为成人礼仪的行为标签。

男子成年礼。男子在二十岁时，即是双甲，逐步成熟，是自立进取的开始，要举行成年礼。古代称冠礼。在仪式中，这个人被确认为成年人。进入成年人的行列，可以享有成年人的权益，履行成年人的义务。在此以前都是“童子”、“童生”或“学生”。礼仪是用加冠做标志，由社会承认并接纳这个人进入成人行列。家人团聚酒宴，以示鞭策。

---

① 《礼记·乐记》。

“侗族成年礼”。鄂西南的侗族男孩十五岁举行成年礼仪式。是时，则由祖父（没有祖父则请寨里德高望重的老人）把男孩带到田边，男孩从水田的这面田坝上爬向对面的田坝，表示从现在开始，即长大成人了，以后的生活需要自己去体味人间的艰辛，闯出一条自己的生活道路。现在比较少见。

“婚前成年礼”。江汉平原乃至鄂西一带，一般在结婚前或结婚当天通过告祖（辞祖）礼仪来完成“成人”的洗礼。将加冠礼（成人礼）与婚礼合二为一进行，是荆楚独有的特色。结婚时，男方举行“告祖”仪式向列祖列宗禀告，祈求祖上保佑。女方举行“辞祖”仪式。一般有一套比较固定的仪式，如设香案、设食案、设酒樽、设三牲、设果品、设楮财、设善香、设鞭炮、设浣洗所、设拜席，行告祖礼，布席，炳烛燃香，鸣炮等仪式。现在偶尔可以见到此种习俗。

“集体成年礼”。现在，一般成年礼是学校在礼堂或操场上为年满十八岁学生举行集体的成年仪式，时间一般是“五四”青年节。学校教育者认为，成人礼不是形式，而是一种责任与担当。青少年的教育既要教也要化，成人礼就是一种化，在亲身体验的同时，青少年学会承担起社会、家庭和自身的责任。使青少年在活动中接受传统文化的熏陶，认识自我价值，明确社会责任，培养敢于担当的品德。华中师范大学文学院汤江浩教授撰有《十八岁的风采》一文有详解。

图 2-23　成人礼

“家庭成年礼”。家庭举办的成人礼仪简单，先为孩子准备一套新衣服，一般由舅舅、叔叔或比父母年龄小的亲朋主持。先由父母致祝词，再由孩子答词，然后亲朋给孩子礼物，随后聚餐，最后吃生日蛋糕，说一些祝福的话。

女子成年礼。将成人礼与婚礼合二为一进行，是荆楚独有的特色。女方举行"辞祖"仪式的摆设与男子"告祖"的大致相同，主要不同是案前八仙桌上，摆放男方过礼的猪肉、鱼、酒等礼品和出嫁的嫁妆。

"开脸成年礼"。《招魂》记载楚国宫女醉饮后"美人既醉，朱颜酡些"。面部泛起自然红晕的宫女成为美女的标志之一。"粉白黛黑，施芳泽只"①。楚女用不杂色的白色米粉打底，施抹用茜草浸染过的红色米粉，"稚朱颜只"②，取得白里泛红的"朱颜"的效果，"芳泽香膏以涂发"③，用香膏涂抹头发。现在江汉平原一带在女子出嫁前夜，请儿女双全、夫妻和睦的妇女，对"新娘"开脸。首先扯脸上的汗毛。用热水给"新娘"洗脸，再将石膏粉或香粉均匀扑在脸上，然后在脸上反复抹擦直到发热发烧，拿出一根丝线，一头用牙齿咬着，一头捏在右手，左手把丝线从中间拉过来。丝线绞成"Y"形，贴紧肌肤，然后左手的拇指和食指将两线段不断开合，右手将线上下推送。尚未出嫁的女孩子想要拔除脸上的汗毛，是一桩违反礼教的。因此，把没"开脸"的女孩叫"毛丫头"，而且"毛丫头"的额头一般都留"搭搭毛"遮住额头不让露出来。

"眉状"。春秋战国时期，楚女对眉毛的化妆是相当考究、精妙的，有细曲眉、直眉等。《招魂》描写宫女"蛾眉曼睩"。《离骚》记载有："众女嫉余之蛾眉兮。"蛾眉是用墨黛勾勒出来的弯而长的细曲眉，现代女子一般采取这种画眉描法。除了细曲眉外，楚女的另一种画眉描法是《大招》提到的"青色直眉"。在画眉前一般要剃去天然的眉毛。《释名》："黛，代也。灭眉而去之，以此画代其处也。"马王堆汉墓梳妆盒内的小刀，疑即具有剃眉的用途④。现代女子一般将连心眉和眉毛的尾端去掉，把生得太浓或者太低的眉毛拔去，让桃红的皮肤现出来，用眉笔画成柳叶眉，或各人所爱好的式样。民间一般用细的干柳条削成铅笔的形状，尖端放在火里烧成焦炭作为眉笔。

"女子发式"。发式的变化是女子成年的一个标志，未成年的女子头发或披散，或总角。女子成年礼仪曾有及笄礼，是女孩子的成人礼，在十五岁到二十岁

---

① 《大招》。
② 《大招》。
③ 王夫之：《楚辞通释》。
④ 宋公文、张君：《楚国风俗志》，湖北教育出版社 1995 年 7 月版。

为女子梳头加笄。笄礼是女子订婚以后出嫁之前所行的礼仪。成年的女子头发挽成各种发髻。《招魂》描述了春秋战国时期楚女："盛鬋不同制，实满宫些……长发曼鬋，艳陆离些。"楚女留长发，注重追求与众不同的鬓发打扮，下垂的鬓发曼娜多姿。成年楚女将头发挽在脑后打成一个髻，用丝巾系住髻的中间梳成椎髻[①]。楚女还有"锤形髻"[②]。五十多岁的楚女还有梳偏髻[③]。二十年前的农村，看女子的发式可以判断一位女子的婚姻状况。挽髻的女子，一般是有夫之妇。分头扎两根大辫子的女子，一般是未婚女子。没有挽髻也没有分头的女子，一般是离婚女子。现在农村，烫头发的一般是结婚的女子，有刘海的一般是未婚的女子。

女子出嫁前需要梳头，俗称"上头"。将做女儿时的扎两根大辫子的分头盘起来，在脑后挽成一个发髻，俗称梳"粑粑髻"。若男方家境不好，或新郎命硬，或新娘嫁去男家要当家做主，则将娘家的木簪插到头上。若为垫房，则带一把木质短剑。

"哭辞成年礼"。土家族的"辞祖"仪式一般在结婚当日。乐师吹《催装曲》。新娘从头至脚全部换上男家送来的衣服饰物，不带走娘家的一点东西，尤其不能带走娘家用的梳子。婚礼当日，新娘继续"哭嫁"，哭嫁歌名《辞祖先》。是时，新娘由哥哥用男方备用的"背新带"，从闺房背到中堂。新娘清点祭祀祖先堂前的嫁妆，新娘母亲送帐子念祈祷祝福的《撒帐歌》，新娘辞祖敬神，哭拜祖宗。新娘边哭边撒筷子。《哭撒筷子》歌词如下："前撒金，后撒银，中央撒个晒谷坪；前面金子跟哥走，后面银子跟哥去；前去三天，要发三千，前去一天，要发一千；去得快，发得快，荣华富贵万万代。"或由女方的一位年长者手持筷子一大把，在新娘头上反划三圈，再向新娘背后空中抛去。哥哥背着新娘向祖宗神位敬揖后，转身走到稻场外去男家的大路上。新娘由接亲女青年扶持上路，新娘要一直向前，不再回头。如新娘坐花轿，哥哥则背进花轿。蚊帐由新娘的弟弟或一位儿童扛着走在送亲队伍最前面。

---

① 见长沙陈家大山楚墓出土的《人物龙凤帛画》。

② 宋公文、张君：《楚国风俗志》，湖北教育出版社 1995 年 7 月版。

③ 《神奇的发现——马山战国"丝绸宝库"出土记》，江陵马砖 1 号楚墓墓主，《湖北日报》1982 年 3 月。

第五节　养老祝寿

寿礼也叫“过生日”，此外还有“做寿”、“祝寿”、“庆寿”、“贺寿”等名称。特定年龄又有特定称呼，如“庆八十”、“贺六十”、“古稀之寿”等等。男女寿诞也有不同的称呼，比如男称椿寿、女称萱寿，因为我国古代以椿萱代父母，“椿萱并寿，兰桂齐芳”里的椿萱，指的就是这层意思。按照惯例，四十岁以下，甚至更小庆贺生诞时称“做生日”。各地、各代风俗不同，没有统一的年龄。五十岁以上称“做大寿”。民间认为，小孩子、青年人做寿是不妥的，要折寿。只有到了一定的年龄，才能举行寿礼。不过，如果父母在世，即使年过半百也是不能“做寿”的，因为“尊亲在不敢言老”。对所尊敬的人亦称“诞辰”或“寿诞”。每逢生日，举家或邀亲友庆贺。

图 2-24　寿礼之一

贺寿的来客都要携带寿礼，诸如寿桃、寿糕、寿面、寿烛、寿屏、寿幛、寿联、寿画、寿彩、万年伞、喜钱等。这些礼品中但凡能缀饰、点画图案的，一般都要加上一些象征长寿的图案等。此外，各地又有独具特色和意蕴的礼品。出嫁的女儿回娘家为父母亲祝寿，一定要给老人做绸制或棉织的衣、裤、鞋子等，用抽不尽的丝线祝福老人长寿绵绵。

主办庆寿活动的人家，应预先设立“寿堂”，摆寿烛，挂寿幛，铺排陈设，张灯结彩，布置一新。寿堂正中用红纸或红绸剪贴一个大“寿”字。寿辰庆祝活动从寿辰的前夕就已开始。亲友寿礼都先行送到；头天晚上先由女儿女婿设宴为“寿星”庆寿，并款待宾客，这叫做“暖寿”。第二天才是寿辰正日，宾客云集，向“寿星”道贺，并由宾客推举代表致祝寿词。

老寿星的娘家家族或岳丈家家族必须要敲锣打鼓、热热闹闹地送寿匾，一路上逢村放鞭炮，逢桥要长鸣（吹奏长喇叭）。路边若有人家放鞭炮，送寿匾的人家要给“同喜钱”，相当于“买路钱”。其他亲朋也有送寿匾的，礼节与上面相同。寿堂正中设寿星老人之位，司仪主持仪式，儿、孙子辈要拜寿，亲友、晚字辈也可来上寿。辈分不同，礼数有别。平辈往往只是一揖，子侄辈则为四拜。有的并不设寿翁，客人只是到寿堂礼拜，而由儿孙辈齐集堂前还礼。

寿筵是寿礼的重要一环，主家往往大开宴席，款待来客。宴席的馔肴不外乎鸡鸭鱼肉、山珍海味，但少不了的是面，俗称“长寿面”。寿宴席终，当宾客们辞谢时，主人也要适当回赠一些纪念物品。当然，平常人家也有不设寿堂，只设寿案的。

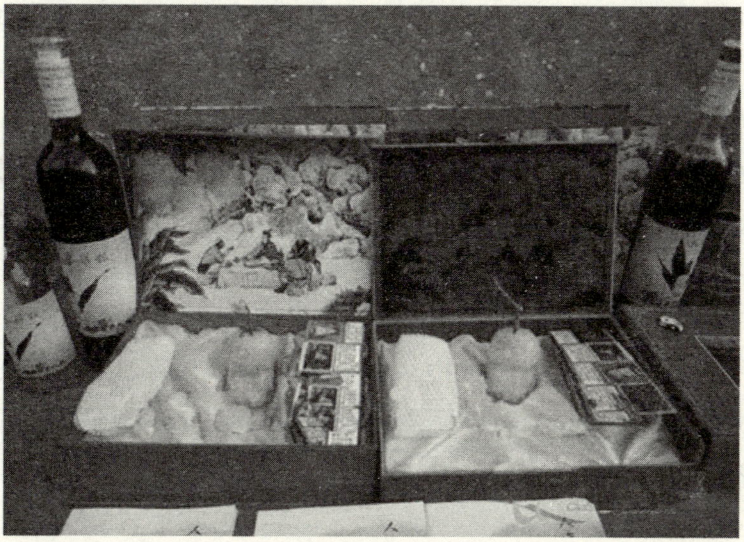

图 2-25 寿礼之二

各地所用的寿酒因地而异。咸宁地区用桂花酒作为寿酒。宋人黄庭坚有“欲将何物献寿酒,天上千秋桂一枝”的诗句。因为人们以为月桂树是不死的仙树,用桂花酒祝寿有祝福人长生不老的美意。潜江地区祝寿多用竹叶青,鄂东的英山、浠水等地一般用古井贡酒作为寿酒之上品。现在,寿宴中所有的酒不分品种,都叫寿酒。饮时先敬寿星,然后宾客同饮。

无论南北各地,不分贫富贵贱,也不管是男女还是老少,只要是过生日或做寿,总是得吃一顿面条,这叫做吃“长寿面”;送寿礼的人也常常送面条。据说此俗来源于汉代东方朔:古代的彭祖为什么能活到八百岁?就是因为他的脸面长的缘故。我国食品中,只有面绵长;生日吃面,表示祈求延年益寿之意。寿面要求每根长达一米,每束百根以上,盘成塔形,上罩红绿纸剪的纸花,备双份敬献寿星。祝寿时要把寿面放在寿案上;寿宴中必须以寿面为主。

“五福”。《尚书·洪范》说:“五福,一曰寿,二曰福,三曰康宁,四曰攸好德,五曰考终命。”五福中“寿福”是首位,其他四福也与“寿福”有关。“多子多福”隐含五福中第二“福”长寿。康宁意思是健康、安宁。“从舅唐仲俊,年八十五六,极康宁。”[1]长寿意思就是康宁。考终命的“考”即老,考终命意思是享尽上天给人的年份。“诔德策勋,考终定谥。”[2]意思是累述并表彰死者的德行,把功勋记载在简策上,享尽上天给人的年份后确定谥号,“皆生姣好以至老也”,与寿有一定的关系。可见,人的一生,寿是至关重要的。上了年纪的老人十分重视寿诞礼仪,即使寿星们不在意,子孙也要在这种可以做面子的礼仪上做文章。寿诞礼仪因年龄的不同而有所差别。

“躲生日”。三十到五十岁之间,人们为了不做生日,在生日前借故外出躲岁。也有老人在寿诞前夕,故意以走亲戚为由,躲在亲属家住,一般躲在女婿家,以表示不做生日的决心,俗称“躲生日”。咸宁地区有“女躲三,男躲四”之说,意思是女不做三十岁,男不做四十岁。因为女人做三十,将会出现身体发达、发福之态。俗语有“三十不做,四十不发”。过去女子裹脚,身体发福后,生活不方便,甚至行走都有困难,故女不做三十。四十为不惑之年,还因为“四”与“死”谐音,故男不做四十岁。

---

① 宋·陆游:《老学庵笔记》卷四。
② 晋·潘岳:《杨荆州诔》。

“开寿”。每个人并不是生下来就可以有资格做寿的，做寿是一件极其重要而慎重的事，所以第一次做寿就更是慎之又慎。在鄂西的有些地方，第一次做寿都是由丈母娘来操办的，这叫做“开寿”，也叫做“女婿寿”。在女婿婚后第一次过生日，或女婿满三十岁生日时，岳父岳母带着礼品到女婿家去贺寿。所带的礼品有鱼、肉、米酒、面条、衣服、桂圆、枣子、橘子等。鱼象征“富贵有余”，米酒象征“粮食充足”，面条象征“长命百岁”，衣服象征女儿“有依靠”，桂圆、枣子寓意“早生贵子”，橘子象征“大吉大利”等等。收到礼物后，女婿打酒、割肉、买菜来款待岳父岳母，以长寿面和果品、糕饼等回敬岳父岳母，敬祝岳父岳母健康长寿。

江汉平原一带从六十六岁开始庆寿，俗称“六六大寿”。鄂西土家族是五十岁开始祝寿。有的地方则不论年龄，只要添了孙子或外孙、留了胡子就可庆寿了。古语云：“人生七十古来稀。”因而这个年龄以后的寿礼很是隆重，“八十大寿”往往是寿礼之极。

崇阳一带庆祝寿辰，一般不能自己给自己庆祝，而应由子女或亲戚朋友出面举行。子女或亲朋在决定给“寿星”庆祝寿辰之后，预先发请柬给其他的亲朋好友。请柬内容有：为谁祝寿，寿期何日、地点何处即可。一般的只需作口头邀请。亲友接到请柬后，一般都应准备一些寿礼。

“男做进女做满”。男做进女做满；亦称男做“高”，女做“满”；亦称男做“虚”，女做“实”。做进指刚进五十岁（即已满四十九岁）时，就做五十大寿。“高”指九在个数中最高，十虽是个数中的满数（习称一十、二十、五十等），实际上是两个数。按照珠算（算盘），一后有个零。四十九、五十九……，亦称“过九”。按照旧俗，民间在相互通报年龄时，往往包含了进的虚数。过九寓意天长地久，有长命之意。男做高寓高寿。妇做满，即满五十、六十周年。顾名思义，满即丰满，高寓寿高长寿。在平常生活中，男性报年龄总喜报高。如男女同一年龄，都是四十八岁，男说“进四十九”，女的通常说法是“刚满四十八”。男高女满却成了通常之俗。

“做九不做十”。过生日是虚岁，不是周岁，民间有“做九不做十”的说法。满五十九岁，过六十岁生日。“十”意味着“满”，满则“溢”，“满”又意味着完结，所以不在整十周岁时做寿，而是提前到头一年。做寿不是出生的当天，要提前几天做寿。民间有逢九遭厄的说法，不少地方不仅在老人生日逢五十九岁、六十九岁、七十九岁等“明九”需要忌讳，还要忌讳九的倍数六十三、七十二、八十一等“暗九”年份。十二年一遇的农历属相所在的本命年，俗称属相年，也要忌讳，本命年被认为是不吉利的年份。“本命年犯太岁，太岁当头坐，无喜必有祸”。民间常用的方法是穿红衣服辟邪，小孩穿在外面，大人穿在里面，还要系上红腰带。有的地方“男不做十，女不做九”。

图 2-26 孔子

“七十三、八十四”。人们闲聊时常说：“哎，我老了，不中用了！”其他人往往劝说：“你不是七十三、八十四岁的人，怎么说自己老了呢？！”俗语说“七十三、八十四，阎王不接自己去。”七十三、八十四似乎成为死亡难以逾越的界线。七十三、八十四的意象是人的命运不能超过孔、孟圣人。孔子七十三而逝，孟子八十四而薨。孔子生于公元前 551 年，死于公元前 479 年，虚岁是七十三岁；孟子生于公元前 372 年，死于公元前 289 年，虚岁是八十四岁。民间认为到了七十三、八十四岁才算老，做生日以养老祝寿。生日以十岁为一甲，或一旬。年过六十，或称年过六旬，或年过花甲等。从六十岁开始，各地风俗每逢五、逢十，或者逢九就为当事者举行祝寿活动。做生日时逢十比一般平常生日要隆重得多。六十岁为下寿，八十岁为中寿，一百岁为上寿。

“长寿”。我国传统寿诞礼俗极为丰富，而其中寿礼最为突出，古人今人都十分重视寿礼。寿礼有多种民俗归置：从食物角度千方百计地寻求、实践长寿之道；从信仰角度想方设法趋利避害，从礼仪角度隆重热烈，繁复延绵。日常生活里苦心孤诣创造、应用长寿之术；给事物赋予长寿之势，如把寿字用许多变异的字体写出来，组成“百寿图”；命定行为以特定的意义，形成趋利就福、远祸避患之风。比如咸宁有祈讨佛堂的供果上寿，对人弄刀折寿等等；择定许多长寿的象征物，寄托长寿之雅；选造吉祥人物“寿星”加以寿礼，祝福、庆贺长寿之俗。所有这些，都构成了人们创造长寿的礼仪——寿礼。如，人们相信行善积德延年益寿。扶贫济弱、修桥补路都是善举，可以积德。不过，这做起来并不容易，所以就产生了可以积寿、增寿的象征性行为，诸如诵经礼忏、烧香祷告，庙观施舍，放生，抄写经卷等。

图 2-27　孟子

“花甲寿”。中国古代以天干(甲乙丙丁戊己庚辛壬癸)地支(子丑寅卯辰巳午未申酉戌亥)的排列组合来计算日期和年份，从甲子、乙丑开始排列下去，满六十为一周，古人称为六十甲子。后来，人们就以“甲子”或“花甲”代称六十岁。因为人们认为，活满了一个甲子，就相当于过完了天地宇宙，人生的一个完整周期。所以，民间特别重视庆贺花甲寿诞，礼仪比普通的寿礼更为隆重。“女做八”，女的提前两年五十八岁做“花甲寿”。也有的家庭遵照老父亲或老母亲健在，自己即使到六十岁仍不做寿的原则，仍称“过生日”。给父母做大寿是儿女们的大事。布置寿堂，挂寿匾、寿幛，贴寿联，作揖跪拜，分发寿饼和寿面。

“六六寿”。当父亲或母亲年满六十六岁时，出嫁的女儿要为自己的父亲或母亲做寿。在这一天，女儿将猪腿肉切成六十六小块，形如豆瓣，俗称“豆瓣肉”，红烧以后，盖在一碗大米饭上，连同一双筷子一齐放在篮子内，上面用一块红布盖着，由女儿女婿送给父亲(岳父)或母亲(岳母)品尝。肉块多，寓意老人多福多寿；父母在鞭炮声中高高兴兴地美餐一顿。咸宁有“六十六，女儿家中吃碗肉”之说。

“高寿”。俗称“人生七十古来稀”①。做七十，亦称“做大寿”、“做七十大寿”。其丰盛情况，大体与做花甲相似。“做大寿”称“过大寿”、“庆八十”。人活到八十。便被人誉为老寿星。八十岁做寿为大庆。旧时富户还设寿堂，张灯结彩，寿星坐于正位，接受亲友晚辈祝贺、叩拜。仪毕，共进寿宴。钟祥的娘娘寨村被誉“长寿村”。南朝刘宋年间(420—479年)，钟祥因境内多长寿者，称之为长寿县。丰富独特的土特产品葛粉是当地人的重要食品，纯朴民风使当地邻里和睦。

“借寿”。武当山地区有“借寿”的习俗。民间信仰认为，寿命在天，寿数有定，该活多大年纪就能活多大年纪。因此，寿数就像个人财产一样可以出借、转让。借寿时，出借寿数者要斋戒沐浴，虔诚拜祷，祈求老天爷允许借寿。如果病人出乎意料地转危为安，人们就认为老天已经准许借寿，因此要焚香许愿，答谢苍天。假如病人一命归天，出借寿数的人也要烧香祷告，取消前言，以免冥府阴司的阎罗判官阴差阳错，把出借的寿数误判给了别人。

在荆州沙市一带，子女给父母祝寿，一般要到“万寿宝塔”祈祷。“万寿”这个字眼，在古代是只有皇帝才敢用的。这塔是在荆州的辽王朱宪炜遵照其母毛太妃之命，为嘉靖皇帝祈寿而修建的。朱宪炜在《鼎建万寿宝塔》碑文中说：“祈上天赐我皇天子万寿。”这座塔于嘉靖二十七年(1548年)动工，四年修成，迄今已四百多年了。塔为八角形砖石结构，共七层。高出堤面20多米，各层之间的结合部以砖仿木制斗拱结构，气势十分雄伟壮观，身临塔边，仰视塔顶，只觉得巍然插天。塔顶为金铜合铸，葫芦形，太阳一照，光芒四射。顶内珍藏着毛太妃捶金手抄佛经。塔的外壁有汉白玉雕罗汉八十四尊，体形大小随层高而变化，与塔身协调一致。内壁嵌有各种各样的浮雕佛像及花砖和文字砖两千三百四十七块，文字砖分别刻有满蒙回藏汉五种文字。这是嘉靖皇帝诏旨全国八省十六州敬献的，所以能聚各地的风貌，极尽玲珑剔透之妙。由于荆江大堤累年加高，塔的底层已经没入堤中，该塔水泥台阶与堤面相通，第二层与堤面相平，每一层都有塔

① 杜甫《曲江》诗里有“朝回日日典春衣，每日江头尽醉归。酒债寻常行处有，人生七十古来稀。穿花蛱蝶深深见，点水蜻蜓款款飞。传语风光共流转，暂时相赏莫相违”的诗句，所以人们把七十岁叫做古稀之年，把七十岁生日做的寿诞叫做古稀寿。

门，可进入塔内，并螺旋石梯直通塔顶。

图 2-28　万寿宝塔

“寿材”事象。丹江口一带，一些地方给老人做“寿材”，即棺材。一般在有闰月的年份请木匠到家里做，而且最好是在闰月里做。所谓“闰年闰月一百岁”。母舅家送二斤肉、二斤油面“长命线”。寿材做好以后，除应得工钱外，还额外给木工“花红礼施”的讲究。买成品，搬回家时，寿材上要“披红”。同时，还要邀请亲友、邻里举行上寿活动。年过花甲的寿材油漆，男性为黑色，女性为红色；寿材头做花纹写“寿”字，父母还在的只能写“福”字。

“冥寿”。做冥寿，也叫做阴寿，又称“冥庆”、“阴庆”、“阴寿”，给死人做生日、祝寿。指祖先亡故以后，追行祝寿礼仪。每年逢已亡父母生日那天上午，将父母神主置于客厅桌上，并点烛于桌，在桌上置放茶食糕点，擂茶，燃纸钱时边念请老人家喝茶。中午炒肉、鱼、蛋等七个或九个菜，及酒、饭、茶放于桌上，烧纸钱请老人家吃生日酒，多吃一点。儿子儿媳率全家人依次跪拜祝寿。待一餐饭之后，烧纸钱请亡者喝漱口茶。饭毕，在下午三点左右，再敬茶点、擂茶后，熄烛，送神主牌于神龛。每逢整十，子孙就设神像或神位于堂中，对之行礼，设坛延僧，诵经礼忏，以此表示后人的孝念。做冥寿，亲戚朋友有送纸扎锭者，也有登堂拜祝的。

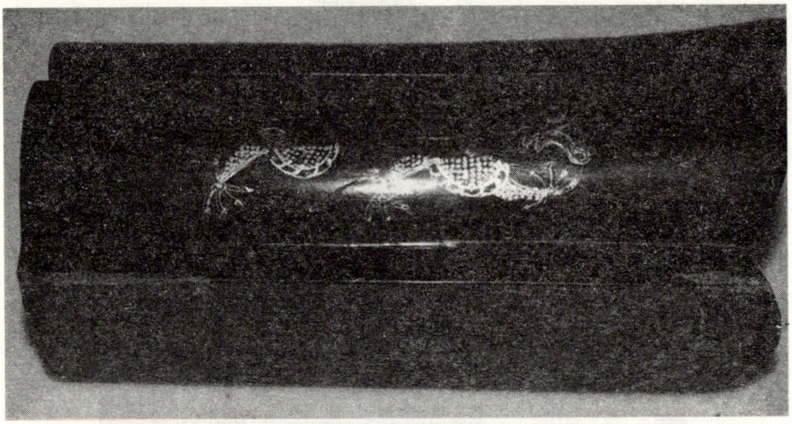

图 2-29 棺材

除了以上普遍的祝寿仪式以外，各地还有独特的风俗。如，土家族仪俗和寿星的年龄大小有关系。有的地方举行寿礼时，要跳《撒叶尔嗬》，并把棺材请人打好。有的地方还要请师公念经。行礼之后，大家还要簇拥着老人唱《祝寿歌》。六十花甲的寿礼除一般的食物以外，还要有面和鱼，面称“寿面”，鱼则象征“百岁有余”。此外，还送寿幛、寿匾、彩对、福禄寿喜图或瓷像。若是百岁大寿，则不论平时交往疏密，人们都慕名前来祝寿。因为“山中虽有千年树，世上难逢百岁人”。大家还要为寿星立碑刻传，宗族还要将此事书于族谱，主家亦要向来宾馈赠礼品等。

第六节 年龄称谓

日常言谈中，人们对年龄的称谓比较笼统，如孩提时期、少年时期、青年时期、中年时期、老年时期等。正式场所或书面语言，年龄的称谓比较精细，具有隐晦或数字化的倾向。如三十岁称而立之年，四十岁称不惑之年等。人的年龄称谓一般根据人的自然年龄和社会年龄来称谓，人的年龄称谓与人生礼仪密切相关。由此可以根据人生礼仪的不同，将人的年龄称谓分成三个阶段来考查：成年礼仪以前为第一个阶段，成年礼仪以后到孙子成年时为第二个阶段，孙子成年后为第三个阶段。

成年礼仪以前对年龄的称谓具有一个显著的特点，即从人的自然年龄向社会年龄演化。首先根据身体发育命名年龄称谓，到服饰穿着命名年龄称谓，到人生仪式命名年龄称谓。

初生。各地普遍第一胎无论是男孩，还是女孩，都称为初生。

婴儿。初生小孩需要抱在胸前喂奶，胸是膺的意思，膺与婴是通假字，故而，刚生的小孩称为“婴儿”。刚生下来的婴儿都要用衣服缠绕、包裹着，由此称为襁褓。

洗三。婴儿出生三日一般需要举行“洗三”的仪式，俗称“三朝”。届时，设筵招待亲友谓之“汤饼筵”，也作“汤饼宴”、“汤饼会”。故而，用“汤饼之期”代指婴儿已经出生三天。

周晬。指婴儿周岁。

童原。指山上没有草木，喻指小孩没有出现体毛、胡须、阴毛等第二性别特征，故代指年幼未成年的人为“童”，或“黄口”。小孩断乳到十岁为幼童，十岁到十四、十五岁为成童。

孩提。周岁到三岁小孩初知发笑，一般称谓孩提[①]。年幼的小孩子常常依附在父母膝下，故自称膝下，“故亲生只膝下”[②]。

古时小孩的头发自然下垂，没有将头发束捆起来，故称作垂发，或垂髫，或髫年。小孩将头发分作左右两半，把垂发扎成两结在头顶上，形状如两个羊角，故称“总角”，泛指幼童时期。

孩子乳牙脱落，长出恒牙，称为“龀”。“男八月生齿、八岁而龀；女七月生齿、七岁而龀”[③]，所以用“髫龀”、“始龀”或“毁齿”称呼。由于处于换牙时期，七岁或八岁也叫悼。代指女孩七岁，男孩八岁。

九岁称谓九龄。教数之年：指儿童九岁。

十岁以下——黄口；幼学：十岁。外傅之年——儿童十岁。十岁为十年曰

---

① 《孟子·尽心》：“孩提之童。”颜师古注：“婴儿始孩，人所提挈，故曰孩提也。孩者，小儿笑也。”

② 《孝经圣治》。

③ 《说文》。

幼。汉人戴圣所辑《礼记·曲记篇》中说："人生十年曰幼，二十曰弱，三十曰壮，四十曰强，五十曰艾，六十曰耆，七十曰老，八十、九十曰耄，百年曰期。"

男孩十三至十五岁称为"舞勺之年"。勺是一种乐舞，古代没有成年的男孩子需要学习。"十有三年学乐诵诗舞勺，成童舞象学射御。"[①]

金钗之年：女孩十二岁。

女孩子十三岁至十五岁称谓豆蔻。豆蔻是一种初夏开花的植物。初夏还不是盛夏，比喻人还未成年，故称未成年的少女为"豆蔻年华"。

男子到了十五岁要把原先的总角解散，扎结头发成一束，把头发束起来盘在头顶，称谓束发，也称"志学"。"吾十有五而志于学，三十而立，四十而不惑，五十而知天命，六十而耳顺，七十而从心所欲"[②]。所以后代称十五岁为"志学之年"。

图 2-30　及笄

"成年"。成年礼仪以后到孙子成年时为第二个阶段，对年龄称谓的显著特点，更倾向为人的社会年龄，或者说更倾向为人的社会阅历。笄(jī)本来是指束发用的簪子。古代女子一般到十五岁以后，就把头发盘起来，并用簪子绾住，表示已经成年。故女孩子十五岁称"及笄"。女子成年待嫁，称为"待年"或"待字"。"小者待年于国"[③]，以后称女子待嫁为"待年"。标梅年指出嫁，或称梅之年。未

① 《礼记·内则》。

② 《论语·为政》。

③ 《后汉书·献穆曹皇后》，又如，《文选·宋文皇帝元皇后哀策文》："爰自待年，金声夙振。"

出嫁的女子,也称“处子”。对人家未婚女儿的敬称为千金。女子十六岁称为碧玉年华,或破瓜之年。古时女子十六岁为人之妇。古代人们写字往往把“瓜”字拆开,成为两个八字,因称十六岁女子为“破瓜之年”。两个八相加是十六,也称谓二八。年轻人的面色红润,容颜美丽,故用红颜代指少年[①]。女子二十岁称为桃李年华。女子二十四岁称为花信年华。

老人对年轻后生的称呼,有时称为“孺子”,如“有孺子歌曰:‘沧浪之水清兮,可以濯我缨。’[②]”又如“父去里所,复还,曰:‘孺子可教矣。’[③]”男孩子二十岁行加冠礼,称谓加冠,表示成年,可以戴上成人的帽子。但身体还不够强壮,也称为弱冠。丁原为代指。成年需要承担一定的社会义务,称为成丁年龄。

立,指“立身、立志”之意。男子三十岁称为而立之年。女子三十岁称为半老徐娘。不惑,指“不迷惑、不糊涂”之意。男子四十岁称为不惑之年。人到四十岁,社会经验增多,遇事能辨是非,不再疑惑。智慧、气力皆强盛,可以走上仕途,故也称为“强仕”。“四十曰强而仕”[④]。男子五十岁称为知天命、知非之年。《礼记·曲礼上》:“五十曰艾。”孔颖达疏:“发苍白如艾也。”意谓头发苍白如艾。或称年逾半百、知非之年、知命之年、艾服之年、大衍之年、耳顺、耳顺之年、还历之年。五十四岁称为六九年,六个九为五十四。

耳顺。“耳顺”年后孙辈一般已成年,对年龄的称谓从自己的社会阅历向社会对个人的关照演化,一般没有性别称谓的不同。男子六十岁称为耳顺、花甲之年[⑤]。男子七十岁称为古稀之年。男子八十岁称为杖朝之年。“五十杖于家,六十杖于乡,七十杖于国,八十杖于朝,九十者天子欲问焉,则就其室。”[⑥]伞寿指八十岁寿辰。因“伞”字的草体形似“八十”,故称“伞寿”。因米字拆开好似八十八,故借指八十八岁。此外,还含有年事虽高,但食欲依然旺盛之意。男子八十、九十岁亦称为耄耋。“八十、九十曰耄”[⑦]。“逝者其耋。”毛传:“耋,老也。八十曰耋。”[⑧]以八九十岁为“耄耋之年”。“九十”称为“鲐背”。鲐是一种鱼,背上斑纹如

---

① 李白《赠孟浩然》诗:“红颜弃轩冕,白首卧松云。”
② 《孟子·离娄上》。
③ 《史记·留侯世家》。
④⑦ 《礼记·曲礼上》。
⑤ 干支纪年传统,六十年为一轮,故又有六十岁为“花甲之年”的说法。
⑥ 《礼记·工制》。
⑧ 《诗经·秦风·车邻》。

同老人褶皱的皮肤。又人到暮年,皮肤上生出老年斑如冻梨之皮,故又称“冻梨”。“黄耇台背”,《尔雅·释诂》:“台背、耇、老,寿也[①]。”九十为上寿。指九十九岁,百少一为九十九,故称为白寿。

男子百岁称为期颐之人。“期颐”是人寿至“百岁”的特称。“百年曰期颐”[②]。期是期望,颐是养。人活到一百年,期望高寿,到这个年龄,就要很好地养起来。于是,后人把“期颐”作为百岁代称。人到百岁不知道衣服的增减,饮食的咸淡,期望子女照顾。

荆楚在年龄称谓方面与全国基本大同小异。黄梅一带,称呼未成年小孩为“细伢”。罗田一带将男性小孩姓名后面带上“儿”来称谓,如,余方盛,称呼“盛儿”,或“方盛儿”。恩施利川一带,与重庆、四川一带对小孩的称呼接近,对小女孩,一般称呼“妹娃”、“幺妹”或“细妹子”。如利川民歌《灯歌》“妹娃要过河,哪个来推我啊?我来推你嘛。”小男孩一般称呼“娃”、“瓜娃子”或“娃子”。

---

① 《诗·大雅·伟芾》。

② 《礼记·曲礼上》,郑玄注:“期,犹要也;颐,养也。”

第三章　丧葬祭祀习俗

图 3-1　祭品(三盏茶、三盏酒、三盅饭、一碗红枣、一碗荔枝、一碗桂圆以及香烛等物)

“葬也者，藏也。”葬的本意是把尸体藏到活人看不见的地方。将尸体藏起来，并不仅仅为人类独有，动物中也有此现象。如，大象临死时便到一个人迹罕至的地方死去。猴子死后，同伴将其掩埋，露出其尾以作表记。“死亡”被打上深深的人类社会标记，对不同阶层人死亡给以不同的称谓。“天子死曰崩，诸侯曰薨，大夫曰卒，士曰不禄，庶人曰死”[①]。人类以哭表示悲哀，以丧服(素服)表示沉痛，以丧礼哀悼死亡的人，以葬礼处理尸体，以祭礼悼念先人、族类或神灵。

荆楚民间殡葬习俗从亡者停止呼吸时始，即有一套完整的程序，一般有“烧落气纸”，净身，换衣，开吊，出殡，设灵与圆坟。鄂东风俗，快落气之前，要把即将

① 《礼记·曲礼》。

逝者抬放在门板、竹床上。葬之前,要为死者沐浴、理发、换上新衣(寿衣),有的还要整理一下容貌,使之安详的瞑目。然后是守灵、制棺椁。在城镇,一般是死者亲属臂缠黑纱及吊唁者胸戴白花代替丧服,向遗体告别仪式、开追悼会、火化遗体、捧回骨灰盒等葬礼程序。要为逝者做"七",以死者去世之日算起,亲人在每一个第七日应在灵位前点烛燃香,举行祭奠仪式,一直到第七个"七日"。鄂东罗田甚至认为逝者如果"七七"每一七那天不能时逢阳历和农历的七号、十七号、二十七号,直系亲属特别是子女,还要为其向百家讨吃(qí)的。逝者三年孝满,遂将灵位焚化,谓之"除灵"。死于他乡的遗体要归葬原籍,使魂归故里。

亲人临终,日夜守护在病榻前。若在外地工作,须设法(如派人通知、写信、打电话、发电报等)把他召回。若老人去世,子女闻讯后,必须尽快赶回侍候老人。即使远隔重洋,在异国他乡,也要尽可能地回家为老人送终,以尽为人子的孝心。若病危老人是女性(如母亲、媳妇),还要及时通知娘家。人已经故去,要向亲友报丧,亲友则携带礼品,送花圈,花圈上写挽联助丧。不然,会受埋怨甚至发生纠纷。

第一节　汉族丧葬习俗

一、礼仪

荆楚地区汉族的丧规礼仪比较复杂,千百年来,逐渐与其他地区融合,形成一定的规制,讲究重殓厚葬,并且夹杂着许多俗信习俗。如,与病危者生辰相克的亲属,在咸宁地区,即使是夫妻关系,也不能近前送终;否则,对生者不利。老年自然离世说成是"回老家",把"丧事"称为"白喜事"。老人"倒床"之前,备好"兜"、"被"、寿衣寿鞋、头巾布。现在有专门商店,临时买。建国以前,有的老人棺木不入土,停放在地面,叫"暂厝"。家人在棺材外面用石砖砌个小屋,盖上瓦,叫做"括屋",以保护棺材免受风雨剥蚀。两三年后正式下葬,叫"葬坟"。请地理先生选墓址,定朝向,看日子,准时准刻移棺下葬,程序如前,仪式由地理先生主持。将祖人坟茔移进风水宝地,棺材烂了没法抬,便把骨骸取出移走,叫"捡坟"。"捡坟"时,上面用晒筐遮住天日,骨骸要全部捡起,放在新做的小棺里摆正。相传不这样做，亡人下辈子就会变成残疾。

“正寝左、右侧”。江汉平原一带十分讲究“死于适室”，“寿终正寝”，要把老人移到左边房间或东边正寝(正厅)，志称“疾笃迁居正寝”。民间认为正厅、左寝是房子中最神圣的场所，寿终于此是“死得其所”，死后在阴间才可以与祖宗、亲属团聚。若寿终于偏房侧室，死者魂魄会滞留在寝室床架上，不易超度转生。故老人病危时，只要神志清醒，往往会自己要求到正厅、左厅堂去。若病危者父母健在，一般不能搬到左边房间或东边正寝，只能搬到左后厅或左下厅。若寿终于偏房寝室，子孙也有照顾不周之嫌，会招来非议。搬动时，通常由长子抱头，次子抱身，女婿抱脚，其他亲属帮忙，小心翼翼地平抬到正厅、左边房间或东边正寝的铺床上。抬病人的方向是头部在前，脚部在后，绝对不能相反。没有儿子的，由女儿抬头，其他亲属帮忙抬至正厅。有的地方则由侄儿负责搬铺。咸宁一带的铺床板一般为三、五、七块，床铺不靠墙。老人仰卧，头部向厅口，脚部向厅后。男性铺位设在正寝左侧，女性铺位设在正寝右侧，寿终于此仍称“寿终内寝”。

“号哭”。去世者咽最后一口气叫“落平”，小辈们要守候在床前，叫“送老”，是尽孝的标志；子女大哭，俗传越哭越发。初丧时，孝眷必呼天唤地号啕大哭，呼叫死者名字，除了悲伤外，还希望通过呼叫声把死者的灵魂叫转回阳间。属龙、蛇、鼠生肖的人死于午、未日，属虎、马、兔生肖的人死于子、丑日，属牛、鸡、猴生肖的人死于酉、戌日，属犬、羊、猪生肖的人死于卯、辰日，孝眷不能哭丧，待忌辰的日期过后才可号哭。给亡人洗浴、穿寿衣，腰间系子孙带，叫“小殓”，移到椅子上西向坐着，或躺在门板上。面摆小桌、祭器，然后焚香、烧倒头纸。香不能断，要不断地接香。烧床草时，量升把米，抓把茶叶，撒在床草上一起烧。

“报丧”。报丧又称讣告、讣闻、报亡、报死等，一般不说“死”、“亡”等字。报丧旨在告知亲友参加丧事，同时通告与死者有相冲克的人(如孕妇)不要近前。报丧之俗历代相沿，并形成一定规则，很受民间重视。城镇的贴“讣告”，以此告知逝者的同事、亲友，或电话告知亲友。亲友、沿邻“烧热香”，孝子跪拜相陪。现在人还送香纸钱，主家给一条毛巾、一包香烟。“烧热香”的人越多，主家越有脸面。烧香一般三根，有的地方烧香只点两根。

老人逝去后，须尽快派一名德高望重的族人持丧帖书或口头到亲友家报丧。丧帖书有一定程式，父亲去世，写“正寝”、“严制”等，自称“孤子”。母亲去世，则写“内寝”、“慈制”等，自称“哀子”。若父母双亡，自称“孤哀子”。结尾用词又按亲疏远近分别写上“泣血稽颡”、“稽首”、“抆泪”、“拭泪”、“泻泪”等等。报丧者不能跨入报丧对象的家门，只在门口喊叫，说明来由，分发给丧帖书和“头白”(送葬时缠在头上的白布条)后，索取清水漱口，以示祓除不祥；接报的人家给“礼事”(红包)后，就匆匆离去。在孝子外祖家，报丧者进入外祖家时脱鞋，将讣告压在大厅的香炉之下，不能直接递给。外祖家接讣后，要煮面加红蛋招待报丧者，并送一红包。到亲友家报丧的人要吃饭或喝茶，端一下人家的碗底。

孝感一带，有孝子亲自到亲友家报丧的习俗。一般说“我的某某老了”、“我的某某走了”等。由孝长子披麻戴孝在哪里见到亲友，便在哪里就地下跪禀报病因、治疗经过及病故时间等。若平时不孝，外祖家人则迟迟不把孝长子扶起，让他一直跪在那里。

在报丧的同时，要给死者净身更衣。老年人的寿衣一般都是早已备好的，寿衣的数量根据死者的性别而定，男性穿九件，女性穿七件。在农村，死者的寿衣一般来说由死者的女儿操办。衣服穿好后，将死者平放在门板上，脸上盖一张草纸，双脚用麻绳捆起来，再在门板下点一盏长明的菜油灯，旁边点上香烛。这样，对死者的处理就告一段落。

图 3-2 鼓盆歌(荆州文化馆工作人员摄)

《鼓盆歌》。江汉平原的沙市、荆州、江陵一带流传一种独特的祭祀死者的仪式——鼓盆歌。鼓盆歌是源于我国古代丧礼上“扑一个盆子当鼓打，唱歌陪丧家”的民俗活动，故又俗称“丧鼓”、“丧鼓歌”和“打鼓闹丧”。演唱鼓盆歌的人受到丧家邀请后，歌手扛起担子就跟着到丧家，被称为“丧鼓担子”。《鼓盆歌》已经入选国家级非物质文化遗产名录。

在开唱之前先摆一张，或两个，或三个方桌一拼，成为长形歌案，以供歌手围坐。歌案上面挂着一对风灯，内点蜡烛，前面则放置一屏风，中间供着庄周木刻的雕像，卧睡在小木棺内，表示庄子试妻、田氏劈棺。案台上摆有由丧家提供的供品，并焚上香，案桌及桌上供品由丧家提供，无定数。鼓师将鼓放置在一个翻扑的木盆上，用火纸垫稳。鼓的直径一般为60厘米。击鼓人手中持一对长40厘米的鼓槌。一般一人或二人自击鼓板独唱或对唱，热心的听众也可参与帮腔，即在每段唱词的开头和结尾一起齐唱，也有一人无伴奏的清唱形式。

《鼓盆歌》演唱的内容丰富，从上古神话盘古开天地到现代社会的学雷锋，贯通中华上下五千年，有帝王将相、才子佳人、戏曲故事、民间传说、神话演义、市井习俗、风花雪月、幽默笑话、民间丑态、人生疾苦等无所不包。如《梁祝姻缘》、《白蛇传》，讽刺赌徒的《杀错奸》令人捧腹。历数父母艰辛，倡导忠孝的《哭娘》、《哭爹》则催人泪下。还有《白蛇传》、《凤仪亭》等内容，歌者在唱声中为听众讲述经典的故事和千百年的风雨沧桑。有的是长篇大书，有的则是短言警句，演唱时应丧主要求，少则两三天，多则十天半月，严格规定同一唱段不能重复，因而艺人必须死记硬背，多多益善。

“扛神”。“人死众家丧，一打丧鼓二帮忙。”南漳、谷城、保康一带也流传一种独特的端公参与祭祀死者的事象，俗称“扛神”、“做枯斋”，现在通称《端公舞》。《端公舞》是一种由“端公”作歌起舞的一种祭祀仪式。金永雄解释为：“‘端’者，首也；‘公’是山民们对‘能人’的尊称。”“端公师，意为能通神灵的聪明的领头人。”《端公舞》又叫端公戏。《辞海》上解释说：端公戏从巫师（端公）跳神发展而成，带有较多的宗教色彩。从古代楚国流传至今，保持着较原始的形态。《端公舞》演变至今，亦用于民间的婚嫁、祭祖、乞神、还愿等活动。祭祀形式有一人舞，也有多人舞；有一人独唱，也有一人唱众人和。《端公舞》的表演者有手持法器或打击乐器，边唱边击边舞完成全套法事的顶神者和伴奏、伴唱、拾掇道具的站案者两类。顶神者束红腰带，戴五佛冠和鬼脸壳子（面具），穿一件龙凤图腾以及日月星辰火披风，用扇鼓、师刀子、排铃、钺斧刀、八卦旗、令牌、镇坛木、神棍、牛角号等演绎迎神、请神、娱神、送神一套程序。站案者用巫音（长号）、铜锣、大镲、小镲、扛锣子、手鼓等合奏音乐，音域宽厚、悲壮。怀念祭祀逝者一生的辛勤劳作、美好品质和创立家业的功绩，乞求天神、地神、山神、司命老爷等保佑全家安康。《端公舞》已经入选湖北省非物质文化遗产名录。

图 3-3　端公舞

“招魂、沐浴”事象。人初死入殓前要给死者招魂、沐浴。殓，就是给尸体穿衣下棺。棺材称“寿材”，男棺刻有“寿”字，女棺刻有“福”字，有的则刻以“福禄寿”三字的合写体。殓分小殓和大殓两步。小殓一般用布帛、丝绸等，给尸体裹衣衾，要把米、银元、硬币等放在死者口中，称之为“饭含”。大殓是把尸体装进棺材，往往随殓一些物品，一般人有衣、被及日常用品等物。

江汉平原一带，在尸骨未寒时，亲属要为死者“乞水”浴尸。“乞水”又名“请水”、“买水”，即向水神乞水浴尸。乞水时，道士和和尚在左前方引导，孝男在前，一手持钵，钵内放一块白布条，另一手持幡，孝女随后，哀哭前往河边或井边乞水。乞水时须下跪，用红丝线缠住 12 枚硬币投入水中。汲水时，口中念道：“水神水神(或土地公)向你买水。”请水到家时,其余孝眷伫立门前迎水入宅,将水倒入新瓷盆中,用白布沾水,父亡由儿子浴尸,母亡由女儿或媳妇为之梳洗,一般只是象征性地擦洗几下。志称:“拭尸体前三后四。”浴尸水不能随便泼倒地上,俗信活人踩到浴尸水,脚会裂开。浴尸便于死者往西方乐土。

浴尸毕,为死者更衣,俗称“穿寿服”、“套衫”等。寿衣的层数一般为上衣七重,裤子五重等奇数。穿寿衣时,孝眷都要在场。一边穿,一边哭喊,告诉死者穿第几层了。寿衣的里面几层不用纽扣,而用带子打死结。给寿衣打结时,口中往往念道:“活人打活结,死人打死结,剩下的由子孙得。”把打结后剩余的布条分给孝眷。穿好寿衣后,外面多用带子或绳子将死者的双手固定在胸前。

这些红水都得在场的孝子贤孙喝了,最后摔了瓦盆,仪式才结束。

“灵堂布置”。灵堂以肃穆为基调,挂青、黑色孝帐。咸宁、阳新一带在灵堂设灵位,竖神主牌。神主牌一般长一尺二寸,宽三寸,上方削去两角,呈半圆形,下方有一底座,上书死者姓名、字号、生卒年等。神主牌上的字数有一定规程,“兴、旺、衰、微”四字推算,含“兴、旺”为佳,否则犯忌。神主的“主”暂写成“王”字,待回龙后请有名望的人用朱笔加一点为“主”字,俗谓“点主”。在江汉平原,不设神主,在灵堂上供遗像,遗像两旁写遗训或孝眷对死者的追悼之词,并挂有挽联、挽幛等。“灵牌”,就是常见的牌位,木制,牌面上写“故父(母)×××之灵位”,停灵时就做好了,放在供桌上位。

停尸期间,要为死的人盖脸纸,人们认为“盖脸纸”是隔着阴阳的纸,如果死后不用盖脸纸分出阴阳,亡者就进不了天堂,连阎王爷也不要,可能变为孤魂野鬼。也可以观察死者是否假死。若是假死,气出纸动,还可抢救复生。同时遮挡尘土,防止噪音,让死者安息之意。传说“盖脸纸”源于明朝灭亡后,明朝遗老感到死后无颜去见祖先,就吩咐后人用纸把死者的脸孔遮住,日久成为习俗。

江汉平原的潜江一带,灵堂上设香案,供果品、香烛等。守灵的第一天,所有的孝眷不得睡觉,轮流坐在遗体旁守护为常。守灵的职责还有两个:一是保证脚尾灯(长明灯)长明不灭和香火不断。在福州,“脚尾烛”点到一半时须吹灭另换一支,出殡时将剩下的那半截烛分发给子女,寓意子孙绵延不绝。二是防止猫和老鼠接近尸体。人们认为猫(尤其是白蹄猫和短尾猫)从尸体上跃过,尸体会变成僵尸跃起扑人,将蒲团、枕头、稻草、筷子等物体扔给僵尸抱住,才可脱险。

在遗体的足部下方(有的地方在遗体头部上方)点一盏油灯或一支蜡烛,称“长明灯”或“脚尾灯”、“脚尾烛”,此灯火不能熄灭,直到出殡,寓意为死者照明赴黄泉之路;同时,要点上冥香,焚纸钱,供上一碗干饭。饭碗必须有缺,饭上插一双筷子,放在死者的头部上方,俗称“枕头饭”,又称“走路饭”。立即到街上买一陶钵,装上土,并捡一瓦片,陶钵放在遗体前用于插香,瓦片用来烧纸钱。烧纸钱时哭道:“给你买路走,给你买路过。”寓意为死者去地府时提供买路钱。

送魂。鄂西汉族地区,报丧之后,就会去请道士来家中做法事。所谓道士,并非住在道观中修行的人,而是一种对民间宗教职业者的称谓。在民间,有两种从事相关职业的人,一种称作“道士”,一种称作“阴阳”。这两种人都会在丧葬仪式中扮演一定角色,道士主要负责做法事以超度亡魂,而阴阳主要是看坟地风水,选坟址和指挥棺木的安放。

僧人或道士到死者家中后,首先是根据死者咽气时间等,推算出死者的魂魄落地深度,即死者的灵魂在地下几丈深处,这将是法师作法超度亡魂过程中的一个重要参数,随后,就在死者家中开坛做法:在其中一间屋内靠墙摆一张桌子,墙上挂一神像,桌上点香烛、摆供果、两个灵位,一个灵位是死者的,另一个是已过世的死者亲友的灵位。同时,法师会同死者家属编写一份路引,上面先写各路神、佛的名号,然后按辈分先后写出所有已过世亲属的名字。一般而言,只往上追溯四五代左右,但也会有上百人的名字列在上面。这些已故亲属的名字,也将是法事的重要依据。通过法事,让这些先人的灵魂来引领死者的灵魂顺利到达阴间,并告知死者与他们的关系,让他们在阴间善待死者。

江汉平原过去要请僧道诵念“往生咒”,悬挂“幡仔”于带叶的竹枝上,希望亡魂早归阴间。还要焚烧纸衣、纸人、纸屋、纸轿等,让死者带去阴间。有的地方在纸轿里还写有死者名字或放有照片、画像,象征送亡魂上路去阴间。

僧道法师通宵达旦不间断地为死者诵经超度。在诵经期间,由死者的直系亲属在供桌前跪拜祖先和死者。每诵完一部经,会有一段休息的时间。如果死者是女性,还要加诵一段《血盆经》[①]。《血盆经》是特意为去世的妇女准备的,只要有过生育的妇女,临终最大的愿望就是给她念一遍《血盆经》。僧道法师在那

---

① 《血盆经》,全称《大藏正教血盆经》,又名《女人血盆经》。实际上是一部佛经,讲述的是佛教罗汉目犍连救母的故事,用以表达死者后人感谢生育之恩的意思。

里念叨，念叨的最后高潮就是端出一个瓦盆，瓦盆里装着红色的水（红糖水）。

在出殡下葬的头天晚上，需要请僧道做完第一道法事后，然后“传灯花”。灯花实际是用棉布捻成的，螺柄花头，醮灯油。传灯花时，长子，儿媳在灵床头跪下，依次排次子、媳，长女、婿，次女、婿及其他亲属，辈分、年龄规矩得很。灯花由“张罗人”（帮忙的知客）点燃放在白瓷盘中，每人必过，从后向前传到长子手里，绕灵一周，最终放在灵桌前的火盘中。灯花按年岁而定个数，一般的要多加上“天”、“地”两盏。灯花在传递过程中，千万不可熄灭。传罢“灯花”后，亲人要给死者“布菜”，每人夹一筷子，放于一陶罐中。罐由长子起最后由长子添满，俗叫“罐满了”，象征死者之后有吃有喝。之后，长子拿一馒头，咬一口，不要咬断，盖在罐口，叫“封落”。

仪式完毕，众人必须放声大哭一场。特别是孝女眷必须哭，否则被认为不孝。以哭声来表达哀悼之情，称为哭丧。哭丧通常是边哭边诉说死者生前的劳绩和对死者的眷念之情。在荆门毛嘴一带，哭丧时有一定的音调和内容，音律低沉，句末往往有拖腔拔调的韵律和装饰音。许多妇女尤其是四五十岁以上的农村妇女，能根据这种调式随口填词编唱，或寄托哀思，或诉说身世，或发泄内愤。哭丧自古以来都有一定惯例。《礼记》中有“妇人迎客送客不下堂，下堂不哭，男人出寝门见人不哭”的记载。忌讳泪水滴在尸体上，盖棺安钉时不哭等。

大殓。将遗体放入棺材，谓之大殓，又称入殓。江汉平原一带，棺材按照男左女右一般放在堂屋。去世当天举行大殓礼。如果需要等待孝眷归来，则视季节而定，有“春三，夏一，秋五，冬七。”大殓往往要做醮，供奉雄鸡和米斗，点燃49盏灯，俗称“照米斗”。大殓中，要送理事钱给僧道，最低50元，多则不限。遗体在棺内的位置也有规定。俗云：“男顶天，女立地”。即男尸的头部要顶着棺材上端，而女尸的脚部要顶着棺材下端。放好遗体后，盖上水被。

跳踊哭歌。先秦时期，楚人跳丧的特点是“鼓盆而歌”。《庄子·至乐》记庄子丧妻，惠子吊之，庄子“箕踞鼓盆而歌”。庄子为战国时宋人，但此俗也同样传承于楚人中。《明史·陈钢传》记：“楚俗居丧，好击鼓歌舞。”跳丧的基本曲式就是“歌”加“跳”，与《楚辞》相同。巴东跳丧时，还以《楚辞·国殇》为丧歌。楚人奠祭死者或为死者招魂时，也要唱丧歌。《襄阳耆旧记》记载宋玉的观点“昔楚有善歌者，……始而曰《下里》、《巴人》，国中属而和之者数万人”。闻一多先生认为

“下里”就是《蒿里》。《蒿里》是与《薤露》齐名的一首古老的挽歌。丧歌是哀哭死者的歌曲。它通常是由初卒时家人跳踊时唱的歌、设祭堂时唱的歌和出殡时执绋唱的挽歌三部分所组成。跳踊哭歌，又称“跳丧”①。

巡棺。江汉平原的荆门、潜江一带流行盖棺前“巡棺”习俗，即孝眷按亲属排列，手持冥香和纸钱，绕棺数圈，瞻仰遗容。绕棺多是先逆时针绕三圈，再顺时针绕三圈。然后，按照死者的岁数开始绕棺，一岁一圈。绕棺时，孝眷要给钱僧道法师。

盖棺时辰大多由僧道法师择定，一般按照仪式的进程大约在初更时——约晚上七点至九点的酉时盖棺。道士先做灵牌来安位，亡人有长辈，灵牌用蓝色纸。盖棺一般由乡村中德高望重的人，或由专门为人办丧事的人负责。盖棺时，孝眷及旁观人远离棺材，与死者生肖相冲克者也不能在场，忌讳人影倒映入棺内。孝子孝女们穿上孝服，手执哭丧棒，向灵而跪，并多次跪下、爬起。盖棺后，因为要火葬，不立即安钉。放炮封棺时，抬丧的“八仙”用大秤砣或铁锤，将铁扒钉钉封棺盖，一声“来呀，喔呵呵。”将棺材棒至堂屋外，扎好龙杠(上乡是抬丧，龙杠扎在棺材下边；下乡是拖丧，龙杠在上)，长孙骑在垫有毛毯或被面的棺盖上，俗称“压材”。

殡、葬。殡，就是入殓后停柩于堂屋(殡宫或殡仪馆)。荆楚各地习俗不一，殡期长短也不一，一般为三日，具体时间长短由奔丧者而定。江汉平原一带，火居道道士或者和尚做法事，唱挽歌。父母死亡，儿女必奔丧，否则为不孝。而亲朋好友将来哀悼祭奠死者，称之为“吊丧”或“吊唁”。丧事期间，死者亲属要穿孝服，在灵堂守灵。奔丧者一般要臂戴黑纱或白布，儿女穿戴粗细不同的麻布或白布制成的丧服，称为“披麻戴孝”。现代城市一般兴胸佩白花，臂戴黑纱。出殡时，不能在他人门前停棺，不能走回头路，不能走错道，打引路幡的不能回头看；产妇死亡不进祖坟山，不能埋在路边。

葬，就是掩埋死者，即棺木入土。送葬又叫出殡。下葬开井，孝子先跪着挖三锄头，再由八仙②挖。烧芝麻秆等柴火暖“井”，摆“王”字。八仙用手或树枝捞装在“暖盘”里煮熟的面、圆子，将多余的“暖盘”倒进“井”中。棺材入土时，道士

① 宋公文、张君:《楚国风俗志》，湖北教育出版社 1995 年 7 月版。
② 八仙：对挖坑人的称呼。

调方向、撒茶叶花米，封土掩埋。下葬后的第三天，子女们把坟堆高大些复土(又叫"峦坟")。

在江汉平原，先将死者送往火葬场火化，然后将骨灰盒放入棺材，从火葬场直接到坟地土葬。火葬前，往往要看时间、择坟地，谓"择吉时、吉地"。咸宁、通山一带，在火化回来后送葬时，一般是"孝子"在前执绋，火居道道士在旁唱挽歌，持火铳施放三响铳炮。锣鼓唢呐在送葬队伍后面奏哀乐。老河口一带以纸扎人像伴葬。江汉平原以人形、服饰、金、银等剪纸焚化伴葬。葬礼以后，有做头七、七七、鬼节、周年等追悼仪式。咸宁地区个别地方将牌位送归祠堂(祖堂)，从葬俗仪礼转为对"鬼灵"、"祖灵"的祭祀仪礼。死者下葬三年后，后人一般在清明节前或冬至后给已故长者立碑。

"非自然死亡"。不到死亡年龄的小孩夭折称"跑了"。父母虽然伤心，但前来劝慰的人却是咬牙切齿骂"游河僧"，简易安葬。吊死的要请道士解吊，"烧梁"。溺水死的要"接亡"，道士从水里把亡灵度上岸，接回家。女人难产或月子里死的，澡盆、雨伞、梳妆盒都要送到坟地。在外面死亡的人不能进屋。

二、形式

葬俗最早实行野葬，"葬之中野，不封不树"。后来，实行棺椁土葬，也有火葬，悬棺葬。现在，丧葬方式多样化。农村地区通行火葬再土葬，除了传统的土葬、水葬、骨灰堂、天葬之外，还有一些新式的丧葬方式，如：花葬(骨灰葬在花下)、树葬(将骨灰倒入桃花中，桃花即墓，清明桃花开，满树白花，寄托着一种哀思)、草坪葬(将墓穴挖在草丛中，上覆墓碑)。丧葬方式的不同，当然引起祭祖方式的变革。

荆楚地区一般先实行火葬，然后再棺材葬、瓮葬等，少数个别地方尚存土葬等形式。实行火葬，一是由于政策规定必须火葬；二是不火葬而土葬了，有关部门要组织力量用挖土机或人工挖坟，抛尸荒野。人死是大事，谁家也不希望自己的家人埋葬后，还要被挖坟。否则，被认为极端不吉利，"入土为安"，对不起死去的人。因此，荆楚地区老百姓创制了一种既不违反政策规定，又没有改变传统丧葬习俗的规制。在丧葬仪式中，出殡后用棺材将逝者送到火葬场火化，一路上鸣炮吹奏、敲锣打鼓，然后将骨灰盒放入棺材、瓮缸等中埋葬。在一些地方出现了树葬、草坪葬、水葬、花坛葬等的安葬方式。如武汉市石门峰陵园,有一片树葬墓地。武汉市扁旦山公墓环保葬区,有一个70平方米见方的圆形花坛葬葬区。

“衣冠葬”。荆楚地区还有独特的衣冠葬,就是棺椁内没有死者的尸体,仅以死者的衣服鞋帽为替代物。有的悬棺葬中,只有器物没有遗骸,也是一种衣冠葬。还有一些或从小失去父母,不知其所在;或父亲远游不归,寻觅无着;或在战争中死去的将士、在大海中失踪的亲人等,他们的尸骸无法收集。为安慰亲属和后人,也为其修一座衣冠墓,以寄托自己的哀思。湖北武昌的蛇山脚下,有明朝陈友谅的一座衣冠墓。又如三国时曾经在荆州担任行政长官的关羽墓葬有三处:一是河南洛阳埋葬关羽首级处,称为关林;二是当阳关陵,是埋葬关羽尸骸的地方;三是关羽故里山西解州衣冠冢,称为关庙。

“土葬”。土葬流行于世界各地,约产生于旧石器时代中期。从少数个别地方尚存在土葬等形式看,有平身葬和曲蹲身葬之分,但盛行平身土葬。死在别处的,灵柩只能放于村外。凡遭凶险(包括难产)而死的人,必须火化,不入祖坟安葬。

棺木一般是预先备办。在江汉平原,一般上六十岁的人才有资格预制棺木。棺木的材料以楠木为最佳,其次是杉木,最次为松木,大多数棺木用杉木做成。棺木一般长约8尺,宽1.6尺(盖宽1.8尺),帮高1.05尺。由四块木板做成的称“四甲”,六块板做成的称“六甲”,“八块板”做成的称“八甲”。“四甲”为上等,“六甲”次之,“八甲”又次之,用越多木板做成就越次。做棺木多选择在闰年进行,“取增长日月之意”。做棺木的工钱多由女婿承担。棺木做好时,出嫁女要备办祭品来祝贺。棺木大多要油漆成朱红色,特别是古代有停柩待葬之风,棺木要多次油漆,即使尸体腐烂也不会泄漏出来,俗称“金漆棺”。贫者则油而不漆。棺头要写上“福”或“寿”字,男性用的棺木写“福”,女性用的写“寿”。然后将做好的棺木竖立在前厅或家中,贴上红纸或披上红布,俗称“竖寿”或“竖喜寿”。男性用的棺木竖立在左侧,女性用的棺木竖立在右侧,不能颠倒。此后,不能随意移动,更不能打开。入殓时,已备好棺木的人家在放倒棺木时要用盐米撒棺木,以防“中煞”。

“选择阴宅”。阴阳先生(或地理先生,或道士先生)择时择地。择时一般根据死者的生辰、忌日,子孙命理择时。选择的日子不能与子孙命理刑冲克害,所择吉日,不犯太岁、三煞、重丧、重复等凶日。如果不宜即时埋葬的,就要停棺待葬。有的甚至停放几月、几年、十几年才安葬。

择地一般要看山向、水势，山区以山为龙，平地以水为龙。选择墓地，一般根据龙、砂、水、穴、向确定。阴阳龙相缠相绕，表明龙脉旺；罗城得局，表明砂水秀美。土质良好，表明穴位得气。墓穴的位置一般有左龙右虎，后有靠山来龙，前有朝案，中有聚水明堂，就是聚风藏气。根据朝案、龙虎砂及主家的生元确定墓室朝向。无论是阳宅、阴宅，民众通常在朝向上不取正子午（正北正南）向，忌讳触犯皇家的尊严。

“挖墓穴”。挖墓穴各地方风俗不一，避免有风、水、蚁、石、根等不良地方。挖墓穴的第一撮土留在一旁，称为心头土。入土时孝子手捧心头土安放在井穴正中，才定向掩埋。埋葬后，把心头土带回来安放在神龛上（或装在香炉里），叫引魂归家。若母亲逝世办完丧事之后，孝子手提灯笼，拿着一把雨伞，伞上捆着一块白孝布，要去舅家辞行。去时一路上呼唤亡者灵魂同去舅家，祭祀后又提灯笼和雨伞呼唤亡者灵魂回家。若父亲新逝，孝子手提灯笼、执雨伞，挑着草鱼去已嫁的姐妹家辞行。安葬后，满七后除去。

第二节 少数民族丧葬习俗

湖北少数民族的丧葬形式同中有异，土家族重死豁达，丧事办得十分热闹。侗族对不同年龄人死亡程序、礼仪、禁忌等方面有简繁和轻重的区别。信仰伊斯兰教的少数民族有自己坟场。火葬是羌族自古相传的丧葬习俗。

“接地气”。土家族的老人在回光返照或弥留之际，家人齐集于室，长子要扶抱着直到落气，称“接气”，或“接地气”。老人一旦落气，众人环跪于床前，在地上点燃香烛，立即焚烧纸钱于地，称烧倒头纸钱，又称烧落气钱、烧倒头袱纸等。人死亡洗净身体，剃光头发，穿戴寿衣寿帽寿鞋后，移到堂屋设灵堂停放。由一位族人陪同孝子到村里逐家门外磕头报丧。丧事称白事，乡邻不请自到，自动为死者家料理一切事务。到死者家吊丧称“烧纸”。乡邻吊丧时送一匝土纸，上几炷香，近亲则送“大纸”及请一班吹鼓手。

“打丧鼓”。鄂西清江以北的土家族，在老人自然死亡后，乡邻亲友不顾劳累来到孝家“打丧鼓”,又称“跳丧”、“跳丧鼓”、“撒叶尔荷”等。相传巴人始祖廪君死后,部落先民围着死者唱歌跳舞,为其歌功颂德,后成为巴人后裔的一种葬俗,相沿至今。土家人认为老人自然死亡是“升天”,“顺途路”,是白喜事,以此来怀念故人。即便是死者生前与别人结下了仇恨,活着的人也不计较,照常到孝家“跳丧”,这叫“生不记死仇,亡者为大”。在个别地区,还有年高或久病未死的老人,要求人们在他(她)面前“跳丧”,这称之为“打活丧鼓”。跳丧舞祭祀死者,慰问生者。跳丧舞,相传是渊源于原始葬俗祭祀舞蹈,流行在龚家垭以北的邬阳关、金鸡口一带,属于清江文化。相传巴人始祖廪君死后,部落先民围着死者唱歌跳舞,为其歌功颂德,后成为巴人后裔的一种葬俗,相沿至今。“打丧鼓”(撒叶尔荷)已经入选国家级非物质文化遗产名录。

打丧鼓这天,死者家属在乡邻到来之前,就有提前帮忙的人杀猪宰羊,挑水劈柴,烧茶备烟,生火办席。死者入殓后,棺前供上灵牌,点香亮烛。在紧靠棺材的左前,地面放一木制脚盆。置上一个直径为一尺三四,高二尺多的自制大牛皮鼓,临时用刀削鼓槌一对。入夜跳丧时,在棺前的空场上,一批又一批打丧鼓的人来到孝家,由一人击鼓而歌领唱,两三人一组,二人踏着鼓点接歌起舞,有时四人交替和穿插对舞,称之为走“四门”或“升子底”。舞者合着鼓点、音韵,边唱边舞。由于跳丧的人很多,随时有人不打招呼便挤进表演区争着跳。舞者边跳边饮酒。民间艺人说可以激发精神,尽情歌舞。歌词多为四言七字,也有一段五句的,每唱完一句最后和声:“跳撒叶儿尔荷”,因而也有把跳丧叫做跳“撒叶尔荷”的。格局一般有跳丧、摇丧、四人穿丧、退丧、践丧和哭丧等项。曲牌有:幺女儿嗬、怀胎歌、长声号子、螃蟹歌、打哑谜子、哑呀呔等。舞蹈动作有凤凰展翅、犀牛望月、牛擦痒、狗吃月、燕儿衔泥、幺妹筛萝、猛虎下山、耍五巾、狗舂碓等。按演唱内容有“怀胎歌”、“哑谜子”,“血盆经”,崇拜白虎,古人业绩,民间故事传说,猜谜语,农业生产,带姐带郎情歌以及怀念亡者的悼词以及即兴创作的唱词等。

“跳丧”的演唱无固定的程序和专门的仪式,由于通宵达旦的歌舞,往往午夜后,民间艺人演唱少量的色情笑话,以此来驱赶人们的倦意。

“跳小摆手舞”事象。鄂西清江以南的土家族,以摆手舞作为祭祀的一种形式。俗称“南摆手,北跳丧”。摆手舞、建始闹灵歌和撒叶尔荷都是土家族最有影响的祭祀歌舞,带有浓烈的祭祀色彩。摆手舞歌随舞生,舞随歌而得名。摆手舞是一种祈求幸福、酬报祖先的舞蹈，也是土家族过“赶年”中最富民族特色的歌舞，是“舍巴日”。舍巴日的“舍巴”，意为“摆手”；“日”即“做”，土家语动宾倒置。“舍巴日”汉语直译为“做摆手”，意译为摆手舞。它表现了土家族人的生产、生活、战争、神话传说等内容。歌随舞而生，舞随歌得名，起源于远古，盛行于明清。土家人祭祀仪式毕，便击大鼓，鸣大锣，由“梯玛”或掌坛师带领众人，进摆手堂或摆手坪跳摆手舞，唱摆手歌。摆手歌长达数万行，气势雄浑壮阔，动人心魄，堪称土家族民族史诗。摆手舞按其活动规模分为“大摆手”、“小摆手”两种。“大摆手”常见于族灵祭祀（见本章第三节族灵祭祀），“小摆手”常见于祖灵祭祀，以及彭公爵主、向老官人、田好汉和各地土王等祭祀。摆手舞已经入选国家级非物质文化遗产名录。

“小摆手”活动规模较小，是土家族居住区普遍盛行的一种文化习俗活动，流行于酉水流域，演绎部分农事活动。过去，凡百户之乡，皆建有摆手堂，有的还建有排楼、戏台等。来凤舍米湖、大河等地现有摆手堂遗迹。舞时，男女齐集摆手堂前的土坝，击鼓鸣锣摆手。其特点是摆同边手，躬腰屈膝，以身体的扭动带动手的甩动。表演内容为“拖野鸡尾巴”、“跳蛤蟆”、“木鹰闪翅”、“犀牛望月”等狩猎动作和“砍火渣”、“挖土”、“烧灰积肥”、“种苞谷”、“薅草”、“插秧”、“割谷”、“织布”等生产生活动作。

闹灵歌。这是一种“绕尸而歌”的悼念祭祀活动，流传于建始县一带，俗称建始闹灵歌。唐朝时已有记载，“夷事道，蛮事鬼，初丧，鼙鼓以道哀，其歌必号，其众必跳，此乃盘瓠、白虎之勇也。[①]”以鼓伴奏，时而歌，时而舞，时而颂，时而且歌且舞。清代时，“初丧作乐以娱尸……习俗之难变，愚夫之难晓”[②]。闹灵歌有跳丧、转丧、坐丧等三种，以鼓、大锣、马锣、钹、唢呐、包头帕作伴奏乐器或道具，舞姿稚拙、粗狂热烈，舞步飘动，略呈哀丧状态。建始闹灵歌入选湖北省非物质文化遗产名录。

“解钱”。宣恩县土家族的“解钱”又称“八宝铜铃舞”。这种丧葬祭祀时仪式，在潜江、荆门交界地区也比较流传。伙居道，或居家和尚，或土老司祭祀、祭奠亡灵时，略有不同。伙居道一般穿道士服饰，手拿道士用拂尘和桃木剑等器

① 唐朝，樊绰：《蛮书》，中国书店出版社 1908 年 10 月版。
② 清朝，熊伯龙：《无何集》，湖北人民出版社 1983 年 9 月版。

物，且喧且跨。居家和尚一般穿像唐僧一样的服饰，手拿和尚用念珠和法杖等器物，且跳且哼。土老司一般穿红、黄、蓝三色的八幅罗裙和凤冠，手持牛角号(或舞师刀)和两端各系四个鸡蛋大铜铃和“马形”硬木等法器，且舞且唱。其中，土家族的八宝铜铃舞有坐堂与行堂两种祷告程式。坐堂时，土老司坐在凳上用手且舞且唱，唱词有喂马、逗马、上马、跨鞍、奔马、下马、跳水坑、跑马摇铃、过门槛、打神堂、莲花跳等固定的唱词议程。行堂时，土老司且行且舞且唱，舞姿粗犷古朴。现在，宣恩土家族一带的八宝铜铃舞除了祭祀先祖以外，还用于祈求五谷丰登、六畜兴旺之时。宣恩县的土家族八宝铜铃舞入选湖北省非物质文化遗产名录。

“破地狱”。鄂西土家族、潜江西部一带，在出殡的前一天晚上子时——夜晚12点左右，有一场特殊的法事“破地狱”。“破地狱”是为了通过法事引领死者亡魂到地狱各处通过各种审查，从而顺利到达阴间。“破地狱”一般选在屋前空坝(农村)进行，在地上用石灰粉画出一些房间的格局，用以表示阴间的各种殿堂。民间认为阴间共有十殿冥君管事，死人的灵魂要经过不同的殿堂接受冥君们的审问，十殿冥君各有所司。通常我们所说的阎罗王，实际上是十殿中第五殿的冥君。“破地狱”就是希望通过人为的力量来帮助死者亡魂走过这十殿的审判，少受牢狱之苦，让在世的人免除心中的担忧。由僧道法师们拿着铙、钹等走在前面，死者的后人中两人分别举着招魂幡和端着灵位跟在后面，由僧道法师们领着在地上画的格局中转悠，犹如穿堂过巷般。在此过程中，僧道法师们敲打着手中的乐器，口中用诙谐的语言相互攻击，并且随着节奏越演越快。“破地狱”共分十个部分，是与冥界的十殿相对应的，每部分的操作都是一样的，只是在每部分的末尾，会焚化相应冥君名号的纸，通知他们来“收钱”，并随之焚化一定量的纸钱。在“破地狱”仪式之后，就是念诵祭文。祭文一般由僧道法师或较有文采的亲友撰写。一篇好的祭文往往会有催人泪下的效果。

土家族“出殡”。鄂西土家族出殡一般在早晨某一时间进行，具体时间是由法师根据死者的生辰八字、死亡时间等参数推算的。出殡的时候由法师将几根长条凳由屋内连到门外，在门外头将一长条凳立起来，上面套上死者生前所穿过的衣物，通过念咒将死者的魂引出屋，然后再将棺木抬到屋外停放。这一过程称作“出灵”。

择日出殡时，孝子要“背棺”。是时，孝子跪拜门外，让灵柩从身上抬过。安葬后要送三次火：当天太阳落山后送第一次火到坟山，次日送到半路，第三日送到村外。第三天“复山”，家属到坟山祭奠、垒培坟墓。

“悬棺葬”。湖北境内的悬棺主要分布于鄂西山地的恩施州和宜昌市。山川遍布，为悬棺葬的形成提供了必要的条件。悬棺葬作为一种独特的民族习俗，早已销声匿迹。其遗迹留存各地，显得神秘莫测。时人称之为“仙人洞”、“箱子岩”、“柜子岩”等。有位于秭归磨坪乡杨林桥村河岸边的磨坪悬棺群，木质棺材全部置于人工开凿的洞穴或山崖的石缝中。有位于宜昌夷陵区黄花乡新坪村的小棺材崖和大棺材崖的悬棺，多用圆木挖成平底长槽状，上无棺盖，棺表面有明显斧凿痕迹。有位于宜都市红花套镇渔洋溪村“棺材岩”峭壁石缝间的悬棺，颜色黑中泛白，形状与现代棺材相差无几。有位于秭归九畹溪峡谷棺木岩的悬棺。有位于巴东神农溪龙昌峡的悬棺。有位于建始县长梁乡桂花村榨次河、百股水等处的悬棺。有位于三峡西陵峡口石龙洞的石制悬棺。有位于三峡西陵峡的兵书宝剑峡悬棺。有位于恩施三岔乡丫沐峪寨沟的悬棺。有位于来凤百福司镇观音坪梅子坳村西水河边的仙人洞悬棺。有自然洞隙和人工凿成的洞隙。葬具多为整木挖成，有船形棺、槽式棺、盆形棺、屋形棺、斗形棺、箱式棺等。其悬棺方式有插桩式①，岩墩式②，崖洞式③，崖窟式④等四种⑤。

从一定意义上讲，悬棺葬和土葬、火葬、水葬、天葬等葬式一样平常。悬棺葬是古代一种比较奇特的葬式。这种奇特的葬式反映了人类文化的一个侧面。悬葬是处理未满月死婴的习惯，也称“婴孩挂葬”。先替死婴穿好衣服，放在粪箕或撮箕中，用新白布（或黑布）盖上，挂在村寨附近山坡的树枝、竹枝上；或用草绳捆好挂上，任野禽野兽吞食。人们以为这样死者的母亲才能再孕，否则就难孕或绝育。

我们至今仍不知晓将仙逝者连同装殓他的尺棺高高地悬挂（置）于悬崖半腰适当位置的方法。有崖壁凿孔，椽木为桩，尺棺置放在崖桩上的悬空葬；有崖壁上

---

① 插桩式：将棺木搁置在插于崖壁裂隙处或所凿方孔中的木桩上。
② 岩墩式：将棺木放置在崖壁的石墩上。
③ 崖洞式：将棺木放置在崖上自然山洞中，老百姓称其为“箱子岩”、“柜子岩”、“仙人洞”。
④ 崖窟式：以人工在崖壁上凿出洞龛，将棺木放置其中。
⑤ 详见彭鲁整理的有关民俗。

开凿石龛，尸棺置入龛内的嵌石葬；有利用悬崖上的天然岩沟、岩墩、岩洞置放尸棺。

悬棺葬大都为二次葬，一次葬的极少。所谓二次葬，即人死后让其皮肉腐烂，然后拾其骨头洗干净以后装入葬具，放置洞中，此种葬俗又称“拾骨葬”、“洗骨葬”。恩施州的崖葬文化，是我国南方古代少数民族的葬式之一。据有关学者考证，其族属应为濮、僚、越。而这里的濮、僚、越，与巴文化和土家文化又有千丝万缕的联系。恩施州境内的崖葬除巴东与长江有联系以外，主要分布在清江、西水、唐崖河、建南河等水系里。崖葬墓的风格特点以及埋葬的时间都与三峡有很大差别，属晚于三峡地区的崖葬墓。恩施州的崖葬是一种奇异的葬俗，它作为一种古文化遗存，崖葬特有的神秘色彩以及人文、历史、考古学等方面的重大研究价值，将越来越受专家学者所关注[①]。

苗族“出殡”。鄂西南苗族，如果谁家老人走了（死亡的说法），家族统一安排丧事，孝子始终陪护在老人的灵柩旁，准备白色和红色帕子。孝帕为棉织布料，一般长2尺，宽1尺。死者的曾孙必须戴红色孝帕，孝子以及其他所有参加葬礼的人戴白色孝帕。请礼师和乐班，礼师一般是地理先生（亦称阴阳先生，或风水先生）。

亲友前来吊丧，孝家要鸣响炮仗，以唢呐、笛子、芦笙等吹奏丧曲，锣鼓敲打哀乐。礼师司仪，吊丧者到灵柩旁点上一炷香，烧几张纸钱，叩首作揖，向孝家赠送“祭帐”。“祭帐”一般是一块三尺宽、五尺长的棉织布料，也有高级布料、蚕丝被和毛毯等。有时，亲友也请乐队前来吊丧。孝家的乐队称为“坐班”，亲友的称为“客班”。

出殡时，将灵柩抬到村口停放，俗称“出柩”。孝子、孝孙由人搀扶在出柩队伍最前面缓步前移，其后，众人抬着棺木，乐队等在最后。灵柩抬到墓地，地理先生主持落井仪式，先杀一只大公鸡抛入井内，再向井内洒一些大米，然后把棺木缓缓放入井里，并鸣炮奏乐。地理先生用罗盘校正方位，掩上泥土，并用石块砌好墓堆。

侗族“出殡”。鄂西南侗族的丧葬一般有报丧、入殓、择墓地、安葬等几道程序。老人断气后，孝家鸣放三声炮仗（火仝）向族人报信。族人均前来丧家吊唁，然后由族内德高望重的人统一安排丧事，分派任务，一些人专门报丧，一些人料

① 详见胡家豪整理的《恩施州崖葬与崖葬文化》有关内容。

理后事，一些人负责饮食等。报丧时，如果是女性，要先报其娘家；如果是男性，则先报已经出嫁的女儿，其余亲戚按距离远近依次报丧。前来吊丧的人，一般要送米、肉、鱼、布或钱等四样礼物。

入殓时，亡者若牙齿齐全，必须凿掉一颗牙齿，放银子或硬币到口中。然后由孝男打来水，为亡者浴尸。亡者是男性，则用孝男的内汗衫穿在亡者的身上。若亡者是女性，则用孝媳或至亲女性的内汗衫穿在亡者的身上。如生前行善有功果阳牒，则放在死者的手中。死者腰间放一根带子。在亡者脚头放肉、香纸等祭品，一盏长明灯，一个插香钵，一个烧纸盆。孝女跪在亡者身侧唱孝歌，叙说亡者生前的好处、自己的不孝以及对亡者的思念。

安葬时，地理先生铲一撮土给孝男。孝男用内衣包裹撒向棺盖，再落井掩埋。

侗族的丧葬有土葬、火葬、悬葬等形式，各种葬法都有一套不同的程序。侗族的火葬多是用于非正常死亡人的葬礼。“凶死”必须火葬。火化一般用木材焚烧，有连棺火化和直接火化两种。火化后，骨灰再土葬。对未成年的小孩、未婚青年、婚后尚未生育的青年人的死亡和已经有了子女的成年人及老年人的死亡，坟地也是分开的，在丧礼的程序、礼仪、禁忌等方面都有简繁和轻重的区别。对于有了子女的成年人及老年人的死亡，丧葬礼仪相当隆重。

回族“出殡”。回族称死人为“无常”、“归真”或“殁了”，切忌说“死”。称尸体为“埋体”，称送葬为“送埋体”。对埋体主张速葬，不得超过三天。穆斯林病势垂危或昏厥之际，由守卫身旁之亲属或阿訇提示，教病人念“凯里麦”（清真语），即提醒用阿语朗诵。病人既终，使其安位，整好尸体，使亡人头北脚南仰卧，面稍向西（为使病人不忘穆斯林之天命永远朝向圣殿克尔白）。亲友吊唁，送以钱、物，以助葬费，但禁止送花圈、帐联。亡人的面容身体要美观清洁，埋体要经过修面、修胡须，理掉过长的头发，其他部位过长的毛发也要剪短或剃掉。还要修剪手指和脚趾甲，清除污垢。葬前要给“埋体”清水净身（俗称“着水”），再穿上用新白布制成无袖无领的“开凡”。男人的“开凡”通常为三块，一块叫“皮拉汗”（波斯语坎肩之意）是覆盖前身的白布；一条叫“小卧单”，是垫在身下相当于褥子的白布；一块叫做“大卧单”，是在外层包裹整个“埋体”的白布。女人的“开凡”还要增加用做盖头和裹胸（也叫缠腰）的两块白布。举行转“费达”（赎罪）仪式。然后举行站“折纳孜”（殡礼）的仪式。殡礼主持人一般是有名望的阿訇。仪式开始时，将“埋体”置于“塔布提”匣子中(一种底层可以抽拉的无盖的大木匣子),抬到葬地,置于墓穴之上,头北面西,主持仪式的阿訇为亡人祈祷,并带领大家念“赞主词”三次。仪式后,即送“埋体”入坟。葬穴为长 2 米。宽 1 米深约 2 米的直坑,在直坑底部向西侧挖一洞(以平放遗体为限)。当埋体按照教规放入洞内后,再将洞门用土坯封住,并用黄土填满直坑,地面用砖、土筑成脊形坟墓。与此同时,在送“埋体”的沿途中,要为亡人散“乜贴”,数额大小不等,根据家庭条件而定。并将亡人衣物散给洗尸人员和亲友,有的还要给前来送“埋体”的众人散白帽戴孝。亡人葬后逢七、二七、三七、四十天、百日、周年、三年、十年,都要请阿訇念经,表示纪念。

信仰伊斯兰教的少数民族有自己的坟场,不在汉族和其他民族的坟场里埋葬。如,毗邻 107 国道位于江夏区占地九十余亩武汉市回民殡仪馆(公墓),专门为武汉市的回、维吾尔、哈萨克、柯尔克孜、撒拉、东乡、保安、塔吉克、塔塔尔、乌兹别克等十个信仰伊斯兰教的少数民族群众提供殡仪、安葬服务。回族不信风水地脉,只要是平稳干燥的地方就可做墓地,实行土葬。若子女亲人在外,临终前有遗嘱时,可以等一两天,但不得超过三天以上,以免尸体腐烂、发臭。回族人不用棺本。

鄂西羌族的丧葬。有土葬、水葬等形式。羌族人中水葬的方式,是一种补充的埋葬形式。水葬的方式通常用在一至三岁之间夭折的小孩身上,对于那些不容易火化的小生命才采用这种方式。

第三节　祖灵祭祀

过去主要是宗族祭祀。现在家庭发生变化,以核心家庭为主。核心家庭主要祭祀自家直系祖先和上三代旁系祖先的祖灵祭祀。因各地礼俗的不同,祭祖时间也各异,有的除夕祭祖,有的清明节祭祖,有的七月半祭祖,有的冬至祭祖。

“除夕祭祖”。这是我国流传至今的传统风俗之一。一方面是源于“百善孝为先”和“慎终追远”的传统观念,在辞旧迎新之际,一方面对祖宗先辈表示孝敬之意和表达怀念之情;另一方面是由于人们深信祖先神灵可以保佑子孙后代,使子孙后代兴旺发达。家里有新亡人的祭祖比较隆重规范，除夕夜上供，上元夜撤供，春节初一到初三，不到别人家拜年。亲朋拜年时也必须叩谒祖先堂，不独慎终追远至意不泯，因其人敬其祖的美德，也借此保存了。来拜年的客人需要祭拜逝者。祭祖地点也不同，有的到野外瞻拜祖墓，有的到宗祠拜祖，有的在家中将祖先牌位依次摆在正厅，陈列供品，然后祭拜者按长幼的顺序上香跪拜。用盛以高碗的鱼肉等菜祭祖，一般是八碗大菜。郧西一带，全家老少“三十夜”到祖坟送“灯亮”。

鄂东南一带，守岁的到三更时分，第一件大事是祀神、祭祖。是时红烛高照，上供清茶、红豆等祭品，人们严肃诚敬。祀神后要叩拜祖先，这叫“开春”。迎接新正，也叫“开正”。祭典进行到最后，是烧金纸献给祖宗。

襄阳的老河口一带，守岁到五更，先行盥洗，穿着礼服礼帽，在供桌之上摆好祭品，香烛齐燃，爆竹争放，一家人依长幼辈分，连续向祖宗跪拜致祭，拜祝“年福”。

鄂东北罗田一带，新年初一早晨，到祠堂去祭祖拜年，看守祠堂的人早已准备祭品供奉在祖宗神位之前，又准备一支长竿挂着鞭炮，等族人来到时，便点火燃放，表示欢迎前来祭祖。等到祭祖仪礼完毕，有果盒、茶点或丰盛的早餐相招待。

江汉平原的南部一带，初一上午五六点钟，摆设丰盛酒菜在祖堂之前，全家男女老幼都穿上新衣，按尊长辈分，排前后次序，向祖宗跪拜叩头。江汉平原的北部一带，一般在桌子上点香和蜡烛，摆上鱼肉虾蛋四样菜。鱼：一对鲻鱼，肉：红烧肉，虾：红忙子，蛋：一张蛋皮。桌子上还要放一张写有历代祖先名字的红纸，一碗饭，一杯酒，一双筷子。烧纸的时候，门留一缝，然后烧纸。纸分为两堆，一堆是烧给祖先的，在桌子前面烧。一堆在门口烧，叫做“敬地主”，寓意保佑子孙进出平安。祭祖结束以后，要把红纸焚烧掉。

“清明祭祖”。清明祭祖的习俗由来已久，现在有网上祭祀和实地祭祀。明《帝京景物略》载：“三月清明日，男女扫墓，担提尊榼，轿马后挂楮锭，粲粲然满道也。拜者、酹者、哭者、为墓除草添土者，焚楮锭次，以纸钱置坟头。望中无纸钱，则孤坟矣。哭罢，不归也，趋芳树，择园圃，列坐尽醉。”其实，扫墓在秦以前就有了，但不一定是在清明之际，清明扫墓则是秦以后的事。到唐朝才开始盛行。《清通礼》云:“岁,寒食及霜降节,拜扫圹茔,届期素服诣墓,具酒馔及芟剪草木之器,周胝封树,剪除荆草,故称扫墓。”清明祭扫仪式,更多的是亲自到茔地去举行。祭祖的方式是带祭品、纸钱、香火、锄头等东西,整个家族结成一团,共同祭奠先人。因为很多先人都是在火葬施行之前进行土葬的,山上易长杂草,因此必要时要进行除草清杂,然后大家一起动手,把代表哀思的纸钱放在坟地周围,五颜六色的纸钱将荒芜的坟地装饰一新,代表此坟有主,后人的祭拜。然后在坟地上摆下祭品,烧香祭拜,一切差不多了,便放鞭炮,在啪啦声响中结束整个祭拜过程。

目前互联网上兴起了许多类似的网上灵堂,人们只要点击一下鼠标,就可以完成祭祖仪式。对于网上祭祖这种新兴方式,社会上众说纷纭。有人认为这打破了祭祖的时空局限,给大家带来了方便。有人则认为只有按照传统习俗祭祖,才能显示对先人的尊重与祭祖的诚意。网上祭祀时,坐在电脑前,用鼠标“点燃火柴”,再“拖”出三根香点着,然后插进“香炉”来祭祖。在网上灵堂,人们不仅可以通过用鼠标“拖”出鲜花、火柴、香、茶杯、酒杯等来模拟完成献花、点烛、烧香、敬茶、敬酒等祭奠活动,还可以按照个人意愿来选择墓园的背景和墓碑等。网上祭祀没有得到老百姓认可。在许多人看来,清明祭奠是祖祖辈辈遗留下来的传统,只有到实地去真正烧香献花,才能体现追忆之情,否则就是对死者的淡漠和不尊敬。

“烧包袱”。即为自己祖先烧纸钱作为孝敬,在“包袱”正面写上化袱上荐、先考(先妣)某某辈等,背面写上“封”。一般也还为本村土地神“烧包袱”的“意思,意思一下”,在“包袱”写上化袱上荐。还有的为一些孤坟野鬼做一些功德“烧包袱”。所有这些,体现了荆楚民众的鬼文关怀。由于每家经济条件和其他条件不一样,所以祭扫的方式也就有所区别。咸宁一带以“烧包袱”是祭奠祖先的主要形式。所谓“包袱”,亦作“包裹”,是指孝属从阳世寄往“阴间”的邮包,即用白纸糊一大口袋。有两种形式:一种是用木刻版,把周围印上梵文音译的《往生咒》,中间印一莲座牌位,用来写上收钱亡人的名讳。如:“已故张府君讳云山老大人”字样,既是邮包又是牌位。另一种是素包袱皮,不印任何图案,中间只贴一蓝签,写上亡人名讳即可。亦做主牌用。关于包袱里的冥钱,种类很多。

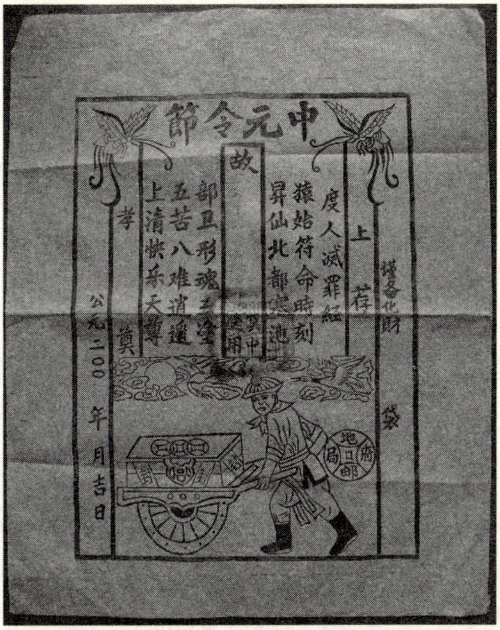

图 3-4 “烧包袱”时用

“清明吊”。江汉平原以“清明吊”、“挂孔明灯”和烧草纸作为祭奠祖先的主要形式。清明吊一般是五颜六色，插在坟头的，有的用彩色玻璃纸剪的，长长的，用小竹枝吊着。谁坟头插了几根，炮屑多不多，就知道这家后人来了多少了。孔明灯又叫天灯，相传是由三国时的诸葛孔明(即诸葛亮)所发明。当年，诸葛孔明被司马懿围困于阳平，无法派兵出城求救。孔明算准风向，制成会飘浮的纸灯笼，系上求救的信息，其后果然脱险，于是后世就称这种灯笼为孔明灯。另一种说法则是，这种灯笼的外形像诸葛孔明戴的帽子，因而得名。孔明灯的结构可分为主体与支架两部分，主体大都以竹篦编成，次用棉纸或纸糊成灯罩，底部的支架则以竹削成的篦组成。孔明灯可大可小，可圆形也可长方形。一般的孔明灯是用竹片架成圆桶形，外面以薄白纸密密包围而开口朝下。

“月半祭祖”。恩施人十分重视过月半，素有“年小月半大”之说。月半又称“中元节”，其主要活动是祭祖，中元祭祖形式多样。中元节起源于道教的“三元说”。每年正月十五日为上元节，七月十五日为中元节，十月十五日为下元节。中元节，俗称“鬼节”或“施孤”，也有称“盂兰盆节”的。“盂兰盆节”一说来自印度一种佛教仪式，即佛教徒为了追荐祖先举行“盂兰盆会”。我们古籍中多以“中元节”记载。是时，要烧纸祭麻姑，上祭品，放河灯习俗，江陵以放河灯来超度亡灵。江汉平原还有搞“挂锄”、“田艢”的。总之，形式多样，很热闹。

祭时以纸钱封包，写已故亲人名字，焚于户外，并扬声呼名哀悼，以示敬送银钱。月半原为农历七月十二，但因过月半须全家团聚，并接回出嫁姑娘，从而在时间上造成“婆家过月半走不脱，娘家过月半必须去”的矛盾，于是订七月初一至十二均为过月半，但大部分人家以七月十二为准。

“冬至祭祖”。农历十一月二十四日是冬至，冬至是一个很隆重的节日，俗称冬节，有的地方叫亚岁，即是小过年的意思。民俗认为到了冬节，虽然还处在寒冷的季节，但春天已经不远了，所以家里外出的人一般都要回家，表示年终有所归宿，是一个祭拜祖先的节日。人们在这一天都会排办丰盛的祭品，成群结队去宗祠或祖先的墓地祭拜，几十人甚至于几百人上千人浩浩荡荡，杀猪宰羊，人叫马嘶。湖北通城、崇阳一带个别地区有这样的扫墓活动，一方面体现了宗族的凝聚力，一方面又体现了丰裕和能干的民俗心理。冬节这种祭拜文化的习俗，千百年来一直沿袭到今。就算在经济困难、物资缺乏的年代，人们还是没有丢弃。

第四节　其他祭祀

一、汉族始祖——炎帝祭祀

湖北是炎帝故里。随州烈山是华夏始祖神农炎帝的诞生地。神农架是炎帝神农搭架采药，救民疾苦的地方。神农炎帝的诞生地坐落在湖北省随州市曾都区厉山镇九龙山南麓，古神农洞位于九龙山腰。史书记载“神农母安登，感农而生炎帝”于此。这里建有炎帝神农洞、炎帝神农碑、炎帝神农纪念广场、炎帝神农纪念馆、炎帝神农牌坊等纪念性建筑物。

炎帝姓姜。相传他牛头人身，可能是以牛为图腾的氏族首领。炎帝制耒耜，种五谷；立市廛，首辟市场；治麻为布，民着衣裳；作五弦琴，以乐百姓；削木为弓，以威天下；制作陶器，改善生活等。炎帝部落初期从事采集、渔猎，因发明农业，开始了半定居的农业迁徙生活。为了促使人们有规律地生活，按季节栽培农作物。炎帝神农还立历日，立星辰，分昼夜，定日月，月为三十日，十一月为冬至。教民使用工具，教民播种五谷，教民医药，教民音乐、舞蹈，还教民智德。湖北随州、神农架一带存在祭祀炎帝神农的官祭、民祭习俗。史料记载，炎帝神农氏生于湖北随州，常年活动地点在神农架。炎帝神农氏首创牛耕，采药救民，光照千秋，不仅因遍尝百草，搭架采药而使神农架得名，更为子孙后代繁荣昌盛作出了巨大贡献。祭祀有官方祭典(公祭)和民间祭祀。至于民间祭祀，更是历史悠久，地域广泛，形式多样。祭祀时间随各地风俗而异。有源于腊祭的春节祈福；清明、冬至扫墓祭祖；农历四月二十六日的生辰祭祀；新粮初上的“尝新”之祀；遇有自然灾害的禳灾之祀等。

炎帝的祭祀，源远流长。对炎帝祭祀不只停留在民间宗族祭祀，历代王朝乃至当代都有官方的祭祀活动。

宋以前的祭祀。《史记·封禅书》云，秦灵公三年(前423年)，在吴阳“作下畤，祭炎帝”。这是祭祀炎帝最早的记载，但不是最早的祭祀。对炎帝的祭祀，始于黄帝。《路史·后记》云，黄帝“崇炎帝之祀于陈”。《轩辕黄帝传》亦云：黄帝“作下畤，以祭炎帝”。炎帝陵祀典，宋始有定例。《宋史·礼制》载：“乾德初诏：历代帝王，国有常享，著于甲令，可举而行。按祠令，先代帝王，每三年一享，以仲春之月，牲用太牢，祀官以本州长官，有故则上佐行事。”又定“太昊、炎帝以下……岁春秋祀以太牢”。宋开宝五年，易为五年一祀。诣陵致祭，则无常例，大致国有大事才遣官告祭。如淳熙十四年(1187年)六月，天下大旱，宋孝宗诏“衡州葺炎帝陵庙”(《宋史·本纪》)，并遣官告祭，禳灾祈福。

“明朝官祭”。明朝李之藻在《頖(叛的繁体字)宫礼乐疏》记载，大明正统元年礼部颁布有一个祭祀仪程，一般包括：斋戒，散斋三日，致斋二日。其余小祀，散斋二日，致斋一日。斋戒时遵循：1.不食荤腥，不吸烟，不饮用、食用、使用任何带刺激性气味的东西。2.不参与丧事，不去污秽的地方或做过度劳累的工作。可食鱼肉，但不可超过素菜，且肉必须新鲜。4.可饮酒但不得稍醉，不得饮用烈性酒。5.克制食色之思，不听音乐。6.三日必洗头，五日必沐浴。7.确保饮食健康，不食用、饮用、使用来路不明之物。8.如有病且有损威仪，行礼不参礼，可观礼，不得耽误治疗。

祭祀从内容上包括场地、仪式、祭文、祭品等。仪式有祭礼、祭典等；祭文有祭亡灵文、祭天地文、祭神灵文(神和世界万物),有祭祖文、祭烈士文、祭死难者文;祭品,祭祀用品包括活人、动物和其他祭品,还有祭饭(祭席)、祭食;设施和用具,有祭祀建筑、祭祀用具、祭品。祭祀手段,有活祭、牲祭,包括活人祭。

祭祀一般由赞礼主持,参祭者神情肃穆恭敬,面向天、地、族灵、神灵等鞠躬、叩拜。伴随着赞礼的唱喏,奠币、初献、亚献、终献、饮福受胙、辞神、望瘗、分胙等仪程逐一进行,表达对族灵的尊敬。为女献官配女执事,若没有,则递送时应以盏盘,以免接触。参礼者一般分男女立于南侧,男在东侧,女在西侧,随众具礼即可。观礼者,不作威仪要求,在参礼者的后面。仪式必须完成:通过四拜迎神、献爵(三献,一献也可)、四拜辞神、饮福散胙。

"清朝官祭"。清代祀典,虽因明代旧制,但显添厚重。《清史稿》:"凡巡幸所莅,皆祭陵庙,有大庆典,祭告亦如之。"如康熙二十一年(1682年)平滇乱之后,"遣官致祭,颁册文、香、帛,给黄伞、御仗、龙纛各二,凡成武功,皆祭如典"。遣官诣陵致祭的礼仪十分冗杂。据《炎陵志》载,祭前,由钦天监择定宜祭之日,翰林院撰拟祭文,太常寺、工部、户部分别预备祭品、仪仗。由礼部开列侍郎以下、四品以上堂官名单,题请钦派致祭官。致祭官行前一日斋戒,届期赴礼部恭取祭品、祭文、仪仗。如遇皇帝亲阅,则另有程序。告祭官至地方后,各官朝服跪迎,并恭奉御祭文、香帛置龙亭内,供公所中堂,各官行三跪九叩首礼。祭前三日,告祭官斋戒,地方官备鼓乐、仪仗,行一跪三叩首礼,迎龙亭于祭所。祭前一日,告祭官省视祭品、祭器,地方官监视宰牲,然后率礼生演习礼仪。祭日四鼓,陈设祭器、祭品、牲俎,乐工,然后集庙门外恭候。五鼓,告、陪祭官穿朝服,由东戟门入殿。待击鼓三严,告、陪祭官就位。仪式为前后行三跪九叩首礼,中间三献、读祭文。迎神、初献、亚献、终献、受胙、撤馔、送神等均歌乐章。执事礼生达三十九人。陈设有御祭紫降香、沉速香、绫寿币各一;祭器有爵、俎、登、铏(xing)、簠(fǔ)、簋(guǐ)、笾(biān)、豆、篚(fěi)、罇等四十一件;祭品有牛、羊、豕各一,羹、黍、稷、稻、粱、型圤、薧鱼、枣、栗、榛、菱、芡、鹿脯、饼、菹、醢(hǎi)等二十六种;烛二品。时祭,即于每岁春秋仲月吉日,"由守土正印官一员致祭,执事以礼生。""陈设及行礼仪节与遣官告祭同","惟无乐歌"(《炎陵志》)。祭文,由礼部颁发。乾隆年间定例,炎帝陵大祭"该银二十一两","春秋二季原额银二十两"(《炎陵志》)。

“神农架祭祀”。神农架炎帝神农祭坛地处木鱼。神农祭坛的主体建筑是神农巨型牛首人身雕像。高21米，宽35米，相加为56米，以示中华五十六个民族。雕像立于苍翠群山之间，以大地为身躯，双目微闭，洞察秋毫，似在思索宇宙。祭祀区内，踩在脚下的是代表天和地的圆形和方形图案。在代表地的方形图案中，五色石分别为五行学说中的金，木，水，火，土。近处，高10米的图腾柱分别立于祭坛的左右两边，柱上的大小牛首以示神农氏为牛首人身，子孙后代繁衍之意。图腾柱的前方有两幅大型浮雕，展现了神农氏一生的丰功伟绩。两幅浮雕之间设有九鼎八簋（古时人们用以煮盛的食物，现为中华民族的最高祭祀礼器）和钟鼓楼以供炎黄子孙在此祭拜先祖，寻求庇佑。登高三百四十三级台阶，便来到了雕像前的瞻仰台（古时为天子祭礼，瞻仰的地方）[①]。

图3-5　炎帝神农祭坛

湖北神农架炎帝神农的具体祭祀仪程，首先由手持农垦工具身着狩猎服装的乐舞者走进地坛，鸣钟九响，击鼓九通。编钟奏响清脆悦耳的古曲，在主祭人的倡议下，全体参祭人员面朝神农雕像，深鞠三躬，叩拜神农，齐呼“吾祖辉煌，子孙昌明”。随后，大家又向神农敬献三牲五谷、鲜花水果祭品，缅怀其浩然功绩。敬献仪式过后，大祭师宣读祭文。礼毕，参观游览了神农架风景区。

“随州祭祀”。湖北随州的祭祀仪程中强调行“三拜九叩大礼”。祭祀的贡品有鸡、鸭、鱼、肉、草药、稻谷和果盘等。首先参加祭祖大典的各界嘉宾跟随幡旗、

① 虞鹰：《海峡两岸炎帝神农祭祀仪式在神农架举行》，载人民网。

九节龙、礼仪队伍的引导，缓步进入祭祀广场。一般在农历四月二十六日九时零九分，仪式主持人宣布：某某年炎帝神农陵祭祖大典仪式开始。击鼓九通，鸣金九响之后，乐声响起，或合唱队员引吭高歌《祭炎帝》。在礼炮和鼓乐声中，身穿古装的年轻小伙抬着供品缓步拾阶而上，毕恭毕敬地将三牲五谷、时鲜供品敬献于供品台上。随后，主祭人、襄理主祭人依次向中华民族始祖炎帝神农氏敬献花篮。主祭人向中华民族始祖炎帝神农氏敬献高香，全体祭祖人员向中华民族始祖炎帝神农氏深鞠三躬，虔诚致敬。主祭人恭读祭炎帝文。读毕祭文，主祭人将帛书置于香炉中焚化。礼炮、音乐再次响起，祭祖人员依次进入神农大殿瞻仰炎帝雕像。参观完神农大殿拜谒炎帝陵墓。2009 年 5 月 20 日，在湖北随州举行“同根同源爱我中华——2009（首届）世界华人炎帝故里寻根节开幕式暨炎帝神农拜祖大典”。

二、土家族始祖——廪君祭祀

廪君祭祀。主要是自在自为的祭祀。廪君是土家人对祖先首领的一种尊称，即给我们粮食和平安的头领。土家人又将廪君神化为“向王天子”。民间歌谣有“向王天子一支角，吹出一条清江河。声音高，河水涨；声音低，河水落。牛角弯，弯牛角，吹出一条弯弯拐拐的清江河。”廪君作为族灵，享有“生命之神”的灵光。廪君，姓巴，叫务相，是巴人之子，出生于武洛钟离山。

钟离山有赤、黑二穴，分别住着巴、樊、覃、相、郑五姓人氏。巴人住在赤穴，其余四姓住在黑穴。蛮荒之初，没有头领，于是五姓人氏商定从远处向洞穴中投剑，投中者便为头领。经比试，四姓臣服巴务相为头领，认为是天意。巴务相胸怀大志，嫌钟离山狭小，决意要为众人广创基业，便率领五姓人氏，沿夷水而上，途经盐阳，直到广阔而秀丽的夷城（今恩施）留住下来，建立了巴子国。廪君死后，其勇猛强悍的魂魄不灭，化为白虎。巴人世代以白虎为图腾崇拜。以勤劳、勇敢、团结、开拓为生命之本的巴人逐渐演变为现在的土家族。

现在主要是公祭族灵廪君。公祭仪式一般在廪君祠举行。廪君祠位于恩施土司城，坐东朝西，是一组三层三进重檐柱式建筑群，祠前有石雕马。台阶和大殿平台的石雕栏板上，雕刻着形态各异的白虎和虎字。第一进是守护廪君祠执事房的门殿。第二进正中是慎终追远殿，有一组组再现了廪君的生平业绩的图画。左侧是德济殿，供奉着土家人心中高贵的盐水女神。盐水女神既是女神，又是女人。土家人用“太阳歇得么？歇得。月亮歇得么？歇得。女人歇得么？歇—不—得—女人歇了，娃娃就没有饭吃；女人歇了，日子也就歇了”的歌谣赞美她。第三进是“祖德长昭”的廪君主殿。按照巴人迁徙时的场景布局，正中供奉的是廪君塑像，左边是向将军和覃将军，右侧的是樊将军和郑将军。向将军又名开路将军，迁徙时负责前方探路，披荆斩棘。覃将军又名“毛古斯”将军，迁徙时负责粮草，是稻谷神的化身。樊将军在迁徙时出谋划策。郑将军则直接统辖五姓迁徙队伍的日常事务，编队分列，令行禁止，有序前行[①]。2007 年 8 月 18 日，当地在恩施土司城景区举行了国内首次“同心同德万民祭始祖，有德有义千秋奠廪君”的公祭活动。

“祭礼”。土家族是巴人的后裔。历史上巴人亦称蛮人、夷人、土人、土家人。自称“毕兹卡”或“贝京卡”。土家祭祖经历了人祭、血祭、牲祭、公祭等礼仪形式。“巴氏以虎饮人血，遂以人祠焉”。远古时期，巴人后裔选杀授予重任的族人作为通灵使者去拜谒廪君，以获始祖庇佑，通达始祖信息，表达对始祖神灵的祭奠。后来，演变为梯玛“以我之血，祭我始祖”的血祭。梯玛在“冲傩”或“还傩愿”时在自己头上开口见血，以始祖保佑显灵。近代以来，土家人以三牲（猪、牛、羊）之首祭祖，俗称“三牲祭”，以表达土家人祈求五谷丰登，祭祀始祖，与祖同飨。

“跳大摆手舞”。大摆手在摆手堂的大坪上举行，活动规模庞大。大摆手舞讲究时辰、场地和规模。演绎人类起源、民族迁徙、狩猎征战、抵御外患、农桑绩织和农事活动等事象[②]。祭祀族灵需要跳大摆手舞。公祭廪君时击钟九响，鸣炮九响。然后主祭人致辞后，参祭人缓步上前献贡品、上香、敬酒，行拜谒礼。再梯玛开坛祭祖，向族灵廪君献傩舞，最后所有参加活动的人员共同跳起大摆手舞。《华阳国志·巴志》载：“周武王伐纣，实得巴蜀之师，著乎《尚书》。巴师勇锐，歌舞以凌殷人，前徒倒戈，故世称之曰：武王伐纣，前歌后舞也。”大摆手舞以其恢弘的战争场面，再现巴人的舞蹈基因。《后汉书·南蛮西南夷列传》亦载：“阆中有渝水，其人（板楯蛮，巴人后裔）多居水左右，天性劲勇，初为汉前锋，数陷阵，俗喜歌舞。高祖观之曰：‘此武王伐纣之歌也。’乃命乐人习之，所谓巴渝舞也。”

① 何冶《廪君祠》，载恩施日报；又见周安茂《土家族祭祖礼仪》，载恩施新闻。
② 作者不详，来凤县文化馆工作人员收集整理。

三、苗族等少数民族的"六月初六"祭祀

农历六月初六是土家族、苗族、布依族等少数民族的一个重要节日，在汉族中亦流行。土家族的六月六是一个重要立庙祭祀的纪念性节日。

土家族六月六具有十分丰富节日习俗，有的与天有关，有的与地有关，有的与神有关，有的与祖先有关，有的与年有关。与天有关的习俗主要有"敬太阳神"。利川、龙山等地土家人相信黑神能驱邪除秽，每年六月六这天燃烧香烛，抬着披红挂彩的黑神游行，名曰"烧黑神"。与祖先有关的习俗是"晒龙袍"、"祭祀土王"、"祭祀向王"。绝大部分土家人每年六月六日这天，家家户户晒衣服，晒棉被，晒鞋子，称为"六月六，晒龙袍"。酉水流域的土家人在每年六月六要杀猪、打糍粑、做豆腐，把亲戚朋友请来欢度节日，举行以祭祀土王为主的摆手祭祖活动。鄂西清江流域土家人称每年六月六为向王节，焚香烛、放鞭炮、祭祀向王廪君，祈求向王保佑人们在水面上航行平安。与年有关的习俗是过小年。湘西严姓土家族人在每年六月六过小年。

鄂西苗族认为六月六是太阳的生日，要敬祭太阳神，祈求太阳神赐给阳光，温暖万物，确保丰收。与地有关的习俗是"尝新谷"。六月六这天若逢卯日，又称尝新节，部分苗族地域家家打新谷，做新米饭，佐以鳝鱼为菜，以示有余；有的地方人们煮酒杀牲敬神，感谢、祈祷神灵赐予丰收。与神有关的习俗是"烧黑神"。

第四章　占卜观兆

巫风盛炽的荆楚，占卜观兆比较盛行，流传较广，有算命看相、请神求签、占候望气等多种形式，每一类又有许多流派，或流变。

第一节　算　命

一、天干、地支和五行

楚人好巫，过去家家都有算命习惯，尤其在生孩子、结婚、命名、丧葬等活动中，一般要请“瞎子”算命。算命主要根据时辰八字、阴阳五行和天干地支的生、克、扶、泄以及实施方位，来测算一个人的盛衰荣枯，福寿夭折，婚事益否。通过测算，确定后天“用神”，“指点迷津”，弥补先天不足。

奇门遁甲、八卦五行、相命占术在湖北各地民间颇为流行，特别是恩施一带盛行奇门遁甲术。2009 年被湖北省人民政府以“民间知识”的名义命名，将“五行遁甲术”列为湖北省第二批非物质文化遗产名录。五行、遁甲术与天干、地支密切相关。

下面是算命中常用的民间知识。

“天干地支”。天干地支简称“干支”。在“辞源”里，“干支”取义于树木的“干枝”。黄帝时期，大挠氏根据日月星辰的天象、世间万物的地势，观察金、木、水、火、土五行，用甲、乙、丙、丁、戊、己、庚、辛、壬、癸十天干，及子、丑、寅、卯、辰、巳、午、未、申、酉、戌、亥十二地支，相互配合而成六十甲子作为纪历时空过程的符号。大挠氏“采五行之情，占斗机所建，始作甲乙以名日，谓之干，作子丑以名月，谓之枝。有事于天则用日，有事于地则用月。阴阳之别，故有枝干名也。”[1]十干和十二支两者按固定的顺序依次相配，组成六十个基本单位，古人以此作为年、月、日、时的序号，叫“干支纪法”。天干地支在我国古代主要用于纪日、纪月，此外还曾用来纪年、纪时，甚至用于堪舆等等。

十天干与太阳有关系。太阳的循环往复周期，对万物产生直接的影响，十天干表达太阳作用万物时的不同意象，根据天象的不同具象为每个天干命名：甲为焉逢，乙为端蒙，丙为游兆，丁为强梧，戊为徒维，己为祝犁，庚为商横，辛为昭阳，壬为横艾，癸为尚章。民间认为，甲是破壳而拆的意思，指万物剖符甲而出也。乙是轧土而生长的意思，指万物出生，抽轧而出。丙是鱼尾似炳的意思，指万物炳然著见。丁是钻木而强的意思，指万物丁壮。戊是茂的意思，指万物茂盛。己是纪的意思，指万物有形可纪识。庚是更而有实的意思，指万物收敛有实。辛是新棘的意思，指万物初新皆收成。壬是有孕而任的意思，指阳气任养万物之下。癸是发育而揆的意思，指万物可揆度。

十二支与月亮有关系。远古先民根据月时的具象为每月命名，子为困敦，丑为赤奋若，寅为摄提格，卯为单阏，辰为执徐，巳为大荒落，午为敦牂，未为协洽，申为涒滩，酉为作噩，戌为阉茂，亥为大渊献。民间认为，十二地支表达不同意思，子是伏雌而兹的意思，指万物兹萌于既动之阴气下。丑是初成纽，阳气在上，阴未降。寅是移，引的意思，指万物始生螾包然。卯是阴不能阳而茂，言万物茂。辰是震的意思，物经震动日、月、星同现而长。巳是月似一线起，指阳气之盛。午是仵的意思，指万物盛大枝柯密布。未是味，万物皆成有阴阳滋味。申是阴长而身的意思，指万物的身体都已成就。酉是阳没而老的意思，万物之老。戌是淫强而阳灭的意思，阳物尽灭。亥是核的意思，阳物收藏。

“五行”。“五行”的观念起源很早，是古代的一种物质观，一般用在哲学、中医学和占卜方面。五行家是战国时期诸子百家之一，认为宇宙万物与五行对应，各具其德，而天道的运行，人世的变迁，王朝的更替等，则是“五德（五行）转移”的结果。

五行学说并非指木、火、土、金、水五种具体物质本身，而是指五种不同属性的抽象概括。它将自然界的各种事物，按其属性进行归纳，以天人感应为指导思想，

---

① 隋·萧吉《五行大义》。

以五行为中心，以空间结构的五方，时间结构的五季，人体结构的五脏为基本构架。凡即具有生发、柔和特性者，统属于木；具有阳热、上炎特性者，统属于火；具有长养、发育特性者，统属于土；具有清静、收杀特性者，统属于金；具有寒冷、滋润、就下、闭藏特性者，统属于水。将人一切活动与自然界的事物现象联系起来，形成了联系人内外环境的五行结构系统，用以说明人体及人与自然环境的统一性。故五行不但具有相对应的时间和空间效应，还具有丰富的物质和精神内涵。

五行学说认为大自然由五种要素所构成，由木、火、土、金、水五种基本物质的运行（运动）和变化所构成。随着这五个要素的盛衰，而使得大自然产生变化，不但影响到人的命运，同时也使宇宙万物循环不已。五行之间相克：金克木，木克土，土克水，水克火，火克金。五行之间相生：金生水，水生木，木生火，火生土，土生金。五行相窃：金窃土，土窃火，火窃木，木窃水，水窃金。五行之间相溺：金蒸水，水溺木，木蔽（荫）火，火燥土，土掩金。五行强调整体概念，描绘了事物的结构关系和运动形式。如果说阴阳是一种古代的对立统一学说，则五行可以说是一种原始的普通系统论。

五行学说是民间知识关于人生“八字”的核心理论。推算一个人的八字命运，就是通过论证五行的相生相克来实现的。举个简单的例子，如八字中日的天干属金，金克木，若某日的天干为木，则表明我能掌控、使用“木”这一天的事物，即财产、金钱；火克金，则火就代表役使、约束日元的事物，则“我”所工作的单位、事业有行动，得到役使、约束，有发展的空间。

“五行与色彩、身体、季节、方位”的惯习。木以青色为代表，指青、碧、绿、紫色系列，代表身体的肝、胆囊和肌肉等器官，指东边方位，一般指春季。火以红色或赤色为代表，指红、紫色系列，代表身体的心、小肠及舌头等器官，指南边方位，一般指夏季。金以白色做代表，指白、乳白色系列，代表身体的肺、大肠和鼻等器官，指西边方位，一般指秋季。水以黑做代表，指黑、蓝色系列，代表身体的肾、膀胱、耳和骨骼等器官，指北边方位，一般指冬季。土以黄做代表，指黄、土黄色系列，代表身体的脾、胃和口腔等器官，指中边方位，一般指年终。

二、麻衣神相术

湖北大冶、阳新、通山、咸宁一带，有一些略懂麻衣神相的老年人在街道、集镇摆摊看相，赚取一点微薄口水费，获取生存之资。《麻衣神相》，相传为北宋的一位相术之人麻衣道人所撰。它的成书较早，是现存最早对人体相貌进行系统叙论的奇特相术著作。《麻衣神相》是根据人体相貌论述人命运的一种民间知识。

“三停”、“六府”事象。麻衣神相术从十个角度诠释人的相貌、身体、话音、神情等方面，比较手、足的厚薄，须、发的疏浊，身材的长短，五官的有成以及六府的状况，来判定人的形态、习性以及生活气色，进而推断人的命运。麻衣神相术先看骨骼，再看五行，后量三停的长短。三停指从发际纵向中线到下巴的最终点，按照少年、中年、晚年三大年龄阶段划分。由额上发际到眉毛部位叫上停。民间认为主管少年运程，执掌 15 岁～30 岁之间的运势。由眉毛到鼻准头部位叫中停。民间认为主管中年运程，执掌 31 岁～50 岁之间的运势。由鼻下到下巴部位叫下停。民间认为主管晚年运程，执掌 51 岁以后的运势。接着看面部的盈亏，眉目的清秀，神气的荣枯等。“六府”是指上、中、下三停的左右区域。民间认为，六府要充实丰隆，左右对称，不可缺陷，方能主财旺。若有缺陷，则不利。上二府丰隆、明亮，表示祖辈、父辈祖荫深厚，留有财富基础，年轻时就享有现成的成就，或是在年轻时就能将祖荫发扬光大。中二府充实、丰隆、明亮，表示能拥有朋友、同事、同辈人的协助，人缘好，人际互动甚佳。在中年时期就能兴家立业，享有权势，社会地位高并且财旺。下二府宽广丰隆，表示年轻时的努力而老有所成，能得到部属、晚辈、子孙的爱戴与拥护，拥有丰富的家产与不动产，老而弥坚，身体健康，可安享晚年。

“五岳”事象。看人面部的五岳形状。五岳指左颧、额头、右颧、下巴、土星。东岳指左颧，要中正，不能粗露倾塌。南岳指额头，也要方正，不宜撇竹低塌。西岳指右颧，要与左颧相同。北岳指地阁（俗称人的下巴），要方圆隆满，不能尖削歪斜，卷窍兜上。中岳指土星（鼻），要方正耸上。其他还有看仓库的丰满，阴阳的盛衰，威仪的有无，形容的敦厚，气色的喜滞，体肤的细腻，头的方圆，顶的平塌，骨的贵贱，骨肉的粗疏，气的短促，声的响亮，心田的好歹等等。见图“麻衣神相”。

三、奇门遁甲术

天门市多宝地区的民间艺人曾有维（音）认为，一般艺人只知道用五行八字算命，而不知道用奇门遁甲术算命。恩施地区的谭枝秀（音）认为，奇门遁甲类属于非物质文化遗产的民间知识，目前面临失传的危险。在湖北，只有极少数民间艺人能够熟练掌握奇门遁甲。

“奇门遁甲”俗说。奇门遁甲起源于四千六百多年前，相传轩辕黄帝大战蚩尤之时。由于蚩尤身高七尺，铁头铜身刀枪不入，而且会呼风唤雨，战局处于胶着状态。黄帝得到一本天篆文册《龙甲神章》。黄帝根据书里面的记载制造指南车，打败了蚩尤。《龙甲神章》除了记载兵器的打造方法之外，还记载了很多行军打仗遣兵调将的兵法。于是黄帝要部下风后把龙甲神章演绎成兵法十三章，孤虚法十二章，奇门遁甲一千零八十局。后来经过周朝姜太公、汉代黄石老人，再传给张良。张良把它精简变成现在的奇门遁甲。

“奇门遁甲”事象。奇门遁甲融周易、天文、律历、地理、数学、阴阳、五行等于一体。用来预测在什么时间、什么方位干什么有利，在什么时间、什么方位干什么不利。奇门遁甲由“奇”、“门”、“遁甲”三个部分组成。“奇”就是乙、丙、丁三奇。十个天干中除甲和三“奇”外的戊、己、庚、辛、壬、癸称为“六仪”。“遁甲”的“遁”是隐藏的意思，隐遁于六仪之下。“门”就是休、生、伤、杜、景、死、惊、开八门。“甲”指六甲，即甲子、甲戌、甲申、甲午、甲辰、甲寅。“六甲”隐遁原则是甲子同六戊，甲戌同六己，甲申同六庚，甲午同六辛，甲辰同六壬，甲寅同六癸。另外，还配合蓬、任、冲、辅、英、芮、柱、心、禽九星。奇门遁的占测主要分为天、门、地三盘，象征三才。天盘的九宫有九星，中盘的八宫布八门，地盘的八宫代表八个方位，静止不动，天盘地盘的每宫分配着特定的奇、仪。根据具体时日，以三奇、六仪、八门、九星排局，以占测事物关系、性状、动向，选择吉时吉方。八门表示不同人事物象的宜、忌等。

“1080局”事象。奇门遁甲术把每年冬至上元到第二年冬至上元确认为一个循环，总共是360日。每天二十四个小时分为子、丑、寅、卯、辰、巳、午、未、申、酉、戌、亥十二个时辰。每个时辰是一个格局，全年的局数有四千三百二十个格局。奇门遁甲有一千零八十局的格局类型，则每一格局在全年要重复四次。如，冬至属上元，惊蛰属上元，清明属中元，立夏属中元完全一样，皆属于阳遁一局。阳遁一局是如此，其他各局也无不如此，都重复了四次。

相传姜太公将一千零八十局由全年二十四节气与七十二格局相结合演绎。

这样一千零八十局简化为七十二局。全年二十四节气，每节气分上元、中元、下元三元，则全年二十四节气的元数是七十二元。全年一千零八十个局，用活盘演示，每个活盘可演示从甲子到癸亥六十个时辰的格局，用十八个活盘就可以演示整年所有时辰的格局。一共十八局，就是阳遁九局、阴遁九局。

“排局布盘”事象。奇门遁甲的具体应用，是通过排局布盘来进行的。所谓排局布盘，就是按照不同的年份、节令、时辰，将八门(休、生、伤、杜、景、死、惊、开)、九星(天蓬、天芮、天冲、天辅、天禽、天心、天柱、天任、天英)，在洛书九宫上布出适当的组合，依此判断吉凶方位。所谓局，有阳遁九局和阴遁九局，共十八局。八卦、洛书、二十四节气相配，确定每个节气中不同日的局数。二十四节气中的二至、二分、四立分别居于八宫正中，也就是洛书中的八个数。每个时辰定为几局，受节气和日干的制约。即看这个时辰所在的这一天属于哪一个节气，是这个节气的哪一元，上元、中元还是下元[①]。

第二节　请神求签

楚地巫风源远流长，降及汉唐，至今仍然在一些地区盛行，尤以江汉平原的荆州江陵、潜江、荆门一带为盛。《汉书·地理志》载：楚地之俗“信巫鬼，重淫祀”。汉时的宗教文化多袭楚风，汉代的郊祀，正是继承和发展楚地巫风的明证。汉高祖曾下诏说：“吾甚重祀而敬祭，今上帝之祭，及山川诸神当祠者，得以其时，礼祠如故。”东汉历史学家班固认为“楚人信巫鬼，重淫祀”。

《荆楚岁时记》对南朝的楚地巫风傩人逐厉鬼之俗有翔实的介绍。腊日“村人并击细腰鼓。戴胡公头及作金刚力士以逐疫”。习凿齿(东晋)《襄阳记》记载了襄阳人“信鬼神”。唐代柳宗元、刘禹锡留下了江陵府人“惧楚俗之尚鬼而难谕”，“永州居楚越间，其人鬼且机”，“予既谪于武陵，其地故郢之裔邑”的记载。唐代元稹《赛神》诗云：“楚俗不事事，巫风事妖神。事妖结妖社，不问疏与亲。年年十月暮，珠稻欲垂新。家家不敛获，赛妖无富贫。杀牛贳官酒，椎鼓集顽民。喧阗里闾隘，凶酗日夜频。”这首五言古诗生动描绘了直至李唐时代，荆楚地区依

① 谭枝秀：《奇门遁甲》(复印件)。

然是巫风盛行，甚至达到了不问亲疏，无论贫富，夜以继日，高歌狂舞的痴醉沉湎程度。朱熹在《楚辞集注》九歌序中所说的“蛮荆陋习”，“楚俗祠祭之歌，今不可得而闻矣，然计其间，或以阴巫下阳神，或以阳主接阴鬼。”

据《崇阳县志》载，崇阳县俗“伏腊敛财赛神以觊福利，病者事巫师不重药饵”；《安陆府志》载远安县俗“敬鬼重祀”；《荆州府志》载公安县“俗好鬼神”；《枝江县志》载枝江县俗“敬鬼神”；《宜都县志》载宜都县俗“信鬼尚巫”；《归州府（今湖北省秭归县）志》记归州“俗尚鬼信巫”。

巫风仍可以从今天的鄂西土家族、苗族民众的酬傩神宗教仪式中得到反映。恩施酬傩神的活动在当地比较盛行。傩戏是一种迎神赛会、驱逐疫鬼的一种仪式，又称地戏、傩堂戏、傩愿戏、还傩愿。俗信者向神许下心愿，心愿了结后由巫师代俗信者向神还愿。还愿时举行的仪式就是傩仪。还愿则必戏，演唱傩戏的班子称为“坛”，班主则称坛主或掌坛师。演出时以三五人头戴傩戏主要标志木制面具，又叫傩戏面具、脸子壳壳，被赋予一种神的象征，将人的愿望传递给“神”，代“神”将其旨意传达给人。因此，面具就成了人神一体的载体。一般一人主唱，众人相合，以巫师作主体，其他跟在巫师身后，在神前庭院中演唱。或相互问答，或共同合唱，是一种古老的方式。随着锣鼓的伴奏且唱且跳，虽动作呆板而不失风趣诙谐，歌腔单调却也词粗理正。还坛神一般有二十四堂法事、十二个剧目。剧目大多为劝善、劝孝、劝勤劳等内容，也有打趣解闷的内容。

古楚巫风在漫长的历史长河中沉淀下来，累积成为深厚的文化层，这便是当今独具风采的楚巫文化。在鄂西、鄂北深山大谷偏远地区以及江汉平原部分地区，端公祭祖、祈神、禁咒、还愿、招魂等古代遗风犹存，野巫歌舞仍然流传在世，甚至还在进行不同形式的演变和发展①。

荆楚地区，除了请神活动以外，还有大量的占卜俗信。运用自然界某些事物、现象，从无自由控制的人体生理现象、行为现象，以及社会现象，预测事后结果或解释事前原因的活动。早在伏羲、黄帝时代即广泛流行以视兆而问，灼龟甲而占，预测吉凶。荆楚一带有龟卜、藑(qióng)草卜、求签问卜、杯珓卜、米卜、骰卜、数罗汉卜、占筷子卜等。

---

① 陈金刚、李倩：《楚辞、汉赋中巫之称谓及巫风盛行原因》，载《江汉论坛》2007 年第 12 期。

一、签占

签占的方法、方式多种多样，不同地区有不同的签占方式，有的地区往往并行多种签占方式。远古广泛流行两种主要占卜方式：龟卜与蓍草卜。用火灼龟甲得兆称为卜，以蓍草得兆则称为筮。《礼记·曲礼上》："龟为卜，策为筮"。策即占卦用的蓍草。人们把龟与蓍草当做神异的事物，认为它们可以通灵识途。蓍草"千岁而三百茎，同本以老，故知吉凶"[①]。蓍草卜至今遗风尚存。今天人们用它们占卜出行、经商、疾病等吉凶祸福。

"蓍草占卜"。蓍草，俗称一枝蒿、锯齿草、蜈蚣蒿、锯草等，生长于湖北西部山坡草地或灌丛中。孔子[②]曰："蓍之为言蓍也。"孔子认为蓍生命长久经历的事情多，如老人历年多，更事久，能尽知事物。陆佃在《埤雅》中指出："草之多寿者，故字从蓍。"茅是灵物，屈原"索蓍茅薅以筳篿兮，命灵氛为余占之"[③]。意思是："我找来灵草和竹片啊，请灵氛(传说中的神巫)为我占卜。"屈原请神巫用蓍茅占卦以定吉凶。

蓍草与周易密切相关。算卦一般用蓍草卜算。周易六十四卦，每卦由六爻构成，从下到上，称为初爻、二爻、三爻、四爻、五爻、上爻。卦象有卦辞和爻辞，卜算时是用卦辞占卜，还是爻辞占卜，需要用大衍之数五十五减去六个爻卜数之和。用蓍草占卜，最开始算的爻是最下面的初爻，从下到上，直到上爻算完，就成了一卦。

"山茅占卜"。东汉襄阳宜城人王逸在《楚辞章句》中指出"楚人名结草折竹以卜日等"。襄阳南漳县有"请茅草神"或"请茅娘儿"的占卜习俗。其具体方法是，在火塘[④]旁的灰堆中插一段湿润的(否则易断)山茅草，将其顶端折成"之"字形，使之既略似人头，又是可以悬物的曲钩。然后用四段适当长度的山茅草，分别折出四肢并互相连缀，悬挂于曲钩之上，构成近似的人形。问卜者面对茅草人或跪或坐，右手执鸡毛，先在火上远远烤热，用左手把它轻轻理一下，然后在茅草人前后左右的适当距离，边上下挥动边念念有词："茅草神，茅草神，有请茅草神

① 宋朝，李昉等编纂：《太平御览》。

② 班固：《白虎通》。

③ 《离骚》。

④ 火塘：民间农村烤火、煨汤的地方。一般建在待客的堂屋，也有建在厨房的。

显神灵”。如此多次反复,到了一定时候,就停止手上的动作,占卜有关事项。如问:“某某怀孕在身,如生男娃,请茅草神脚朝前踹(踢);如生女娃,请茅草神脚朝后踹。”如将出远门,问:“如出门不利,请茅草神别动;要是出门大吉,请茅草神踹个方向。”显然,由于在火塘旁的物理原因,这时茅草人的腿脚通常会朝某一方向弹动,弹动的幅度甚至可近半寸。于是,这便被认为显灵,人们笃信为真[①]。

“求签问卜”。咸宁市咸安区与通山交界一带,盛行求签问卜,特别是求学仕官、纳彩结婚的人一般前往当地“高升庙”求签问卜。所谓“跨进庙门两件事,烧香求签问心事”。认为签语乃神灵对凡人的指点,可预知吉凶祸福。故寺庙多以竹片制签置诸筒,以备卜者求。凡子女染疾,家人远出,争讼谋事,婚娶求子,消灾免祸,无不往求。求时先持签筒一摇,再从数十支签中抽出一支,然后依签上所书之号码至司签者处取出签诗。签诗多由旧诗拼凑而成,上、中、下两两相对分为九类。上为吉,全是“春光明月遇东风”之类的吉祥语。下为凶,多为“白虎当头坐命宫”之类的凶煞辞。中者为平平。许多的是一些含糊的滑头话,有些则根本不讲任何具体问题,只是表述一些抽象的意境。司卜者根据求签者所卜事项、心理状态等作随机应变的解释。也有的司卜者不对求签者所卜事项作解释。

“扶乩”。“扶乩”亦称“扶鸾”,类似神仙驾凤乘鸾。扶即“扶架子”,乩为“卜以问疑”。没有钱看病的人,或家中有久病卧床不起,或医院看不好的病人,便去“扶乩”问卜。将一根竹筷插入木制丁字架或簸箕、箩筛中,用手指扶住两端,乩架因手臂抬举而抖动时,视所请神灵已降坛显灵。简单的“扶乩”看乩架的摆动定吉凶。复杂的“扶乩”则根据人的请求,用“乩笔”写字,写诗,画图;或让乩架在事先写满字的大纸上乱动片刻,突然停于某字上,如是反复数次,连字成句,连句成篇,形成所谓的“神仙训示”。所请神灵有天仙、地神、历史人物以及故世亲友等等。

“杯珓”。杯珓占卜方式流传于荆楚各地。杯珓亦作杯筊,占卜的器具,用蚌壳或形似蚌壳的竹、木做成,也有用鞋子的。卜时先将杯珓合拢,捧至胸前,诉所卜事项后抛到面前地下,观看杯珓俯、仰来决定吉凶。两片皆伏(俯)为阴,皆仰为阳,一仰一伏为胜(也称为圣)。阳为吉,阴为凶,胜为大吉。通常需连掷三次。三次阳为大吉,三次阴主大凶,一阴一阳一胜为平平者。一般在神龛、贡(供)台

---

① 南漳县雷平乡魏振武演示,韩致中收集整理。

或灶前进行。唐·韩愈《谒衡岳庙遂宿岳寺题门楼》诗:“手持杯珓导我掷,云此最吉余难同。”清·江泥《龙岩州除夕醉后赋长句》:“杯珓问卜愁转加”。

“指头掐算”。鄂西个别地方流行一种以手占卜病情的方式,靠“指头掐算”以决吉凶。病人用右手大拇指和中指从左手静脉处向左手中指处移动,边移边念叨鬼名。若念及某一鬼名时,两手之中指恰好重叠,则说明正是此鬼作祟。随后,上香烧纸,请此鬼离开。

二、身体部位占

民间有句古话叫做“相由心生”,意思是身体为表达人本性的表象。民间认为,人的身体发之父母,遗有先祖;受之天地,养有社稷。用身体可以预测人的命运、健康、运势以及获得祖上荫庇多寡等。不同佛教中“相由心生”[①]的说法。用身体部位占卜具有民间性。

“人体八卦”。人们把万物与八卦比附,人的身体部位也与八卦比附。“古者包牺氏之王天下也,仰则观象于天,俯则观法于地,观鸟兽之文与天地之宜,近取诸身,远取诸物,于是始作八卦,以通神明之德,以类万物之情。[②]”

巽对应股、胆;震对应足、肝;离对应目、心;艮对应手、脾;坤对应腹、胃;乾对应首、肺;兑对应口、肺;坎对应耳、肾。湖北民间对非先天性的腿脚不灵活,俗称“你是一个木头人,教你一下,你才动一下”。这是因为腿、脚在八卦中对应巽卦、震卦,巽、震都属木。对眼睛红肿俗称“上火了”。这是因为眼睛在八卦中对应离卦,离属火。对相别长久,问候对方“近期在干什么?”农民往往回答“在土里刨食”。这是因为劳动要用手,手对应艮卦,艮属土。赞美别人有头脑、满腹经纶,俗称“肚里有乾坤”。这是因为肚对应坤,头脑对应乾。

“人体天干、地支”。天干对应的各部位。甲对应头、胆;乙对应肩、肝;丙对应额、小肠;丁对应齿、心;戊对应鼻、胃;己对应面、脾;庚对应筋、大肠;辛对应胸、肺;壬对应胫、膀胱;癸对应足、肾。湖北民间对第一名,俗称“中了头甲”。这是因为甲是天干中的第一个,头对应甲,合称“头甲”。

地支对应人体的各部位。子对应耳;丑对应胞、肚;寅对应手;卯对应指;辰

---

① 《无常经》:世事无相,相由心生,可见之物,实为非物,可感之事,实为非事。物事皆空,实为心瘴,俗人之心,处处皆狱,惟有化世,堪为无我。我即为世,世即为我。

② 《周易·系辞传下》。

对应肩、胸；巳对应面、咽、齿；午对应眼；未对应脊梁；申对应经络；酉对应精血；戌对应命门、足、腿；亥对应头。在成语“耳濡目染”中，濡是沾湿的意思，“耳濡”即耳朵沾湿，意思是耳朵经常听到。这是因为耳对应子，子属水。

三、问神

“跳马脚”。咸宁与江西交界的一带，久病的人有请“跳马脚”习俗，俗称跳大神。“跳马脚”的人往往宣称神灵附身，代神传话。也有一些男男女女围个场子迷迷糊糊的边跳边唱边言语，有的唱七仙女，有的唱杨家将。民间相信以前不会唱的人，进了场子嘴巴就变得特别利落，什么都会。人们认为这样的活动可以有助于解决医病、祛灾、祈福等。有时戴上面具，并用神帽上的彩穗遮脸，边敲神鼓，边唱神歌，充满神秘的色彩。这种宗教仪式俗称“跳大神”。

各地民间艺人“跳马脚”的服饰独特。江汉平原一带艺人有头戴僧帽的，身穿古代官服，脚穿休闲鞋；有头戴道士帽的，身穿青布长衫衣，脚穿青色布鞋。一般两人，有时或一人，或三五人。咸宁地区跳马脚的艺人腰上系一串“腰铃”。病人躺在炕上，盖好被子，连脑袋也盖上。将神像摆在房内的西北角（八卦中的乾位），在一个小白瓷酒盅里，放满米，燃起三炷香，放在佛像前，然后恭恭敬敬地给这位神像磕三个头。之后，出了门，走到院子里。在院里找一些麦秆和木柴，燃起篝火。手拿一把木剑，还有一个木头刻的铃铛，抑或是一方木刻的印，抑或判官一支笔，抑或一本书。打着手鼓，围着篝火走，嘴里念念有词，频率较慢，摆着各种奇异姿势，有时张开双臂，往上跳，有点像小鸟要起飞的样子。有时做“虎扑”的动作。有时动作软得像蛇一样。有时像摔跤之前“走场”。手里的木剑和木铃，也随之摇动着，腰间的铜铃，发出清脆的响声，一般有一个时辰左右。然后给神像又磕三个头，活动结束。

“过阴”。请“仙姑”为大病不愈查情况称为“过阴”。设坛烧香，仙姑在坛后正襟危坐，双目微闭，口中念念有词，不一会便哈欠连天，精神恍惚的样子，腔调、语气也发生变化，自称为已故的某某鬼魂，在阴间如何如何。听的人能从其含混不清的话语中，分析出阴魂是谁缠住病人的原因。一会儿，仙姑恢复常态，依稀记得阴间转悠的事，叮嘱一通，便告结束。病人家属按阴魂要求和仙姑吩咐，烧纸马打发缠住病人的鬼魂。

四、杂占

“钱卜”。仙桃一带民间艺人常用钱占卜。以旧时铸有字的铜钱等金属硬币为卜具。卜前放一碗米，焚香祷告毕，用鼻嗅米后，将米撒到地面上，把钱放在筒中，摇筒直到所有的铜钱出来，视其正反，或铺台上将其字次第相连以决吉凶。

“米卜”。潜江一带在人病重时有用米占卜的习俗。用白布包一碗白米，碗口朝下，在病者头上绕数圈。边绕边呼唤病者的名字或神灵名称，祷告所卜事象，表达祈求福佑。祷告完后，翻转碗口，取布看碗中米的凸凹来定祀神的方位。祭祀完后，从碗中抓米抛撒，同时呼唤病人的名字，边唤边撒，直到病者居室，意象在招魂归来。咸宁一带则备白米一碗，米上又放鸡蛋一个、生姜一块，盐巴一块。以手抓米投诸另一空碗，视米粒散布的形状来决定吉凶。米粒相连兆吉，互不相触为凶。两两相连为大吉。或以卜致病的鬼怪。每呼一鬼名，便投一次米粒。若米粒分开，说明非此鬼作祟，连在一起则认为正是此鬼为虐，即祭此鬼。

“鸡卜”。土家族婚后妇女怀孕名“有喜”。有喜后男女双方家里孵小鸡以占是男喜还是女喜，单为男喜，双为女喜。分娩后，女婿到丈人家报喜。生男则抱公鸡报喜，生女则抱母鸡报喜。岳父母看到女婿送的报喜鸡，马上可以判定女儿生的是男孩、还是女孩。

“罗汉卜”。武汉地区一带流行数罗汉占卜的习俗。以年龄为数，递次数寺中所列罗汉，再以该罗汉的称谓、形容仪态等预测祸福寿夭。每入寺以第一次所数为有效。现在演变成游戏。

“筷子卜”。江陵一带有“站筷子”习俗，亦称“请筷仙姑娘”。备清水一碗，筷子三至四根。卜者先焚香祈祷，然后将理齐的筷子竖插碗中并以碗中之水淋浇其上，经久不倒为吉，否则为凶。亦有视所倒之方向驱鬼祭神、祛邪除病。亦有边浇边呼唤鬼名，或族祖的姓名，若不倒，则为此人或鬼所惑。

“七·七卜”。鄂东北一带农历七月七日卜小孩的巧拙。七月初六日取一碗净水，放置在太阳地下曝晒，再夜露一宿。初七日清晨，小孩摘细草放在水中，看细草呈现的影子来判断智愚。有的用松针投到水中，使松针浮在水面，看松针呈现的影子来判断休咎智愚。江汉平原则在七月初六日用小盒装一个蜘蛛，次日晨观其结网疏密，以卜巧拙。密为巧，疏为拙。农历三月一日，鄂西北一带有油花卜的习俗。

“牛卜”。鄂西南苗族有以牛占卜的习俗，以卜来年的吉凶。农历十月农事后，苗民举行“报赛”仪式，以祓不祥。届时，全寨捐钱购买一头白色肥壮的牯牛，邀请近邻、亲朋、好友，男女身穿节日服装，在寨外搭棚居住。卜时将牛缚在花柱上，首先叩拜祭祀祖先以及四方神灵，然后按照长幼的顺序投枪刺牛。牛倒下后，看牛的头所在方位来卜休咎。牛头倒向寨子为吉兆，则谈笑相庆，反之为不祥，则必要禳解。

“衣襟卜”。鄂东南一带有衣襟卜习俗。人病重时，悄悄剪其贴身内衣襟一片焚烧，其灰有白色斑纹，斑纹象篆籀必死，无字迹则生。或以纸为衾，其合缝处不用糊粘，用秤砣就捣衣砧上捶，缝合必死，反之即生。

第三节　占候望气

占候一般指根据各种物象的征候预测事后结果或解释事前原因的占卜手段，内容包罗万象，如望气、算命、相面等。望气是古代方士的一种占候术，望云气的变幻，测吉凶祸福。汉代以前已有流行。西汉·司马迁《史记·项羽本纪》：“吾令人望其气，皆为龙虎，成五采，此天子气也，急击勿失。”

一、天象与农事

观察云彩、节气、江河等气候降水的变化推知吉凶祸福，是人们一种普遍的俗信现象。例如，用新年头十日的阴晴预示一年人畜庄稼的吉凶。有“一鸡二犬，三猪四羊，五牛六马，七人八谷，九麻十豆”的说法。正月初一预示鸡的饲养，初二预示狗的饲养，初三预示猪的饲养，等等。如果是天阴，不见太阳落山，则认为年内将损此物。正月初七是人日。如果是日晴为人安之兆，否则主瘟疫流行。亦以是日阴晴卜岁中丰歉，以为晴兆丰，阴兆灾。

“化险为夷”俗信。居住在巴东县长江北岸边上的绿竹筏村人认为，江边的

"化险为夷"石刻在冬季水枯出现,则表示来年无水患。在冬季水枯时节没有出现,表示来年有水患。因此,每逢长江冬季枯水,便总有船工前往江边观察石刻。原来,这里有人们从峡江中打捞起来的尸体存放于宝塔。清乾隆时期,荆南观察使李拔看到破水峡的江水汹涌,船行到此,两船难以在此相让,"十有九翻"。李拔率部属整治巴东黄岩至秭归王家嘴的破水峡,在巴东县长江北岸边上的绿竹筏村留下有一平方米左右的石刻,上刻有"化险为夷"四字,右边竖刻:"乾隆辛卯仲春",左边分两行竖刻:"荆南观察使者西蜀李拔,率属同修江上题书"。

"日枷水、月枷罩"。枷为围绕日月的云层,亦即日晕,月晕,又称"长毛"。俗谓日晕必久雨,月晕必久旱,故有"日枷涨水,月枷井枯"的谚语。如果云层像鲤鱼斑,即鲤鱼鳞状,认为久旱无雨,谚有"天上起了鲤鱼斑,将有四十八天干"。下雨的时候,若天空时明时暗,则有大雨,谚有"一黑一亮,大雨三丈"。雾罩山头有雨,雾束山腰而山头则明净无雨,谚有"有雨山戴帽,无雨山束腰"。用虹的方位或出虹时间测晴雨。早上虹现主晴,暮现则主雨,谚有"朝虹日多,暮虹雨多"。虹东现主晴,西现主雨,谚有"虹在东有雨也不凶"。以风刮黄尘的时间测天气的阴晴。以为"一日黄尘三日雨,三日黄尘九日晴"。即黄尘飞扬为将雨之兆,若连起黄尘三日而未雨,则必有多日晴天。

"祥瑞"(符瑞)。人们认为祥瑞(符瑞)是表达天意、对人有益的自然现象。如出现彩云,表明风调雨顺;还有禾生双穗,地出甘泉,奇禽异兽出现等等,也表明风调雨顺、国泰民安。相传周武王进攻商朝时,有白鱼跳到船里,有火焰降到武王的房顶,然后化为一只鸟。这些祥瑞,被认为是上帝任命武王为天子的象征。相传汉朝开国皇帝刘邦做皇帝时,五大行星曾一字排列出现于天空。

"二十八星宿"。民间根据二十八星宿观察认为,月和五大行星运行经过阳道,预兆旱灾和丧乱之事。日和五大行星运行经过阳道,预兆水患和战事。房宿星的星光明亮,预示君王贤明。骖星的星体变大,预示将有战事发生。房宿众星分散,预示百姓流亡离乱。房宿与钩铃星远离,预示天下不和,帝王后嗣断绝。房宿与钩铃星之间有星体和疏圻,预示将有地震。房宿比钩铃星星光明亮,预示君王行孝道。钩铃星靠近房宿,预示天下同心①。

"星·丁"。江汉平原一带,认为天上一颗星,地下一口丁。如果看到天空流

① 韩云波、郝敬、张莉译著:《日者观天录》,重庆出版社2008年3月第1版,详见星宿预兆·二十八宿预兆。

星陨落，地上就会有人死去。以为星星为人所变。生一人，天上即加一星，死则陨落。又以人间的等级贵贱附会出皇帝是紫微星下凡，文官是文曲星下凡，武官是武曲星降世等等说法。

“元旦·丰歉”。元旦是一岁之首，因此常常用于预示一年的兆头。一般以是日阴晴卜农事丰歉。认为宜晴不宜阴，有雪必遭旱。或以是日所属天干预示一年的许多事象。认为“甲乙丰”(农业丰收)，“丙丁旱”(有旱灾)，“戊己虫雨伤”(雨水过量和虫灾)，“庚辛兵”(有战争)、“壬癸潦”(有水灾)。或以风占岁中粮价贵贱，认为风从南、东来，主粮价贱，逆此反是。

“参星·水旱”。正月初八日，根据参星的隐现和方位，预知上元日晴雨和一年的水旱等。有“上八不见参星，月半不见华灯”的谚语，认为这一日夜阴雨，元宵节亦雨。这一日黄昏时，参星在弯月之“背”主年内有大水，若正对其“口”则兆旱，流传“参星参在月背上，鲤鱼跳在镬橄上。参星参在月口里，种田种在石臼里”的谚语。

“天河·米价”。江汉平原一带，认为农历七月七日夜为牛郎织女相会的时期。当夜，观看天河(银河)的明暗，占卜当年米价的高低。天河晦暗认为米价贵，天河显明认为米价贱。

“扫帚星·灾旺”。江汉平原一带，认为扫帚星[①]出现预示有灾荒。以为其现为灾荒、瘟疫、死亡和战争的预兆。古人称其为妖星。因其运行大部分时间离太阳甚远，故难经常看到。偶一现，似乎是突然而至，且形状怪异，故被视为不祥之兆。

“风·雷”。民间认为旋风是鬼走路所带起，遇到则不吉利。若万一遇之，则需立即啐一口唾沫，并以“旋风旋风你是鬼，我有大刀砍你腿”类的口诀禳解。

有雷在雨先必无大雨俗信。以为未曾下雨之前而雷声滚滚，则必无大雨。有“未落先唱歌，有雨也不多”的说法。有闪乱无雨的俗信。以为闪电的方向不定，忽东忽西则主无雨。“东闪西闪，不见一点”。有东闪日头西闪雨的俗信。以闪电方位断有雨无雨。认为“东边打闪日头红，西边打闪雨潆潆”。还有捞油锅、鸡鸣、捏鸡蛋、吃血酒等多种形式，假鬼神意志裁决是非曲直的争讼习俗。

“月·日兆”。民间认为正月闻雷为二月多雨之兆。谚有“正月雷打雪，二月

① 扫帚星：即彗星，因头尖尾阔，形似帚，故称。

雨不歇。”二月二日为龙抬头日，且以是日之阴晴卜一岁之潦旱。以为晴则主旱，雨则主潦。二月十二日为花神诞日，是日晴，主百花盛。三月刮大风，该年大旱。“三月吹大风，四月田开裂。”三月多晴，主麦子丰收。谚有“三月沟底白，莎草变成麦。”用五月的月大月小预示一年瓜、菜的丰歉。认为月小主丰，月大兆损。有“五月小，瓜菜食不了，五月大，瓜菜不上架”的说法。

认为每月的初一、二的阴晴，预示卜初三、四之晴雨。以为初一晴，初二阴，初三初四必有大雨。“初一晴，初二阴，初三初四雨淋淋。”又以为初一日雨，则不日即晴；若初二日雨，则阴雨连绵数日。故又有“初一落雨初二停，初二落雨不留停。”

认为闰月兆灾。以为闰四月兆是年荒。闰六月是寡妇年，不宜婚娶。闰八月是杀年，兆兵荒马乱。俗语“闰七，不闰八；闰八过刀杀。”

“节气兆”。认为立春日晴明，兆一年风调雨顺，丰收天成。有“立春晴一日，农人不用力”。又以是日的起风时间为一岁丰歉之兆，以为“早风成早禾，晚风成晚禾，晴则诸事吉，阴乃万事愁”。“正月二十晴，树上挂油瓶(冷)；二月二十晴，桃子李子爱煞人；三月二十晴，鱼儿虾子上高林；四月二十晴，哭死沿河一路人(有大水)；五月二十晴，富人门前无人行；六月二十晴，稻草白如银(割谷的天气好)”。

惊蛰日的雷主一年风调雨顺，五谷丰登。若惊蛰日前闻雷，则以为荒年之兆。“雷打惊蛰谷米贱”，“未蛰先雷，人吃狗食。”“惊蛰有雷鸣，虫蛇多成群。”清明节宜晴明，否则谷雨将无雨。而“清明不明，谷雨不淋”是荒年。

立夏日宜雨，否则夏秋大旱，农作物无法播种。“立夏不下，犁耙高挂。”“立夏无雨，碓头无米。”“六月(阴历)不热，五谷不结。”江汉平原有“人在屋里热得跳，稻在田中笑哈哈”，“大暑不浇苗，到老无好稻”的说法。夏至闻雷主夏旱，“夏至响雷三伏旱”。六日为晒龙袍日，是日家家出晒衣服，认为可免霉渍鼠啮。是日多晴，若遇雨，则以为主秋季水灾。谚有“湿了龙袍，淋破蓑衣。”又以为是日雨瓜菜必受损，有“六月六日雨，菜根遭虫蛀。”“伏里无雨，谷里无米；伏里雨多，谷里米多。”“三天一个暴，田埂上都收稻。”

民间认为立秋日有响雷，入秋后天气异常，秋收将大减。“雷打秋，晚禾折半收。”中秋节的阴晴可以判断来年元宵节、清明节的天气。认为是日阴雨，来年元宵节必有雪。“八月十五云遮月，来年元宵雪打灯炒。”“风吹十五日，雨洒清明节。”民间认为重阳日有雨，入冬的天气调和宜人。若无雨，需再看十三日的天气；若再无雨，冬季将干旱。有“重阳无雨望十三，十三无雨一冬干。”若有雨则冬有雪，来年大豆丰产。

民间认为霜降日或十月是否下霜，可以判断来年丰歉情况。霜降日或十月有霜，来年丰收；霜降日或十月无霜，则来年饥荒。入冬后立春前有大雪，认为来年收成必好，否则有饥荒。“冬月无雪，田中无麦。”

“腊月二十四”。农历腊月二十四，天空出现黑云，认为来年有水患。俗语“黑云压城城欲摧”。出现黄云认为来年丰收，出现白云认为来年有大丧，出现赤云认为来年有兵荒。现在人们观云测天，推知晴雨。

二、动植物兆与彩头

以物类象，是中国传统文化的一个重要方面。物一般指具体动物、植物、物品和环境等。中国可以说是一个以动物自喻的国度！古代的皇帝自称为龙，龙集驼头、鹿角、牛耳、龟眼、虾须、蛇身、马鬃、蜃腹、鹰爪于一身，能走，能飞，能游泳，能兴云布雨。皇帝以下为将相官吏，他们阶高者为虎为蟒，阶低者为鸡为犬。如，用鸡鸣狗盗之徒表示合伙做坏事的人。反过来，以“物”求征兆，以“物”解读事物和行为，成为中国传统习俗中独特的物象习俗。

“动物兆”。若看见蛇雄雌交合，认为必有祸事加身。若看见蛇似有足，则认为必遭惨烈之祸。看到的人一般连吐三下唾沫，用清水洗眼睛。

鄂东一带，人们在夜深或破晓时听到老鼠吱吱叫，声细碎似数铜钱，则认为家中必出祸事。若见鼠出外寻食，从高处失足落地，认为不是生疾病，就是有其他祸事要发生。一般在乡间沿户乞讨白米煮食来禳解。

鄂东南一带，人们认为除夕夜狗吠是吉祥的象征。有“年夜狗吠叫，来年疾病少”的说法。还认为狗作揖灾祸将降临。狗以前足离地少许振其精神，犹人之伸懒腰，俗称狗作揖。当地人认为狗性通灵，其“作揖”即知有祸将至而预先向神灵求情。民间还认为猪、猫失却旧主，误投其家，表明有凶险。有“猪来穷家，狗来富家，猫投其家主有丧事至”的说法。

“喜鹊·乌鸦”。人们认为喜鹊叫，喜事到；乌鸦叫，祸事要①。古代就流行喜鹊报喜的习俗。喜鹊为常见鸟类，叫声及毛色能使人愉悦。羽毛颜色清晰爽目，

① 要：湖北潜江一带的方言，出现的意思。

有黑白两种，除腹部为白色、两肩各有一大块白斑外，其余部分都是黑色。飞行时，拖着一条长尾巴，黑白更加分明醒目；喜鹊在鸣叫的同时，尾巴也随之上下翘动，活泼动人，惹人喜爱，使人赏心悦目。喜鹊一般在清晨的树上连声鸣叫，叫声为“喳、喳喳”音，韵调虽然简单，但清脆响亮，悦耳动听，人听到后顿时精神振奋，使人产生喜兆预感。又以“喜”名，一般视为吉祥。认为乌鸦的呼叫是凶兆。乌鸦叫声为“啊、啊”的单调叫声，给人一种沉闷之感，全身乌黑，更觉厌恶。乌鸦颈项处有一圈白毛，余皆漆黑，与丧服相同，又喜食腐尸，被看做不祥的动物。听到乌鸦叫，往往用洗脸、喝水禳解。

“鸡兆”。若母鸡打鸣，认为家里将降临祸事。若公鸡面向西打鸣，被认为不祥的预兆。犯忌之鸡一般立即宰杀，用土掩埋，以祓去不祥。若鸡上屋，需要马上将鸡赶下来，认为鸡自飞上屋顶，将有火灾降临。俗信：鸡类、火鸟，而火鸟是火神的化身。人们认为鸡活动时身沾枯草经久不去，表明贵客将至。远古时，卖鸡一般插草标①，亦是待宰的标志，有杀鸡以待贵客的习俗。

“猫头鹰兆”。咸宁南川一带，视猫头鹰的鸣叫是死人的凶兆。猫头鹰眼睛构造与其他鸟类不同，只能在夜间活动捕食，其貌顽凶，鸣声凄厉，被视为“报丧”、“勾魂”的动物。出门遇鸟屙屎在人身上，当事人则认为有祸事将临。若正月初一、新年第一次出门，或平时的初一、十五遇到，则更加惶恐不安。若当事人是做生意的人，则当天将生意交给他人经办。

“眼睛兆”。左眼跳福、右眼跳祸，又有左跳喜、右跳愁，左跳发、右跳杀等说法。以人的眼皮不由自主的跳动为祸福之兆，左为吉，右为凶。人偶然喷嚏被认为有人背后责骂，或将有灾祸加身。十堰一带，有的地方却认为人偶然喷嚏是吉兆，以为背后有人思念所致。《诗经·终风》“寤亩不寐，愿言则嚏”。《传》“愿，犹思也，盖他人思我，我则嚏之也。”郑玄《毛诗笺》“今俗人嚏则日人道我，此古之遗语也。”据《汉书·艺文志》载，古有《喷嚏耳鸣占》十六卷。

“花卉兆”。民间认为果木冬季开花，表示来年收成不好。果木通常在春天开花，若冬天开花则说明奇暖而无霜雪，来年气候亦必反常或虫害甚烈。不同的花卉表达的民俗意象不同。玫瑰，寓意真挚的感情，是表达爱情的专用花卉。郁

---

① 草标表示出卖东西。一根为贱卖，两根为平价正常卖，三根为贵卖。最早产生于晋代，那时的定期集市叫草市，主要以交易粮为主。

金香，寓意爱的告白、来临、纯洁、恒久。百合，寓意百年好合，或百事合意。康乃馨又名香石竹，不求代价的犹如母亲对孩子的爱。蝴蝶兰，又称蝶兰，花形似蝴蝶，芳姿艳质，艳压群葩，素有兰中皇后之称，寓意清秀脱俗，青春永驻。

“火笑”。江汉平原一带，人们在烧火做饭时。若灶中火苗不时有呼啦作响，被称为“火笑”，认为有客人到。点煤油或菜油灯时，有灯花称火花，灯烛余烬结成，状如花，认为是喜兆，“灯花爆，喜事到。”“陆贾方验于火花，郭况莫矜于金穴。”[①]记载了陆贾以火花占卜的现象。

三、梦兆

民间认为梦类世事，梦是现实生活的反映，是未来生活的预兆。千百年来，人们一直为此苦苦求索为什么人会做梦、梦有什么意义、梦对人有什么影响，至今仍未能找到解开这个谜底的答案。作为一种根据具体梦象占释人事、预卜吉凶的梦兆文化，流传至今，曾对中国的历史产生了重要影响。长期累积的大量梦占资料，是一笔十分宝贵的历史财富。他们无意中的许多发现，尽管经过了歪曲，仍对科学研究具有借鉴和启示的意义[②]。从心理学来看，日有所思，夜有所梦。梦是由机体内在变化引起的，协调人体心理世界平衡的一种方式。正常的梦境活动，是保证机体正常活力的重要因素之一，无梦的睡眠不仅质量不好，而且还是大脑受损害或有病的一种征兆。

“梦类”兆象。民间认为梦见鲜美开明的事象，则吉。梦见污秽倾晦的事象，则凶。梦见优俳戏弄的事象，则虽吉成虚。梦见妖异幻妄的事象，则虽凶必散。梦见天清日丽，宫宇庄严，服饰新整等的事象，则吉徽具备。梦见或天清而忽暗，日丽而忽昏，宫宇服饰初完好而忽颓敝的事象，则吉里藏凶。梦见涂泞水浊，形体臭秽，草木枯槁等的事象，则凶。梦见或涂泞而忽开，水浊而忽澄，形体草木污朽而忽鲜洁的事象，则凶中带吉，以至吉虚，凶将散。民间认为梦兆也不是一成不变的，“祸兮福倚，福兮祸伏”。梦见祥瑞的事象，在现实的行为中注重德益的人，吉祥必定出现；在现实的行为中纵恣的人，吉祥必定转为祸事。梦见妖祸的事象，在现实的行为中骄益的人，祸必定出现；在现实的行为中戒惧的人，则祸转为福。

---

① 唐·李商隐：《为东川崔从事谢群并聘钱启》。
② 刘文英：《星占与梦占》，中央编译出版社 2008 年版。

"圆梦"事象。远古时期广泛流行占梦，亦称"圆梦"。根据梦的内容，以类比推理的方法预测吉凶。我国古代梦占十分兴盛，梦被当做征兆，同事实一样不容怀疑。梦兆习俗最早见于殷墟卜辞，西周设有圆梦之官。周代遇到重大事件，往往通过梦占、龟占、易占三种方式同时占卜。如果三者不一样，则"众占非一，而梦为大"[①]，对其结果"吉则为，否则止"。梦占对国家决策、国家生活影响很大，有时甚至是起决定性的作用。鉴于梦的内容复杂，故梦兆也复杂异常，解释梦兆用类比推理之法。只要类比得体，推理合乎常理，美梦可以释成凶兆，噩梦也可说成吉兆。随着梦占、梦的日益复杂，甚至将日食之兆兆、星辰运行等因素结合在一起解释。[③]

《诗经·小雅·斯干》中赋梦："下莞上簟，乃安斯寝。乃寝乃兴，乃占我梦。封建王朝的宫廷中有官专司其职。在长期流播中逐渐形成一套相当复杂的"理论"。民间亦有以此为业者。通常以偶然之梦为占。《周易》中的《履》、《剥》、《女后》、《归妹》等卦，也有梦占的内容。如，《履》卦"履虎尾，不咥人，亨。"意思是，梦见踩着老虎的尾巴，但老虎没有咬人，是吉利征兆。《女后》卦"包无鱼，起凶。"意思是，梦见厨房里没有鱼，会有灾殃。《归妹》"女承筐，无实；士到羊，无血，无所利。"意思是说，梦见女人提着没有东西的空筐，男人杀羊，没有出血，这都是不吉利的象征。其他关于梦占的内容，可以详见《黄帝长柳占梦》、《周公详梦书》、《师旷占》等书。

有些梦古怪荒唐难判吉凶，解释时具有灵活性。如《左传·僖公二十八年》载，晋文公在城濮之战前有一梦："晋侯梦与楚子搏。楚子伏己而盛其脑，是以惧，子犯曰：'吉。我得天，楚伏其罪。吾且柔之矣'。"晋文公梦见敌人将自己打翻在地，而且吸自己的脑髓，似乎是大凶之兆。可子犯却解释为，晋文公被打翻而仰面朝天是得天；楚成王压在他身上是面向地，是伏罪；吸柔软的脑髓是"柔之矣"，文公应以柔克刚制服敌人。由于子犯的这番话，树立了晋文公的信心，结果楚师大败。

"五不占，五不验"事象。传说梦是人与神的对话，但不是所有的梦都可以被占卜。占梦有两条原则：梦有五不占，占有五不验。所谓"梦有五不占"，就是指

---

① 《汉书·艺文志》。

② 详见罗家祥《给历史占个吉凶——奇梦改变历史》，见《煮酒论史》的有关内容。

有五种梦不能入占。其一是神魂未定而梦者,不占。其二为妄虑而梦者,不占。其三为寤知凶厄者,不占。其四为梦而未终、中途惊醒者不占。所谓"占有五不验"是对占梦者的严格要求,如果不符合这些要求,占梦时就不能灵验。第一,占梦之人,昧其本原者,不验。第二,术业不专者,不验。第三,精诚未至者,不验。第四,削远为近小者,不验。第五,依违两端者,不验。

"同梦异兆"事象。民间认为吉人获吉兆,恶人获凶兆,同梦异兆。吉凶必有前兆,前兆是鬼神对人的启示或警告。凶兆与吉兆,又称咎征与休征。[①]。

"占疾患梦"。荆楚各地流行以梦占卜疾病的习俗,亦称"占梦"。梦见身体的部分受伤或是疼痛占卜自己的健康。人们认为梦见失血必定和失去某些肉体或精神力量有关。梦见饮血,象征敌意的强有力,要汲取敌人的力量。梦见出血,象征力量的"耗尽",或是需要更多的营养,或单纯意指需要休假。对女性而言,出血,象征月经的开始。女性梦见月经或更年期,象征对活跃的生活进入尾声的恐惧,对新生活的允诺,摆脱"负担"(例如子女)。

梦见脊椎、背或脊柱等,象征意志力的坚定及决心的能力。梦见失能或受伤的手,象征没有能力执行某项任务(可能和身体无关),在某些事情上"做过头了",或者纯粹对工作感到厌烦,觉得看不到尽头。梦见跛足,象征无法继续进行。

梦见浮肿的脸,象征过分强调自己的重要性;梦见有瑕疵的脸,象征担心别人会注意到性格中的缺点。梦见耳朵,象征要倾听他人的建议、批评或是赞美。梦见眼睛,象征需要做一次眼睛检查。梦见鼻子,暗示着好奇,也就是"好管闲事"。梦见愉快或不愉快的味道,象征发现和自己的有关的愉快或不愉快的秘密事情。梦见嘴唇,象征可能有桃花运。

四、祈福

"麒麟送子"。多年不育的妇女通过虔诚礼拜麒麟,以求早生贵子。"麟凤龟龙,谓之四灵"[①]。麒麟为古代传说中的一种动物。牛尾,独角,身生鳞甲,状貌似鹿,是吉祥的象征。俗以为麒麟掌管送子的职责。正月耍龙灯时,多年不育的妇女加送封仪,求耍龙者以龙身围其身一绕,或让一小儿骑龙上,至其堂屋绕行一

① 易卜居:《梦林玄解》,载《中国文化·周易八卦》易卜居网。
② 《礼记·礼运》。

周，亦谓麒麟送子[①]。

“放生”。春秋战国时期已经有了放生习俗。简子曰：“旦放生，示有恩也”[②]。荆楚地区特别是江汉平原一带，尤甚“放生”兆象。这是一种人为的卜示吉祥，预兆未来，以放生动物来乞求生活吉祥、事业顺利，而达到趋吉避害、禳解纳祥的目的。放生的动物，有龟、鱼、螺、蚌等水生动物，以及蛇、猫头鹰、鹦鹉、画眉、刺猬、蜂猴、穿山甲等陆生动物。龟、蚌取其长寿，所谓“千年乌龟”、“老蚌遗珠”；鲤鱼、青鱼、鲫鱼取其生命力强；螺蛳则因为价廉量多。民间认为：一次将满船数百斤螺蛳放生、戒杀几万生命。人们认为花钱买太平，放生就是自己走出困境，解决现世发生的一切问题的最佳、最快见效的方法；生病是“业障”，放生去消业障；学习成绩不好去放生，求上天保佑。甚至有以放代杀，想赎罪，或害怕受报复。放生的时间有固定的和不固定的两种。固定的放生的时间有节日、生日以及重大活动时放生。不固定的放生时间，一般是放生的人看到某动物而放生。

“鲤鱼放生”。江汉平原一带渔民一般在大年初二购买或自备活鲤鱼在河里放生。在大年初二清早，天还未放亮，渔民一早起来，挑选活鲤鱼，放上炒米、糖、粉印饼等祭品，置于大门口左侧的门官神龛前，焚香烧烛，叩头行拜，祈祷生意兴旺、人口平安。这叫做“开年”。开年后，再用一水桶水，把鲤鱼放进去，带往河边埠头，焚烛烧香，喃喃祈祷，把活鲤放于河、湖或水塘中，谓之“放生”。新年第一次下湖打鱼叫“开湖”，先在湖边敬香放鞭，向北朝拜渔神。早晨下湖遇上妇女倒马桶、痰盂即刻返回，一天不下湖。船靠岸时，最忌讳女人站在船头上。渔家吃鱼，不砍头，不翻边，不刁鳃，不看鱼在锅里跳，鱼下锅后不开锅盖，吃鱼留整刺。收网上岸，收获二百斤以上的，只说“二斤”。有渔家卖鱼不开价，“鲜鱼出水富三家”。

“谷日放生”。江汉平原一带也有在正月初八“放生”的习俗。因为这一天是传说中谷子的生日。对于农耕社会来说，谷是命脉。这一天人们要观谷、食谷和养谷。城里人需带着孩子到农村看如何种谷，如何从事农业生产。鸟是吃谷的，会抢夺人的收成，所以这一天要放生(主要是鸟和鱼)，表达好生之德，同时也贿赂一下鸟类，让它们嘴下留情。“正月八日，石磴巷放生，笼禽雀、盆鱼

① 胡朴安：《中华全国风俗志》，上海广益书局 1923 年版。
② 《列子·说符篇》。

虾、筐螺蚌……数千相向，纵羽空飞，孳着落屋上，移时乃去，水之类投皇城金水河中网罟笋饵所希至。[1]”还有认为每人每年都有一位值年星宿，决定着一年的命运。初八是“诸星下界”之日，此日要祭祀星君，求得保佑。初八是顺星之日，可以让星宿看到自己的善行。

“人日·女娲”。十堰市竹山一带，放生一般在正月初七，又称人胜节、人日、人庆、七元等等。传说该日是人的生日。此节兴于汉代，盛行于唐宋时期。唐代诗人高适有“今年人日空相忆，明年人日知何处”的名句。宋《太平御览》卷八四一引《杂五行书》：“正月七日男吞赤豆七枚，女吞十四枚，竟年无病。”并在人胜节前后购买“生命树”等剪纸，祭祀女娲以求吉祥。

竹山人崇奉女娲风习从古至今绵延不断。先秦时，竹山宝丰镇建起了女娲庙祭祀。唐五代学者杜光庭的《录异记》、明代学者徐道全的《神仙全传》和清《康熙字典》以及当代的《中国神话辞典》，均记录了先祖伏羲、女娲抟土造人、炼石补天的地方是竹山县女娲山。竹山皮影、民歌、剪纸、民间故事等民间文化中，有很多女娲神话、女娲文化遗存和碎片。竹山有众多诸如女娲山、圣母山之类的地名，宝丰镇还有女娲抟土造人的大席场、女娲青锁等遗迹。竹山的绿松石被认为是传说中女娲炼石补天的五彩石。

① 《帝京景物略》。

第五章 趋吉辟邪

趋吉辟邪是民俗文化中的重要组成部分作为一种重要的民俗文化，分有趋吉习俗、辟邪习俗、禁忌习俗等形式。

第一节 趋吉习俗

趋吉习俗广泛蕴涵在吉时良辰、吉祥方位、吉音吉言、吉祥数字、吉祥色彩、吉祥符号等习俗中。

一、吉日良辰

吉日良辰，主要是确定吉日和良辰。确定吉日良辰是一个比较复杂的民间事象。在荆楚地区，吉日的选择亦如全国大多数地区一样，注重黄道吉日。荆楚不同地区的民间艺人在确定吉日良辰时亦有偏好，或细微差别。不同地方确定吉日良辰的方法略有不同。有的依据事物属相，确定吉日良辰。有的依据民间事象的要素内容，确定吉日良辰。有的根据阴阳五行的相生相克，春夏秋冬四时节候的变化，有的根据时间和空间因素，观察未来一段时间日辰五行的吉神、恶曜，分析生、克、制、化[①]的途径，来确定未来的行动。总之，时间的确定遵循两点原则，一是吉日良辰本身包含的吉凶意象；二是所卜事象的属性。年、月、日、时的选择有下列几种方法：八字法、神煞法、天象法、三元法、奇门遁甲法等等。

---

① 生、克、制、化：生，即扶助之意，以补不足；克，即克制之意，以损有余；制，犹如以力胜人；化，犹如以德服人。

黄道吉日。黄道是以地球为基点,以太阳为参照物,在地球上观察太阳的运动,太阳围绕地球运转一周形成的轨迹。即,在地球上观察太阳运动所形成的视运动的轨道。黄道分为十二个等份,叫做黄道十二宫。五行寄生十二宫是以出生日的天干逆行的原则对应十二宫,得出五行在该月的状态。五行在十二个月(黄道十二宫)中的发展变化过程,又叫十二运。用绝、胎、长生、沐浴、冠、带、临宫、帝旺、衰、病、死、墓表示,意思是代表事物或人从没有到受孕,成长、出生、发展、成熟、担当大任、强盛、衰落、再衰落、死亡、归墓等十二个阶段。从子到亥,每宫三十度,每月走一宫,十二宫走完,太阳刚好转了一个周天三百六十度。吉日的选择,要查看黄道吉日,看年的避忌内容,选择出本年的大利月。按照十二黄道内容再造,除、定、执、危、成、开所在的日期是吉日。

“五星纪日与方位”。五星古称五纬,指天上金、木、水、火、土五颗行星。古称:木为岁星,火为荧惑星,土为镇星,金为太白星,水为辰星。从地面上观看,土星在农历二月、五月、八月、十一月的中间天空出现,木星、火星、金星、水星以土星为中点,相继引起四时气候变化。古代认为中间为大地,四边为海洋,故称土星。每年的十一月冬至前后,水星在北方天空,气候严寒,万物蛰伏,地面上只有冰、雪和水,故称水星。七月夏至前后,火星在南方天空,气候炎热,气温高,故称火星。三月春分时节,木星在东方天空,气温舒适,莺飞草长,万物萌生,“春到人间草木知”,故称木星。九月秋分时节,金星在西方天空,秋风萧瑟,天气渐冷,万物凋谢,具有杀伐气象,故称金星。五星一般按木、火、土、金、水的顺序相继出现在北极天空,每星分别运行七十二天,五星共运行三百六十天。五行以二十八宿舍为区划运行。由于它的轨道距日道不远,古人用以纪日。河图根据五星出没时节绘成。

“二十八宿·三垣”。二十八宿分布在地球赤道带。最初是古人为了观测天象,比较太阳(日)、月球(月)、金星(金)、木星(木)、水星(水)、火星(火)、土星(土)在天空中运动而沿黄道或天球赤道(地球赤道延伸到天上)所分布的恒星带,作为观测时的标记。“宿”的意思和黄道十二宫的“宫”类似,是星座的意思,用以表示日月五星所在的位置和运行的轨迹。二十八宿又分成四大星区,以北斗星所指的角宿为起点,由西向东排列。用动物命名,叫做四象,就是:东方称苍龙,北方称玄武,西方称白虎,南方称朱雀[1]。记日的方法与五行一样,周而复始。

三垣指北斗南面和轸、翼二宿北面的太微垣,房、心二宿东北面的天市垣,北斗北面的紫薇垣。二十八宿与三垣结合一起，排列成为我国古代划分的天区。人们把天球赤道带附近的太空区域分为二十八个部分,这二十八宿就好比太阳、月亮的二十八个行宫,大小不一,相差悬殊。到了唐代,二十八宿成为二十八个天区的主体。这些天区仍以二十八宿的名称为名,主要是为了区划星官的归属。

选出本月的黄道吉日后,再剔除本月的之、刑、冲、破、厌、害、劫煞、灾煞、月煞、绝日[2]等,剩下的吉日称为上上吉日。

良辰。天门、钟祥、江陵等地民间艺人对良辰的确定一般根据日期,每日有十二个时辰,每日每时辰的吉凶事象不同。日期以六十天为一个轮回,称为一个甲子日期。以婚嫁吉时良辰确定为例。遵循年不与男方、女方的本命年或太岁年相刑、相冲、相害,而应相化、相合,受到吉月的约束。生肖是中国人的生年属相,与十二支一一对立[3]。由于十二支的相冲、相害、相合的关系,推出十二生肖之人的“相冲、相害、相合”的关系,在男女婚配方面应用。

“造命法”事象。其方法与子平法排八字取格局相似，在天门一带比较流行。这种方法以民间事象来确定八字，类似给人排八字。假如某日有财官镜像,某时辰再有禄马贵人镜像,两者结合确定大格局,由此认为可以得到富贵的降临。

“从辰法”事象。这种方法以神煞吉凶为主选择的方法,在恩施一带比较流行。这些神煞的设定,主要根据易理八卦、河洛之数、阴阳五行生克及社会习俗、历代名师而定。就时间本身的吉凶神煞,分为年家、月家、日家、时家神煞,就空间因时间不同而造成的吉凶为“山家”。此法现今社会流行最广、派别最多。如有“建除法”、“五行寄生十二宫”、“董公日子”、“陈子性”等等派别。例如,建除法根据在农历中每个日期对应的建、除、满、平、定、执、破、危、成、收、开、闭12个字

---

① 东方——角、亢、氐、房、心、尾、箕;北方——斗、牛、女、虚、危、室、壁;西方——奎、娄、胃、昴、毕、觜、参;南方——井、鬼、柳、星、张、翼、轸。以一宿代表一日,二十八宿代表二十八天。其循环顺序依次是角→亢→氐→房→心→尾→箕→斗→牛→女→虚→危→室→壀,再遵循轸←翼←张←星←柳←鬼←井←参←觜←毕←昴←胃←娄←尯。

② 绝日:二十四节气的前一日。

③ 子鼠、丑牛、寅虎、卯兔、辰龙、巳蛇、午马、未羊、申猴、酉鸡、戌狗、亥猪。

确定吉凶，认为凡与除、危、定、执、成、开这个字对应的日子，就是黄道吉日；与建、满、平、破、收、闭这个字对应的日子，就是黑道凶日。

“三元紫白法”事象。三元紫白法，亦称金经符九星择日法。这种方法在钟祥一带比较流行，鄂东南一带亦有此俗，以显、曲、傅三星来确定。认为九星中显星为天皇鸾驾，曲星为玉皇鸾驾，傅星为紫薇鸾驾，不论某日利与不利，逢显、曲、傅三星，都是上上，此三星能制百般恶杀，而其余六星则不吉利。

“三元九运”。古人认为天空中运行的日、月、金、木、水、火、土以及彗星等星星有一定的规律，这种规律与地球上的自然、人事现象的运动变化存在着某种内在规律性联系。观测发现，土星与木星每隔二十年处在一条直线上，土星与木星相会一次对地球的影响很大，往往发生一些重大的地质灾难和自然灾难，进而影响人们行为出现异常反应。由此，把二十年划分为一运，三个二十年也就是三运形成一元（或元运）。每一元运六十年。上元、中元、下元，合称三元，又叫正元，亦即三个花甲，有一百八十年[①]。三个正元叫大元，有五百四十年。一、二、三、四、五、六、七、八、九代表九个运。一元（元，又称元运，下同）分三运，按照顺序一、二、三为上元，四、五、六为中元，七、八、九为下元。

直至今天，民间使用六十甲子干支来推演历法，已有七十八个花甲。现在所处的正元从公历1864年开始计算，2010年是下元（1984—2043）的八运（2004—2023）。进入了下元八运，八运是当运，是当旺。八运之前的七、六、五、四、三、二、一都失运，也称作“退气”，其气运已经衰退了。为了“时来运到”，人们就抢八运的旺气。洛书中的八在东北，下元八运旺东北方。坐东北方就必然是向西南方。下元八运坐东北向西南方就是旺山旺向。下元八运（2004—2023）第一吉门（正神）正东北位开门是旺气门，表示事业财运有大进展事象。第二吉门（生气）正南位开门是生气门，表示事业财运稳步上扬事象。第三吉门（进气）正北位开门是进气门，表示事业财运较以前稳定进步事象。

“九宫飞星”[②]。属于数字配星象。九星分别是一白星、二黑星、三碧星、四绿星、五黄星、六白星、七赤星、八白星、九紫星。九星代表时间，一颗星管二十年，

---

① 古代历法中，每一百八十年就还原一次，即每一百八十年后，纪年方式、节气、闰气、大小月、岁朔等，都和一百八十年前一样。

② 洛书在空间方面的意象说，在民间被称为九宫飞星，或称玄空飞星、紫元飞白。九宫飞星图，或称玄空飞星图。紫元飞白图是判断宅命的方法，俗称为宅命图。

此为一运；三颗星一组，共六十年，此为一元。这就是三元九运。其中，因为五黄星没有依靠，所以将它掌管的二十年，各分给四绿星和六白星十年。民间认为九星有属性，表征不同的万物事象。

“运气法”事象。运气法，亦称“五运六气”，是基于五运六气的周期模式，遵循气候的变迁，确定对应的吉日、凶日的方法，有奇门法、斗首法等，恩施一带采用比较多。奇门法是一种运用奇门遁甲来选择日期的方法。其他还有斗首法①、翻禽法②、穿山法③、太乙法④等。

“婚主四命相通”。婚嫁吉日涉及男方、女方以及男方父母四人的生辰八字（四柱），来确定婚嫁的年、月、日、时。一般以女方的命象为主，结合男方和男方父母命相选择。认为四命相通，则媳妇进门后合家平安幸福；如果四命不相通，不利命星、岁星，则有凶险。

婚嫁吉日要避开那些不利的日子：初五、十四、二十三。俗语说“初五、十四、二十三，穷嘴老鼠不出庵。”所以，每个月的初五、十四、二十三一般不适合作为婚嫁的吉日。还要避开冲夫星日、冲天嗣日和癸亥日。其中，癸亥日是六十甲子最后一天，为阴极之日，最不利结婚。

“侗族吉时”事象。侗族男方与女方结婚的吉日是固定在，二月、十月的第一个卯日，或二月、十月的二十六。侗族出行吉时与侗族的多神信仰密切相关。崇拜自然物，如古树、巨石、水井、桥梁均属崇拜对象。以女性神萨岁（意为创立村寨的始祖母）为至高无上之神，每个村寨都建立“萨岁庙”。以鸡卜、草卜、卵卜、螺卜、米卜、卦卜测定吉凶。侗族的吉日以春节、祭牛神（农历四月初八或六月初六、吃新节（农历七月七）较为普遍。有些地区还有在十月或十一月过侗年为吉日。由于民族之间的交往，侗族还有清明、端午、中秋、重阳等节。

二、吉祥方位

吉祥方位指确定阴宅方位、阳宅方位以及行动方向等方面。选择阴宅、阳宅称为“堪舆”，在民间通常称为“看风水”。何为堪舆？《淮南子》中有：“堪，天道

① 斗首法：以坐山斗首五行与四柱化气，观生克关系来确定日期。

② 翻禽法：以“彼禽失位，我禽得地”为准则来确定日期。

③ 穿山法：以“山命”“房份”“人丁”在所造十二宫镜象来确定日期。

④ 太乙法：以奇门、六壬、太乙三式是否合一来确定日期。

也;舆,地道也。”堪即天,舆即地,堪舆学即天地之学。它是根据地形、地势、地貌以及自然物产形态等,以河图洛书为视野,结合八卦九星和阴阳五行生克制化的民间知识把天道运行、地气流转以及人在其中完整结合在一起推断,或改变人的吉凶祸福、寿夭穷通而形成一套特殊的知识体系。荆楚地区民间艺人认为地形、地势、地貌以及自然物产是堪舆的本源。对此的分析方法主要有两种,一种以地形为依据辨别吉凶,称为形势派;一种以地貌为依据辨别吉凶,称为理气派。

“形势堪舆”。形势派堪舆偏重地理形势,从地理形势出发观察地理环境对于人的有利与不利,主要是以龙、穴、砂、水、向辨别地理环境的吉凶,有峦头派、形象派、形法派、金锁玉关派等派别。峦头派根据山脉、山丘、山峰、山谷、流水等走向辨别吉凶。其中,远处伸展而来的山脉称为龙,穴场四周三百六十度范围之内的山丘称为砂。形象派是把山的形势生动地看做某一种动物或其他物体以辨别吉凶,如美女照镜。形法派是将形象派对山势的比拟与峦头派的穴场论结合辨别吉凶,如一条道路与穴场对冲称为“一箭穿心”。金锁玉关派是根据山体、地势的表象,依据河洛及八卦五行的生克原理,编成口诀以快速辨别吉凶,故又名走马阴阳或过路阴阳。总之,看形象的,离不开山体(峦头):看山体的,也脱离不了形象和形法。

“理气堪舆”。理气派偏重人的命理状态,从人的需要出发观察地理环境对于人的有利与不利,主要是以河图、洛书、八卦、阴阳五行、星象、神煞、纳音、奇门、六壬等理论观点,辨别地理环境的吉凶;又称屋宅派或三元派。还有八宅派、命理派、三合派、翻卦派、飞星派、五行派、玄空大卦派、八卦派、九星飞泊派、奇门派、阳宅三要派、廿四山头派、星宿派等。

理气派堪舆偏重聚合,认为河图是根本,是源泉,决定事物的常态;洛书是功用,是支流,偏重离散,决定事物的变动;河图主常,洛书主变;河图重合,洛书重分。河图、洛书形式不同,本质相同,都表示历法和卜筮,四面八方,四时八节,八卦,九宫及五位统一的体系。汉代刘歆认为:“河图洛书相为经纬。”[1]

“河图”。阴阳八卦源自远古时代对天象观测的河图和洛书。河图用十个黑白圆点表示阴阳、五行、四象,其图为四方形(见下页)。河图洛书是《周易》的基础,河图共有十个数,一至十。用阴阳表明天地事象。其中,一、三、五、七、九是

① 《汉书·五行志》。

白点，为阳；二、四、六、八、十是黑点，为阴。阳数相加为二十五，阴数相加得三十，阴阳相加共是天地之数五十五。一、二、三、四、五是生数；六、七、八、九、十是成数，由此，构成万物生存之数。“一”到“十”的数字组成东、西、南、北、中五个方位。其图式结构分布是：一与六共宗居北方，因天一生水，地六成之；二与七为朋居南方，因地二生炎，天七成之；三与八为友居东方，因天三生木，地八成之；四与九同道居西方，因地四生金，天九成之；五与十相守，居中央，因天五生土，地十成之。图式中用白圈的奇数表示阳、天；黑点的偶数表示阴、地。用白圈、黑点的阳天阴地与五个方位、五行联系。五个方位与五行相联系，东方属木，南方属火，西方属金，北方属水，中属土。

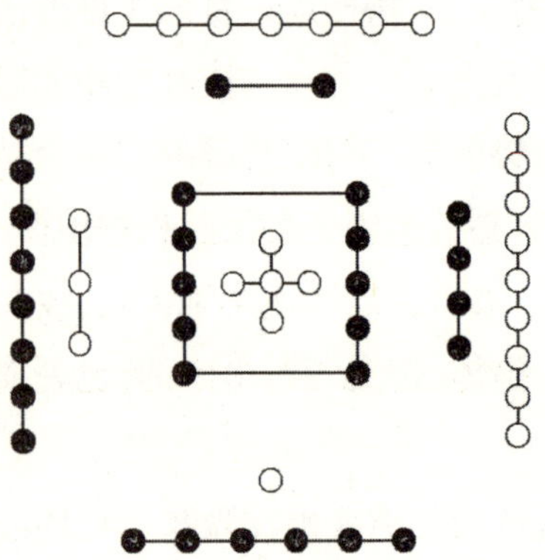

图 5-1　河图

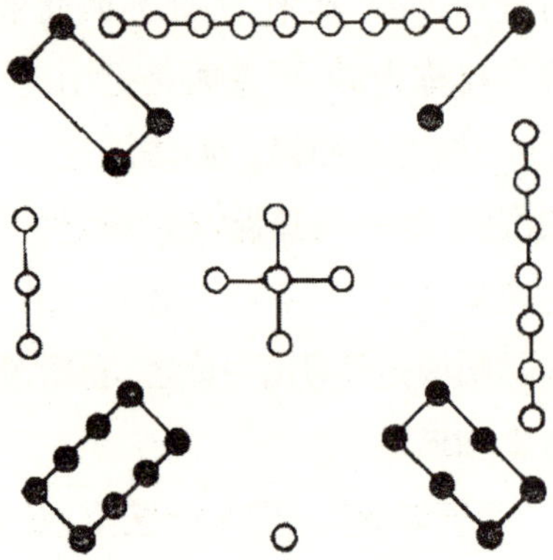

图 5-2　洛书

“洛书”。相传在夏禹治水时，洛书是由洛水的神龟背上的图点演化而来。九个白点靠近头部，一个白点居尾部，三个白点在左肋，七个白点在右肋，四个黑点靠近左眉，二个黑点靠近右眉，六个黑点靠近右足，八个黑点靠近左足，五个白点在背中央。称为戴九履一、左三右七、二四为肩、六八为足、五位居中，并命名为一白、二黑、三碧、四绿、五黄、六白、七赤、八白及九紫。

一白属水位居北方，值生旺，表示少年科甲、名扬四海、多生聪明智慧之子等事象；若遇克煞，表示刑妻、瞎眼、夭亡、飘荡等事象。二黑属土位居西南，值生旺，表示发田财、旺人丁、应武贵等事象；若遇克煞，表示寡妇相、产难、刑耗、腹疾、恶疮等事象。三碧属木位居东方，值生旺，表示财禄丰盈、兴家创业、贡监成名、长房大旺等事象；若遇克煞，表示疯魔、哮喘、残疾、刑妻、是非、官讼等事象。四绿属木位居东南，值生旺，表示文章名世、科甲、女子容貌端妍等事象；若遇克煞，表示疯哮自缢、妇女淫乱、男子酒色破家、漂流绝灭等事象。五黄属土位居中央，不论生克俱凶，宜静不宜动，动则终凶，孟仲月表示官讼、淫乱、季则、昏迷、痴呆等事象；若遇年神重临、轻则破财灾病、重则连丧至五方止等事象。六白属金位居西北，值生旺，表示权威震世、武职显贵、巨富多丁等事象；若遇克煞，表示刑妻孤独、寡母守家等事象。七赤属金位居西方，值生旺，表示发财旺丁、武途仕宦、小房发福等事象；若遇克煞，表示盗贼、离乡、投军、横死、牢狱、口舌、火灾、损丁等事象。八白属土位居东北，值生旺，表示孝义北良、富贵绵远、小房福洪等事象；若遇克煞，表示小口损伤、瘟疫膨胀等事象。九紫属火位居南方，值生旺，表示文章科第、骤至荣显、中房受荫，但易废易兴等事象；若遇克煞，表示吐血、疯癫、目疾、产死、回禄、官灾等事象。

四象与太极图。四象之中，坐北朝南的方位是正位：前朱雀，后玄武，左青龙，右白虎；每象各统领七个星宿，共二十八宿。河图是阴、阳的演化，土在中是阴，四象在外是阳，即内阴外阳；中土是静，外四象是动，即阴静阳动，木、火相生是阳，金、水相生是阴，即阴水阳火。将河图方形化为圆形，木火是阳，金水是阴，阴土阳土各是黑白鱼眼，水为太阴，火为太阳，木为少阳，金为少阴，构成太极图。

“八卦”。八卦有先天八卦、后天八卦、中天八卦三种，俗说分别出自伏羲、文王、卫元嵩，中天八卦在荆楚地区未见民间使用。卦爻以“—”为阳爻，“- -”为阴爻。古人试图用阳爻、阴爻组成的八卦解读天地万物的自然变化。但民俗认为，靠哪一种八卦也概括不了天地的自然状态。

先天八卦（如图）说。先天八卦从创世角度出发，认为宇宙之初，混沌初开，清者上升为天，浊者下降为地，民间一般用于堪舆、测命等静态的、先天的测算。由此，有了天地之分。先天八卦把乾定位为天在上，坤定位为地在下。天为阳，天（乾）在上在南。地为阴，地（坤）定位在下在北。乾由三个阳爻组成，坤由三个阴爻组成。数字一、二、三、四、五、六、七、八、九分别表示乾、兑、离、震、巽、坎、艮、坤、中。方位分别是乾南、坤北、离东、坎西、震东北、巽西南、艮西北、兑东南。先天八卦在人事俗象上表现老与老、少与少相对，即老父与老母相对，长男与长女相对，中男与中女相对，少男与少女相对。动为阳，静为阴，即“天动地静”。

后天八卦（如图）说。随着岁月的流逝，“天包地外”日益成为主流，民间一般用于测运、算势、估事等动态的、后天的、未来的测算。后天八卦从人的不断进步出发，偏重流行的描绘。离南坎北，震东兑西。数字一、二、三、四、五、六、七、八、九分别表示坎、坤、震、巽、中、乾、兑、艮、离。方位分别是乾西北、坎北、艮东北、震东、巽东南、离南、坤西南、兑西。九星与八卦、五行对应。一白星，为坎卦，属水；二黑星，为坤卦，属土；三碧星，为震卦，属木；四绿星，为巽卦，属木；五黄星，居中宫，无卦对应；六白星，为乾卦，属金；七赤星，为兑卦，属金；八白星，为艮卦，属土；九紫星，为离卦，属火。

图 5-3　先天八卦

图 5-4　后天八卦

“廿四山”。廿四山即有二十四个方向。廿四山以后天八卦的方位为基础编排，由十二地支，八个天干[①]和四个卦[②]组成。后天八卦的每一个卦代表一个方位，一个方位由三个山组成，故在罗盘上有八个方位、八个卦、廿四山。北方，是坎卦，有壬、子、癸山；东北方，是艮卦，有丑、艮、寅山；东方，是震卦，有甲、卯、乙山；东南方，是巽卦，有辰、巽、巳山；南方，是离卦，有丙、午、丁山；西南方，是坤卦，有未、坤、申山；西方，是兑卦，有庚、酉、辛山；西北方，是乾卦，有戌、乾、亥山。在廿四山中，顺时针看，前为地亢龙、中为天亢龙、后为人亢龙。

三、吉祥数字

由数字所构成的吉祥语，是一种特殊的吉祥文化形式。数字所构成的吉祥事象有其独有构成形式和特征，在社会生活中承载着激励、调节社会关系、促进社会交往等重要功能。数字所构成的吉祥文化现象，对于客观认识荆楚的民俗

① 十天干中戊、己属土，土在八卦中居中，故廿四山中只有八个天干（甲、乙、丙、丁、庚、辛、壬、癸）。
② 四个卦：乾、巽、艮、坤。

文化，有效地开展我国社会主义精神文明建设，有着积极的理论意义。作为一种传统的文化现象，由数字所构成的吉祥语，既有其存在的合理性一面，也不可避免地存在着消极影响。对此，我们要辩证地看待①。作为语言符号的一种，数字最初是用来表示多少的一种符号。随着语言文字含义的延伸和社会的不断发展，数字符号的功能正在逐渐扩大。其中，由数字所构成的吉祥语的出现，便是数字符号功能扩大的一个重要表现。在人们的社会生活中，数字已不再纯粹是一种表示多少的符号。通过谐音、习惯表达、象征比附等形式，数字符号与其他语言符号及社会文化有机结合，形成了人们所喜闻乐见的吉祥语。

十个数字中，"一、三、五、六、八、九"一般被认为是吉祥的数字。数字是否吉祥，还要根据言行者所处的环境而论。六八九是吉祥的数字，因为六谐音禄，八谐音发，九谐音久。但是也有例外。比如姓王又排行第八的，就最好不要叫他"王八爷"，"八婆"也不能叫。"八婆"是指那些神神叨叨令人讨厌的女人，一般叫八嫂、八妹、八姨等。一般而言，单独的数字符号难以独立地表达吉祥意义，它必须借助其他语言符号并与社会生活情境相结合，才能成其为吉祥语。以下是由数字所构成的吉祥语的几种主要表现形式：

与汉字谐音而取义。同音相谐与近音相谐是汉语言中的常见现象。当数字与汉语中某些代表吉祥意义的汉字存在同音或近音关系时，谐音汉字本身所具有的吉祥意义也就被嫁接到相应的谐音数字上来。而当这些被赋予了吉祥含义的数字与其他语言符号相结合时，便形成了由数字所构成的吉祥语。如，"2"在一些地方发音为"易"，"3"在一些地方发音为"生"，"6"在传统发音中与"禄"谐音，"8"与"发"谐音，"9"与"久"同音，于是便有了"9898"（久发久发）、"3388"（生生发发）、"2828"（易发易发）等吉祥语的出现；有些本身不明显带有吉祥意义的谐音数字，一旦与那些被赋予了吉祥含义的数字或其他语言符号相结合时，也可以成为吉祥语，如，"1"在传统发音中与"要"谐音，"2"与"尔"、"儿"等谐音，"5"与"吾"同音，"6"在某些方言中又与"路"谐音，"7"与"妻"谐音，"0"有时发音为"动"。当这些数字按一定的顺序相互组合时，便形成了吉祥语。其中，有数字间的组合，如"168"意味着"一路发"，"518"意味着"吾要发"，"718218518"则意味着"妻要发儿要发吾要

① 桂胜、田北海：《由数字所构成的吉祥语的特征及其功能》，载《武汉大学学报(社会科学版)》2002 年第 55 卷第 05 期。

发”等等。于是，诸如“158”、“998”、“218”、“718”、“10888”之类的吉祥数字，便成了人们在选电话号码、车牌号码、房间号码乃至楼层号码的首选对象；亦有谐音数字与其他语言符号间的结合，如，“六六大顺”、“要发不离八”、“十全十美”等等。

与吉祥数字有关的时间，也被人们赋予了吉祥的含义。张廷兴的《谐音民俗·谐音民俗的传承层面》讲述了：“旧时有不少地方，常选九月九日为迎亲之日，因为‘九’、‘久’谐音，‘九九’暗示着婚姻长久。例如，筷子九双、碗九个、茶杯九只、米九升等等，表示对婚姻长久的祝愿。永定、上杭、长汀等地的客家人，无论婚嫁的聘礼下了多少，其尾数必须是九，‘九’、‘久’谐音，人们用这种方式来祈祷婚姻的地久天长。”北京市某地区为了妥善保存文物，决定将已出土的文物重新埋地下，郑重选定1999年9月9日9时9分9秒为破土时间。

借与吉祥事象合成而生义。通过这种组合方式，从“1”到“10”的数字都可与社会生活中的吉祥结合。

事象共同构成吉祥语。民间猜拳行令时，也经常吆喝着：哥俩好、三桃园、四季财、五魁首、六六顺、七个巧、八仙过海、九九归一、十全富贵……。有些数字与吉祥事象结合而成的吉祥语更具有理性色彩。如“三祝三多”、“四喜”、“五福”、“八珍”、“十全”、“百福”、“百顺”、“万金”、“万寿”等。其中，“三祝三多”谓旧时祝人多寿、多福、多男子；“四喜”来自民间流传的“四喜”诗：“久旱逢甘雨，他乡遇故知，洞房花烛夜，金榜题名时”；“五福”则有多重说法，其中一种权威的解释是：寿、富、康宁、攸好德、考终命。其他由数字与吉祥事象结合而形成的吉祥语还有“万寿无疆”、“六畜兴旺”、“五谷丰登”、“四季平安”等等。

由象征联想比附而成义。象征联想比附是我国汉语修辞中很常见的形式。通过以上形式，数字符号与其他汉语符号稍一结合，便可以形成寓意深远的吉祥语。它的构成形式与前文某些方面有交叉之处，较常见的有：一日千里、一本万利、一字千金、一言九鼎、一鸣惊人、一帆风顺；二姓之好、二八佳人；三生有幸、三阳开泰、三头六臂；四通八达、四海为家；五世其昌、五风十雨；六合相应、六马仰秣；七尺男儿、七步成诗；八面玲珑；九牛二虎、九鼎大吕；十拿九稳、十风五雨；百尺竿头、百发百中、百里挑一；千仓万箱；万事大吉、万事亨通等等。在上述各例中，多数数字符号本身不带有吉祥意义，但当它们一旦通过象征联想比附代，便成为某种集体无意识而具有神秘的吉祥色彩。

由约定俗成而生吉祥之义。富有吉祥意识的人们赋予一些数字以吉祥的意义。经过长期的历史选择，其中的有些吉祥色彩较浓厚的数字得到人们的普遍的认同并用之为吉祥语。具体有：偶数吉祥、大数吉祥、满数吉祥等。从某种程度上满足了人们求偶、求大、求满的心理。宁业高等已在《中国吉祥文化漫谈》一书中有专篇谈到，在此，我们就不多加赘述。

值得一提的是，社会生活中存在着由数字构成的吉祥语，也存在着由数字构成的忌语，限于篇幅，本文不作论述。还值得一提的是，汉字当中有些如“单”、“双”、“奇”、“偶”、“众”、“朋”、“比”、“多”、“少”、“寡”等虽然不是数字符号，但通过与其他语言符号的特殊组合，也具有类似于由数字所构成的吉祥语或忌语的意义。如“比翼双飞”、“双喜临门”、“众志成城”、“多福多寿”、“硕大无朋”等。

三长两短。古时棺木不用钉子，用皮条把棺材底与盖捆合在一起。横的方向捆三道，纵的方向捆两道。横的方向木板长，纵的方向木板短。人死以后是要装进棺材的，在人装进去以后，还没有盖棺材盖的时候，棺材的组成部分是前后两块短木板，两旁加底部共三块长木板，五块木板合在一起做成的棺材正好是三长两短。“三长两短”在吉庆的场合使用的不多。

三长两短也指剑。铸剑大师欧冶子(约公元前 514 年前后，春秋末期到战国初期越国人)铸过“三长两短”五把名剑：纯钧、磐郢(又名胜邪)、湛卢、巨阙和鱼肠。其中纯钧、磐郢(胜邪)和湛卢为长剑，巨阙和鱼肠为短剑。

四、吉祥色彩

地理位置、自然现象、历史背景、审美心理等千差万别，人们对于颜色的感受和表达不尽相同。在人类意识中，对颜色的理解表现出地域的独特魅力，令人赏心悦目。生活在不同地域的人们，赋予各种不同颜色丰富的内涵，孕育深广的象征意义。颜色的象征意义在漫长的历史进程中的约定俗成，体现出某种心理功能，在不同地域中往往有不同的特点，构成了人们对颜色的崇尚和禁忌。颜色的象征意义存在着很大的差异。

红与黑。红色在荆楚文化里有朝阳、红火感觉，是天赤，是引起人们的兴奋和快乐情感的颜色。有刺激、激进、活跃、兴奋的效果，使人联想到鲜血和生命、太阳和火焰，能使人产生活泼、浪漫、冲动、乐观、动力、性感、愤怒、强大、热情、活力等感觉。红色的象征具有双重性，一方面象征吉祥、喜庆，如把促成他人美好婚姻的人叫“红娘”，代表吉祥、乐观、喜庆之意；男娶女嫁时贴大红“喜”字，孩童的衣饰用红色，更显朝气、青春与活力；繁华、热闹的地方叫“红尘”，象征热情、兴奋、刺激。另一方面象征火、血，作为终止、公正、结束、警告、危险的象征，蕴涵升天、流血。如民间传说中的“赤脸”关羽；七十三岁以后正常去世的老人，称谓红喜事；棺材被漆成红色。红色和黑色相配合，含有通灵现实世界和神灵世界的蕴涵。如端公①作法时穿黑红相间的衣服，傩面具用红色、黑色为主色调。

黑色在荆楚文化里有庄严、沉重、神秘感觉，是天玄，是一种庄重而严肃的色调，使人产生凝重、威严、阴森、恐怖等不同感觉。它的象征意义具有双重性，一方面它象征肃穆、高贵、稳重、正义，如灵堂为黑白主色调；民间传说中的“黑脸”张飞。另一方面它又象征哀伤、死亡、凶兆、灾难，代表黯淡、恫吓、恐怖、邪恶、阴险、毒辣。如阴险狠毒的人称“黑心肠”，干盗匪行径叫“走黑道”等。黑色和白色相配合，含有集中和重心感，给人沉默、虚空的感觉，也给人一种庄严、肃穆的感觉，如太极图以黑、白两色的循环形式来表现宇宙永恒的运动。黑色象征永恒的希望，白色象征无穷的可能，以对方的存在显示自身的力量，成为整个色彩世界的主宰。

赤与白。土家族推崇红色，棺材一般做成红色。白色是土家族族色。土家族认为白虎是其祖先的化身。鄂西北个别地方将白色的狐狸作为一种神灵崇拜。江汉平原等汉族地区认为西方为白虎。西方是刑天杀神，主肃杀之秋，把白虎视为凶神；称带给男人厄运的女人为“白虎星”。在荆楚文化里有超脱、尊贵、摈弃、厌恶的感觉。白色是枯竭而无血色、无生命的表现，象征死亡、凶兆。如自古以来亲人死后家属要披麻戴孝(穿白色孝服)办“白事”，要设白色灵堂，出殡时要打白幡。

五、吉祥符号

荆楚吉祥符号有很多，如长命锁、项圈、项链与染指等民间事象。借吉祥符号以辟邪去灾、祛病延年。

“长命锁”。长命锁也叫寄名锁。锁是一种起封闭作用的器具，门、箱等一旦上锁，就只有用钥匙才能打开。把锁的用处加以夸张引申，便可用来锁住无形的事物。制作长命锁的材料，一般多用金银宝玉，其造型多被做成锁状，在锁上錾

① 端公：民间的神汉，从事驱害禳灾等事象的人。

有“长命富贵”、“福寿万年”等吉祥文字。也有将它做成如意头状,上面錾刻着寿桃、蝙蝠、金鱼和莲花等吉祥图案。佩挂上这种饰物,就能辟灾去邪,“锁”住生命或灾妄。新生儿满百日或周岁举行的仪式中,最为流行的是挂长命锁。挂上了这种饰物,一直挂到成年。

长命锁渊源于“长命缕”,也被称之“长生缕”、“续命缕”、“延年缕”、“五色缕”、“辟兵缯”、“朱索”、“百索”等名称的。《荆楚岁时记》记载,在汉代,每逢五月初五端午节,家家户户都在门楣上悬挂上五色丝绳,以避不祥。到了魏晋南北朝时,这股丝绳被移到了妇女臂上,逐渐成为妇女和儿童的一种臂饰。不仅用于端午,还用于夏至。在当时,由于战争频繁,加之瘟疫、灾荒不断,广大人民渴望平安,所以用五色彩丝编成绳索,缠绕于妇女和儿童手臂,以祈求辟邪去灾,祛病延年。

挂长命锁习俗至晚近渐渐演变成了一种象征性的仪式,项链由线代替,锁由布条代替,或干脆用纸币代替,而且当天挂锁要当天摘下。如东北三省有小孩满月礼挂长命线的习俗。挂长命线显然是挂长命锁的变异形式。仪式是在小孩的外婆家举行的。母亲将小孩带到外婆家,外婆便要给小孩挂长命线。长命线为一束成圈的白线,不能用其他颜色的线,白色象征着白头到老。把这束白线从小孩的头上套下来,挂在脖子上,在线里要缠上纸币,缠多少视经济情况而定,可缠五元、十元,也可缠几十元甚至几百元。仪式举行之后,小孩的父亲便把母子接回去。到家后,要由父亲给小孩摘长命线,摘长命线不能从头往上摘,而要从脖子到身子往下套,最后从脚下取出,否则,便意味着解除了长命线的法力。摘长命线时还要边摘边念:“头上挂,脚下摘,姥姥亲、姥爷爱,长命百岁!长命百岁!”取下长命线后,将缠在线中的钱取出,线留着给小孩缝被子用。

“项饰 · 颈饰”。古代项饰主要有项圈和项链两种。项、颈指人体不同部位,一般称头颈的前面部分是“颈”,后部分是“项”。现在人们习惯地把戴在颈部的饰物混称为项饰,那是不太确切的。严格地说,只有项圈可算项饰,其他饰物,如项链、璎珞及长命锁等,都不能算作项饰,而应称为颈饰。因为它的装饰部分,也就是饰物的主体部分,大多处在头颈的前面,而不是头颈的后面。在现代汉语中,颈、项二字,意义相通,都是指头颈。

项圈的形制比较简单,而项链比较复杂。项圈一般是用金、银、铜等金属煅制的素圈，也有用整块美玉雕制的。富贵之家还喜欢在上镶嵌珍珠宝石。项圈一般都缀有“长命锁”、“如意”之类坠饰，上面再錾以“长命富贵”、“福寿安康”等祝福文字和仙桃、蝙蝠、金鱼、莲藕等吉祥图案，用来保佑佩戴者平安富贵长寿。后世渐渐兴起男孩戴项饰的风俗，是把项饰作为一种带有神秘力量的“厌胜物”，来保佑这个男孩能顺利平安的成长。郧西一带通常在孩子年满十二岁后才摘下。

项链的形制，大体由三个部分组成，最基本的部分是一根链索，链索的下部悬有一个坠饰，俗称“项坠”；在链索上部的开口部分，往往还装有一个搭扣，项坠和搭扣两个部分是项链的主要装饰，当然，也有不装搭扣，用时直接套在颈上。

“染指”。当下青少年女孩流行染指，手指和脚趾指甲蓄长，染成各种图案和颜色。染指渊源于古代护指祈美。一般来说，蓄一根数寸长的指甲，起码要一年左右工夫。指甲长了，稍不留神，就要被折断。为了保护长指甲，人们特地在手指上加罩上一个指套。这种指套名叫“护指”，也有叫“义甲”的。制作护指的材料，最初用天然物质，如竹管、芦苇等等，后来渐渐考究起来，发展到用金银宝石等材料制作。随着质料的变化，护指的用途也发生了变化，即使不蓄长指甲的女子，手上也套上了这种东西。时间一长，护指就成了女性的一种饰物了。

“虎头鞋”。虎头鞋是一种吉祥物，希望孩子们长得虎头虎脑，用形象逼真的虎头图案驱鬼辟邪，保护孩子没病没灾。人们认为虎是百兽之王，穿上虎头鞋可以辟邪恶保平安，赋予它驱鬼辟邪的功能，护佑孩子健康成人。因鞋头呈虎头模样，故称虎头鞋。北方地区也有称为猫头鞋的。虎头鞋做工复杂，仅虎头上就需用刺绣、拨花、打籽等多种针法。鞋面的颜色以红、黄为主，虎嘴、眉毛、鼻、眼等处常采用粗线条勾勒，夸张地表现虎的威猛。

穿虎头鞋的时间，一般在幼童一岁左右。此时的儿童跃跃欲试，想要走路，但又离不开大人的搀扶。这时父母给孩子穿双虎头鞋，利于孩子脚踏实地。有些地区还讲究穿三双虎头鞋，并保留让姑姑做三双不同颜色的虎头鞋送侄儿的风俗。俗语有：“头双蓝（取谐音拦，即拦住不大折），二双红（红能辟邪，可以免灾），三双紫落成（意即孩子在自家长大成人）。”有了蓝、红、紫三双不同颜色的虎头鞋，孩子必会安然无恙。

老虎的外貌雄健，气势威猛，更以其额头有像“王”字的花纹，自古受到中国人的喜爱和崇拜，被尊为“圣兽”、“兽中之王”等等。早在东汉应劭所著《风俗通义·祀典》中就有了这样的描写:“虎者,阳物,百兽之长也。能执搏挫锐,噬食鬼魅。”虎不仅能吞食鬼魅、威慑敌害,还能庇佑人神、赐福示瑞。虎具备的这些特性,极大地迎合了人们借物祈福的美好愿望,自然而然地成为人们崇尚的对象。民间给孩子戴虎头帽,穿虎头鞋,裹虎头兜肚,用虎头围嘴,睡虎头枕等等。

“儿童发型”。荆楚地区小孩的头发有小坠根、淘气儿、三星四喜、朝天杵等发型,借以保佑小孩健康成长,寄寓孩童美好未来。

小坠根发型。脑后接近脖梗的上边,留上一撮一寸半长的“小坠根”。留的长些,有的梳上一条小辫,扎上红头绳儿,也叫“鬼见愁”。寓意“邪魔外祟想把小孩摄走,家里人只要揪住小孩的小辫,就能平安无恙”。

淘气儿发型。脑顶正中留上一撮头发向前垂,保护头顶的命门穴穴位。寓意无论小孩多么调皮,命门穴被盖住,可以保命。

三星四喜发型。小孩脑顶中间与左右两侧各留一撮头发,谓之“三星”。大抵是取福、禄、寿三星当头高照之意。如果后边加撮,即谓之“四喜”(福、禄、寿、财),寄予大人对孩子的祝愿。

朝天杵发型。在脑顶正中留一撮头发,梳个冲天锥式的小辫,称为“朝天杵”,也叫“蜡头”。说是蜡头儿提前着光,长大了不得受媳妇的气——“顶灯”罚跪。

娘娘庙发型。小孩在脑顶左右并排留两小撮头发(约三寸多长),梳一对冲天锥式的小辫,好像庙前的一对旗杆。男孩子的叫“天齐庙”,女孩子的叫“娘娘庙”。寓意天齐大帝(东岳大帝)和老娘娘(碧霞元君)保佑小孩没灾没病地健康成长。

龟辫儿发型。小孩在头上扎好一些小辫,每辫各用一种颜色的头绳儿,成为五彩辫,垂于脑且长于脑顶,像是龟的四爪和头尾,俗称“王八辫儿”。寓意象龟一样长命百岁。

第二节 辟邪习俗

不同辟煞方式,辟邪习俗不同。一般借助不同的辟邪物、辟邪符号等达到驱灾趋吉的目的。

一、辟煞方式

辟邪原指一种灵异的动物,"射魅辟邪除群凶"①,蕴涵驱走邪秽,袚除不祥,"辟,除也"②。近指一定的实物工具和一定的行为在仪式过程中结合应运而生祈福、禳灾、避凶,包含行为、仪式、实物工具和意象。辟邪仪式有念咒、跳神、祭祀、祈福等等各种各样的方式,实物工具被寄托特殊蕴涵,有咒符、照妖镜、特殊石头等。承担寄托辟邪功能的实物形式主要是动物,动物分为无角的、一角的、两角的。无角叫"符拔";一角为"天禄"(鹿、麒麟等);两角为"辟邪"③。

辟煞方式有禳避、祷告、逐疫、招魂、诅咒、祈福和驱鬼等。招魂是借用辟邪符号通过一定的仪式,把失落的三魂七魄招回来。招魂术不仅用于人,也适用于动物和植物。以前小孩病了,古人往往以为是部分灵魂失落,故拿着小孩的衣服去村外呼喊小孩的名字,为其招魂。有时也会为出走多年或客死异乡的长辈招魂。祈福是指人们以一定方式,祈求自然界力量或鬼神来帮助自己实现某种目的。如古代求雨,多拜龙王。如拜祭不成时,便要施巫术,或求或逼龙王下雨。如游街龙王,暴晒龙王,把井水掏干等等。驱鬼是对鬼施行的一种攻击性道术(巫术)。在生产、建房、治病、丧葬中经常使用。这是民间巫师最主要的工作。古时,巫师为病人治病时,会让病人坐在门口,头顶盖着一个竹簸箕,摸着病人的头大叫"把害人的鬼抓住,快抓住他",同时命助手持铁铲把火塘灰撒向病人头,利用灰把鬼赶走。荆楚地区主要的辟煞方式有移精变气、招魂、打扬尘等

"移精变气"。巫觋除了使用针石方式和药物治病外,还通过祈禳、祝说和驱疾等移精变气方式治病。移精变气方式有如下程序:第一步,用精米撒(糈米)向地面或器皿内,来迎接神灵,或供奉神灵④;第二步,巫觋面向神灵,向病人问明病由;第三步,向神灵祷告,并对病人催眠、暗示和激发,使病人相信自己的病是特定的鬼神作祟;第四步,巫觋乞求神灵的原谅和驱逐鬼怪遁逃;第五步,巫觋将烧成灰的三秀(灵芝)、瑶华、白芷、桂枝、辛夷、杜若、菌桂、蛇、蚯蚓等药物让病人喝

---

① 《急就篇》。唐颜师古注:"射魅、辟邪、皆神兽名。……辟邪、言能辟御妖邪也。"

② 《小尔雅·广言》。

③ 萧兵:《避邪趣谈》。

④ 《素问》"糈藉供神、迎神"。

下。第六步，病人回家后，静养。

“招魂习俗”[1]。成年人的招魂习俗才称为招魂，小孩子的招魂习俗称为追魂。这种习俗在荆楚乡村比比皆是。

“打扬尘”习俗[2]。每年腊月第一个“水日”（农历天干逢水），用竹扫帚将房屋柱头、瓦檩以及房间各处旮旯的灰尘和蜘蛛网等打扫一净，然后将扫下来的“扬尘”送出门，或倒在河沟里让水冲走。“打扬尘”民俗认为是春节前一次彻底的卫生大扫除，以便干干净净、安安全全过春节。

二、辟邪物

荆楚民众认为某些天然材料和器具如水、石头、植物、矿物、工具、武器、饰物等有超自然的法力，能够避邪除害、辟恶破妖、辟瘟避疫、伐邪制鬼、驱邪得福等功效，累积流传了许多俗信。

铜镜俗信。人们认为经过长时间制作、锻造、培育的物事是能够成为精灵的，借助人的形装迷惑人。精灵无法在铜镜中改变或隐藏行踪。精灵只要看见铜镜，就暴露了本来面目，于是赶快溜走[3]。作为照面器具和工艺品的古代铜镜，演化为能够“观照妖魁原形”。巫仙道冠在从事捉鬼妖等活动时，要先用一面镜子当识破妖怪的法宝，镜子乍现，妖怪就逃之夭夭了。古代武士甲胄的后背或前胸部位，一般嵌有一块铜镜，称为“护心镜”，发挥镇吓诸多鬼怪妖物的作用。大门顶端中间部位镶一块小圆镜，发挥镇邪驱怪的作用。在婚礼中，新娘陪嫁的嫁妆中一定要有镜子，嫁妆先抬入新房，用陪嫁的镜子照一照新房，再安放嫁妆。花轿进入婆家大门前，还要由专职人员用铜镜在轿厢内上下左右仔细地“搜寻”一遍。在民间丧葬活动中，人们将铜镜置于墓穴顶部，或棺床的四角，以避邪除害。

桃木俗信。俗传桃树是夸父在追日临死前将神木抛出，接地后化成的，因此民间认为桃树与日月相通，地接阴阳。民间认为桃木亦名“仙木”，是百鬼惧怕、伐邪制鬼的材料，有桃符、桃木剑、桃汤、桃印等辟邪事象。

桃符，就是用桃木做成木板，上面写上“神荼”、“郁垒”，在春节时挂在家门两边，作为厌胜物，使之压邪。“新桃换旧符”，亦称“桃版”、“桃符板”等，系用桃木

① 宋公文、张君：《楚国风俗志》，湖北教育出版社，1995 年版。
② 详见恩施群众文化馆整理材料。
③ 葛洪：《抱朴子》。

削成的，成对使用。后来渐渐演变成现在的“春联”“对联”了。桃木剑，用桃木削制成宝剑，认为桃木剑有镇鬼的神力。桃木剑和“桃印符”、苇索等法宝配套使用，可以“捉鬼”或“斩鬼”。桃印符，亦名“桃印”，用桃木刻成的印钮，涂成红、蓝、黄、白、黑五种颜色，写一些辟邪咒语，钮间穿孔。农历单日单只使用，农历双日双只使用。用五色彩线将桃印系在门上或帐屏间，起驱凶攆鬼的作用。桃汤，是用桃子树或桃胶、桃木熬汤[①]以避邪气[②]。久病卧床的人用桃木熬成热水洗澡，以解鬼迷、驱邪解病避邪气。桃役，是用桃木做成瓜形、多菱形在农历正月佩戴身上的佩饰。这种厌胜物刻有祈福禳灾的铭文。桃人，亦称“桃梗”、“桃偶”，用桃树梗刻成人形的厌胜物，农历除夕或正旦时，立在大门一旁辟邪避凶；有些地区在建宅时，在门墙上或梁柱间开个小洞，放个小桃人进去，再封住，认为可辟凶鬼，保住宅院的安定。桃枝，是截取桃树上的枝杈，插在家门口，儿童进门不害怕，鬼害怕则不能够进门。桃弓，又名“桃弧”，用桃木制成弓形厌胜物，和棘制的箭形厌胜物配套使用，能消除灾祸。桃尘，是用桃木棍和禾穗复合制成，形状像笤帚。后来挑尘渐渐变成了道士、和尚的法器——拂尘。在临丧吊唁、杀牲取血等与鬼、魂相关联的事象中，确保活人不受侵害，须手执桃尘镇物祓除不祥。

桃符逐渐衍变为对联。岁时节庆，尤其是春节，荆楚农村家家户户皆有张贴春联的习俗。鄂东黄梅被文化部授予“楹联之乡”。

鸡头狗血俗信。古人认为鸡、狗是神幻化的产物，有灵性。鸡是玉衡星变化而来，“玉衡星散为鸡”[③]。狗是斗精的后代，“狗，斗精之所生也”[④]。狗血是辟恶破妖的法宝。秦始皇杀狗涂血在城门上来抵御凶灾[⑤]。民间认为涂狗血能够辟除不祥或抵御邪恶的浸蚀，鸡头与狗血共同使用，可以厌妖邪。用狗血鸡头是化解妖气的最简便办法，特别是雄鸡头、黑狗血更具功效，还能够破除“剪纸为马、撒豆成兵”的法术。

寂答俗信。寂答俗意指豆波及到的场所幻化为灵异事象。豆是一种古代盛食物的器具，“昂盛于豆”[⑥]。有浅腹、粗柄、无耳、无盖的，也有浅盘、深盘、长柄、

① 汤：有两种意思，一种指饮食的菜汤，一种指洗澡的热水。
② 《荆楚岁时记》记载正月初一饮桃汤。
③ 《春秋·运斗枢》。
④ 《春秋·考异集》。
⑤ 《史记》。
⑥ 《诗·大雅·生民》。

短柄、附耳、环耳等形状，类似高足盘，上部呈圆盘状，盘下有柄，柄下有圈足。上有盖可仰置盛放食物。“豆，古食肉器也”[①]。亦有方形的豆。豆也常以偶数出现，作为祭祀的一种礼器，按尊卑长幼使用。在民间，豆演变为专门盛放腌菜、肉酱等调味品的器物。后来，将类似于礼器豆的植物称为豆类植物。古人称黑豆、黄豆、青豆等大豆为菽，赤豆、绿豆、白豆、豌豆等小豆名答[②]。由此，类似礼器的豆类植物具有与神灵相通的功效。

在中国民间传统风俗里，认为小豆有神通有灵验，能够辟瘟避疫。常以正月旦，亦以辟疫病甚灵验。正月七日，七月七，男吞赤小豆七颗，女吞十四枚，经无病，令疫病不相染。[③]赤豆是“疫鬼”最害怕的东西。“共工氏有不才子，冬至为疫鬼，畏赤豆，故是日作豆粥厌之。[④]”但是，在本土佛教信仰和习俗内，也有大豆中的黄豆作为“舍缘豆”，而具有神灵。“撒豆驱鬼”所撒的豆子，主要是小豆。根据所驱的鬼不同，所撒的豆子也各有不同。一种是“撒豆成兵”，民间认为散布豆类能变成军队的一种魔法。“剪草为马，撒豆成兵，呼风唤雨，移斗换星，驾云喷雾，无所不为。”[⑤]撒豆成兵，呼风唤雨，挪山倒海，显然是不可能的。一种是撒豆阻鬼。民间认为在房前屋后撒一些豆子，可以阻碍鬼魂的侵扰，保护家人的安全。

图 5-5　鄂州的镇江石之一

石头俗信。形状独特，或刻有符号，或经过加工的石头，俗信具有通灵作用。

① 《诗·大雅·生民》。
② 《广雅》、《博雅》。
③ 《杂五行书》。
④ 《岁时杂记》。
⑤ 《醒世姻缘传》第八九回。

其中，石磙经过了千百次的锤炼、长年累月的使用，具有镇宅挡邪功用。建房时，请堪舆先生确定方位，在不祥一方埋上一块石头，以求吉利。“凡人居宅处不利，有疾病、逃亡、耗财，以石九十斤，镇鬼门，大吉利；人家居宅已来，数亡遗失钱不聚，市买不利，以石八十斤，镇辰地大吉。”①还有镇墓、镇巷等。造墓时埋石为祭，使亡者亲属受惠，恩泽延及子孙后代。住宅大门正对里巷（道路）、桥梁或别人家的屋角，埋石镇“邪冲”。石是医药的鼻祖。远古时，楚国的巫与医没有分开，巫、医均用针石治病救人，石被认为有克邪通魂的作用。荆楚农家过去大门的门墙、门槛普遍选用麻石条为材料。

图 5-6 门头狮

熟灰俗信。人们认为尚有余温的灰是有灵性的，原有物体的精魂仍聚积在灰中，仅仅是形状的改变。只有将灰播撒开来，其精魂才逐步减弱直至消散。熟灰具有某种法力，有精魄的灰能够驱逐毒虫、驱疫辟邪。用炭灰清洁水，消除水中虫害和脏污。人们为了防止凶恶的毒虫残害，不仅要烧死虫害，还要“挫骨扬

① 《用石镇宅法》。

灰”，分撒开后，就可以阻挠其聚合的目的。每年春夏之交，特别是端午节前后，民间流行给小孩鼻尖上抹锅灰，压邪逐鬼；在宅中撒灰习俗，“赤龙氏掌除墙屋，以蜃炭攻之，以灰洒毒之”[①]。撒灰时要念咒语，或用灰在地面画鸟兽形状“驱五毒”，用灰来攻除虫害。“烟氏掌去无视，焚牡霸，以灰洒之”[②]。

水俗信。水对于老百姓来说，是一种宝物。

水可以生性、生财。在阴阳五行中，水有性格，有阴水和阳水之分。北方属水，水代表财富。除夕守岁至半夜，打起灯笼悄悄去汲取河水的，称“天地水”，可保来年大吉；正月初一早上汲取的井水与河水，称“银水”或“财水”；开业时，需要在财务室洒一些无根水[③]和自来水，等等。

水还可以禳灾、驱害。谷雨日所收露水，用来画符并贴在墙上，有厌胜诸毒的作用；四月初八所收露水用于磨墨，书写咒语在红纸上，贴墙上，可攘蝗灾；端午日赤足膛露，可禳灾厄；八月初一所收露水以调朱砂点灸，可祛百病，等等。

水还可以附魂。小孩生病不愈，借水的法力召回。是夜，焚香祝祷后，抱上病孩，偷偷寻一条小河蹚过，再上岸时，认为魂已归体，回家后静养几日，病可愈。小孩生病不愈，天黑后端清水一碗，出门去沿路呼唤小孩的名字，碗中水起泡，便认为魂已归附，马上用青布将碗盖住，端碗回家放在病童枕边，小孩静养几日，病可愈，等等。

水是世界本源。水是构成世界万物的金、木、水、火、土五大要素之一。道教认为，水是构成宇宙天、地、水三大要素之一。水官排列在天官、地官之后，与天官、地官一起主宰整个世界。

飞钹俗信。在锣鼓乐器中，飞钹对于老百姓来说，便成为一种法宝，可以避邪、辟煞，辟掉晦气，使人不入邪门、不入地狱、不入病疫之灾，逢凶化吉，能给大家带来好运。

蛇俗信。蛇在荆楚地区是一种通灵的神巫，也是长生不死的灵物，被称为小龙，能够镇邪驱毒。鄂南民间认为双头蛇带来灾祸，遇到双头蛇必须马上打死，掩埋。人吃了越毒的蛇肉越能够治病健体。巫觋以蛇为象征。巫觋在行使巫术时，身穿绘有凤鸟和蛇的衣服，站在一个用草编成的蛇型蒲团上，一手抓着一根

①② 《周礼·秋官》。

③ 无根水：指天上下的雨，即用器皿接取后的雨水。

蛇型拐杖，一手拿着法器念咒语，时而前后晃动，时而左右摇摆。

食物俗信。椒、糈、酒等可作为降神、享神的灵物。椒是一种有香味的植物，糈是一种精米。人们认为神灵得到椒、糈之后，将纷纷降临凡间。在迎接神灵时，需要向天空撒一些糈。在占卜时，为了灵验，人们手中常常握一些糈。现代武汉市一些餐馆便在门厅储展五谷杂粮。

三、辟邪符号

辟邪符号一般利用一定的物件幻化或图形幻化来使邪灵、恶鬼等不敢来犯，装饰在建筑物、汽车或工具上。如，汽车司机在驾驶室上方悬挂的毛泽东像、邓小平像、周恩来像等，据说这是“保平安、保发财”的姿势，鬼看见就会害怕，不敢接近。辟邪符号是一种特定的信息，通过避邪、招魂、诅咒、祈福和驱鬼等方式激发人体的潜能，并借助一些符咒[①]为俗信者趋利避害、祛病祈福。其类型有人物幻化、事物幻化、动作幻化、图画幻化等。俗信者在祈祷期间一般不喝酒，不吃公鸡、牛肉、狗肉、鲫鱼、鲤鱼、葱、蒜、韭、辣椒、姜等。

人物符号辟邪。从事巫觋的人必须是貌美的女子和男子。如“楚巫姿色姣好”[②]以取悦神灵，与神灵相通。巫觋作法事、祭祀、除病镇邪时，跳歌舞以娱神。“巫觋身穿宽大的衣服，扬起抱树做的鼓槌，用手拍着鼓邦，时而紧凑，时而舒缓，心情安详，高声歌唱，竽瑟齐奏，声音洪大。巫觋时而仰面倒下，时而跛着潜行，美丽的服饰艳满大厅”[③]。主祭者、巫觋、民众一起狂欢，鼓声齐作，女巫们传递着手持的鲜花舞蹈，一个继续着另一个歌唱。由此象征永远存在的祭祀。人物幻化为辟邪符号，最常见便是荆楚农村过春节贴的如魏征之类由人变成保护神的门神。

交媾动作符号辟邪。降神的过程就是巫觋与神灵恋爱、婚配的过程。“楚俗祭祀之歌，今不可得而闻矣。然计其间，或以阴巫下阳神，或以阳巫接阴鬼，则其辞之亵慢淫荒，当有不可道者。”[④]在楚地的祭祀传统中，往往由女巫迎男神，男觋迎女神，各致以爱慕之深情。也有用“性”来迎神。女巫强调自己的美貌与高洁。祭祀“云中君”[⑤]（祭云神）是为了下雨，希望云行雨施，风调雨顺。主祭者由美貌

① 符咒：符箓和咒语的总称。
② 《晏子春秋》。
③ 《楚辞·九歌》。
④ 朱熹：《楚辞辩证》。
⑤ 云中君：云神。古人认为，祭祀云神，可以带来雨水。

的女巫担任，俊美的少男扮演神灵“云中君”。江汉平原某些地方尚遗存男女模拟性行为动作，女巫为男病人除秽，男觋为女病人祛邪。

图 5-7 九凤破秽

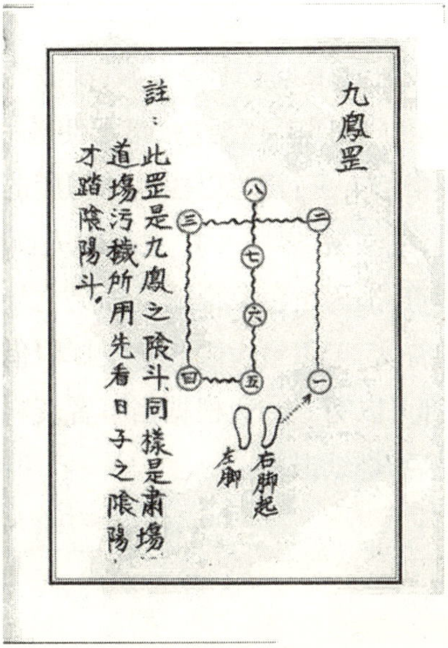

图 5-8 九凤破秽真

偶人符号辟邪。痛恨某人，或认为某人有害自己时，用面，或泥，或木，做一个像该人的小人。焚香祷告，“请地灵王显灵，□□□（诅咒对象的姓名）坏事干尽，该当□□□惩罚。”诅咒完后，用钢针刺小面人，或小泥人，或小木人，认为可以使仇人得病，甚至死亡。偶人辟邪渊源于古代的木人占。

字画符号辟邪。在特殊的纸张上画出的辟邪文字、图案等符号。这种特殊的咒语是具有特殊的功能，具有辟邪作用的。辟邪符号有很多种，而且每个不同的辟邪符号所起到的作用是不同的。不同的辟邪符咒，在不同的情况下，具有不同的用法，所产生的效果功能也都是不一样的。经过几千年的转变，现如今，一般用黄纸。辟邪符咒也可以是一张其他颜色的纸上画出辟邪符咒，也可以是佩戴在我们身上用来辟邪的辟邪物品，也有很多的不同材质的。辟邪符咒可以张贴在家里，或者是屋外，或者是其他的地方。

除每年农历三月初九、六月初二、九月初六、十二月初二等四天不画符外，其他时间都可以画符。其中，在季节之交或特殊的时节画符，被认为最有灵验。特别是端午节，因为端午节时节瘴气肆虐、毒害横行、青黄不接、疾病流行，因此端午节是画符、造符水的吉日。荆楚一些地域的民众感觉端午节画符具有时效性和针对性。画符的时辰一般选择阴阳交接之时，选择子时，或亥时，或午时，或卯时，或酉时。

巫觋在寅时起床穿上干净衣服，洗漱完毕后，面对东方摆放一长桌子，用黄布将桌面及桌子四周围起，这张桌子便被称为坛。如果是夜晚，则在前一天设坛。若是在俗信人家，坛可以摆放在房屋的东边，并面向东方；也可以摆放在房屋的大门前，或堂屋（客厅）内。祭祀时人面朝大门外，请五营兵将阵守四方。一边用黄纸画符，因为黄色象征的是仙灵之气，也可以说成是天地间的正气。配合好朱砂写的符文，可以最大限度地发挥引借来的正气威力。其实什么纸都可以画，什么笔都可以写。一边根据当事者资料，宣读疏文，祭请神明为符令加持法力。符画完后，烧纸退神。

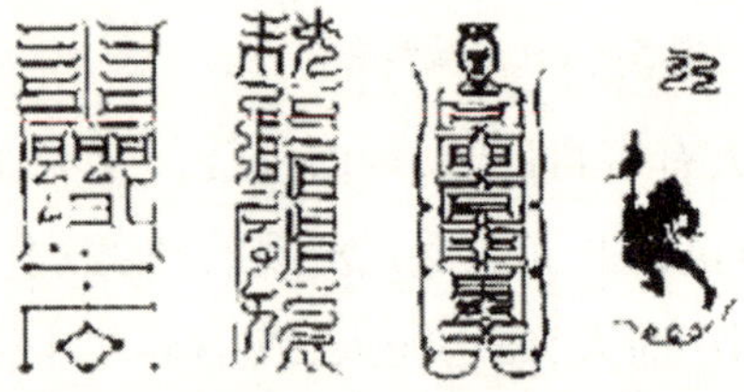
(一) (二) (三) (四)

图 5-9 符箓

图 5-10 净水真符

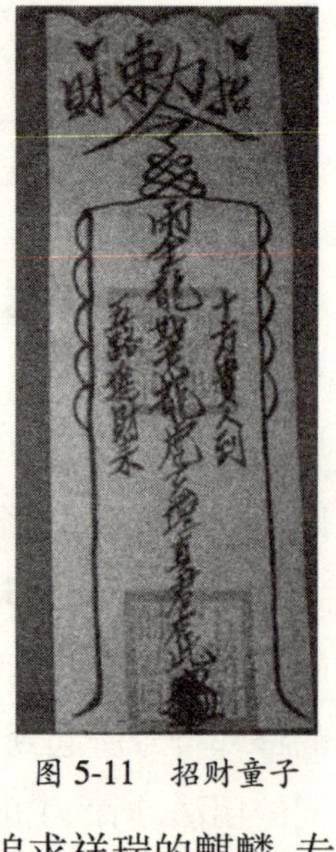

图 5-11 招财童子

还有用红色的纸剪成各种图案，用以辟邪。动物类的有追求祥瑞的麒麟、专门辟邪的狮子、辟邪兼具护生的虎，镇宅护院的鹰、追求大吉大利的鸡，追求“福、禄、寿、喜、财”的梅花。

毒物符号辟邪。在民间，每到春夏之交，特别是农历五月初五，人们在房前屋后撒石灰、燃艾蒿后，将画有蟾蜍、蝎子、蜥蜴（壁虎）、蜈蚣、蛇等五毒的黄表纸贴房屋四面八方。人们希望借这五种虫，以毒攻毒，驱病消灾。

实物符号辟邪。某些动物、植物、矿物被认为是通灵神物。在使用公鸡、貔貅、麒麟等动物祭祀时，有一定的仪式和咒语。如，巫觋用公鸡作为祛病的辟邪符号。在使用植物祭祀时，也有一定的仪式和咒语。荆楚民间认为桃符、桃木制品可以驱除鬼怪、辟邪。桃寓意长寿。给老年人祝寿，送上一盘寿桃，以表示祝老年人健康长寿。

在漫长的社会文化变迁过程中，除了桃木镇煞辟邪外，还有柳枝辟邪治病、柏果实祈子、菖蒲辟邪驱赶蛇虫鼠蚁、大艾除百病保平安、抹药辟邪驱鬼治病、茱萸避难消灾之类的观念。水晶、珍珠、玛瑙、青石等矿物被幻化为有聚焦、集中、扩大记忆的功能，能够镇宅、聚财、辟邪、挡煞、消除病气，净化全身，去除病气，趋吉开运，带给人健康、快乐。

各种幻化符咒的事象在形式与内容已基本融会到基层民众的日常生活结构之中，发挥了参与民间文化整合的功效。画符或安符仪式，已俨然成为一种世俗化、区域化的民间信仰形态，从而实现对行为主体人格意识和活动模式的典型塑造。

整个符咒的仪式主要包括请神和辞神的环节。请神时，各位与庇护有关的神祇可谓通通到临了，都要集体参与对恶煞的征服，人神之间呈现出一派和谐的场面。神灵完成“使命”之后，却又要被“奉送”走的。似乎表明，为了有效地维护并保持日常生活秩序，除要掌握主动与神祇和解的技能外，更要学会消极地回避神祇的技巧。这种人神之间由合而离的独特现象，也表明人们又从非正常时间(神圣时间)又转换成正常时间(世俗时间)，从一种风水信仰的状态又走回到日常生活的状态。习俗充分借助了神灵的崇拜而获得其合理存在的信仰基础。民间盛行的符咒融入了一些区域特征，一定程度上促进了各种民间信仰的有机整合。[①]

第三节 禁忌习俗

人们通过忌时、忌物、忌事、忌人等禁忌习俗，趋吉避凶。

禁忌本是古代人敬畏超自然力量或俗信观念而采取的消极防范措施。人们对神圣的、崇拜的、凶险的、畏惧的、不洁的事象所持情感、态度、价值而形成的某种禁制，从而人们在心理上、言行上采取一定自卫措施。禁忌习俗主要存在于礼

① 陈进国:《事生事死——风水与福建社会文化变迁》，厦门大学，博士论文，2002年。

仪、丧葬、行业、祭祖、鬼魂崇拜、饮食生活、岁时节令、言语行为等人们的日常生活方面。凡认为不吉利的，几乎都在禁忌之例。从近代开始，科学逐渐深入人心，禁忌自然消亡、转换，但仍有不少禁忌遗留下来了，并且影响着人们的生活。如，按照礼仪方面的禁忌，在喜庆场合不能说“死”、“鬼”等不吉利的字眼；叫长辈不能直呼长辈的名字；送礼不能送“钟”、“表”、“龟”①、“伞”等这样礼物。按照饮食方面的禁忌，吃饭时筷子不能直立插于饭碗②中；不能将筷子横在自己面前等。按照鬼魂崇拜方面的禁忌，对死者墓地可以培土，不能挖死者墓地的土；不能在坟墓前拍手；中元节期间不能靠近墙圜等。按照祭祀方面的禁忌，在祭祀时不能嬉笑；在庙宇祭祀时，不能用手指指庙宇里的神像；中秋节祭祀时，不能用手指指月亮，等等。

一、时忌与时宜

民间认为在收、闭、破、执、除等日，以及月末不能办理吉庆喜事，而且不同时节人们的禁忌不同。从农历正月到十二月，随着气候、物产、饮食、环境等不同，时令节气的变化，禁忌内容发生相应的变化。忌时习俗主要集中在春节期间，从腊月到第二年的正月，有诸多禁忌，主要为了保平安，在来年事事顺利。

腊月初八时忌。当天，不能吃干饭和荤，必须吃粥和素，俗称“腊八粥”。荆州一带“腊八粥”最为有名。“腊八粥”以糯米(俗称阴米，或银米)为主，加上红枣、莲子、核桃、栗子、杏仁、松仁、桂圆、榛子、葡萄、白果、菱角、青丝、玫瑰、红豆、花生等等。腊八粥熬好之后，不能只自己享用，必须要先敬神祭祖，还有悼念亡国、寄托哀思的，然后在中午之前赠送亲友，最后才是全家人食用。在花卉和果树枝干上涂抹一些腊八粥，意象是来年多结果实。腊八粥不能一天吃完，必须吃几天，吃的天数必须超过全家的代数③。如，全家有三代人共同居住，则要吃四天，或四天以上。意象是有剩下来的，“代代有余”是好兆头。如果把粥送给穷苦的人吃，则为自己积德。

腊月二十三时忌。女人不能参加祭祀。江汉平原一带民间有“男不拜月，女不祭灶”的习俗。祭灶王爷，只限于男子。祭祀灶神④，祈求生活吉祥，又称“小年”。

---

① 若对方送了“钟”、“表”等礼物，则送给对方1元，以表示这是一宗买卖。

② 拜祭死者除外。

③ 代数：指家中有几代人的数量。

④ 早在夏朝，灶神就已经成了民间尊崇的一位大神。自周朝开始，天子将祭灶列入祭典，形成全国祭祀固定的仪式。在荆楚民间诸神中，灶神的资格算是很老的。举行过灶祭后，便正式开始做迎接过年的准备。

“腊月二十三到除夕”时宜。民间认为灶神主管人间凡夫俗子的行为，腊月二十三送灶神上天后，到除夕迎回灶神。因此，腊月二十三到除夕之间，人间没有神灵管辖。所谓举头三尺有神灵，这只是相对来说没有神灵管辖。凡夫俗子百无禁忌可以在此间做各种事情，不会遭到报应，特别是嫁娶方面没有禁忌，被称为“赶乱岁”。乱岁是民众为自己设计的调节社会生活的特定时段。岁末年终，人们有了闲暇与积蓄，对于平时难得有精力操办大事的人来说，这是一个好时机。因此，现实生活的需要形成了特殊时间。

腊月二十四时忌。除尘时间不能太早，也不能太迟，一般在子时开始打扫，“凡内外，鸡初鸣，……洒扫室堂及庭”[①]，有的地方在送灶神后开始。打扫房子，以祛除不祥，又名扫尘、打埃尘、除残、除尘。渊源于驱逐凶神恶煞。“岁除日，击鼓驱疠疫鬼，谓之逐除，亦曰木难”[②]，家家户户都要打扫环境，清洗各种器具，桌椅板凳，拆洗被褥窗帘，床柜箱笼，洒扫六间庭院，掸拂尘垢蛛网，疏浚明渠暗沟。

腊月二十五时忌。荆楚民众认为当天在言语行为上不能有渎职神灵的现象，争取好表现，以博取玉皇大帝欢心，降福来年。腊月二十三灶神上天后，玉皇大帝在腊月二十五亲自下界，查察人间善恶，并定来年祸福，所以家家祭之以祈福。

腊月二十六和二十七时忌。这两天是宰杀家禽的日子。新丧人家腊月不能开油锅进行煎、煮、榨等食物，不能置办喜庆物品，不能在此之前祭祀家禽牲畜，杀鸡宰鹅，卤鸡、卤鸭、卤肉。否则大不敬，来年家禽牲畜多灾多病。也不能在此之后，否则怠慢家禽牲畜。

腊月二十九时忌。有兄弟多人已经分门立户的，老大家不能在腊月二十九吃团圆饭。父母及所有兄弟子女，从这天开始按照年龄从小到大轮流到各家吃团圆饭，老大家必须在腊月三十置办酒宴。腊月二十九是小除夕，亦叫“别岁”。

腊月三十时忌。是新旧交替的时刻“除夕”。摆设天地供桌、辞岁、守岁、迎岁。上午贴春联，中午吃团圆饭，下午洗澡、上坟祭祀祖先。年夜饭上一盘鱼不

① 《礼记》。
② 《吕览法》。

能动筷子吃掉,民俗认为图年年有鱼(余)的好彩头。一盘冬笋炒肉人人必须吃,民俗认为象征着“节节高”。在江汉平原用猪肝、黄花菜、豆腐干、木耳、香菇、肉丝等炒煮成的一碗菜也是人人必须吃,民俗称为“和气菜”,来年大家一切都和和气气起来,特别是兄弟姐妹、婆媳妯娌,大家人在一起时,必须有这道菜。不能掉筷子,不能把鱼身翻转,不能哭,不能吵架。午夜一到,腊月就结束了,新的一年也随之开始了。

正月是农历新年的开始,人们往往将它看做是新的一年年运好坏的兆示期。

初一鸡日[①]**忌、宜习俗**。鸡日意象是“吉”日,要拜天地、祭祖先,放鞭炮、辟除邪恶。早上叫做万神盛会,表示所有的神出来拜年,不要吃荤,要吃素。早餐不能吃稀饭、荤食及药品。大年初一早上叫做万神盛会,民间认为吃稀饭,预兆一年贫穷。初一上午一定要吃干饭,表示家里整年都会很富有,否则这一年当中收成不好,出外旅行时会碰到下雨。有神出来拜年,为表尊敬不要吃荤,要吃素。另外,除了重病不得不吃之外,一般的补品补药初一不要吃。一定要给长辈,或成年人煮四个荷包蛋,或者饺子,加上糖,意象是事事圆满,生活甜甜蜜蜜。中午也不能吃稀饭,一定要吃干饭,表示家里整年度都会很富有。不能叫人姓名催人起床,意象是对方整年度都要人催促做事情。不能跟还在睡觉的人拜年,意象是对方一整年都在病床中。不能午睡,俗称“男睡田崩,女睡厨垮”。

大年初一已嫁之女不可回娘家。民间认为过年嫁出去的女儿回娘家,会把娘家吃穷,只能在初二或者初三回娘家。民俗意象是嫁去的女儿已经是别人家的媳妇了,过年婆家一定有很多人来拜年,媳妇要帮忙奉茶服侍,因此初一不可以回娘家。

妇女不能出门拜年,俗语叫“忌门”。不能缝缝补补,针线盒要收拾起来,意象是图吉利,盼平安。小孩子不能哭闹,不能说不吉利的话,也不能和别人吵架起争执。不能打碎家具,打碎了是破产的预兆,得赶快说声“岁(碎)岁平安”或“落地开花,富贵荣华”。不能请医生,否则会一年到尾都生病。

新年第一次出门前,不能没有祭祀,必须待祭祀神灵和祖先后才能出行;不能向鹤神方位走,必须首先向喜神、财神、贵神方位走几步,然后再按照自己需要走。

初二狗日忌、宜习俗。男人不能呆在家里,必须出外拜年。初一、初二不能

① 《五杂俎》卷2载:“岁后八,一鸡、二猪、三羊、四狗、五牛、六马、七人、八谷”。

洗衣服，因水神的生日在初一，河神的生日在初二。水为财，洗了衣服，则今年将有耗损。

初三羊日忌、宜习俗。羊日又称“赤口”，不能给同姓、同年生的人家拜年，“双羊难合”，意象是今年可能发生争持。初三是谷子的生日，或稻田的生日，要祭祀田地。

从初一到初二，不能从事洒扫的工作，不能倒污水、倒垃圾、汲水，意象是把垃圾倒出去，就是将自家的财气倒走了。这些垃圾要等到初三以后用牲礼祭祀神灵，称为“烧门神纸”，才能将垃圾倒出去。汲水时，用香烛祭祀水神。

初四猪日忌、宜习俗。初一到初四不能动刀（主凶杀）、针（主长针眼）、剪（主口舌之争）。扫地不能从内向外扫，要从大门向家里扫。此日之后，可以动刀剪。

初五牛日忌、宜习俗。祭祀户神、灶神、土神、门神、行神，俗称破五，又称送穷五。初五必须把垃圾倒掉，不能保留，因为初五的垃圾称为“穷土”，倒掉就是“送穷出门”。家庭主妇可以出门走亲戚。人们寅时起，放鞭炮，打扫卫生。鞭炮从每间房屋里往外头放，边放边往门外走。寅为虎，将一切不吉利的东西、一切妖魔鬼怪都轰将出去，让它们远远离开，越远越好。打扫卫生是一种彻底的大扫除。从每间房屋里把垃圾扫出门外。垃圾要烧掉。不能出门串亲戚，说是不能让亲戚沾着了穷气。从初一到初五，白天不能午睡，意象是整年度都会很懒惰。民俗认为过年期间有很多客人到家里拜年，如果睡午觉的话，对人很失礼。

祭祀财神习俗。初五是财神生日，有接财神的习俗。当天要吃饺子。从子时到午时三刻是祭祀财神的时间，不能够超过这个时间。是时打开大门和窗户，燃香放爆竹，点烟花，向财神表示欢迎。接过财神，大家还要吃路头酒，往往吃到天亮。不同地域，不同群体，不同民众，信仰祭祀的财神不同，有民间财神、道教财神、佛教财神等种类。荆楚地区多信仰文财神赵公明。赵公明，又叫赵公元帅，或赵玄坛，是五瘟神[①]之一的秋瘟神。民间描绘秋瘟赵公明穿白袍，头戴铁冠，面黑多须，手持铁鞭，或扇子，骑虎，居西方。五行属金，播撒

① 五瘟神：穿青袍的春瘟张元伯，手持钩子和罐子，居东方，五行属木，播撒恶风类疾病；穿红袍的夏瘟刘元达，手持皮袋和剑，居南方，五行属火，播撒热毒类疾病；穿黑袍的冬瘟钟士贵，手持锤子，居北方，五行属水，播撒恶毒类疾病；穿黄袍的春瘟史文业，手持火壶，居中，五行属土，播撒恶疮痈肿类疾病。

注气类疾病。秋瘟赵公明成为财神，亦或古代钱币一般用铁铸造；亦或秋天是果实成熟的季节、丰收的季节；亦或无行中金生水，水为财；亦或主宰贫困，趋贫而得富。

初六马日宜习俗。将除夕送来的财神纸马烧掉，店铺开业。

初七人日忌、宜习俗。人日亦称火的生日，不能外出远行，不能打小孩，要尊重每一个人，人大于天。要吃芹菜、芥菜、菠菜、青葱、大蒜等七种菜。要吃面条，意象是尊老爱幼、全家老少健康长寿。是时，店铺老板伙计聚餐吃喝，放花炮烟花，启烟火。

初八谷日忌、宜习俗。不能吃面食，要吃米饭，要把鸟或鱼放生。晚上祭祀星宿。当天寺庙设坛祭星，接受布施。

初九忌、宜习俗。初九是玉皇大帝诞辰。早晨起来洗脸后，洗脸水不可倒入污沟、地上，小孩不能在露天场所小便，不能倒垃圾，不能洗便桶等污垢的东西，妇女的内长短裤不能晾在外面。不能用雌性的物品祭祀。要吃一顿丰富的年餐，以示团圆、吉祥。举行盛大的祭天活动。

初十是石头生日，当天与石头有关的磨、碓、碾等石制用具不能动，要烧香祭拜石具。十一日至十五日"元宵"夜，人们吹箫打鼓玩花灯，夜夜如此。

正月十五忌、宜习俗。正月十五日是上元节(十三至十七日为上灯节)，妇女白天外出游玩，需要观看绿色植物。有的还把青麦戴在鬓角上面。《东坡集》：江淮间俗尚鬼，正月为子(紫)姑神，或能数数画字，以箕为腹，箸为口，画灰盘中，乡间子女争为之。

从初一到十五，不能被他人自口袋掏取物件，意象是整年度钱财都会被人家掏走。不能向人讨债，意象是被要债。或者是跟人家要债的人，在一整年间都会很倒霉。不能说带有"破"、"坏"、"死"、"穷"等不吉利的字眼。如果一不小心，说漏了嘴，是大人，则马上说"百无禁忌"；是小孩，则大人马上说"童言无忌"。

正月忌习俗。不能理发，人们普遍是在腊月理一次发，然后等到二月二"龙抬头"才能再进理发店。腊月不能够订婚，正月不能够结婚。"正不娶，腊不订"的谚俗，来自正月娶媳妇主妨公婆、腊月订婚主败婆家。正月店铺开业不能够赊账，不能够只开半天的店铺，打开店铺门则要开一天。

正月不能搬家，否则，一年颠沛流离。搬家的日期不能与家人的"生肖"及"日柱”[①]相冲和相刑[②]。日柱是阳干[③]，地支不能选阳支[④]；日柱是阴干[⑤]，地支不能选阴支[⑥]。日柱的地支为申、子、辰，不能在未日未时搬家；日柱的地支为寅、午、戌，不能在丑日丑时搬家；日柱的地支为亥、卯、未，不能在戌日戌时搬家；日柱的地支为巳、酉、丑，不能在辰日辰时搬家。家人的四柱八字中有申、子、辰，搬家当天的四柱八字[⑦]中不能有地支未；家人的四柱八字中有寅、午、戌，搬家当天的四柱八字中不能有地支丑；家人的四柱八字中有亥、卯、未，搬家当天的四柱八字中不能有地支戌；家人的四柱八字中有巳、酉、丑，搬家当天的四柱八字中不能有地支辰。搬家不能选择“火日”，一般选择水日。朝东者新宅不能在巳、酉、丑(三合金)日子搬家；朝西者新宅不能在亥、卯、未(三合木)日子搬家；朝南者新宅不能在申、子、辰(三合水)日子搬家；坐北者新宅不能在寅、午、戌(三合火)日子搬家。

清明节忌俗。清明节扫墓、踏青、插柳枝于坟头。但主妇不能为自家长辈扫墓。七月烧衣节，或中元节，或鬼节，祭祀的祭品中不能有龙眼，祭品中动物眼睛不能外露，祭品中果实不能有虫眼。男女不能够交媾。认为清明节、鬼节鬼魅、邪祟猖獗，行房事危险会“受惊”。

夏至、冬至忌俗。夏至、冬至前后半月内，男女不能够交媾。民间认为冬至夜晚最长，白天最短，阴气最盛，阳气微弱，行房事对男人不利，易于伤伐；夏至白天最长，夜晚最短，阳气最盛，阴气微弱，行房事对女人不利。阴阳不能调和，男女体内的血气精神，不能配合节气而走泄了精血，导致神气疲乏，引来祸灾。

端午日忌俗。端午日即五月初五，俗称“五毒日”，不能行房事。五月俗称“恶月”，民间认为五月初五这天，阴阳之气争雄，阴胜阳，俗称“倒阳”，瘟疫、毒气猖獗，行房事危险会“中毒”。门前要插菖蒲或艾蒿，食粽子。

重阳日忌俗。重阳日即九月初九，俗称“九毒日”，登高，不能行房事。民间

---

① 日柱：农历生日的天干地支。

② 相冲和相刑：子午冲，丑未冲，寅申冲，卯酉冲，辰戌冲，巳亥冲。寅巳申刑，丑戌未刑，子卯刑，辰辰、午午、酉酉、亥亥自刑。

③ 阳干：甲、丙、戊、庚、壬。

④ 阳支：子，寅，辰，午，申，戌。

⑤ 阴干：乙，丁，己，辛，癸。

⑥ 阴支：丑，卯，巳，未，酉，亥。

⑦ 四柱八字：四柱指年、月、日、时。年有一个天干一个地支，月有一个天干一个地支，日有一个天干一个地支，时有一个天干一个地支。年、月、日、时的天干地支合起来称为八字。按照中国传统文化的说法，每天十二个时辰，每个时辰都有固定的四柱八字。

认为“重九”是阳数的巅峰，过后转为阴数，阳盛阴衰，不能有房事、迁徙等一切冒失的行为，小心慎行。

每月初一、十五不能行房事，民间认为月属阴，此时阴虚，恐阴阳不调。每日的晨昏时刻不能行房事，民间认为晨昏时刻是阴阳转换交接的时刻，此时行房事阴阳不调。民俗认为晨起行房事影响一天的劳作，昏时人体劳累困乏不能行房事。

不能在月经期性交，民间认为男人接触到月经血流称为“撞红”，损寿折命不吉利。民俗认为远古时只有在部落冲突中，或身体受到打击才有血。血液是精魂，有灵气，男性生殖器接触血液，是自身灵魂与血液精魂的相遇，性交成为一种搏斗，阴阳达不到协调。医学认为在月经期，女性的身体抵抗力可能降低，子宫颈较为张开，微生物或病毒借性交进入子宫引起感染的可能性较大。月经期女性由于性器官充血自然而然地激昂起来，从月经前到月经期时，正是性器官充血的时节，所以女性的性欲有所增强，不能认为女性淫荡。

二、物忌

荆楚的物忌习俗主要涉及柴、米、油、盐、酱、醋、茶、碗、筷等生活禁忌。这方面的荆楚俗语较多，如：一日三餐进食，遵循早饭吃饱，中饭吃好，晚饭吃少；早晨白开水一杯，肠里胃里少是非；吃鱼吃肉，青菜打毒；吃一千，吃一万，还是要吃粥和饭；萝卜扯到家，郎中生意差；多吃一点蒜和姜，驱寒解毒保健康；哇喔鸟儿不着肉，叼嘴婆娘不长膘；吃半饱的冇得病，胀死的人有得伤。

“柴禁忌”。柴的禁忌因地域的不同而有别。山区的人们取柴主要在柴山——专门供打柴用的山，砍墩不能挖墩，不能在林山打柴，特别是不能够在祖山[1]和神山[2]打柴。除了祭祀以外，一般不能够到祖山和神山去，否则被认为渎职先人和神灵。柴成垛，一般在屋前，不能在屋后。

平原的人们用柴以农作物梗枝为主。取树枝为柴时，不能够取主枝，不能取丈二以下树的树枝。柴成堆一般在屋的东面或伙房的屋内，不能在屋的南面。

“五谷禁忌”。五谷既是粮食，也是神圣物。人们不能够亵渎五谷，否则要遭受报应，不能够浪费粮食，丢弃米饭。湖北各地许多地头均建有小五谷庙。五谷

① 祖山：即坟山，意即埋葬祖先的山。
② 神山：被当地推崇有神灵的山，人们时时以该山为信仰。

成为人们祭祀的对象。比较有名的五谷庙有，鄂西南的恩施市龙凤镇和利川市南坪的两个五谷庙，鄂西北的十堰市房县大木镇、丹江口市三官殿街道和丹江口市牛河管理区的三个五谷庙，鄂中南石首市高基庙镇附近的一个五谷庙。还有以五谷为祭祀的歌谣。如十堰市房县、神农架一带传唱的《神农五谷歌》[①]。《神农五谷歌》是一部有 3140 行的长篇叙事诗，描述了神农尝百草，辨五谷杂粮等内容。道教还有所谓的《五谷经》，"……然后炎帝王往一样山，寻得一粟子一粒，计在枣树中，八种得成粟谷；大梁山中寻得稻谷一粒，计在柳树中，种得成稻谷；朱石山寻得小豆一颗，计在李树中，六种得成小豆；维石山寻得大豆一粒，计在槐树中，五种得大豆；长石山得大小麦二粒，计在桃树中，四种终成大小麦；武石山寻得芝麻一粒，计在荆树中，后种终成芝麻；初种五谷，皆因六树而生炎帝王菩萨……"

"油料作物禁忌"。芝麻、高粱作为五谷，更多体现在民风民间中。祭祀中撒五谷必定有芝麻、高粱。芝麻虽然是油料作物，归位五谷后，则成了神物，不可亵渎，只有在节日或尊贵客人来后才使用芝麻油。除芝麻外，还有花生、大豆、菜籽、棉花籽等油料植物。花生油也不是日常食用油，一般结婚夫妻的饮食中使用。动物熬制的食用油不能在夏天使用，一般在冬天、春天使用。

"盐、酱禁忌"。盐不仅是一种作料，还是一种辟邪物。孕妇刚生小孩后，吃的鱼、肉等动物需要先用盐腌制一会儿再烹饪。民间认为动物的灵魂对孕妇和婴儿不利，故需要腌制。民俗认为，因为动物有病菌，烧烤不熟，抵抗力不强的孕妇和婴儿容易得病；有一些动物是促进人的血脉扩张，不利孕妇伤口愈合。民间认为烹调食物不能加盐过早，特别是一些需要猛火爆炒，或爆沸，乃至需要焖、烘、烤 2~3 小时以上的食品，不能加盐太早。民间认为买盐是男人的事，用盐是女人的事。如果是颗盐（俗称海盐），要爆锅、炒盐，不能够直接用，否则对人体不利。菜淡了，客人不能够直接加盐，否则认为对厨师侮辱。一般由厨师用油烧一会儿盐，或加一些作料，熬制好后，由厨师将有盐的料理倒到菜上面，由厨师搅拌均匀。有时，农民用自制的豆瓣酱或咸辣酱当做盐。

"茶禁忌"。荆楚人爱喝茶，主要以茶叶茶为主。喝茶习俗不仅指喝茶叶茶，还指吃果品点心茶等。被冠以"喝茶"的习俗有三类，一类是纯茶叶泡制的茶，称为茶叶茶。一类是单一食物经过特定的方法熬制的流质饮品，称为某某茶。如，

① 详见邓宏基整理的《神农五谷歌》。

用米经过特定的方法熬制的流质饮品，称为米茶。米茶是农家夏天午后到农田干活之前的3~4点钟充饥的食物。用花椒经过特定的方法熬制成带有咸味的饮料称为花椒茶。花椒茶是农家夏天祛暑消食的饮料。用鸡蛋煮成的四个荷包蛋，加糖而成的食品，称为鸡蛋茶。一般用于招待尊贵的客人。一类是混合各种物料经过特定的方法熬制的流质饮品，称为吃茶，或喝茶。

孕妇不能够喝茶叶茶，特别是已经出怀[①]的孕妇不能够喝茶叶茶，不能够喝浓茶叶茶，不能够空腹饮茶叶茶；冬天不能够喝烫茶叶茶。女人在月经期不能够喝茶叶茶。茶叶被当做解渴，也当做药物。荆楚蕲春人李时珍在《本草纲目》中指出，茶有清头目、醒昏睡、化痰消食下气和利尿止泻的作用。喝茶叶茶在荆楚，特别在江汉平原尤甚。茶圣就是竟陵（今湖北天门）人陆羽。

荆楚的茶还有用花椒、芝麻、黄豆、花生等经过特定的方法熬制成带有咸味的茶称为花茶，俗称花椒茶、芝麻茶等。这种茶一般在婚嫁吉庆才有，其他时节很少见。主人家不能在丧葬鬼节熬制。花椒意象是夫妻生活和睦、和谐，芝麻意象是家庭生活节节高，黄豆意象是财源滚滚、事业有上天保佑，花生意象是子女齐全，一个男孩、一个女孩，花着生小孩。

荆楚的果品点心茶是作为茶水招待客人的一种习俗，俗称吃茶。这种茶一般在春节期间才有，其他时节很少见。这是一种隆重的招待礼仪，客人吃了果品点心等茶水后，主人家接着准备一桌用碟子盛的菜，然后准备一桌用碗盛的菜，俗称“十碟十碗一茶水”。清明节后到秋分时节，主人家一般不用“十碟十碗一茶水”招待客人，除非至亲家人历尽千辛万苦终得团聚时。

“饮食禁忌”。不能在锅盖上切东西。给客人盛饭时，不能把整锅饭分成一碗碗的份饭。不能将饭盛的过满或过多或带尖的形状，也不能一勺就盛好一碗。不能含着食物讲话。不能在用餐过程中整理自己的衣服，或用手抚摸、整理头发。

“筷子禁忌”。古代叫箸，或筯，或筴。箸与住谐音，意象有停住、不吉利的意思。选择筷子时不能够选择长短不齐的筷子，或者将一些长短不齐的筷子放在桌子上，俗称“三长两短”不吉利，意象是将要死亡。也不能够将筷子颠倒使用，无论一根还是一双均不能，俗称“颠倒乾坤”，意象是缺乏礼仪，或没有伦理。

---

① 出怀：方言，指怀孕六个月以上的孕妇。

拿筷子时不能够把食指抬起来，男人不能够把小指抬起来。伸出食指有指责他人的意象，伸出小指有轻视他人的意象，这同骂人是一样的，是不允许的。

就餐时不能口含筷子或舌添筷子。不能够用筷子击盏敲盅。不能坐在餐桌边，一手拿一根筷子随意敲打，或用筷子敲打碗盏或茶杯。用筷子击盏敲盅，意象是哀悼死人。庄子在妻子死去后击缶而歌。范蠡在其大儿子死后击鼓而歌，荆州市沙市地区迄今流传着丧葬习俗"鼓盆歌"。"鼓盆歌"已经是国家非物质文化遗产。婚嫁吉庆时遇有乞丐来乞讨，则主人家马上为乞丐准备四样或八样菜肴，并用带有缺口的碗盛满饭给乞丐，以使乞丐不敲碗。不能用筷子去推动碗、盘和杯子；不能够将筷子含在嘴里。这均被认为是哀悼死人。

用筷子夹菜时不能够夹起食物之后放回盘碟，俗称"起箸回食"（意象是乞求主人回死）；也不能够用筷子在菜盘上来回的转，或在空中游弋却又不夹菜，俗称"执箸巡城"，意象为挑衅，轻视酒桌上的主席；也不能够手里拿着筷子在菜盘里不住的扒拉，意象为轻视厨师的菜肴，俗称"迷箸刨坟"；也不能够用筷子叉取食物，意象被认为对同桌用餐人员的一种羞辱，俗称"定海神针"，而应该用筷子夹食物放进嘴里；也不能够用舌头舔食筷子上的附着物，意象被认为无赖、无耻行为，俗称"舔箸无（齿）耻"；也不能够将菜或汤流到其他菜里或桌子上，意象被认为哭丧行为，俗称"泪箸遗珠"。

不能把筷子架放于盘碟与桌案之间，其筷尖往往是高高翘起同时指向会餐者，这些行为意象均表示指责、挑衅他人。

三、事忌

老百姓事物庞杂，所谓"事事有禁忌，时时有鬼神"。忌事主要有建房、立坟、添丁、嫁娶等。其中，丧葬、立坟、生育、嫁娶等忌事前面已经描述了，本节主要探讨建房、休息禁忌。只是老百姓一事之说，一时之规。捉猪的日子一般是三、六、九日，忌养"五爪猪"、"五爪鸡"。母牛、母猪分娩时不准生人进栏进圈。卖猪赶猪上路时，主妇要唤猪回来吃食，套猪的绳子必须拿回。

"建房禁忌"。请地理（风水）先生看屋基，推算动工时间，确定房屋朝向，同时指出忌讳事项。按选定时日准时开工，风雨不误。先放鞭炮，由首席砌匠师傅砌第一块墙基石，边砌边说吉庆话。屋基上，过去贴文臣武将、阴阳八卦护符，现在插红旗，挂毛泽东像[①]。主家办起手酒，封红包给首席木匠砌匠师傅，以示尊重，暗含嘱托用心之意，有的还请母舅和族中老者到场。

屋脊一般用片瓦、砖、钢筋水泥等垒成正脊、垂脊、戗脊、博脊、围脊、角脊等，脊端做成翘起的仙人、凤凰、玄鸟、龙、鸥尾、狮子、麒麟、龙头、龙尾等鳌尖。有轩昂、流畅的生动形象和优美的轮廓，而且揉进民间神话传说，寄托着厌火祥的深切意愿，以龙吻蕴涵着龙能降雨消灾的语义，反映了人们对美的追求以及祈求吉祥的朴素感情。装饰图案的屋脊，有着深远的文化渊源，可追溯到原始社会的自然崇拜和图腾崇拜。龙、凤、玄鸟等瑞兽祥禽，有的是图腾的演化物，有的是自然神的演化物。随着时间的流逝，渐渐脱离了其作为图腾的意义，转化为具有祈求吉祥、消灾避邪的民俗性特征的瑞兽祥禽，洋溢着一种浓烈热爱生活的喜庆色彩，是中国传统民俗在建筑装饰上的反映。

在鄂西，建房的顶梁柱必须是偷来的。选定吉日，主人家请来预先商妥的几个人和木匠师傅酒足饭饱之后，在半夜子时出发偷树。来到树边，木匠师傅摆上祭品，焚香烧纸，领着主人面向梁树作揖。偷树的人砍树后将红包放在树兜上，表示给树主的"落头"酬谢。被偷的树主发现树兜上的红包，便心知肚明不再追查，但必须大声叫骂，而且骂得越凶，"偷树贼"就越高兴，被认为是"越骂越发"的吉兆。

不能在庙基、坟地上做屋，不能用庙宇上拆下来的砖瓦和木料。大门一般不正对大路、大树、山嘴、屋角、后门、烟囱；如果避不开，跌个线。同排房屋邻家不能超前，右边不能高于本家，俗称"左青龙，右白虎"，"宁愿青龙高一丈，不能白虎抬头望"；主梁加工只能由有福有禄的男长者压码，不能跨梁；床铺不能放在主梁下面，主卧里的床铺不能面向山墙，故忌讳"驼梁架"。建房是人生大事，亲友邻居均自觉前来帮工，不计报酬，仅以过屋时杯酒酬之，民风十分淳朴。现在大都包工，不计报酬的帮工日趋见少。

不能在河流上建房子，房子下面不能是过道或通道，民间认为流水穿家宅，破财主家伤。民俗认为房子下面有河流、过道、通道等，人们不能形成安静的睡觉环境，房子下面是空的，睡觉时不会踏实，影响睡眠。河流、过道、通道的肮脏影响房子的卫生整洁，人容易得病。

① 民间认为：毛泽东像能够压制邪气，压制妖魔鬼怪。

门柱、门扇等不能是弯曲、破裂的状态。民间认为门的四个面柱子和门的本身弯曲、破裂，财神不进来，穷神反而进来了。民俗认为门柱、门扇弯曲、破裂不安全，不能起到防盗、防野狗等功能。

居家大门不能够面向北方，特别是不能够面向西北，若主人的八字缺水，或火过旺，则大门需要面向北。若没有办法避开，或者农村的房屋一般增加一个面向其他方向的院门，或者城市商品房一般在大门后增加一个玄关，以此改变大门的方向。大门方位不好，有的在大门上方挂一面八卦镜。民间认为八个卦代表正气，正气十足，自然不怕邪气入屋。不能把零钱放在门口的桌子上。

民间认为大门不能够使人从外面一看到底，除非家庭的主人八字命里畸行属火或水。床铺不能在房门口，一般应当在房门左上方 45 度角的方位。床铺和沙发不能横梁，也不能挂梁，否则多灾多病，事业没有起色。床铺不能三面靠壁，民间认为床铺三面靠墙被囚禁起来，睡觉时气场不同，不吉利，财会进不来了。女孩床铺不能放在房间的北面，男孩的床铺不能放在西面。长时间不睡人的床，再用时，要换个位置，驱除邪气。一个人睡觉不能空太多地方，应该睡在床的正中间，民间认为容易被“压床”——鬼陪着睡觉。不能穿红睡衣躺黑色或白色床单的上面睡觉。柜子不能面向床铺摆放，俗称“面跪”。卧室的窗户外不能摆放植物类盆景。床铺不能与桌子衣橱或任何对象及物品的尖角相对。

出入大门的位置不能正对阳台，阳台不能正对厨房，俗称“穿心”，民间认为家中会不易聚财，有破财之事，家中的团聚功能减弱，丈夫易外遇、老婆会红杏出墙，小孩不爱回家。炉灶不能对着后阳台的门或厨房门摆放，有损家人健康。不能在家中栽种细长叶片、蕨类和葛藤类的植物，民间认为此类植物属阴，在家中易招惹“不干净”的东西，在外主人易惹口舌纠纷。一般栽种阔叶面植物、花卉等。

厕所不能位于家庭的正中，俗称“厕占中宫”，对财运与家人身体不好。厕所不能正对卧室的门，不能与大门相对。厕所也不能在南方，南方属火，而水火不相容。不能在西南和西北方，西南和西北方是乾、坤位。西方属金，金生水，厕所的水是污水，不能在西方金位。北方属水，水即财，厕所在北方得到的财不是正财，而是偏财。厕所一般放在东、东南方合适，东方属木，水生木，厕所的污水正好生木，有利于家庭生活，事业发达。

“搬家禁忌”。搬家，俗称“乔迁”。在搬家的过程中，尽量制造吉祥的征兆，来满足人类心理的要求。搬家时选个黄道吉日，择定吉时，方位并遵循相关的传统习俗及喜忌搬家，先贴对联。一过零时，在大门前先放一挂长鞭，然后开门，首先搬进柴火和炉灶，寓意发财，主家设筵，亲友邻里，凡有来往的都请。炉灶不能在搬家的后面进去，要最先进去，然后柴、米、油、盐、酱、醋、茶、水、碗筷、绑红布畚箕扫帚、家中每人的新内衣裤、枕头、床单进屋。再然后，是小孩的用具，特别是学习用具。女主人娘家兄弟送中堂或匾额，挂在堂屋正中，有的是舅爷送；还送竹子或梯子、柴火和米粑。竹子要整棵的，梢上留有青枝，系上红布条；米粑、馒头均可，中央点上红点。在乡村过屋酒筵，有的地方仍是匠人首座。在城镇办酒席一般在酒楼饭店举行，有的是舅父首席。

民间搬家时的种种禁忌，无非是求个好的迹象、环境，好的兆头，搬家后的吉祥平安。新屋不能裸露，要用檀香、艾草、纯净水等熏洒净屋。不能在搬家后祭拜神灵和祖先，要在搬家前一天祭拜神灵和祖先。祭品一般有香、酒、烧纸等。先点香，再祷告，等待三炷香燃烧三分之一后烧烧纸。在祭祀时，焚香烧纸有助驱走蛇虫鼠蚁，消毒环境，或是赶走不洁的东西。不能夜晚搬家，属虎的人不能帮助搬家，参加入宅仪式的亲友越多越好，多点人气可收旺宅之效。

搬家当天不能发脾气，不能骂小孩，要讲些好彩头的话，家人都要心平气和。不能主动和别人打招呼，搬家时在大门两侧挂一对大菜头，门首挂一个凤梨，取“好彩头”、“旺来”的意象，或者在门上挂一张八仙彩讨喜。孕妇不能看人们搬自己卧房的东西，也不能参与搬家，民间认为孕妇是两个人，搬东西称为“抬杠”。民俗认为孕妇不参与搬家是避免孕妇过于劳动，对身体及小孩子产生不好影响。

不能打破餐具。刀类锐利物品不能裸露进去，要用东西包裹放在桶中最后拿进去，否则可能引发血光之灾。搬家的当天不能午睡，否则以后容易生病。家具不能自己从家里搬出。搬动旧家具时，先用“新扫帚”扫一扫再搬。进入新屋时，一家人不能空手入屋，可以手拿文具、存折之类物品，以求书香富贵。进新屋前后三天，客厅的大灯要连开三天。不能裸进，进新房时准备一些硬币铜钱，在踏进家门时，口念：双脚踏来，富贵进来；然后将硬币撒向地下，口念：满地黄金，财源广进，钱财丰盈。入宅当天要开火，一般煮汤圆或甜茶讨吉利。搬家当天晚上不能直接入睡，应先躺下九或十分钟左右，再起床做一下事情。民俗意象是早睡早起，有事情做，生意兴隆，事业有成；九是极数，做事情可以达到最佳；十表示十全十美。新家门上要贴红对联，以求吉利。搬家当晚要用一支新买的扫把，打扫一下房屋，扫除的方向是由大厅每个角位开始扫，将垃圾扫到大厅中央，再扫出大门口，此举象征把不洁的东西扫去。乔迁之后，为求平安，全家对祖先或家神进行一次祭拜，然后放一串鞭炮。

“寝息禁忌”。卧室中不能有镜子，如果有，不能冲着床，俗称“冲精”。民间认为镜子能够摄鬼、人的魂魄。半夜不要在洗手间看镜子。半夜醒来不能看没有拉窗帘的窗户。鞋子不能鞋尖朝床放。夜里有人叫你名字，不要随便答应，尤其是在荒凉偏僻的地方。

经常不见阳光的长走廊，不能没有灯，要装一盏长明灯增强阳气，改变阴盛阳衰，免得鬼怪停留不走。民俗认为因为没有阳光照射，长走廊容易滋生各种病菌，需要用灯光照射驱赶虫害和湿气。

睡觉时要把头放在被子外，特别是额头上不能有东西覆盖，俗称“司空不宜留荫”。民间认为司空是发光的地方，若额前留“荫”遮盖了司空位，等于弄熄这盏明灯，霉气、衰气便会缠住不放，灵体鬼怪也容易接近，故睡觉时司空位不能覆盖。

晚上不能穿红衣。民间认为红色容易被恶鬼看见，民俗认为因为红色能够使人精神愉悦、激动，人们看到红色无法尽快入眠。

“婚事·性事禁忌”。不能在自己的生肖年婚嫁，民间认为本命年是一个人运势最弱的时期。按照十二年轮一回，本命年相当于出生的婴儿命运；不能在三、六月和七月婚嫁，民间认为六月是整年的一半，三月、七月是鬼魂出没的月份。三月有清明节，七月十五是鬼节，又称“中元节”、“盂兰盆节”、“孝子节”，俗称“阳间过元宵节，阴间过鬼节”。民间认为当日阎王会披着盛装和鬼众们共度佳节，并且让活着的人一起为死去的人祝福，祝愿另外一个世界的人心想事成，快乐享受人间没来得及享受的幸福。民俗认为，三月阴气盛炙，阳气不强；六月新娘即等于半个新娘，又谓“半月妻”，等于有前无后，夫妇容易离异，对长辈来说意头不太好；七月是月球与地球的阴面和阳面相互交叉应对的时候。新娘子的礼服不能有口袋。民间认为有口袋带走娘家财运。结婚时，花车的后面座位不能坐人，要坐只能坐一男一女的儿童，俗称“有后”。不能在迎娶新娘途中遇上另一队迎娶车队。如果遇上了，俗称“喜冲喜”，会抵消彼此的福分。或者打架，边打边通过；或者双方停下来，两边放鞭炮，吹唢呐，敲打锣鼓，演奏一遍结婚曲后，各走半边分开；或者让迎亲的走后，回亲的后走；或者由礼事先生、双方媒人协商，交换花朵化解，等等。新娘不能用花伞和黑伞，无论天气阴晴必须用红伞遮道，出门撒米讲吉利话，到夫家也要撒米讲吉利话。

新婚三个月内不能在外过夜，也不能参加婚丧喜庆。若必须参加，需新婚夫妻一起参加。不能在直系亲属辞世后的一年内结婚，俗称“生人死出”。结婚前一天不能让新郎一个人睡觉，需要找几个没有结婚的男孩陪同一起睡，并要将床“尿湿”，称为“压床”。俗称“睡空床，不死夫也死妻”。结婚当天直到晚上就寝前，任何人都不能再到新床上睡觉。

民间将性交行为称为“那事”，或“做那事”，雅称为“房事”、“床笫之欢”。不在房中交合的则称之为“野合”。野合是不被允许的。民间认为野合污秽天地，冒渎神明。野合者遭五雷轰顶，被劈而死。民俗认为其意象在于以此来恐吓男女间不正当的性行为。实际上，女性躺在被窝里、烤过火炉、洗了热水澡以后身体会微微发烫，乳房变得紧张而坚挺，感到兴奋异常，而在野外女性不能达到高潮。夫妻二人不能在别人家同床一起睡，要分开睡。特别是新婚夫妇到娘家，否则冲撞娘家，令娘家倒霉。夫妻生活，丈夫不能忽略了性爱前戏，直奔主题，会让妻子产生反感；房事频率不能过频，一周两次左右；也不能过猛。

不能在公开场合谈论夫妻间性行为，不能在白天或有亮光的时候行房事，要在黑暗中进行。俗话说“上床夫妻，下床君子”。否则，身体要受到神灵处罚。民俗认为一旦行房时被人撞见，便会惊慌失措，受惊吓，羞愧难当，由此可能导致病伤夭亡。

不能把床铺借给别人结婚用，民间认为借给人结婚用，脏了自己的炕，遭晦气的。外来夫妇包括自家女儿、女婿不能在自家同床。特别是家里有刚结婚的人，严禁外人在家同床。民间认为不吉利，影响自家后代子嗣的续衍等等。

在特殊气象和天灾人祸时期不能行房事，如日蚀、月蚀、暴风、骤雨、地震、电闪、雷鸣、水灾、旱灾、雹灾、蝗灾、瘟疫等。民间认为此时行房事是对天意的违背，是对天神的不敬，是对鬼神意志的亵渎。

在特殊场所和地方，如宗祠、祖堂、庙宇、宫观、神龛下、井灶旁、坟墓、棺柩处等位置，也不能行房事。民间认为这些地方是鬼怪、神灵常居地或出入处，男女在此交媾，亵渎、触犯鬼神精灵，对神明的大不敬，会受到神鬼的惩罚或阴谴，带来灾祸。

在怀孕二到三个月时，夫妻不能行房事。即使八九个月，也不能行房事。民间认为此时行房事，会导致生下的孩子长大后好淫。

不能靠在宾客坐椅背上。不能把脚踏在凳上或在地上蹭来蹭去，乱踢地上的东西等。不能翘“二郎腿”时脚尖对着他人，频繁地抖动；双腿平直伸开呈叉开状，不将脚尖翘起左右晃动，或双脚缩在座椅下面；不能在别人背后指指点点，也不能在别人面前拉拉扯扯；不能在讲到自己时用手指点自己的鼻尖，在讲到别人时不能用手指点别人。不能用手指掏鼻孔、剔牙齿、挖耳朵、抓头皮等。

“纹(文)身”。纹身又称刺青，必须纹在干净的地方。其中，佛祖、菩萨等信仰图案不能纹在前胸，也不能纹在淫秽的部位，不能面相凶恶，还有火焰、字符、卡通等另类图案，具有鲜明的个性。纹身习俗在荆楚偶有呈现，反映审美、追求及信仰观念。文身的部位和图案不能随意确定。纹身的部位有在背部、手部身、肩部、脚部、腿部、腰部、胸部、头部、脖子等。纹身图案有青龙、邪龙、凤凰等图腾图案。图腾文身，具有粗犷的原始感，带给人一种奔放的美感。蝙蝠、鲤鱼、蝴蝶等动物图案，具有时尚和耐看性，有很强的活力。玫瑰、牡丹、树等植物图案，具有传统文化的特征，带给人一种情趣、质感。是东方刺青的代表。魁星、关公、菩萨、佛祖、天使、骷髅等信仰图案，具有保佑、纪念、敬仰、勉励等意象。

民俗意象的纹身，蕴涵阴阳五行、太极八卦。文身部位和图案根据人的命运确定。男人八字中阴气重，则纹青龙、魁星、关公等图案，文身的身体部位根据五行的相生相克确定。民间认为纹身后能够平衡阴阳，协调五行，增强抵抗力，带来运势。体质虚弱的人，不能将佛像、观音像、死神、夜叉、罗刹鬼等纹在后背或前胸。民间认为“扛不住”或“背不动”。

四、日常生活忌

不同的场合、不同的对象，语言要有改变。在天灾人祸场所不能说下一次。有一次，某户人家遭遇洪涝灾害失去了亲人，领导干部安慰说，下一次一定要保护好生命。这位领导的话语违反了忌人习俗。对操办婚丧嫁娶的人，不能说下一次。结婚后的第二天某人向新郎要喜糖，新郎说“下一次吧”，新娘当场气昏了。买丧葬用品是不能砍价的，人死只有一次，又不可能再死一次。买东西时，钱多钱少不能计较。

“送礼禁忌”。根据不同情形，送礼有不同的禁忌。婚嫁、生辰礼仪的礼物不能送单数，俗称“好事成双”。礼物不能是白色、黑色，一般是红色。丧事的礼物不能送双数，单数表示否极泰来。七十三岁以上的老人逝去，称为“白喜事”，礼物可以送红色。寿礼不能送钟表，民间认为不吉利。民俗认为“送钟”与“送终”同音，意象为不吉利。朋友、夫妻间不能送梨，民间认为送梨表示要与对方分手、绝交。民俗认为“梨”与“离”谐音，意象为离开。民间注重同音或近音字的民俗意象。民间认为“四”不吉利，意象为代表死，不成功。“四”与“肆”语音相同。《说文》：“肆，极陈也。”极，指处以极刑；陈，指陈尸。肆，就是“杀人暴尸”。“肆”本义是“死”。“肆”即“杀也”①。

必须在上午看望病人。有些人忌说“药”，喝中药叫喝“甜得”。家人没有病，不能为健康人送药品，不能把药品带回家。不能给普通的异性朋友送内衣、内裤、胸罩、袜子、领带、腰带、戒指和项链等贴身的用品，只有情人和夫妻才给对方送贴身的用品。

“生活禁忌”。不能拔脚毛。民间认为“一根脚毛，压三个鬼。”脚毛越多的人鬼越不敢靠近。民俗认为毛是生命，一根毛，代表一个生命。如孙悟空拔一根猴毛可以变化一个物件。脚毛是人后天获得，脚毛代表生命强壮，生命力旺盛，鬼不会惊扰。医学认为拔脚毛破坏汗毛囊，影响排汗功能。

不能捡死人的物品，也不能捡祭祀死人的鞭炮、烧纸等，不能捡路边的冥钱。民间认为这些钱是用来买通牛头马面的，如果侵犯了他们东西，就很容易被牛头马面教训。

不能晚上晒衣服。民间认为晚上鬼魂觉得衣服好看，会借去穿，顺便在衣服上留下鬼的味道，人穿了容易得病。民俗认为晚上晒衣服，衣服受到一些毒虫、老鼠、壁虎等沾染，不洁净。

男人不能穿女人的衣服，小孩子除外。衣服的扣子不能错位扣。做客不能穿奇装异服，不能拖沓，不修边幅。上衣如果不扣掩着，不能右边的衣服掩压左边的衣服。民间认为只有死人才右边的衣服掩压左边的衣服，即左向掩衣襟。要左边的衣服掩压右边的衣服。下葬时，即右向掩衣襟。早晨出门不能与和尚、

① 《广雅》。

尼姑等会面，要会面一般在九点钟后。

做客吃饭时不能狼吞虎咽。席间说话不能喋喋不休，口沫横飞。八仙桌吃饭不能坐主位左上方的座位，圆桌吃饭不能坐主席的右边。赴宴时不能带儿女去吃。

"孕妇禁忌"。妇女怀孕时期，家里不能动土、钉墙、搬家具等。出怀后(怀孕六个月后)不能与他人疯闹。孕妇不能吃蟹，民俗认为能够避免难产。孕妇不能在娘家生小孩。产后的污物不能泼在街上，特别是胎衣不能随便丢弃，要用罐子装好以草堵塞罐口，丢到水塘和河流中。

怀孕一个月，不能吃腥辛的食物，不能针灸拔火罐，不能干重活[①]。怀两个月时，不能吃辛臊的食物，不能行房事，不能干剧烈活动。怀孕不能偏食，不能随性而为，不能哀丧过度，不能思虑太深，不能一惊一诧，开始进行胎教。怀孕四个月不能吃陆地上四脚动物，食物以水中生长的动植物为主，如稻米、鱼等，不能暴食暴饮。怀孕五个月不能吃鱼虾、柿饼、田螺、螺蛳、蟹、蚌、蚬以及各种冰镇冷饮等食物。不能吃得太饱，也不能太饥饿，不能吃雄性的动物，不能早起，劳动量不能太大，不能在空旷、有风的地方洗澡、穿衣，应该注意保暖。怀孕六个月不能整天素食，食物不能太淡，也不能太咸，需要调和五味，不能吃苦味的食物，需要吃甜食，要吃鸷鸟猛兽，不能太饱。不能深居家中，需要到外面散步，到野外看美景。怀孕七个月不能吃水产品，不能吃偏寒的食物，要吃羊肾、狗肉、大枣、雀蛋、鸡蛋等食物。不能长时间闲谈，不能大喜大悲。不能经常洗澡，不能穿单薄的衣服。怀孕八个月不能吃油炸、烧烤、大蒜、辣椒、荔枝、榴莲等食物，不能忍大便。怀孕九个月不能吃小米、绿豆、海带、绿豆芽、苦瓜、西红柿、黄瓜、香蕉、西瓜、甜瓜、冬瓜、茭白、紫菜、荸荠、柿子、猪肠、猪脑、猪髓、桑葚、猕猴桃、甘蔗等寒凉性食物，不能穿烘热过的衣服，可以饮酒，吃甜食。怀孕十个月不能吃杞子、动物肚脏、阿胶、鸡蛋、艾叶、鲤鱼、黄酒、蛋黄、黄米、黑豆、糯米等安胎的食物，可吃马齿苋、木耳菜、慈菇、胡椒、花椒、苋菜、桂皮等滑胎的食物。

孕妇生孩子之后俗称坐月子。坐月子期间，不能洗头。洗头将会严重影响产后恶露的排出。只要头皮一受凉，子宫里的淤血马上会凝结成血块，不易排出。就算马上吹干也不允许，况且用吹风机来吹头，是很容易引起头风及头痛

---

① 南北朝徐之才：见清朝沈金鳌编《妇科玉尺》。

的。不能洗澡，不能碰冷水，不能吹风，不能抱小孩，不能给小孩洗澡，不能提重物，不能爬楼梯，不能流泪，不能长久看电视及书报杂志，不能吃太硬的东西，不能进行瘦身，产后60天内不能有房事。

“人生礼仪禁忌”。婴儿不能太瘦，要胖一点。民间认为人体骨肉同是魂魄的驻地，胖说明婴儿弱小的魂魄依附强，能够健康成长。青年人身体不能胖，要壮，民俗认为青年人身体发胖是个凶兆，“后生发福，棺材当屋。”老年人不能发胖，要瘦，民间认为“有钱难买老来瘦”。发胖是魂魄在显灵，神灵附体、神灵感召，不吉利。

三岁以下小孩不能开荤；开荤一般用雌性动物。小孩第一天上学，俗称发蒙，或开冬学，或开笔，不能在闭日举行；当天小孩需要吃葱、芹等菜肴。民间认为将来小孩不仅聪明，而且勤奋。

寿诞的蜡烛不能吹灭，也不能被风吹熄。亲人去世了，居丧时期笑不能露齿，面不能现笑容，不能做房事。当家人去世后一年内，兄弟不能闹分家；尸骨未寒不能续娶，守丧三年未满一般不能娶妻，至少要守丧一年。后辈先于长辈去世，葬礼力求简便，不能过于隆重；丧葬送礼的礼金或物品需要单数，不能双数。八字与死者八字相冲的人在逝者入殓封棺时不能在场，必须离开。出殡埋葬的日期，不能在重丧、三丧、杨公忌、三煞的日子。跌下的挽联、祭帐等不能再挂上，烧纸在燃烧时不能拨动。祭文烧掉，或由长子保存，不能丢弃。

“血禁忌”。血代表精魂，失血意味着失去精魂。血与伤亡关系密切，与猛兽搏斗和奔跑在山石林间，都会造成流血。红色液体溢出体外，必然伴随着痛苦，或者还有嘶喊，接下来便是伤亡。有些动物也对红色敏感，看到红色必定搏斗。如牛看到红色，必定冲撞。面色苍白，便说此人是“失了血”、“血气不好”，是不吉祥的兆头，最好是杀只鸡补身子，讨个“吉（鸡）利”。血代表禁止、严重、危机。如，交通灯是红色，则不能行走。用红色墨水写信表明的意义，是要与人绝交；还有新娘子头上的红盖头，也是不准乱动的。民俗认为血包含“神圣的”与“不洁的”两个方面的意象。祭祀或者设坛时，荐献的牲血，以及交拜、起誓时刺破胳膊所滴下的血，都是神圣的、有禁约力量的；血气是青春活力的象征，所以红色衣料是少女的专利品。老年人不能穿红衣，年龄大的人再穿红衣服，就有失体统了。妇女的经血、分娩时流下的血水，便视为不洁的，危险而必须避忌。

“鬼·医禁忌”。“打皮寒”(疟疾)认为是被“皮寒鬼”缠着了,用桃树枝抽打病人,让病人“跑”、“跳”,把“皮寒鬼”摔掉。眼睛出毛病,认为是家里的什么东西放错了位置,请人“看臆子”,将家里所有的东西都移个位,叫“拆臆子”。小伢出天花称为“出嬷娘”,全家人不准吃荤。“冻”着了,用生姜煎水喝,或发汗。“热”着了“提痧”、“刮痧”。头痛脑热,用手勒额头和太阳穴。肚子痛用“万金油”揉肚脐眼。拉肚子,炒“煎米”(将大米炒焦)煎水喝,泡橙子茶。小儿有“蛤蟆气”,用蛤蟆叶(车前草)煎水喝。治灼火烫伤捣生萝卜汁抹伤处,或涂酱油、羊油。生龙须疮,用新鲜的丝瓜叶捣汁涂患处,或用黄鳝血在疮上“画蜈蚣”。蜂蜇了,挤人奶汁涂上。

第六章　民间信仰（民间观念）

民间信仰，即民间诸神，属于民间观念之一，是民间奉祀的神灵，“举头三尺有神灵”。民间诸神有三大来源，一类渊源于远古时期万物有灵，一类国家祀典的神灵渗化而来，一类宗教诸神泛化而来。当然，民间诸神与国家祀典的神灵、宗教诸神是一个相互涵化的过程。民俗信仰主要是神鬼，这种信仰源于远古。

民间诸神有太阳、凤、龙、炎帝、灶王爷、门神、太岁、寿星、城隍、土地、关圣帝君等神灵。自然物信仰是最古老、最根本的图腾信仰，是人类最初的神。图腾信仰包括日月星辰、山川湖海、风雨雷电、野兽猛禽、树木花草等。社会生产、生活俗神是万物有灵意识下民众直接创造的神灵，以趋利避害、求吉祈福、敬畏求安为目的，包括福禄寿三星、喜神、财神、门神、龙、送子娘娘神、谷神等。社会关系俗神是民众在“生前有功过于人、死后为神鬼”善恶意识下将现实人物虚拟化的神灵，如，天堂的天帝、八仙、王母等，地狱的地藏、城隍、阎王、判官、牛头、马面、无常、小鬼、孟婆等，模仿人间政权机构构筑了一套相当完整的管理机构来教育人，劝人为善，宣扬善有善报，恶有恶报及六道轮回。

有些神灵为道教、佛教所推崇。如，关羽，民间称为关老爷，关公，关圣帝君，简称关帝；道教称为武财神；佛教称为伽（qiè）蓝菩萨。有些神灵成为国家祀典的神灵，如，炎帝的信仰祭祀。

第一节 图腾信仰

一、凤、龙、日、月信仰

荆楚崇凤尊龙，敬阳拜月。楚人的先民以凤为图腾信仰。楚人尊凤是由其远祖拜日、尊凤的原始信仰衍化而来的，迄今已逾七千多年有文物可考的历史。凤鸟的崇拜演化为传说、幻化为各种器物，内化为地名等等，凤鸟被赋予丰富多彩的内涵。凤凰是百鸟之王，亦称为朱鸟、丹鸟、火鸟、鹍鸡等。雄的叫凤，雌的叫凰。有人觉得凤是比喻女性的，其实是误传。孔子被称为凤兮凤兮，庞统被称为凤雏，凤皆是指男性。

"楚人神凤"俗信。楚人的祖先祝融是火神兼雷神。汉代《白虎通》说，祝融"其精为鸟，离为鸾。"《卞鸦·绛鸟》注曰："凤凰属也。"可见，祝融也是凤的化身。楚文化遗存中大量存在人首蛇身和人首鸟身的图案表明，正是楚国的先民们以"人心营构之象"，经历了对鸟的崇拜，由此开启了我国传说文化中"龙凤呈祥"文化渊源的滥觞。从图腾崇拜在氏族制时期所反映出的突出特点来看，凤为楚人的祖先，故被楚人作为本氏族的图腾加以崇拜、尊爱便是必然的事了。长沙马王堆汉墓的非衣帛画描绘了在天堂正中人面蛇身主神周围，就有几只大鸟环绕。画面中部天堂入口处，也有一只鹰嘴人面怪鸟和两只长尾凤鸟。这与屈原诗中描写的意境十分相似。

凤不仅是神鸟，而且还是楚族、楚国尊严的象征。楚国从君王、士大夫到平民百姓，对凤凰的热爱与崇敬，楚人尊凤的影响便渗透到各个领域。在政治、经济、文化领域和人们的日常生活中，都无不展现出绚丽多姿的凤凰倩影。如在楚国的文物中，凤的图像、绣像和雕像不胜枚举。楚人衣服上的刺绣图案，也是以凤为主要内容。此外，还有"凤鸟双连环"、"虎座凤架鼓"、"凤龙虎绣罗禅衣"等，楚国的凤纹彩绘可谓千姿百态，无奇不有。

天命玄鸟、降而生商、它殷土芒芒。古帝命武汤、正域彼四方[①]。玄鸟成为商

① 《诗经·商颂·玄鸟》。

人的始祖。凤鸟与太阳并生，所以被唤为“火之精”。凤凰超越了一般凡鸟，是一种代表幸福的灵物，具有崇高尚洁的品性。九凤朝阳、龙凤呈祥、彩凤祥云、凤凰于飞、凤叨牡丹……反映人们对光明、美好爱情、幸福生活的追求和向往。

楚人将凤也作为民族的象征而尊崇和钟爱。楚国国君将自己比喻成凤。传说楚庄王刚刚即位时，整天寻欢作乐不问国事。伍举便进谏问：“有鸟在于阜，三年不蜚不鸣是何鸟也？”庄王答曰：“三年不飞不鸣，飞将冲天；三年不鸣，鸣将惊人。”伍举以鸟喻庄王，庄王也以鸟自喻。但无论怎么说，凤是民族发祥和文化肇端的象征。

“凤饰器物”事象。荆楚出土了大量以凤凰为题材的古楚文物，可以窥见荆楚先人以凤凰纹饰器物。有以凤鸟为主要造型的乐器。如，在荆州江陵出土的距今已有两千两百多年历史的虎座鸟架鼓乐器，以双虎为座、虎背上两只引颈相背立的凤鸟为架，二凤冠上牵挂悬鼓，整个造型融以祥鸟、乐鼓为主体，造型别致，气势不凡，展现了鸟鸣昂首的浪漫色彩。

有以凤鸟为主要造型的兵器。以凤、乌、豹巧妙结合雕刻而成的箭箙十分精美，正面面板的中部透雕一只鸟，鸟头俯冲朝下，鸟嘴咬住两只豹子的前足。鸟的两侧有透雕的凤和豹子各一只。豹回头俯卧，凤站立于豹身之上。逼真，细腻，并在黑漆底上用红漆彩绘鸟、凤的羽毛和豹子的斑点纹。

有以凤鸟为主要造型的装饰器物。堪称国宝级的彩绘木雕座屏是一件主体由八只凤，四只鹿，十五条蛇等二十七个透雕动物组成的、屏面分为左右相等的两个部分，每个部分以一只头向下啄蛇的凤为中心，两旁有两只奔腾的鹿。向外飞翔的凤均嘴衔蛇，爪踏蛇。透雕所再现的动物形象剔透繁复，更具有一种勃勃跃动的生机，十分逼真生动。

有以凤鸟为主要造型的生活器物。成凤鸟背负双杯形象的凤鸟双联杯，是一件实用生活漆器。凤首高昂，目视前方，口中衔一颗彩绘漆珠，凤腹便便，奋力托负双杯。展开的羽翼护住两杯的前端，双杯后连接凤鸟微翘的扁长尾。凤鸟的头、颈、身、尾与双杯巧妙结合。凤鸟的翅膀用密集的线条、圆点、卷云纹等描绘羽翼。凤顶、颈、翼、身有 8 处嵌银，好似 8 颗耀眼的珍珠。

荆州东北 40 余公里的天门石家河文化遗址出土了精美的饰品“凤鸟”，荆州西五十余公里的宜都、枝江等大溪文化遗址出土了“凤鸟”彩绘图案。江陵还出土有鸟人、虎座飞鸟木制雕刻品。

楚人对凤存在着深厚的感情，将凤比作杰出人物。楚人接对孔子作歌云："凤兮凤兮！何德之衰？往者不可谏，来者犹可追。已而，已而！今之从政者殆而！[①]"

"凤凰命名"事象。荆楚人对凤凰的崇拜影射到生活的地理环境中，湖北各地有大量的地名以凤凰命名。鄂西南来凤县就是因有凤凰飞临该县的翔凤山而得名，当地流传了许多凤凰的传说，许多地名也以凤命名，如凤毛苹、凤仪镇、翔凤镇等。相对著名的还有恩施市土司城附近的凤凰山，现建成凤凰山森林公园；宣恩县李家河乡的凤凰山，传说山上有棵树枝，吸引凤凰飞了上去而得名。湖北省秭归县王家垭村凤凰山，由于三峡水库的建设，现屈原祠搬迁落户到此地凤凰山。

鄂西北湖北关就坐落于郧西县与陕西交界的湖北口凤凰山与天堂山两大山脉结合部。"湖北关"南接凤凰山垭，北倚天堂山峰南麓。关端沿山脊向南北延伸，掩映在浓密的松林中，古城墙绵延数公里，残壁断垣依稀可见。正中为拱形门洞，上有等距城垛，面西而立，气势雄伟，几经沧桑，修而复损。鄂西北丹江口市也有一座凤凰山，现在开辟为茶场。湖北省十堰市的凤凰山，成为武当山麓大西沟自然风景保护区的一部分。南漳县的凤凰山，现在开辟为林场。诸葛亮隐居地襄阳古隆中卧龙镇也有一座凤凰山，现在成为卧龙生态文化度假旅游区的一部分。

鄂中江汉平原及其附近，也有凤凰命名的山。如，江陵县的楚故都纪南城有一座凤凰山。当阳市半月镇、武汉市江夏县、京山县、孝感市孝昌县也有一座凤凰山。其中，有名的是武昌武胜门附近的凤凰山，海拔高度为44.9米。相传其得名与三国孙权称帝有关。孙权称帝时，凤凰云集此山而得名。"凤凰山在县城北，吴黄龙元年(229年)，凤凰来集，故名。贡院、县学宫、县署、都察院署皆在其阳。前有孟母冢，今在贡院墙内。唐岑参诗：'路指凤凰山外云'即言此。[②]"

鄂南的凤凰山均地处当地城市的南大门，如赤壁市的凤凰山，咸宁市咸安区的凤凰山、嘉鱼县的凤凰山等。

---

① 《论语·微子》。
② 1918年的《江夏县志》。

鄂东比较有名的凤凰山有湖北师范学院附近的凤凰山，红安县觅儿寺镇凤凰山村的凤凰山。特别是鄂州市中心城区南大门林泽镇的凤凰山，海拔150—220米，有山峰80余座，呈“天”字形耸立在河谷草原上，林木茂盛、鸟语花香、空气清新、气候宜人，集佛教文化、历史景观于一体。还有大冶市的凤凰山等。

“凤舞·凤舟”事象。荆楚人借助歌舞表达对凤凰的敬仰。郧阳凤凰灯舞就是其中的代表。每逢春节、元宵节，郧阳人就在街头、宅前或场院演出，尤以正月十五、十六最盛，俗称“玩凤凰”、“凤凰舞”。凤凰灯以五彩凤凰为原型，凤凰头、凤凰身都可以活动，腹内点以灯柱。表演按照“百花拥凤出巢—凤凰游园—凤鸣—凤凰寻花—凤凰戏牡丹—凤舞—凤凰理羽—凤凰打盹—凤凰展翅—凤凰朝阳—凤凰点头—凤凰回巢”等固定程式依次进行。道具有凤凰灯、花灯和太阳灯。

荆楚人借助岁时节庆表达对凤凰的不屈敬仰。洪湖市滨湖办事处乘风村端午节的龙舟竞渡，就是其中的代表。洪湖古镇新堤内河两岸，每逢端午节凤舟与龙舟同河竞技。洪湖端午竞渡以内河为界，河东延续赛龙舟，河西延续赛凤舟。相传凤舟当时曾得到慈禧的表彰。“东龙西凤”的习俗沿袭至今，新堤内河东岸的河岭、洪林等村竞赛时惯用龙舟，西岸的柏枝、新旗、远景、乘风、云峰等村则惯用凤舟。其中，洪湖滨湖办事处乘风村的凤凰舟造型别具一格：舟身长28米，棹子28对，凤头高1.5米，凤尾长近3米，舟头一道符、禁烟雾，斗上（舟中部）插柳枝避邪。凤头的造型与两千多年前的出土文物“虎座鸟架鼓”乐器的凤头惊人相似。不能不说荆楚人对凤凰的信仰持之以恒。

“凤纹剪纸”事象。剪纸中的凤纹一般为尖喙、长颈、双翅、长尾、细足等形状，呈现健壮、活泼、美丽、奔放、自新、秉德情态。有“立凤”、“飞凤”、“卧凤”、“坐凤”等姿态。用于兜肚、鞋、帽、围涎、袖口、裤腿等服饰，挂件、枕、帘、帐、杯套等生活用具，寄托了百姓的美好愿望和对幸福生活的憧憬，承载着百姓趋利避害、祈祥求福的精神追求。

“凤化鸡”事象。凤凰演化为鸡的信仰现象存在已久。大年初一是鸡的生日。南北朝，《荆楚岁时记》记载有元旦鸡日，“贴画鸡户上，悬苇索于其上，插桃符其傍，百鬼畏之。”将画有鸡的图形贴在门上，把苇索悬挂鸡上面，把桃符插在旁边，这样压服各种鬼怪邪气。民间将公鸡早晨的啼鸣和黄昏鸡回笼作为人、鬼活动时间的区隔,阴、阳的界限。家长往往要求自己的小孩“鸡回笼,人回屋”,通常要说“鸡都回笼了,你还要疯,死在外面干什么! 快点回家”。认为鸡晨啼(鸣)之后,鬼不在人间出没;鸡回笼后,鬼开始出来。人们在杀鸡时往往用歌谣:“鸡儿鸡儿,呢喃莫怪。今儿(方言,即日)呢喃超生,萌儿(明日)再来托生我家。”视鸡如人,祈祷它再生。以鸡为牲祭祀天、地、鬼、神等,确保民事活动顺利进行,有一个圆满结果,达到五福长久,护佑平安。在民俗活动祭龙舟,点墓穴,打醮等,用雄鸡血祭祀物品。如,农历五月初五,黄石西塞山神舟会在送神舟之前,有伙居道道士(在家修道的俗家道士)杀一只成龄雄公鸡,用雄公鸡的血涂抹神舟一圈。做屋祭梁时,修路祭道,离不开雄鸡和鸡血。

图 6-1 龙王(鄂州)

“崇龙”俗信。“崇龙”滥觞于远古时期的黄河流域部落。“鲧死,……化为黄龙,是用出禹”,龙成为原始夏人的图腾。随着南北经济贸易、人口迁徙、文化传播,对龙(或蛇)的信仰遍布荆楚大地。龙凤成为荆楚情感寄托、生活依靠的梦想,乃至被人性化而有思想、情感、行动、好恶、美丑等。在农村主人发现家里有蛇是不能够打死的,人们认为这种蛇无毒,对人畜无害,是上天派来保佑的神灵。黄梅县白湖乡濯港河的右岸岗地上的焦墩遗址,发现了西周以前的卵石龙遗迹。龙头正西、龙尾正东的卵石龙是一个侧面全身图,龙首高昂,躯干横陈,扬角张口，腹部下面有足爪，背部有鱼形鳍，尾端上卷，有一层层的鳞片。首如鹿头，尾呈鱼形，蛇的身，爪如兽状。

“龙饰器物”事象。有以龙为主要造型的装饰器物。江陵望山出土的“错金银龙凤铁带钩”头饰，就再现了凤、龙的崇拜。带钩弧长46.2厘米，宽6.5厘米，钩为龙首形，运用金片、金丝嵌出眼、耳、鼻、嘴，正面用金丝镶边，框内用金片、金丝、银片嵌出一龙四鸟和一龙一凤三鸟两组图案。随州市曾侯乙墓出土了一个十六节的龙形玉挂饰。挂饰整体为一条大龙。全器用五块玉料、一个玉环和一根玉锁钉雕成可以活动卷折的十六节。采用了透雕、浮雕、阴刻等技雕成三十七条龙、七只凤和十条蛇，并饰有谷纹、云纹、斜线纹。十六节玉饰巧妙地把它们用在一条大龙身上；第十二及十三节的玉饰，分别由双首相向和双首相背的蟠龙构成，每条龙身上各刻有一条龙；第十五节玉饰的两端，分别刻有立凤和凤鸟衔蛇图案。这种图案是南方楚艺术品中常见的题材，在漆器等绘画品中屡有发现。

“龙命名”事象。人性化的龙内化为湖北相关的地名。地名、龙、人统一于湖北人对龙的钟爱中。黄梅县龙感湖是鄂东人感龙尊龙的明证，该地上百年来生态一直保护良好，有难得一见的水蕨、秤锤树等各类野生植物。

竹溪县龙坝乡是一个以龙命名的各种自然山川的代表者。特别是龙坝村有龙堰、黑龙洞、龙阳、黄龙、双龙、龙井、龙滩等山水。恩施市崔坝镇滚龙坝村可以说是一个以龙命名的山间小平地，尖龙河、洋鱼沟两条河流从南北两侧穿过。尖龙河的水黄被称为黄龙，洋鱼沟的水清被称为青龙，两条溪水汇流入天坑，故称滚龙坝。

湖北各地以龙命名的还有宜都市陆城街办龙窝村，咸宁市市政府就建在龙潭附近，英山县金家铺镇龙潭河村，武穴市龙坪镇，仙桃市张沟镇龙寺潭村，建始县龙坪乡火龙河，通城县塘湖镇龙印村，汉川市麻河镇镇龙村，蕲春县青石镇龙溪村，远安县茅坪场镇泥龙村，崇阳县白霓镇龙下村，远安县荷花镇望家村灵龙峡生态景区，麻城市龙池桥办事处，郧西县关防乡龙家沟村，咸丰县活龙坪乡海龙坪村，英山县草盘地镇龙家坊村，宜都龙窝村，等等。

武汉市以龙命名的街道和村名也有一些。汉阳区龙阳大道，黄陂区横店街幸福村川龙大道，黄陂区蔡榨镇会龙村，中南龙庭城中村，蔡甸区索河镇龙一村，雄楚大街尤李村龙家湾。

还有以龙为姓的。相传黄帝有个曾孙叫董父,最能养龙和驯龙,于是被称为豢龙氏。他的后代以此为荣耀,就以龙为姓,世代相传。“舜纳言龙之后,或曰出于御龙氏”[①]。其中,武昌的龙姓家族是全国五大龙姓望族之一[②]。

“娱龙”事象。岁时节令以龙为娱乐的话题。玩龙灯是一种以龙为信仰对象的重要形式。每逢佳节盛会,人们或在广场或在村头湾边,舞起龙灯,以增添欢乐气氛。“龙”的形象各有特色,多用竹篾、木、布、纸等扎成。节数多则一二百,少则二三十,但均为单数,龙珠单制。舞龙的都是身强力壮的后生,龙头和龙尾有的是练家子,一律古装短打。玩龙时,珠在前,珠前有排灯、龙旗、彩旗,有的刀、枪、剑、戟夹在其中,前后有锣鼓、响铳,队伍少则几十人,多则一二百,锣鼓喧天,声势浩大。进村后各家迎接,有的“参神”,放鞭外还给钱、香烟、糕点酬谢。龙灯结束后,焚烧送其上天,龙珠被求子、求福心切的人家接走,放在家里,保佑愿望实现。龙身能燃烧者为“龙灯”,不能燃烧者称“布龙”、“纱龙”;还有荷花、蝴蝶组成的“百叶龙”,有用刨花扎成的“木花龙”。有斗灯、开光、汇灯、亮灯、出游送福、盘灯、唱会戏等程序,最后“化灯”。化灯的时间选在正月十八或二月花朝节(农历二月十二),一届完整的龙灯盛会就全部结束。中国民间,各种龙灯,数不胜数。

其中,比较有特色的是当阳市河溶古镇的龙灯鼓,这是龙灯与龙鼓巧妙结合的民俗。龙灯用布、竹、铁丝和木杆等材料扎成一节一节的龙身,一般九丈长,九代表极,九丈长意象为龙的权威与吞噬一切妖魔邪恶,保佑龙灯所过之处来年平安吉祥。伴奏乐器除龙鼓外,还有一些不同种类的钹、锣等。龙灯鼓面的直径一般约有两米,鼓身约有一米多,用一架牛车或手扶拖拉机拖着,四个男子在鼓的四周抡着木槌擂打。龙鼓主要有两种节奏“锵咚锵,锵咚锵,锵咚、锵咚、锵咚锵”和“咚格龙咚锵锵、咚格龙咚锵锵、咚格龙咚锵锵锵锵咚格龙咚锵锵……”龙鼓奏响,龙灯舞起来。

“地龙灯”事象。来凤县还有消灾辟邪、求雨谢神的地龙灯。地龙灯由木雕的龙头、篾圈支撑的龙身、麻布的龙衣构成。表演时不用木棍举龙身,九节龙身分别由九人控制。其中一人执龙头,一人背龙尾,其余每节均由一人单手抓住龙

① 《广韵》。
② 龙姓郡望主要有五个:湖南武陵郡、甘肃天水郡、河北武阳郡、山西太原郡、湖北武昌郡。

身内的一圆形篾圈或以头托龙，另一只手抓住前者的腰带，表演者上身藏于龙身内，彩色龙衣遮掩表演者双脚。“地龙灯，地龙灯，不用篾篓不用棍，巴地梭着走，活像其龙行。站的骑马桩，弓腰箭步行，似同狮子灯。”乐器有一个鼓，两副钹，一面锣，节奏为“咚不隆咚”、“龙归海、龙归海、龙归大海”等。表演套路有“龙起身”、“龙抢宝”、“龙盘饼”、“龙回首”、“龙过桥”、“龙盘树”、“龙困滩”、“凤骑龙”、“龙盘凤”、“龙走太极”等十二种。表演开始时，由一男子举“元宝”，在喧天的锣鼓声中引龙上场，并不时转动元宝，即兴穿插各种跟斗技巧，逗引双龙追珠抢宝。彩凤（一男子套凤头、凤身和凤翅扮演）长鸣一声翩翩上场，围绕地龙左右飞舞，忽而与龙嬉闹，忽而展翅为龙遮阳。锣、钹、鼓等打击乐伴奏的乐曲的力度和速度紧随舞蹈者的情绪及舞蹈的内容而自由转换。表演至高潮时，彩凤腾身跃上龙背，顿时红鞭齐爆，鼓乐高奏，表演者情绪激昂、高声呼叫，形成凤鸣龙吟、龙凤呈祥的祥瑞气象[①]。地龙灯入选湖北非物质文化遗产名录。

“敬阳”俗信。太阳远古时期，有迎送太阳，祭日礼拜仪式。“暾将出兮东方，照吾槛兮扶桑。抚余马兮安驱，夜皎皎兮既明。驾龙辀兮乘雷，载云旗兮委蛇。长太息兮将上，心低回兮顾怀。羌声色兮娱人，观者憺兮忘归”[②]。在秭归县东门头出土了距今四千七百多年的中国最早“太阳神”石雕像，雕刻出一位头顶上刻着二十三条光芒太阳、身躯修长、两手下垂、双足分立的人。此人代表着主管太阳的神。

湖北各地尚存有太阳崇拜遗迹。咸宁市咸安区大屋雷村村民有“早不朝东，晚不朝西，午不朝南”祭拜太阳习俗。不准朝向太阳大喊大叫，不准对着太阳撒尿，不准在太阳底下晒妇女的秽物，不准朝太阳底下泼洗脚水，还存有《太阳经》一部。鄂西北十堰、神农架等地区尚存有太阳崇拜的仪式。每天早晨，或一早一晚，或一日三遍迎日祭祀，冬冒严寒，夏冒酷暑，从不间断。伍家沟附近岗河村的赵颂兰，在九十一岁时，还坚持天天迎拜太阳，同时默念：“太阳神，太阳神，保我眼睛放光明。”她说，此俗传自先辈；又说，自古相传：“太阳神是最大的神，没有它什么都看不见，也没吃的穿的。”所以便特别尊敬它[③]。有的人在早晨起床后一边摸自己的眼睛，一边祈祷：“太阳公公，太阳公公，摸摸我的眼，摸摸我的头，赐我

① 详见来凤文化馆的内部资料整理。
② 《九歌·东君》。
③ 根据韩致中介绍。

光明。”一边轻揉自己的眼睛一边祈祷：“太阳婆婆，太阳婆婆，摸摸我的眼，摸摸我的脸，赐我明亮。”公安县的太阳祭祀有佛教因素，如祭祀时祈祷“太阳神，太阳神，太阳冬月十九生，六月初一登殿门。凡民若有尽心者，家家念佛点青灯，保举全家得安宁[①]”。

以太阳命名的地名在湖北各地均有呈现。通山县厦铺镇有一座山取名太阳山，当地方言为“tá yàng shān”（音大仰山）。相传明朝皇帝朱元璋的军师刘伯温隐居于此。这里“幽”、“秀”、“奇”、“险”，有秀竹、平湖、原始森林和高山湿地等景观，尤其是雄伟的瀑布群，构成了太阳山的“魂”。

与随州市交界的京山县三阳镇是一个以太阳山、太阳寺、太阳石而得名的地方，对太阳的崇拜寄托在山、石间，香火延续的太阳寺诠释了荆楚人对太阳的崇拜。

以山寓意太阳，用太阳命名最美丽的山峰，彰显荆楚人的太阳情怀。宜昌市夷陵区的太阳山，相传与晋朝郭璞有关。郭璞流寓夷陵时，在下坪铺街头看见有一座山峰突起，便问当地人“此山为何名？”当地一位老者答曰：“此山‘日落山顶黄，鸡鸣见太阳’，为夷陵山川之奇观也！”郭璞赞曰：“美哉，太阳！”太阳山由此而得名。太阳山属于红色山岩，山下有河叫黄柏河，山涧隐约有楼、台、亭、阁。在小溪塔有祭奠太阳神的太阳山庙，位于小溪塔北郊下坪村，始建于元代。太阳山庙神殿里，供奉的神鹿和神鹰守护着太阳神炎帝神像。

湖北有的地方在每年正月初三敬日神。道教以日为阳精，称太阳是日宫太丹炎光郁明太阳帝君，或称日宫太阳帝君孝道仙王，描绘成男人的图像。有的在农历十一月十九——太阳生日祭祀，“郊之祭也，迎长日之至也。[②]”道士、和尚、巫师等在清晨日出时开始做“太阳生”，祭祀太阳。大冶市城西的普济寺，每年十一月十九的要做法事，称这一天为太阳生，要祭天，即祭太阳[③]。

胡崇峻、尹笋君等在神农架发现了一位民间道士保存的清同治年间木刻版本《太阳经》、《太阴经》、《太阳太阴经》等经文。经文遗留远古时期人们信仰太阳的痕迹。

“拜月”俗信。荆楚地区不仅崇拜太阳，也崇拜月亮。民间认为月亮是位女神，称为“太阴元君”。有的地方将炎帝称为太阳神，太阴元君女娲称为月亮神。

① 《荆州地区歌谣集》。

② 《礼记·郊特牲》，陈澔注：“至，犹到也。冬至日极短而渐舒，故云长日之至。”

③ 详见柯小杰收集整理的资料。

宜昌市城区尔雅街遗留有祭祀月亮神的明月台。咸宁市桂花镇人相信嫦娥才是月神，八月十五上香烛，供瓜果，守月华，敬月亮神，遗存有《太阴经》一部。中秋拜月是荆楚人流传已久的重要习俗，寓意合家团圆，祝出门在外的亲人平平安安。

荆楚地区以月为地名的不胜枚举。如，武汉市有月湖及已无踪迹的却月城。月湖地处汉阳龟山以西，汉水以南，因东汉末年黄祖[①]筑却月城而得名，时称却月湖，后称月湖。月湖周围有梅子山、龟山、古琴台、长江、汉水等，湖山相间，湖江相依，千顷碧波，风景秀丽。

大冶市每逢八月十五中秋佳节到来之前祭月。乡村有为祭月做准备的一些民俗活动：经济稍好的人家，一般要请纸扎艺人用篾和纸等扎制一个供月楼，楼高1~2米，四周用多种彩色花纸糊贴好，画有各种吉祥图案。还要到糕饼铺去定做一个绘有嫦娥奔月或吴刚伐桂之图案的大月饼，要用精粉制作，颜色要求洁白。还须备好香纸爆烛，到祭月时用。

中秋月圆之夜，全家人沐浴一新，摆好供月楼，呈上月饼，点燃香纸爆烛，举行祭月仪式，在家长的带领下，对着供月楼，面向西边，合掌祈祷，祈求月神保佑家人长寿、祝福家人团圆，岁岁平安。女的拜月，男的不拜。就是家境困难的人家，做不起供月楼，也要把月饼拿出来，在月光下，烧香燃烛供奉一番。然后，全家人坐在月光下，喝茶吃月饼，谈天聊地，老人免不了又要讲一讲嫦娥奔月的神话传说，谓之赏月[②]。

“女娲”俗信。“神女应无恙，当惊世界殊！”人首蛇身的女娲是中国历史神话传说中的一位女神，被民间广泛而又长久崇拜的创世神和始祖神。荆楚人认为女娲抟土造人、炼石补天就在今竹山县宝丰镇的女娲山。高大女娲碑矗立，铭刻着女娲繁衍人类、拯救人类、教化人类。女娲山的泥土粘、韧、坚、柔，颜色有赤、白、黑、棕、黄等。捏黄土造人，以五色石补天，制嫁娶之礼，延续人类生命，造化世上生灵万物。女娲在造人前，已在正月初一创造鸡，初二创造狗，初三创造羊，初四创造猪，初六创造马。在初七，女娲用黄土和水，仿照自己的样子造出了一个个小泥人。她造了一批又一批，觉得太慢，于是用一根藤条，沾满泥浆，挥舞起来，一点一点地泥浆洒在地上，都变成了人。为了让人类能传承下去，她创造了嫁娶之礼，自己充当

① 荆州刘表将领。

② 详见柯小杰收集整理的资料。

媒人,让人们懂得“造人”的方法,凭自己的力量传宗接代。

二、白虎、鹰信仰

虎在中国被称为“百兽之王”。人们以“虎符”、“虎节”为调兵遣将的信物和兵权的象征。民间视虎为神兽,借它的威猛勇武镇祟辟邪,保佑安宁。

白虎俗信。荆楚地区东部和西部均出土了与虎有关的器物。鄂西南的来凤出土了不少这样的文物。其中,以“双虎钮錞于”极为罕见。1977 年建始县二台子出土,现藏于恩施土家族苗族自治州博物馆,属东汉时期的一种军乐器,盘面较深、钮为双虎、作奔跑状。土家族以白虎为图腾,所以其上以虎形装饰。目前国内仅存两樽双虎钮錞于。其中一樽现保存于恩施州博物馆,属该馆的“镇馆之宝”,更多的是单虎钮錞于。还有大量钎、戈、剑等器物上面都铸镂有虎头形或镂刻有虎形花纹。文物,是古老文化的标识。透过文物所注入的文化信息,则是对于历史、对于生活、对于社会、对于生命的精神重塑。

鄂东以东的安徽省舒城县(古属荆楚),出土了春秋时期的“龙虎四环铜鼓座”。该器物是承载鼓的座架。鼓是用于战争、祭祀、乐舞等活动的乐器。鼓座形体巨大,用虎和龙盘绕一周,虎张口作吼啸状,龙独角上翘,形象生动,器身满饰蟠虺纹,线条流畅。民间认为龙是水中的首领,虎是山中的霸王,龙虎集于一身,显示出此鼓具有至高无上的权威。击鼓发声,则龙吟虎啸。

对于白虎的崇拜更多现于鄂西土家族。土家族自称“毕兹卡”。毕兹,土家语意为本地;卡,意为人、族,意即本地人,本土民族。土家族的虎图腾崇拜主要表现为敬“白虎神”,又称“白帝天王”。白虎在土家族人的心目中有着举足轻重的地位。土家族自称是“白虎之后”。“廪君死,魂魄世为白虎。巴氏以虎饮人血,遂以人祠焉。[2]”远古时,土家族的祖先巴务相被推为五姓部落的酋长,称为“廪君”。廪君率领部落成员乘土船沿河而行,行至盐阳,与盐水神女结为夫妻,定居下来。人民安居乐业,廪君深受人们的爱戴。后来廪君逝世,他的灵魂化为白虎升天。鄂西土家族人传说,天上的白虎星君下凡,白天化着白虎帮助一个土家族姑娘放羊,夜里变成凡人小伙子与土家族姑娘共同生活,过着人间男耕女织的美好生活,后来生下七男七女,姑娘称白虎为“利巴”。后来,白虎星君

① 《后汉书·南蛮西南夷列传》。

返回天国，七男七女繁衍的后代便成为今天的土家族人。由于祖公是白虎神，故世代祭白虎，呼白虎为“利巴”，即虎祖。从此，土家族便以白虎为祖神，时时处处不忘敬奉。

在土家族地区有不少类似白虎山、白虎堂等带有“白虎”二字的地名。土家族人的神龛上常年供奉一只木雕的白虎。除了进行宗教式的虔诚敬祭，土家人的生活中也随处可见白虎的影子。结婚时，男方正堂大方桌上要铺虎毯，象征祭祀虎祖。如今小孩穿虎头鞋，戴虎头帽，盖“猫脚”花衾被；门顶雕白虎、门环铸虎头。其意用虎的雄健来驱恶镇邪，希冀得到平安幸福。门神贴“上山虎”、“下山虎”以虎驱邪、以虎镇恶。

来凤等地民间认为，对于威风凛凛、坐镇厅堂的坐堂白虎是要“敬”的。巴东、长阳等地土家人跳丧时必唱的“怀胎歌”，表明了白虎是家神。凶恶无比、破门而入的行堂白虎是要“赶”的。民间认为行堂白虎入家门，将给家中带来不幸，小孩久病不愈，需要赶白虎、钉白虎。

鹰俗信。鹰，有的叫鹗，叫鸢，叫鹞，叫鵟(kuáng)，叫雕，叫鹫等等。这种动物矫健、凶猛，使当时的人们对其产生敬畏、崇拜。“神农氏，姜姓也。母曰任姒，有蟜氏女，名女登，为少典妃，游华山之阳，有神龙首，感女登于常羊，生炎帝。[①]”炎帝的母族属于有蟜氏，鵟鸟(即鹰鸟)为图腾的氏族。炎帝也称为“魁隗氏”[②]。“魁堆”即猫头鹰[③]。炎帝神农氏出生后，王母娘娘派神鹰保护炎帝，鹰成为炎帝的第三母亲。

有的民间认为鹰是不祥鸟，鹰吃农家的鸡、鸭等家禽。有的民间认为一山一头猫头鹰，猫头鹰是镇守一方妖魔鬼怪的凶恶神灵，取猫头鹰形状制作婴儿披风，意象是辟出妖邪，确保吉祥如意。苗族人认为鹗是雷公神，掌管布云施雨。

“鹰公佘婆”事象[④]。土家族认为鹰是谭姓始祖神，鹰与佘婆结合，生育了谭姓儿女。民间认为，远古时代，两个部落拼杀，其中一个部落失败，唯有一位叫佘香香的姑娘得以逃脱。她逃到一座大山上，钻进一个山洞。追兵包围了山洞，佘香香不敢出洞，只得朝洞的深处走去。黑暗中，佘香香随水行走。不久见有亮

①② 东汉皇甫谧:《帝王世纪》。

③ 《楚辞·天问》有“鲮鱼何所？魁堆焉处？”“魁堆”即猫头鹰。

④ 详见向柏松:《土家族民间信仰与文化》，或恩施州文化馆整理的相关资料。

光,已到一洞口,水从洞口下泄,上下都是万丈悬崖。佘香香抓住洞口的岩石,进退两难,非常绝望。这时,天空中飞来一只巨鹰,佘香香默默念叨:“苍鹰啊,你若有心救我,就落到洞口吧。”那鹰果然落到洞口。佘香香就骑上鹰背,苍鹰驮着香香飞下悬岩,落到一土坪上,鹰又飞去了。晚上,香香就睡在岩坎上,鹰则站立旁边守卫着佘香香。一天晚上,香香在草棚作了一个梦,梦见两只小鹰闯入怀中。不久,她怀孕了,至分娩期生下一女一男。想到孕前所做的梦,就给弟弟取名飞天,姐姐取名芝兰,又见锦鸡以前所刨绿莹潭,就让姐弟二人姓谭。芝兰和飞天渐渐长大。从此以后,姐弟俩就尊称鹰为鹰公公。

飞天、芝兰相依为命。飞天要与芝兰成亲,芝兰不许。芝兰便祈天,姐弟俩到一个山顶上,燃上一炷香,香烟搭成桥,就算天同意姐弟俩结婚。姐弟俩各搬一扇磨子让它们从山上滚下来,两扇磨子合到一起就算地同意姐弟俩结婚。芝兰说要二人背对着背绕着山转,如果两人转到一起了就成婚。鹰帮助飞天。飞天跟着鹰往前走,走到一棵古树下,碰上芝兰,于是姐弟结成夫妻,生儿育女。生下了八子八女。这样,有了谭氏家族。

第二节 神祇信仰

一、生活俗神信仰

俗神,是指老百姓祈求福、禄、寿、喜、财等五福在家里、村头等本土供奉的群体性崇拜的神灵,不是祖灵,亦不是族灵。如荆楚地区敬奉的关羽、土地神等。

关羽约生于东汉桓帝年间的公元160年,卒于219年,三国时期蜀国名将,坐骑为赤兔马,武器是一口青龙偃月刀。字云长,河东解良人(今山西运城市),一生重情义,智勇双全,武艺绝伦。湖北是三国历史发生地和关公活动重要区域,关公在湖北立下了赫赫战功,有很多脍炙人口、世代相传的民间故事和传说。死后被民间推崇为忠、诚、信、义、智、仁、勇之人,并经历代朝廷褒封,关帝庙就是为了供奉关羽而兴建的。关羽的祠庙遍布各地,关帝庙已经成为中华传统文化的一个主要组成部分,与人们的生活息息相关,被后来的统治者崇为“武圣”,与号为“文圣”的孔子齐名。军人、武师、描金业、烟业、香烛业、命相家等奉关羽为行业神崇拜，是五文昌之一。“关公被人视为武神、财神及保护商贾之神。人遇有争执时，求彼之明见决断。旱时人们又向彼求雨，又可求病人药方，被人视为驱逐恶鬼凶神之最有力者①。”

东汉末年，关羽因战乱逃亡至涿郡，后与张飞一起追随刘备。在汜水关前斩华雄，虎牢关前战吕布。官渡之战前被俘，被曹操拜为偏军，封汉寿亭侯，杀了袁绍名将颜良、文丑。后来千里走单骑，过五关斩六将，回到刘备身边。在樊城攻打曹仁，水淹七军，收降曹操大将于禁，杀庞德，让华佗为自己刮骨疗毒，威名远扬。因骄傲轻敌，刚愎自用，败走麦城，被孙权所杀，死时六十岁。

“关庙·关陵”事象。民间认为，关羽遇害以后，相传曾多次“显圣护民”，当地民众和官府建关庙以保佑当地民众。关公被佛教奉为保护神，各地建有伽蓝殿供奉关公。道教奉关公为“三界伏魔大帝”。在民间，关公成了无所不能的尊神，是民间的护佑神、财神。寺庙宫观供奉的关公像，为民间朝拜关公提供了场所。

荆州古城，是关羽镇守之所，原有关帝庙六座。城南关帝庙雄居古城南门之内，相传是当年关羽府邸，是其中最大的一座。庙自建后，规模不断扩大。殿宇分为仪门、正殿、结义楼。仪门上方高悬清乾隆御匾“泽安南纪”，大殿正门上方，有“威镇华夏”巨匾，大殿内除奉祀关羽外，其曾祖、祖、父亦受祀，其子关平、部将周仓及杨仪、马良皆从祀。关公像高丈余，身披重铠，两侧是粗犷威猛的关平、周仓。

关公大殿两旁的内壁上，精心彩绘有关羽“镇守荆州”、“迎亲救主”、“义释曹操”、“单刀赴会”、“驰援当阳”、“水淹七军”、“刮骨疗毒”、“父子忠魂”等巨幅壁画。关帝庙大殿之后，有钟鼓楼、三义殿、陈列馆等建筑。每年正月和农历五月十三，关帝庙都要举行大型庙会，有玩龙灯、划采莲船、骑马射箭、吹喇叭抬轿子等民风民俗。荆州城外江津湖畔的春秋阁也建有关帝庙，相传是关公镇守荆州时忙里偷闲，研读《春秋》的地方。

当阳关陵位于当阳市区西北3公里处。当阳古属楚地，民间“信巫鬼，重淫祀”，民众对信仰的神灵优礼有加，敬香朝拜虔诚之至。葬有关羽正身，关陵采用中轴对称式帝陵规制。史载关陵是埋葬关羽身躯的地方，故当地民间流传有“头

① 《民间新年神像图画展览会》。

枕洛阳,身卧当阳”之说。关陵原称“大王冢”,建于东汉末年。经历代扩建,现关陵有八座古代建筑物,依次是神道碑亭、“汉室忠良”石牌坊、三元门、马殿、拜殿、正殿、寝殿、陵基。两旁有华表、钟楼、鼓楼、碑廊、斋堂、来止轩、圣像亭、伯子祠、启圣宫、佛堂、春秋阁等。正殿大门上方有清同治皇帝御笔“威震华夏”金字匾额一块。陵区四周,环以帝陵式红墙黄瓦宫墙。

当阳玉泉山麓,竖有“关云长最先显圣处”石刻大碑。不远处的小关庙,相传是中国最早的关庙。关庙又名显烈祠,始建于东汉末年,屡圮屡建,由山门、照壁、三义殿、三宝殿及数间僧寮组成,规模较小。

有名的关庙还有武昌伏虎山下关羽以刀掇泉的“卓刀泉”。以“卓刀泉”井台为中心建有关庙。恩施市城乡街西侧建有正殿戏台、戏楼、走马转角楼等砖木结构的武圣宫,又名关帝庙、开元寺。武当山的关帝庙建有一座长方三合院庙堂。

“关羽五阳”事象。民间认为关羽“头顶太阳,脚踏当阳,北通襄阳,南抵岳阳,东望洛阳”。关云长败走麦城(今属当阳),骑着赤兔马,慌不择路,一路沿着临沮小道狂奔,至临沮县青峰崖一带(今属远安),遭遇吴国伏兵偷袭。连日的奔波劳累,云长又饥又渴,体力不支,心力交瘁,终被吴国一无名小卒斩断头颅。说来窝囊。斩断头颅的云长仍未咽气,赶紧掉转马头,往来时路上逃窜。如今在临沮县青峰崖下,据说云长的赤兔马当时踏的蹄印如今仍隐约可见。自此,此地就有了名,唤作回马。后人为了纪念云长,在马蹄印的位置修了一座古亭,是为回马亭,上书:“呜呼,此乃关圣帝君遇伏断颅回马处也!”每年清明前后,凭吊人员纷至。回奔的云长,行至临沮董家冲一带(今属远安)便咽了气。如今,云长咽气的地方仍然唤做掉气冲(掉气,土语,咽气的意思)。断了头咽了气的云长仍不肯落马。赤兔马又将云长驮至当阳玉泉山一带(今当阳玉泉镇)。此时,有一只灵鸟从天上飞过,不住地哀声啼叫:云长啊,云长,你五阳之地不落,欲落何处?灵鸟啼完,振翅飞上了云霄。此时,云长的头颅方从赤兔马上滚落了下来,算是瞑了目。后人收殓了云长的头颅和尸身。为了纪念他,就在云长头颅滚落的地方建起了陵墓,立起了庙,是为关陵①。

民间还有“头在洛阳,身困当阳,右指襄阳,左指沔阳,面朝太阳”的五阳之说。关羽兵败麦城被东吴擒杀于当阳,将其头送往洛阳。曹操识破其阴谋,以王

① 详见当阳文化馆整理的三国传说资料。

侯之礼葬其首于洛阳。东吴闻之,亦以王侯之礼葬其身于当阳。

"财神"俗信。荆楚地区敬奉财神比较普遍,特别是民营经济者,在家里或企业财务室,供奉自己信奉的财神,希冀财神保佑以求大吉大利,由此形成敬祀财神的一系列民俗活动。财神的起源颇为难考,所祭祀的神明也因时因地而有所不同。财神,一般认为有所谓"正财神"赵公明,"文财神"比干、范蠡,"武财神"关羽,"偏财神"五路神、利市仙官,"准财神"刘海蟾等。

除夕之夜迎财神,全家人要围坐在一起吃饺子(饺子象征财神爷给的元宝),吃罢饺子彻夜不眠,等待着接财神。接财神时放鞭炮,供奉财神像,贴财神像,焚香上供品。正月初二清晨祭焚财神像。敬祭财神供品内容有橘子、桂圆、冬青枝、年糕、猪头、全鸡、全鸭、全鱼等等。祭祀时,主人点燃香烛,家人顶礼膜拜。人们心理追求求财纳福,真切的祈望平安又有财。

现在荆楚人信仰财神,崇拜财神的活动愈演愈烈,几乎达到了见神就求财,无神不佑财。道教本是遁世凡尘,隐居于世,却有大量的保佑民众发财的神灵。佛教本是远离凡尘,出世为家,却也有许多保佑民众发财的神灵。尤其以武汉归元寺为最盛,民间称"百万求财,一夜祭祀"。传说农历正月初五是"财神爷"生日。正月初四晚上,无论天气是否寒冷,老百姓们总是为了迎接零点的到来而激情不减,趋之若鹜。每年此时,武昌蛇山上的长春观中财神殿香火鼎盛。

赵公明原来作为冥神、瘟神、鬼帅。民间所供财神赵公明皆顶盔披甲,着战袍,执鞭,黑面浓须,形象威猛。周围常附聚有财源茂盛效果的宝盆、大元宝、宝珠、珊瑚之类。《封神演义》中,姜太公奉元始天尊之命按玉符金册封神,封赵公明为"金龙如意正一龙虎玄坛真君",职责是专司金银财宝,迎祥纳福。

关羽是一位武财神。传说关云长管过兵马站,长于算数,还发明了"日清簿",而且讲信用、重义气,故为商家所崇祀。一般商家以关公为他们的守护神,关公也被视为招财进宝的财神爷。

在民间所供财神中,不管是赵公元帅,还是赐福天官,身边总要配以利市仙官(五路神之一)。因此,利市仙官可说是地地道道的偏财神。

归元寺有个财神殿,供奉几尊佛像。每年正月三十晚上至初一,几十万人烧头香,求平安吉祥。初五子时至午时敬财神。佛教认为,藏名藏拉色波的黄财神是密教的护法神祇,主司财富,能使一切众生脱离一切贫困、灾难,增长一切富德、寿命、智慧、善法、财富,富饶自在。

“土地神”俗信。土地神,又称土地、土地神、土地公等,生日是农历二月初一。在民间,信仰极为普遍,是民间信仰中的地方保护神。土地神源于古代的“社神”。“社者,土地之主也。[①]”祭祀土地神即祭祀大地,一般在立春、立秋后的第五个戊日举行,分别称春社、秋社。祭祀之际,乡党欢聚,杀猪宰兔,并备上美酒佳酿。祭毕,供食众人分享。晚间,还延请戏班子搭台唱戏,称社戏,因而土地神更多地带有自然属性。

后来,这一民俗活动变为庙会,成为农户和手工业者交换商品的盛大集会,并逐渐与祭祀土地神的活动相分离,不再限定春、秋二季。举行庙会(城隍庙庙会)的时间约定俗成,可逢三开庙会,即农历每月初三、十三、二十三举行庙会。“社者,土地之主,土地广博,不可遍敬,故封土为社而祀之,报功也。[②]”祭祀土地神已有等级之分,以封土为社神而祭祀,报告功德。“王为群姓立社曰大社,诸侯为百姓立社曰国社,诸侯自立社曰侯社,大夫以下成群立社曰暑社。[③]”土地神的形象大都衣着朴实,平易近人,慈祥可亲,多为须发全白的老者。一般土地庙中,除塑土地神外,尚塑其配偶,习称“土地奶奶”,与土地神共受香火供奉,没有特殊职司。

图 6-2 团风清代土地庙

① 《公羊传》。

② 汉应昭:《风俗通史·祀典》,引《孝纬经》。

③ 《礼记·祭法》。

在鄂东黄梅祭祀土地神的民俗活动，演变成“土地会”自发组织。“土地会”是由几户农民以相等数量参股成立基金，给予会内成员作生产的投资，或做生意本钱，或每家轮流使用一年。在土地神生日这天，全体会员先向土地爷烧香跪拜，将会中成员名姓、田地、坐落方位写在黄表上(称为疏)，在土地爷神像前焚烧，祈求保佑田地无虫无害，确保丰收。利用基金利息所得吃喝完毕，桌面算账，下余部分，或分红，或扩大基金，大家说了算。此俗现已完全消失。现在乡下老年人会在这天做点好吃的，以示过节。

在鄂东大冶祭祀土地神的民俗活动，演变成土主会。土主会又称菩萨会，接土主老爷。每年农历二月十八至三月初三，大冶殷祖一带两百多个村庄，将一个传说中对外抵御掳夺者、对内扶贫济困的两尊红脸红袍土主老爷抬下山，绕所有村庄游一周，三月初三送上山。村民用门板铺成供台，将自家做的花、鸟、鸡、鱼、龙、凤、猪、牛、狮子等各类图案的印子粑堆成一座座小山，用花卉、树枝等装饰来供奉土主老爷，又让大家欣赏。当地人称堆粑山。村民将印子粑馈赠给亲戚朋友品尝。民间认为，吃了这些敬奉的印子粑，一年当中就会大吉大利。晚上，由四位身强体壮的汉子，用两根长杠子绑住土主菩萨，向左、向右各横走两步半，两手同时扳动两根大杠子翻动菩萨，由慢到快，伴以铜锣敲打。

江汉平原的村间地头常常可以看见一座座土地庙，几乎村村有土地庙，乡乡有祭祀。土地神虽然官不大，但管的事却不少，趋病求吉，婚丧嫁娶、天灾人祸、鸡鸣狗盗等均要管。遇事要在土地庙祈祷告祝一番。“今之土地祠，几遍城乡镇市。其中塑像，或如鹤发鸡皮之老叟，或如苍髯赤面之武夫……但俱称土地公公。或祈年丰，或祷时雨，供香炷，焚楮帛，纷纷膜拜，必敬必诚。[①]”土地爷是掌管一方土地的神仙，住在地下，是一家之主，保土地、保平安，是神仙中级别最低的，是农业社会的必拜的对象。民间认为生下孩子的，第一件事是提着酒到土地庙“报户口”。死了人的，第一件事是到土地庙“报丧”。死的鬼魂要由土地神送往城隍府。民间又认为，土地神是墓园的守护者，扫墓前需先祭拜土地神，答谢其看守坟墓之辛劳。俗话说“别拿土地爷不当神仙”。

在孝感的董永与七仙女传说中，土地爷作为董永与七仙女的媒人起到了重要的点化作用。玉帝之女七仙女因感天宫孤独寂寞而思慕人间生活。一日随六

① 清代黄斐默:《集说诠真》。

位姐姐往凌虚台游玩,偶见下界卖身葬父的青年农民董永,被他的忠厚老实所打动而萌发爱慕之情。大姐看穿小妹的心事,不顾天宫戒律森严,助其下凡。临行之时又赠难香一支,以便小妹危急时焚香求助。七仙女来到人间,经土地爷说合,槐荫树做媒,与董永结为夫妻。

土地庙有石砌的、木建的。因神位不高,庙的造型多半简单,一般位于树下或路旁,用两块石头为壁,一块为顶,俗称"磊"土地庙,里面供奉着土地公、土地婆。也有简单以水泥或砖块砌成小庙。团风县水晶坳村林家寨山中的草丛,有建于清嘉庆年间的一座土地庙,由石条垒砌而成。平面呈梯形,前宽后窄,悬山石板坡屋顶,面阔 1.84 米,进深 2.32 米,通高 1.84 米,正面中部设方形龛门,内供土地公和土地婆。门额上部嵌匾,墨书"太平社"。门右侧嵌功德碑,记捐资建庙人姓名及时间。庙前由两根石立柱围成外廊,内置石祭台。目前仍被当地人使用①。

民间凡举行祈福禳灾的重要祭祀活动,供桌上都要设土地神,请土地神到场。"土地神,土地神,土地原是天上人。"土地神专管土地,建房屋动土前要祭土地。祭品一般简单,如一对蜡烛、三根香,一刀烧纸、两杯黄酒,以及青菜、萝卜、豆腐、芹菜、笋片、黄瓜、茼蒿等,将供品摆在要动工土地的正中间或预留的大门前,摆上供品,先点蜡烛,再上香,然后主人叩拜祝念:"土地菩萨,要在这里造房屋,请帮忙移一移,保佑我家世代安康、幸福无限。"最后烧纸。祭毕才可破土动工。

土家族认为各种土地神分管土地上的各种事物。"山神土地" 管坡上的五谷,"家神土地"管家禽家畜等。二月初二是土地神生日,有的农户杀鸡,用酒肉、香蜡、纸钱祭祀。冉姓土家人不在家里烧饭,带炊具、食物等去土地庙举炊奉祀。其他姓氏则可在家先祭祀再集餐。部分村寨五月十五要敬五谷神,俗称"山神土地",将犁、耙、锄等农具放在堂屋大门口中间,焚香、奉酒肉对其礼拜。有的到田间敬田神,有的到山上敬山神,以祈祷丰收,免遭饥苦。有的土家人以为"青苗神"是管庄稼好坏的,于六月初六尝新时,必须用新熟的包谷、新鲜辣椒、米酒去酬劳。

"灶君"俗信。灶神,俗称灶君,也称司命菩萨、火神菩萨、灶王、灶君、灶王

① 详见彭鲁整理的《湖北现存最早的土地庙》。

爷、灶公灶母、东厨司命等。灶君有奉土祭社的礼俗。社者，地方之最小行政单位。《礼记·祭法》注称“大夫以下包士庶，成群聚而居，满百家以上，得立社”。《汉书·五行志》称“旧制，二十五家为一社”。古人尊敬上天，亲近大地，刚开始社神没有姓名。东汉时期，人们为了报答大地得恩赐奉土祭社，称社神为社公或土地。东晋以后，民间将生前行善或廉正的官吏称为土地神，于是各地社神有了人格和姓氏。俗传它是天宫的使者，对人间体察民情善恶。是夜，他返天宫回报，人们设祭送行。祭品中特置糕粑、米糖，用意在于粘住灶王爷的嘴和牙，好让他只讲好话不讲坏话。

兴山原有祭祀灶君的“司命会”，主要有给灶王爷(即司命菩萨)祝寿，祈求平安，请本地的男善人宣讲会旨和诵经文，讲善书等“圣醮”活动。吃素的老、壮年妇女自行组成“圣会”，推选家族旺盛、子嗣发达的老年妇女作头人。妇女自筹资金，轮流做会。每月一次，每次一天。属于一个地方的妇女信仰组织。承办司命的家庭，在堂上设神坛，供香纸、佛表、瓜果、蜡烛等物。在桌子上插上各位神牌，如“九天司命灶王府君位”、“瑶池圣母位”、“玉皇天尊位”、“监察神君府下位”、“南无观音菩萨位”等等。主持善人读文、诵经、烧黄表纸后，议定下次的会主与会期，方告结束。此俗解放后销声匿迹。

民间认为只有独立门户的家庭，才有资格祭祀灶王爷。立灶表明一个家庭的诞生，可以以家庭为单元参加社会活动，能够承担社会习俗中家庭义务。灶神经过民间妇女的崇拜，成为她们监督孩子们的重要的神灵，每天去厨房看到的首先是灶神，祭拜灶神，提醒自己的孩子千万要做个善人，不要作恶。相传是玉皇大帝派到各家各户主掌饮食的神。“王为群姓立七祀”[①]。灶王爷是民间最普通、最深入群众的神灵。民间认为灶王爷掌管饮食，司职命运，监察善恶。民间将他供在家中灶头，腊月二十三上天时，用香火糖酒送行，大年初一再把他接回来。祀奉灶神，是远古时代民火崇拜的遗风，后来被赋予了更为丰富的含义，即为受一家香火，保一家康泰；察一家善恶，奏一家功过。

“土王”俗信。土家族除信仰白虎神，也信奉自己宗室中早已死去多年的“土王”。认为土王死后化为神灵，要管土民的大小事情。来凤、宣恩等地设有土王庙，有的把土王塑像或画像陈设在摆手堂(称“土王祠”)里。比较有名的土王庙

① 《礼记·祭法》。

有彭公爵主、田好汉、向老官人等土王庙。“三尊神,相传为三姓土司,生有惠政,民不能忘,故设而祭。若逢年节,以牲醴往吊,烧香蜡,颇为虔诚”[①]。附近各农户轮流上香敬奉。逢年过节祭祀土王。特别是正月初一、十五举行“摆手”,祭祀最为隆重。摆手之前先祭土王,由巫师主持祭仪后,再由巫师领着土家男女老少击鼓歌舞。拜神完毕,载歌载舞“赛神”祭祀祖宗[②]。

来凤、龙山人祭祀祭土王时,由参加摆手者拿一面旗子,披“西兰卡普”或大红氅,模拟野兽形象,各寨分若干路朝土王庙跑去。各路均由一人带头,手执双刀,一路上边跑边砍,前面行人要早早躲开让路,避免被杀伤或砍死。每队后面有锣鼓队随队奔跑,跑得越快越好;在路上,任何人不能停留跌倒,如停留,就会生病;如跌倒,预兆当年会死去。各队跑到土王庙集齐,由巫师主祭,供奉历代土王,有的供八部大神。在庙前祭帐上,挂几十上百种飞禽走兽的脚,若有虎脚,必挂正中央位置。祈祷完毕,鞭炮齐鸣,由巫师领头用摆手歌舞敬献土王。男女成对,围着中间锣鼓的鼓点绕圈摆手。歌舞祭祀时,起初还有老年人参加,可按着鼓点上下一致地摆手,后来多为青年男女尽情歌舞。祭祀最后一天,还要杀猪杀狗敬土王。宰杀时,必须从猪、狗腹部先杀穿一洞,伸手进去将其心肝取出以享神。祭神后,每人分肉一块,由各人带回家去除毛煮食。据巫师说,这样可保一年风调雨顺,健康平安,谓之“祓除不祥以祈年”。这种摆手祭祀有的在土王庙进行,有的在摆手堂进行。

“敬帕帕干帕”俗信。有的土家族人逢年过节在门外田野供自家祖先,称为敬“帕帕干帕”(即“祖太婆婆”)。敬祖先后,再用椿树干插在大门、小门以及厕所等门环上,以示迎接“祖太婆婆”回家过年。

“男佛变成女佛”事象。观音菩萨,梵文 Avalokitesvara,又作观世音菩萨、观自在菩萨、光世音菩萨等,本来是男性(见当阳玉泉寺男性观音菩萨),从南北朝时期开始,佛教根据国人的需要,男性观音菩萨逐步变成女性。本来是施众生乐济度生死岸、大慈大悲、普救人间疾苦“若有众生多于淫欲,常念恭敬观世音菩萨,便得离欲。若多嗔恚,常念恭敬观世音菩萨,便得离嗔。若多愚痴,常念恭敬观世音菩萨,便得离痴”的西方三圣(阿弥陀佛、大势至菩萨、观音菩

① 《来凤县志》。
② 详见恩施文化馆的相关整理材料。

萨)之一,不知从何时起,在荆楚民众的眼中,观音变成慈眉善目、披民露额、大眼小口的女神,或手持净瓶和柳枝,或怀抱婴儿坐在莲花座上,或坐在垫有兽皮状蒲团的石上,状如圣母。

二、自然灵物信仰

图 6-3 树崇拜(摄于炎帝神农祭坛下的"杉王")

崇火尚赤是荆楚人的基本自然灵物信仰。"正月末日夜,芦苣火照井厕中,则百鬼走。[1]" 民间传说楚人是祝融氏的后代。祝融氏是掌握火种以照明的火神,火焰呈现赤色。"除日,树又炭于门,以红纸束之,曰将军炭。[2]" "拣大炭柱门,曰黑将军。[3]"用红纸包着木炭放在门旁,称为将军炭,没有红纸包着的木炭称为黑将军,崇火尚赤以趋利避害。

"火星爷"俗信。丹江口市官山一带各自然村,都有一幅火星爷像。火星爷有六只手,上执两把宝剑,怀中抱着火葫芦。每年正月初七是火星爷生日,到时要进行隆重的祭祀。相传,古时老河口人们做生意不讲诚信,短斤少两。火星爷

---

① 《荆楚岁时记》。
② 《圻州志》。
③ 《孝感县志》。

扮着一个穷老汉,拿着一个大红薯,挨家挨户去求人家,请人家帮忙烤熟以充饥。不料处处碰壁。于是火星爷就不停地念叨着:"十四要烧,十五要烧,十六不烧,十七要烧,十八要烧。"大家都当做老人说疯话,没头没脑的,谁也不当回事,更不用说放在心上了。当时的秤是十六两制的,也就是十六两为一斤。火星爷的意思是,谁大秤进小秤出,就烧谁家。他喊了半天,终于遇上一家公平买卖的商家,那商家还帮他烤熟了红薯。火星爷吩咐他将用以公平买卖的十六两秤挂在门口。后来,老河口被一场大火烧光了,只有这一家幸免于难。此后,留下了祭祀火星爷的习俗[①]。

江汉平原人认为生意好是"有火气",大冶人认为生意好是"走火",武当山地区人认为火星爷"跑火",梦见失火为吉兆,俗称"天火到",有财运。在江汉平原,冬至以后下大雪,特别是除夕夜,要用树墩子烤火,火要越大越好,越旺越发。结婚时,新娘入洞房要跨火盆。红色在五行中属火。烧香敬贡要求红布,红布辟邪保平安。如黄石端午神舟会上,用红布乞求平安。本命年,无论男女都要穿红裤头,或红腰带,或红鞋等。

"不服周"事象。在湖北人的口中还有句俗语,即对抗某个势力强大的人时常常说"我不服那个周,一定要干(方言、抗)到底。""不服周"渊源于楚人不服周天子的管束。相传,春秋五霸之一的楚庄王问周天子的使臣王孙满,周天子的九鼎有多重。九鼎就像国之玉玺一样,谁拥有了它,便拥有了天下,成为象征国家政权的传国之宝。这就是"问鼎中原"的由来。面对楚庄王的"不服周",王孙满也无可奈何,只好悻悻说道:"周德虽衰,天命未改,鼎之轻重,未可问也。"

山石、洞穴、古树等自然物崇拜。神农架的汉族也存在崇拜古树、巨石、水井、桥梁等自然物的现象,有的将形似人体的山石和洞穴比拟为人的某些器官,或伟人等。赋予美丽的传说,甚或开发成旅游景点。

萨岁庙。侗族崇拜古树、巨石、水井、桥梁等自然物,每个村寨都建立"萨岁庙",女性神"萨岁"是创立村寨的始祖母,具有至高无上的神威。以鸡卜、草卜、卵卜、螺卜、米卜等自然物测定吉凶,侗族的节日以农历四月初八的祭牛神较为普遍。

---

① 详见老河口文化馆的相关整理资料。

图 6-4 石崇拜（摄于神农架板壁崖“天地之牡”）

图 6-5 石崇拜（摄于炎帝神农祭坛对面悬崖“天地之牝”）

“枫树 · 桃树 · 竹子等”俗信。鄂东南各地崇拜枫树，每一个村庄几乎都少不了枫树。它们大都是栽在村口，俗语“村村栽枫树，无枫不成村”。枫树已成为民间传统的吉祥树，有的枫树有上百年的树龄了。咸宁方言“枫树”读成“fēngxǘ”，“风水”也读成“fēngxǘ”，“枫树”与“风水”的方言是谐音。当地认为有“枫树”表明居住的地方有“风水”，是好地方。“有宋山者……，有木生山上。名曰枫木。枫木，蚩尤所弃桎梏，是谓枫木。[①]”郭璞认为，“蚩尤为黄帝所得，械而杀之。已摘弃其械，化而为树也。”蚩尤的化身枫树能够守护村宅，以保人丁平安。“夸父与日逐走，八日，渴欲得饮，饮于河、渭不足，北饮大泽，未至，道渴而死，弃其杖，化为邓林。”[②]这里“邓林”即为桃林。也就是说，桃林是夸父死后所弃之手杖转化而成的。夸父是炎帝后裔，为炎帝蚩尤复仇，助同属炎帝后裔蚩尤而攻黄帝。

楚人自古崇桃，曾以桃弧、棘矢向周王朝进贡。荆楚各地崇拜桃树，可以追溯到春秋时期。民间认为桃树具有神奇的灵性，它能治鬼，“如羿死于桃”[③]。许慎认

① 《山海经 · 大荒南经》。
② 《山海经 · 海外北经》。
③ 《淮南子 · 诠言训》。

为“培大杖,以桃木为之,以击杀羿,由是以来,鬼畏桃也。”“桃树者,五行之精。压服邪气,制百鬼也。[①]”用桃树比喻人的魅力:“桃之夭夭,灼灼其华。”[②]民间有扎制桃弓柳箭,挂在门上或墙壁上或庭院内来驱鬼治病的习俗。有饮桃汤,祈求吉祥幸福,长寿无疆。有的用桃树、仙人、寿桃、祥云等组图,寓意蟠桃献寿、高寿无比等等。

民间有“前不栽桑,后不栽柳,院中不栽刽子手”的习俗。“刽子手”系指桃树,认为谁家种桃树则邪灾多,因为桃胶粘鬼,桃枝、桃花、桃实都是血红色的,妖魔鬼怪都愿意在树上住。桃树大都栽种村外的山坡上。

十堰市伍家沟村人认为毛桃树——未经嫁接的原生桃树——可以避邪。人们常用桃核横着雕刻成篮状、竖着雕刻成桶状,分别叫桃篮、桃桶,用五色丝线穿着戴在小孩的左右手上,用以保佑小孩健康长寿。小孩夜晚外出,常常怀揣半尺来长的桃枝以避邪。巫师用毛桃木制作令牌,“左手端着法水碗,右手拿着斩妖剑。”这剑就是毛桃木做的。男性青年如果梦遗,认为是狐狸精作祟。对付狐狸精的办法是砍五个或七个毛桃木橛子,名曰桃木箭,钉在门槛内,这样狐狸就不敢进来。夜晚做噩梦,掐七个桃叶尖压在枕头底下,认为可以逢凶化吉。至今,民间常用桃树治牙疼病:将一段毛桃树枝削尖一端顶于疼处,用刷子不断敲打另一端,边敲边念咒语:“出门煞,出门煞,出门要我来定牙。人问我请哪一位?我请泰山老君爷。虫牙定死!风牙顺风走!火牙定好!”

这时候有人问患者:“定好了没有?”患者答:“定好了。”反复问答三次。如此咒语和问答,总共重复七遍,民间认为就可以把牙疼治好[③]。

在鄂东、鄂东南的大部分地区,栽竹子时一般要把一个小孩子打哭,认为这样做,才能发芽,竹子才能活。这一习俗大概是源于三国时《孟宗哭竹》的传说。孟宗为三国时吴国江夏人(今孝感市孝南区),字恭武。很小的时候,他的父亲便去世了,从此母子俩相依为命。孟宗一直很孝顺母亲。母亲年纪渐渐大了,有一次,母亲病得很厉害,很想吃鲜笋做的汤。这时候冬至节将要到了,天很冷,笋还没有生出来,哪里还会有笋啊。孟宗实在没有办法,心里焦急万分,可是束手无策,便忍不住跑到竹林里,双手抱着毛竹,不觉两行眼泪簌簌簌簌地往下落。孟宗越想越难过,竟大声地哭了起来。或许是他的一番孝心感动了天地,突然间,

① 《荆楚岁时记》。
② 《诗经》。
③ 详见韩致中收集整理的《崇桃》。

眼泪滴落的地方裂开了,从地上露出了几茎竹笋。孟宗看了破涕为笑,抹掉脸上的泪珠,兴高采烈地把这些竹笋带回家去。他做竹笋汤给母亲吃。母亲吃了新鲜味美的汤后,疾病居然立刻就好了。孟宗的一片孝心感动了天地,让竹笋冬天破土,让老母立刻康复。

民间常用竹子构成吉祥图案,如松竹梅菊图,松竹梅水月五清图,竹梅双喜图等。崇竹,客观上保护了自然环境,竹林既增加了环境的优美,又可弥补地形上的缺陷,使住处产生紧凑宁静的田园情调。民间认为,在胳肢窝长了肿块,到邻居家把人家刷锅竹制的刷子偷来放在一个无人能看到的地方就会好。如果主人发现丢了刷子并不知道是你偷了,大骂偷者你就会好得快。

民间认为:"苍苍翠竹绕身旁,堪笑其家好书堂。大出官僚小出富,儿孙个个姓名香。"因此乡村到处可以看到有竹林的庭院。人们认为竹子的茂盛象征家道兴旺、家宅平安。假如院内种植的竹子死了,是很不吉利的,必须立即刨掉,或另栽新竹,否则,兆示家运破败,大凶大难。尤忌竹子开花,有"竹子开花,人要搬家",或"竹子开花,家破人亡"。竹子是靠地下茎无性繁殖的,临枯或水旱虫害肆意时才开花。对气候年景的预测,有一定的科学道理和一定的内在联系。在长阳,老人去世了,要用偷来的竹子做"岁竹简子"。孝子和派专人去邻近偷竹,去偷的时候要准备红布、香烛、纸、鞭炮。选好后放鞭炮、点香烛、烧纸祭拜并在旁边竹子上挂红后砍下竹子,砍下后就可大大方方地扛回来了。宜城民间,占卜者将竹蔸劈为两半制作卜器。占卜时掷出地面,看其仰俯情况来占卜吉凶。

"芦苇·茅草"俗信。荆楚人还有崇拜芦苇、茅草习俗。过去再穷的人,死了,也要找一条芦席来抬出去埋。芦苇容易生长,用芦席包裹死人后,人可以像芦苇一样,贱命易活;而且芦叶、芦花、芦茎、芦根、芦笋均可入药,托生后可以无病无灾。正月一日户上"悬苇索","除夕,饰桃人,垂苇索"[①],使"百鬼"畏而避之。鄂东南的黄冈、大冶、阳新等地有小孩子得病,待小孩睡着后,大人做法事,将一把芦苇扫帚放在小孩子的身边,以避邪去病。

崇拜茅草可以追溯到春秋战国时期。蕝茅,是楚人崇拜的灵茅、灵草。《国语·晋语》记载:"昔成王盟诸侯,于岐阳,楚为荆蛮,置蕝茅、设望表,与鲜卑守燎"。为了敬神置蕝茅。齐国侵蔡国后接着进攻楚国。楚使问为什么进

① 《荆楚岁时记》。

攻楚国,管仲以齐桓公的名义说:“……尔贡苞茅不入,王祭不供,无以缩酒,寡人是征。”攻楚之因,竟是由于没有进贡苞茅。灵茅,当地人称为山茅草,猴茅(毛)草。茎粗耿直,一米左右高,坚实挺拔,生命力极强。秋末冬初,锥形的草籽纷纷脱落,扎入衣裤,打不掉,抖不落,如长了猴毛一般。有的在割山茅草前,先放火烧去它的枯叶,只取不易燃烧的秸秆盖房。有的用茅草将房顶盖好后,才放火烧去房顶枯叶。这种房顶多年不腐烂,不变形。鄂东南的大冶人判断孕妇将生男还是女时,让一个男孩和一个女孩用一根茅草,两人各执一头对撕,视撕开后的茅草形状来判断。

第三节 英雄信仰

荆楚民间的英雄崇拜在人神信仰中广泛存在。关羽是人造神的佼佼者。在民间巫觋的神龛里,魏征、包拯、屈原、老子等都是座上客,充分表现了中国造神的随意性。

屈原信仰。屈原是战国时期的楚国诗人、政治家,是“楚辞”的创立者和代表者,约生于公元前339年,卒于公元前278年。在战国七雄激烈争斗之时,屈原辅佐楚怀王,议论国事及应对宾客,起草宪令及变法;外交方面参加合纵派与秦斗争,两度出使齐。屈原雄心壮志,使楚国一度出现了国富兵强、威震诸侯的局面。

然触犯了贵族利益的屈原,遭谗被疏,甚至被流放,仍始终以祖国的兴亡为念。在“楚材晋用”的时代,明知面临着许多危险,却始终不肯离开楚国一步,表现了他对祖国的无限忠诚。当无力拯救时,他长歌当哭“长太息以掩涕兮,哀民生之多艰”。到顷襄王时,强秦灭楚,人民困顿、故土难回,尚在流放途中的屈原悲愤投身汨罗江,以明忠贞爱国之怀。在激烈复杂的政治斗争中度过一生。

农历五月初五,是中华民族的传统节日——端午节。两千多年来,每逢临近这个日子,炎黄儿女们都要以各种方式来悼念、祭祀爱国诗人屈原。吃粽子、划龙舟、饮雄黄酒、挂葫芦、吟诵诗歌等民俗活动在全国各地如火如荼,热闹非凡。

图 6-6 屈原像(鄂州)

图 6-7 屈原像(黄石)

王昭君传闻。王昭君与西施、貂蝉、杨玉环并称为中国古代四大美女,有"闭月羞花之貌,沉鱼落雁之容"。"闭月",是述说貂蝉拜月的故事。"羞花",说的是杨贵妃观花时的故事。"沉鱼",讲的是西施浣纱时的故事。"落雁",就是昭君出塞的故事。能够受到不同民族、不同阶层人们万世敬仰的,只有王昭君。昭君坟成为文学家们歌颂朝拜的圣地,历代飨誉不衰。

兴山属于古夷陵地区[①]的文化圈。夷陵地区是古代巴文化的摇篮、楚文化的发祥地之一。这里群峰竞秀,无峰不奇,钟灵毓秀,古木森森,万木争荣,疏影遮日,溪流纵横,碧绿多姿,宛若仙境。优美的自然环境孕育了楚文化奔放飘逸、睿智自信[②]、果断顽强、开拓流溢的特质。在这样丰富物质条件的生活环境中,个人受集体的压抑较少,生活情感活跃,个体意识比较强烈,形成了桀骜不驯、自信果敢的楚人性格。楚人自己往往自称:"我蛮夷也。"[③]一直到汉代,楚人性格仍是举世闻名。自愿请嫁匈奴的昭君不无楚人的性格。四季花果飘香的昭君村双溪夹流,人以村传,村以人名,香溪河因"昭君浣纱、溪水尽香"而得名,留下了昭君宅、梳妆台、娘娘泉、后花园、抚琴台、紫竹苑、昭君书院、楠木井、浣纱处、琵琶桥、大

① 夷陵:今宜昌地区,因"水至此而夷,山至此而陵"得名。
② 刘玉堂:《楚人的精神长项与性格短板》,载《济南时报·历下亭》特刊,2009.5.28。
③ 《史记·楚世家》。

礼溪、小礼溪、珍珠潭、选妃台、离乡滩、昭君渡等二十多处遗迹遗址。

王昭君的影响不仅及于当时汉、匈两国，而且一直延绵到后世，播布于民族间友好往来，传承于民间，屡见于精英阶层的文山辞藻中。古往今来，反映王昭君的诗歌有七百余首，与之有关的小说、民间故事有近四十种，写过昭君事迹的著名作者有五百多人，古代有李白、杜甫、白居易、李商隐、蔡邕、王安石、耶律楚材等，近现代有郭沫若、曹禺、田汉、翦伯赞、费孝通、老舍等。在人类通过“和亲”协调部落或民族关系的历史上，昭君出塞合婚不是第一次，也不是最后一次。“和合”文化的魅力，带来汉、匈间六十年和平，乃至更长友好往来的时期，并被后世幻化为图腾（意识），一直延续到唐王朝。民间更是以勃发态势发展，南匈奴内附，北匈奴大部分内附，及至南北朝时期民族融合，民族、部族间个体婚姻交往延绵不息。

“四祖·五祖·六祖”信仰。佛教禅宗四祖、五祖留下黄梅的四祖庙会、五祖庙会习俗。慧能在黄梅皈依佛门，民间俗语：“没有黄梅，就没有六祖；没有六祖慧能，就没有佛教的本土化，民众化。”黄梅大河镇北5公里双峰尖山腰西侧有一座正觉寺。唐武德七年(624年)道信选址建庙，实行农禅双修。其时，疥疮患者较多，医治难癒。一农夫将其患疥疮的八旬老母背入庙内求治。道信赐一药方：米粉与芥菜混合做粑。农夫依言而行，其母病果愈。消息传开，患者结队来求大师。恰三月三庙会，大师亲至斋堂，备芥菜粑布施患者，疥疮得以止。凑巧，唐太宗李世民亦患疥疮，听说此事诏宣大师进京医治，大师只开方着人上京奉之。太宗痊愈，赐一金匾于寺，大师声名远播。鄂、赣、皖三省邻县县民纷至求方问药，消灾延寿。由此，在农历三月初三形成四祖庙会。庙会越办越大，后来发展成为聚朝山拜佛、物资交流、文化交流、游览观光为一体的综合集会。上世纪五六十年代，政府多次组织四祖花桥物资交流大会，乡下人的很多农具，如犁弯、耙町、秧马、铁棍、蓑衣、斗笠等，都到那里去买；请本县黄梅剧团唱几天戏，芥菜粑也成为三月三家家必吃的食品。

农历十月二十二是五祖庙会（双峰山庙会）。五祖弘忍生辰(隋仁寿元年，即601年)。住持领众僧依次上真身殿，鸣钟击鼓，焚香叩拜，念经表信，赶会的人络绎不绝，是一年中最热闹的一天。

农历八月二十二，大洋庙福主菩萨宋飞仙的生日，时值庄稼收获季节，从考田(今大河镇)至濯港二十七村(民国期间行政区划)举行酬神,村村搭台,请山东吕戏班子唱大戏,接福主菩萨看戏,家家户户也接亲戚看戏,尝新酒,跟过节一样。从大洋庙乱石河往下抬菩萨,全村人行动,有时还发生械斗,民国年间十分盛行。

五月二十八日,县城关有城隍庙会,纪念纪信诞辰,排列仪仗,拥神出游。

诸葛亮受到了上至帝王将相、中至文人学士、下至布衣百姓的尊崇和祭祀。荆楚人崇拜和祭祀诸葛亮的民间活动时间早、历时长。崇拜诸葛亮反映了荆楚长久而浓厚的巫风盛炙信仰风气,民间信仰的古老性、封闭性与发展变化的缓慢与农耕文化心理有密切关系。据史书记载:"亮初亡,所在各求为立庙。"后主在景耀六年(263 年)春"诏为亮立庙于沔阳"。襄阳以诸葛亮所在的古隆中为基石建有三国文化旅游景区。

"黄陵庙和武侯祠"传闻。民间俗说,诸葛亮奉命领兵进军益州,船队进到西陵峡。他登岸看到一座古庙。这座古庙叫黄陵庙,位于长江西陵峡南岸,始建于春秋战国时期,原来是祭祀禹王和神牛的庙宇,由于年久失修已经断壁残垣。诸葛亮感慨万千,即派人"复而兴之,再建其庙号"。庙宇建成后,撰写了《黄陵庙记》,并刻碑铭记。在黄陵庙旁建有武侯祠。武侯祠保存有诸葛亮《黄陵庙记》碑文。同治三年(1864 年)《宜昌府志》载:在黄牛峡庙前右隅,上覆以亭,碑石色白泽,作六隅形,锐上丰下,迥殊今制,相传即亮遗笔。惜汉隶已失,好事者重加镌刻,顿失旧观。

诸葛亮字孔明,原来是琅邪阳都人。东汉末避战乱投奔荆州刘表,在邓县隆中(今襄阳西)隐居时称"卧龙"。建安十二年(207 年),刘备三顾茅庐,提出三分天下,居其一,联合孙权,对抗曹操,统一全国的建议,即所谓"隆中对"。成为刘备的主要谋士。诸葛亮任蜀汉政权丞相,励精图治,赏罚分明,推行均田政策,并改善和多民族的关系,促进了经济,文化的发展。病死于作战前线五丈原,葬在定军山(今陕西勉县境内)。

"黄权建诸葛庵"传闻。民间俗说,与诸葛亮同时代的黄权,字公衡,巴西阆中人。被刘备任用为益州的代理偏将军,刘备称帝后为治中从事,后来任命黄权为镇北将军,督江北军以防魏师。黄权竭力劝阻刘备伐东吴。刘备不从,伐吴失败。黄权因"降吴不可,还蜀无路"而降魏。黄权十分佩服敬仰诸葛亮,经常在魏国官僚中称颂诸葛亮。司马宣王曾给诸葛亮写信说:“黄公衡,快士也,每坐起叹述足下,不去口实。”黄权听到诸葛亮去世的消息后,不胜悲痛,在诸葛亮躬耕过的地方修建了一座诸葛庵,因时节进行祭祀活动。

“晋惠帝命祭诸葛亮”传闻。民间俗说,西晋惠帝为纪念先贤,命令镇南将军、荆州刺史刘弘与李兴一起到诸葛亮故宅祭祀。晋永兴年间,镇南将军、荆州刺史刘弘驻节宛城,参军李兴为刘弘代写了《祭诸葛丞相文》“天子命我,于沔之阳,听鼓鼙而永思,庶先哲之遗光,登隆山以远望,轼诸葛之故乡”,在沔北某地举行祭祀诸葛亮的活动。

唐代首次出现了以王朝名义建武庙公祭历代文武将。“开元十九年,始置太公尚父庙,尊太公为武成王,祭典与文宣王比,以历代良将为十哲像坐侍[1]”。诸葛亮是武庙十哲[2]之一。唐昭宗封诸葛亮为武灵王,并在隆中(一说今襄阳市郊,一说今南阳市)御赐庙堂。

宋代以王朝名义赐英惠庙加“仁济”公祭历代文武将。把诸葛作为忠臣来祭祀。“宣和五年,礼部言:‘武成王庙从祀凡七十二将”于是释奠日,以张良配享殿上。按照朝向不同分档。一档:张良。二档:管仲、孙武、乐毅、诸葛亮、李绩并西向,田穰苴、范蠡、韩信、李靖、郭子仪并东向。三档:东庑、白起、孙膑……’”[3]同时代的金朝遵唐旧制,推崇诸葛亮用兵,认为谁要是说出“诸葛亮不知兵”这句话,那就证明此人“好为大言”。诸葛亮是金王朝的公祭之一[4]。

元代也以王朝名义建武庙公祭历代文武将。公祭对象很少,“武成王立庙于枢密院公堂之西,以孙武子、张良、管仲、乐毅、诸葛亮以下十人从祀”[5]。诸葛亮是王朝的公祭之一。元英宗封诸葛亮为戍烈忠武显灵仁济王。

“班洪”传闻。民间俗说,1934年英军进攻班洪、班老地区,佤族人牢记公元225年佤族人卡那曼卷部落与蜀汉丞相诸葛亮签盟归顺蜀汉朝廷“镇守边关,永不反叛”盟约,班老王奋起抵抗,组织佤族武装,剽牛盟誓,效忠他们最尊崇的“阿祖阿公诸葛亮”。

---

① 《新唐书·礼乐五》。

② 武庙十哲是春秋时代吴国的孙武、齐国的司马穰苴,战国时代魏国的吴起、燕国的乐毅、秦国的白起和西汉的张良、韩信,蜀汉的诸葛亮,唐的李靖、李世绩。

③ 《宋史·礼志八》。

④ 《金史》。

⑤ 《元史·祭祀志五·武成王条》。

“茶祖”信仰。迁居武汉、咸宁等地的云南籍农民工俗信诸葛亮为茶祖。人口迁移带来文化的传播，云南的茶祖与荆楚的“茶圣”并行不悖。民间认为[①]，武侯诸葛亮遍历六大茶山，留铜锣于攸乐，置铜鏝于莽枝，埋铁砖于蛮砖，遗木梆于倚邦，埋马蹬于革登，置撒袋于曼撒，固以名其山。当地人将茶树称作“孔明树”，把诸葛亮尊为“茶祖”。基诺族、布朗族、佤族、傣族、哈尼族、壮族各村寨，每年都要在诸葛亮诞辰这天举行集会，称为“茶祖会”，赏月歌舞，放孔明灯，祭拜诸葛亮。

第四节　业师信仰

行业神崇拜是楚人历史上曾经普遍流行的一种民间信仰。社会上百工技艺都有自己的祖师爷、行业神。俗称“行行有神，行行神”。行业神又简称行神，是各行各业的人们供奉用来保佑自己和本行业吉利、兴旺的神灵。民间既有一行多神，也有多行一神。行业神是社会分工在神祀上的反映。这些神灵中有许多被认为对某种行业有开创发明之功，所以这部分行神又称作行业祖师或祖师爷。所供神灵，大部分是历史人物或传说中人物。

荆楚九佬十八匠的徒弟入门均要拜祖师，平时在相关的日子敬香；本行业的独门技艺和俗禁不能外传。匠人收徒，一般先由人介绍，师傅同意，学徒家办“从师酒”，请长辈相陪，定期三年，师傅家供伙食，不开工钱；徒弟住在师傅家，除干手艺活外，还要干农活、家务。俗有“从师一日，终身为父”的训诫。学徒期满，徒弟家办“出师酒”，师傅赠工具一套，以示“衣钵相传”。出师后另渡师一年，才许单独作业。匠人有相对固定的主顾和范围，无故去别人的主雇家从业，叫“抢主家”。抢别人的饭碗，同行十分痛恨。挑担游乡上门找活干的，如补鞋匠；坐地经营的，如铁匠、榨佬，不受限制。漆匠无半工，窑佬装窑、出窑，主家备丰盛的酒菜。手艺人吃千家饭，早出晚归。师傅不端碗，徒弟决不先拿筷子；鱼肉等好菜，一天中只有晚上才吃。只在主家吃中饭，下午到点，放下工具就走。新年后的第一次上工，主家要付工钱，回家不打空手，图吉利。现在不讲究这些。

---

① 《普洱府志·古迹》。

图 6-8 楚剧演员祭拜神灵

“梅山神”[①]**俗信**。土家先民以善射猎著称于史，系渔猎、食膻、信鬼巫之族。其秋冬出猎，称为“赶仗”。猎前事后均要祭祀“猎神”。土家族人认为，梅山神是一位女猎神，又名媒山，或媒嫦。土家人上山赶肉（打猎），都要先“扎梅山”，即安“梅山坛”。梅山坛要安在人迹罕至处，多是在深山古树或悬崖峭壁之下。用几块石头搭成一座小石龛，龛内放一个破碗作香炉，上插三朵野花，并插香，扎几张纸钱以祭梅山神，祈求保佑打猎时人畜平安。

还有的地方称“梅山娘娘”、“梅山土地”或“云霄娘娘”为猎神。年三十晚上猎户在家要祭“梅山神”，将猪头、猪脚、粑粑及新衣鞋、绸缎摆在桌上向神位礼拜，鸡叫后方将物品收好，据说可保一年山静与获猎。平时要“赶仗”，半夜起来先敬“梅山娘娘”。她的神位设在屋外右侧，由三块砖头合成，猎者必须穿着整齐，不得袒胸露体，以示尊敬女神。

相传梅山是土家族远古时代的一位女猎人。一年大旱，粮食颗粒无收，乡亲们饥饿难当，梅山就把每天打得的野物平分给乡亲们充饥。她父亲去世后，梅山照样天天打猎。近处的猎物打光了，就到远处去打。山里的野物既恨梅山又怕梅山。一天，一头野猪、一只老虎、一条豺狗在一起商量，要把梅山吃掉。梅山刚进山就被它们围住了。梅山不慌不忙爬上树。野猪跑过来要将树拱倒。梅山连射三箭，将野猪射死了。老虎跑过来要跳上树，梅山一投钢叉，将老虎刺死了。

① 详见恩施文化馆的相关整理材料。

豺狗见梅山没了武器,就在树下等梅山下来咬死她。梅山扳断一根粗壮的树枝作武器,跳下树来与豺狗搏斗。经过一阵惊心动魄的厮斗,梅山终于将豺狗打死了,但是梅山全身上下的衣服也被撕成了碎片。梅山光着身子,只好躲起来。乡亲们来找她,她也不敢出来。乡亲们发现了被打死的野猪、老虎和豺狗以及被撕得一片一片的衣服,只是不见梅山,就满山遍野地喊,梅山听见了也不敢答应,因为怕众乡亲看见自己光着身子。乡亲们找不到梅山,便以为梅山已经被野兽吃掉了。他们怀着悲伤的心情,把梅山打死的野兽抬下山去。天黑以后,梅山从树林中出来准备回家去。但这时她已精疲力竭,又饥又渴,一步也走不动了。她顺手扯了一把野草放进嘴里嚼,想充充饥再走。没想到,她吃了一种有毒的草,肚子绞痛,再也走不动了。第二天,乡亲们再进山找她时,她已经死了。女人们解下自己的衣服,为梅山穿上,然后将她埋在山上。后来,玉皇大帝封她为梅山神,专管打猎撵肉的事。另一种说法是,梅山与一只危害人畜的猛虎搏斗,滚岩坎,翻陡坎,爬尖坡,人虎厮斗了几天几夜。最后,老虎被打死了,梅山也因流血过多,死在老虎身旁。后来人们敬她为"猎神"。

梅山神为女神,所以祭祀她时不能讲痞话,要毕恭毕敬。而将梅山神坛安置于偏僻之处,是因为梅山神死前衣服都被野兽撕破,赤身裸体,不能让人看见。有的地方敬梅山神还要闭上眼睛。出猎归来,必须将所获猎物作为贡物举祭,然后分配食用。

腊月二十九,族祭时要敬梅山神,往往由土家族巫师主持。土家族巫师,俗称梯玛或土老师,倒穿蓑衣,烧香念梅山词,词分"扫山"、"安堂"、"催山"三部分。梅山坛并无神像,有的地方放个小木像,旁边放个倒立的独脚大王,相传是梅山的将士。独脚大王倒立与土老师倒穿蓑衣,表示对梅山神毕恭毕敬。

有的地方所祭猎神是张五郎。相传他是打猎的师傅,一次为救打猎的同伴,不幸摔下悬崖倒立而死。后世不忘,遂奉以为神。据说张五郎死后,猎犬不归家,经常听到他死的那山有人吹口哨、吹牛角。后来猎户供奉他,山上才安宁,猎犬才归家。祭祀张五郎称为"开山",并许愿"大财大谢,小财小谢"。出门时,将神位上张五郎的神像倒悬后方可上山,狩猎归来再竖正,用兽头祭祀作为酬谢。

"茅古斯"。茅古斯,亦称毛古斯,是一种流传于恩施南部地区祭神(山神)、还愿、祭祖等民俗演艺,以求保佑人畜兴旺、五谷丰登的祭祀活动。祭祀的人一般头上用大棕叶瓣扎五条类似的大辫子,向四面下垂,脸面用稻草树叶遮盖住,浑身用稻草、茅草、树叶包扎,双脚赤裸,用地方语言喊,用地方语言唱,左右跳摆,碎步进退,屈膝抖身,浑身抖动,摇头抖肩。祭祀活动内容和方式灵活多样,围观者也可答话插白。祭祀活动一般演绎土家族先民扫堂①、祭祀请神、打猎、挖土、钓鱼、打露水、修山、打铁、犁田、播种、收获、打粑粑、接亲、读书、接客、迎新娘等内容。不同地域,不同村寨,活动动作和方式略有不同,有的地方成为一种原始祭神戏剧。后从祭祀活动中演绎而成为一种舞蹈表演活动。现在入选国家级非物质文化遗产名录。

"火畲神"②俗信。民间俗信,火畲神是主管火贸活动的女神,是土家族历史上刀耕火种农事活动的产物。传说火畲神最善种小米。她种的小米,茎粗穗大,她砍的火苗,坡连坡,三天三夜也走不到边。有一次,她去烧火钦。由于风很大,使得山着火、燃烧起来。她被火山包围了,走不出去烧死在火钦地里。后来,人们将她安放到坡上岩洞里,敬奉为"火畲神",请她保佑庄稼长得好,不受野兽糟蹋。因为她是烧死在山里的,所以逢年过节不能在家中神龛上祭祀。祭祀均在大年三十夜里,家家户户都在家中团年守岁,不会出来,被火烧后一直赤身裸体的火畲女神下山才没有人看见。祭祀时,家里的人全部出屋并躲到僻静处,大门半开,门角落放个簸箕,里面摆上酒肉祭品,还要摆几个小米粑粑,粑粑上面放一把芭茅秆做的筷子。火畲神享祭后就会即刻返回山里,继续保佑来年庄稼丰收。

"五谷神"③俗信。汉族民间俗信,五谷神是男神。土家族民间俗信,五谷神是女神,俗称"五谷娘娘",是专司五谷丰收的女神。很久以前,土家人只知道打猎采额,不晓得种五谷。后来,一位姑娘带来了五谷种子,教会土家人种植五谷。五谷娘娘在某年端午节被河中跃出的一条无尾龙抓走了,人们这才知道教他们种五谷的姑娘是五谷仙子。在五百年前,五谷仙子得罪了无尾龙,无尾龙是东海龙王敖广的儿子敖横。当年玉皇大帝命敖横降雨,本来命其"连降三百",但他听成了"年降三百"。结果,由于每年所降雨水极少,致使禾苗枯焦,颗粒无收。五谷仙子知道了这件事,告到玉皇大帝。玉帝大怒,众仙求情,斩去龙尾,并压在武陵山下,只准三年回家探母一次。敖横从此成了无尾龙,而且失去了自由,因此十分恼恨五

① 扫堂,意为扫除一切瘟疫、鬼怪,使后代平安。

②③ 详见恩施文化馆的相关整理材料。

谷仙子。这一年,无尾龙乘端午节三年一次探母的机会,抢走了五谷仙子。土家人为了纪念五谷仙子,也为了求她继续保佑五谷丰收,就按她的样子塑成了五谷娘娘神像,供奉于专门为她修的五谷庙中,年年祭祀。特别是当五谷新熟的时节,各家都要将新收五谷各装一碗,摆在大门外,对天遥祭。秋收时,人们还要将谷穗或包谷天花挂在神龛上,以示祭祀。恩施自治州鹤峰县一带的土家族,还有在正月初五这天不打生米火的习俗。据说这一天为五谷仙子的生日,头一天,各家准备好饭菜,初五日只准吃熟食,不准生火煮生食。意为五谷神为五谷之精,这一天煮生食,对五谷神是一种伤害。俗信这一天打了生米火,就会得罪五谷仙子,不生五谷。

恩施部分地区的土家族,也有说五谷神为男性的。很久以前,世上刚有小谷吃的时候,小谷长了就摘,摘了又长,怎么也搞不完。有个媳妇想回娘家去,婆婆要她摘完小谷再回去。可那摘了又长的小谷怎么摘得完呢?一连摘了五六天,怎么也摘不完。那小媳妇想回娘家想得发疯了,带了一条狗在夜晚悄悄躲在谷地旁,想探个究竟。五更天后,忽然听到一阵哨声,一个白胡子老头出现在谷地里。拿着三尺长的木棒,在被摘过的小谷秆上,东点点西点点,不一会儿,长出一吊吊又长又大的谷秆来。一眨眼,满坡光秃秃的谷秆瞬间都挂满了沉甸甸的谷穗。小媳妇见了,就放出狗来咬白胡子老头,而且还破口大骂。结果把白胡子老头赶跑了。从此以后,小谷一年只收一次了。碰上灾荒年,人们就只好以颜、葛充饥了。所以至今,土家人在摘小谷时,还不准带狗子,不准大声讲话,不准吹口哨。

五谷种子传入土家地区的说法有多种:一说是狗子从天国带来的,由于天国隔着四十九条河,所以狗子带入的种子只留下尾巴上的一小撮。一说五谷种子是牛毛大王送给土家人的。还有说是为玉皇大帝管仓库的鸡公大仙偷来送给人们的,等等。

西朗卡普女神俗信[①]。西朗卡普是土家族姑娘纺织的一种花被面,也是姑娘出嫁时最重要的嫁妆之一。西朗卡普是一位纺织女神。对西朗卡普女神的崇拜反映了土家人对高超的纺织技艺的崇拜,也反映了她们对本民族的工艺品西朗卡普的珍爱。

---

① 详见恩施文化馆的相关整理材料。

桑格娜绣西朗卡普俗信。远古时期,土家族青年男女的交友、联姻比较自由。勤劳美丽的桑格娜,勤劳、美丽,织锦技艺超凡出众。她绣的鸟儿能飞,绣的花儿飘香。桑格娜一心想绣出美丽的白果花,但是白果树开花要在半夜子时。她不畏艰难,半夜来到山顶那棵白果树下,正在开放的白果花特别美,特别香。她正要动手绣花,看守白果花的毒蛇向姑娘扑来。突然,飞来一支利箭,刺穿了那条毒蛇的颈项,姑娘得救了。桑格娜又动手绣花。突然,一只老虎咆哮着扑上来,"嗖"的一声,又是一支利箭,揭开了老虎的天灵盖。桑格娜终于绣好了白果花,就跟树上开的一模一样。第二天早晨,桑格娜拉开房门,只见院坝里站着一个英俊的小伙子,捧着虎皮和蛇皮。他是全寨最勇敢的小伙子巴力依,原来是他救了桑格娜。巴力依将兽皮送给桑格娜,桑格娜则把绣好的西朗卡普送给巴力依,两个人就此定下终身。从此,在土家族形成男子用兽皮交换女子西朗卡普作为定情的风俗。

精魂化白果雀俗信。白果雀原是由一位美丽的女子的精魂所化。那女子原来住在白果村,长得漂亮,有一手挑花刺绣的绝活。她所织的西朗卡普人人见了人人夸。姑娘一心想绣出世上最美的花朵。她听人说,白果花最美丽,不过这种花是"寅时开花卯时谢",也就是说要深更半夜才开花。姑娘决心要绣出白果花,就深夜来到山中的白果树下。等了很久,没有等到白果花开放,姑娘却因过度疲劳而睡着了。醒来,花已开过。这件事情被歹毒的嫂嫂知道了,就到处说姑娘深夜外出有不轨行为,而且在公公面前说了很多败坏姑娘名声的话。这一天夜里,姑娘又深夜出门去了。姑娘的爹爹由于听信了媳妇的话,早已有防备,就提根木棒躲在门后。姑娘终于等到了白果树开花,高高兴兴地摘了几朵带回家来,准备照着来织西朗卡普。谁知刚一推开门,她的爹爹劈头就是一棒,打中了姑娘的脑门儿,鲜血直流,姑娘倒地死了。突然,地上的鲜血变成了一只美丽的白果雀。它绕着房屋飞了几圈,边飞边喊:"后门白果开花,嫂嫂是非小话,死于茶树棒下。"声音十分凄惨。天亮后,姑娘的爹爹到姑娘面前一看,见她手中拿着几朵干枯的白果花,才明白了事情的真相,顿时悔恨万分。

"船神向王"俗信。土家族民间认为,每年六月初六是船工敬向王的大节,所有船只、木排都停靠在向王庙前,宰杀雄鸡,把鸡血洒在船头上,敬过向王之后,还得会餐飨神。

"铁匠始祖老子"俗信。民间认为,铁匠、陶瓷与冶铸业均尊太上老君为祖师。传说老子曾铸造炼制丹药以求长生的八卦炉，俗称老君炉。民间认为铁匠打铁所用的炉渊源于老君炉，是老子将八卦炉传给铁匠、铜匠、银匠与冶铸等行业，故铁匠始祖是老子。

老子名叫李耳，字伯阳[①]，又称老聃（dān），楚国苦县(今河南鹿邑县)人，生于公元前约571年，卒于前471年。被道教推崇为教祖，尊称为太上老君。“太上老君，姓李名耳，字伯阳，一名重耳；生而白首，故号老子；耳有三漏，又号老聃。”孔子曾数次求教老子，称老子“犹龙”，见首不见尾。

封炉仪式一般定在腊月二十四日。封炉时摆米升、上香茶，烧纸，祭祀炉头祖师诸多神灵后，将年初的金井戳开，用点燃的纸将原来贴的鸡毛烧掉，放鬼魅回家过年。封炉仪式并不意味着真的封炉，铁匠铺如果有生意，可以一直干到腊月三十。

图6-9　老子

“始祖·嫘祖”俗信。嫘祖是黄帝的妻子。“黄帝居轩辕之丘，而娶于西陵之女，是为嫘祖。嫘祖为黄帝正妃。[②]”嫘祖是西陵[③]之女，远安县苟家垭镇曾教民养蚕治丝，被视为蚕神。“嫘祖首创种桑养蚕之法，抽丝编绢之术，谏诤黄帝，旨定农桑，法制衣裳，兴嫁娶，尚礼仪，架宫室，奠国基，统一中原，弼政之功，殁世不忘。是以尊为先蚕。[④]”

嫘祖是养蚕制衣的发明者，华夏文明的奠基人。她辅佐黄帝，协和百族，统一中原，协助黄帝确立以农桑为立国之本，首倡婚嫁，母仪天下，福祉万民，和炎黄二帝开辟鸿茫，告别蛮荒，功高日月，德被华夏，被后人奉为“先蚕”圣母，与炎

① 《老子内传》。
② 《史记》。
③ 指今以宜昌为中心的西陵山脉。
④ 唐赵蕤：《嫘祖圣地》。

帝、黄帝生活在同一时代,同为人文始祖。

远安在西周已经开始养蚕,用蚕丝制作衣服,还有作为祭祀用的专门蚕丝服饰,祭祀先蚕。“中春,诏后帅外内命妇始蚕于北郊,以为祭服。[①]”汉朝用少牢礼仪祭祀先蚕嫘祖。“……皇后帅公卿诸侯夫蚕,祠先蚕,礼以少牢。三国亦沿不改,依周典也。”[②]宋朝依照前制祭祀嫘祖,“西陵之女为帝妃,始教民育蚕,治丝蚕以供衣服,而无皴瘃之患,后世祀为先蚕。[③]”

远安从春秋时就是著名的“垭丝”产地,荀家垭蚕丝声名卓著,历来为皇室贡品。远安嫘祖庙会的历史可追溯至一千四百年前。北宋著名的志书家王存在《元丰九域志》中说:“峡州西陵山”为祭祀嫘祖的圣地,祭祀时间为三月十五嫘祖的生日。庙会持续三天三夜,祭拜仪式隆重而和美。祭仪中的祭品以帛为主,敬示采桑制蚕器具。主祭者和从祭者以蚕妇为主,童子为亚祭。

“印刷祖师毕昇”事象。毕昇(又作毕晟,约970—1051)是活字印刷术发明者。活字印刷术的发明,是印刷史上的一次伟大革命,是我国古代四大发明之一,它为我国文化经济的发展开辟了广阔的道路,为推动世界文明的发展作出了重大贡献。一说为北宋淮南路蕲州蕲水县直河乡(今湖北省黄冈市英山县草盘地镇五桂墩村)人。一说为北宋杭州(今浙江省杭州市)人。

民间“私钱洞”俗信[④]。毕昇发明活字印刷后,不仅得罪了朝廷权贵,还得罪了很多的大官。于是,他们对毕昇进行诋毁和陷害。在英山县占河峡谷一带,有人在此建造了“私钱洞”,专门生产私钱,扰乱朝廷金融。于是,就有人向朝廷举报,说是毕昇的一个后人使用了用活字胶泥伪造钱币。朝廷得知后,派官兵对毕姓家族进行了满门抄斩,并株连九族。侥幸逃脱之族人于是遂改姓田、万。“私钱洞”,也被封闭了。故此,当地虽有地名叫毕家寨,但田、万姓多,毕姓却无一人。毕家寨村子里的村民年年要到毕姓坟墓上坟。毕昇是李家的女婿,与其妻李氏的合葬,所葬之处正是李姓的坟山。二十世纪七十年代,一位放牛的老人在峡谷无意中发现了“私钱洞”,很快被当时的军委会派人封闭了。如今几十年过去了,峡谷中的“私钱洞”又成了一个谜。

---

① 《周礼·天官·内宰》。
② 《续汉书·礼仪志上》。
③ 宋·金履祥:《通鉴前编·外纪》。
④ 张渐秋收集整理。

民间“毕昇墓碑发现”俗信[①]。二十世纪七十年代，英山县十几万民工修建占河水库，除拆了很多房屋外，还拆迁了许多坟墓。一天，位于英山县占河水库下面的草盘地镇修造水渠，有两位民工抬着一块古墓碑准备做建水渠的材料，谁知，前面一位民工的脚被墓碑撞了一下，当即不能行走，只好将墓碑弃之路边乱石中。说也奇怪，那民工竟一月不能下地，医院检查也无大碍。不久，一位村民放牛经过此地，一条大水牛就在墓碑上擦痒，不知何故，大水牛竟疯狂了，见人就顶，村里组织民工拦截，最后用枪将其击毙。村中老人就说，这墓碑不吉利，不能放在路边，如果哪天有小孩不懂事靠近它，肯定会出事的。于是，叫几个后生将墓碑丢到一个水塘边。后来不知道是谁将墓碑做了洗衣用的搓衣板。谁知，村中一些妇女在其上面洗衣后，不来经事[②]。这下可吓坏了村民，又请后生将其抬到高架水渠桥下面一个坑里。

通讯员到农村采访，路过高架水渠桥下面准备休息时，见水渠渗水，渗出来的水正好滴在一块墓碑上。由于多年的洗刷，墓碑露出了一排字。出于好奇，他下到坑里仔细端详，不禁大吃一惊，看到墓碑上出现“毕昇（繁体升字：日字头下面一个升）”二字。马民权到现场看后立即组织县里的文物部门、县史志办、档案部门等到现场进行考察。

毕昇墓碑碑文上的年代是宋仁宗皇祐年间，与墓碑碑文“白祐”年号不相符。专家学者查阅很多的资料，历史上没有“白祐”这个年号。再通过考察论证后发现，原来在历代的王朝中，百姓痛恨这个王朝时，常常是用白字来代替年号的，故此，毕昇后人在为其立碑时，故意将“皇”字下面的“王”字去掉，以示对朝廷的不满。

“茶神陆羽”事象。陆羽(733—804)，字鸿渐，一名疾，字季疵，号竟陵子、桑苎翁、东冈子，或云自太子文学徙太常寺太祝。唐复州竟陵(今湖北天门)人，一生嗜茶，精于茶道，以著世界第一部茶叶专著——《茶经》闻名于世，对中国茶业和世界茶业发展作出了卓越贡献，被誉为“茶仙”，尊为“茶圣”，祀为“茶神”。在中国茶文化史上，陆羽所创造的一套茶学、茶艺、茶道思想，以及他所著的《茶经》，是一个划时代的标志。他对茶叶有浓厚的兴趣，长期进行调查研究，熟悉茶树栽

---

① 马民权讲述。

② 经事：月经。

培、育种和加工技术，并擅长品茗。唐朝上元初年（760年），陆羽隐居浙江湖州苕溪，撰《茶经》三卷，成为世界上第一部茶叶专著[①]。陆羽逝世，后人尊其为“茶神”，肇始于晚唐。唐时曾任过衙州刺史的赵磷，其外祖与陆羽交契至深，他在《因话录》里说，陆羽“性嗜茶，始创煎茶法。至今鬻茶之家陶为其像，置于炀器之间，云宜茶足利”。唐李肇撰《国史补》也说道，陆羽“茶术尤著，巩县陶者，多为瓷偶人，号陆鸿渐。买数十茶器，得一鸿渐。市人沽茗不利，辄灌注之”。

① 《新唐书》。

第七章　岁时节庆

岁时节庆是指人们在生产生活中因适应天时、物候的周期性转换，在特定时日祈望五谷丰登、人畜两旺、岁岁平安而开展的各种风俗活动。其形成与发展经历了十分漫长的历史，显示了我们祖先对自然运动规律的认识与把握，反映了我国民众那种张弛有度、应时而作的自然生活节律。探究其根源，也显现出各个不同历史时期的社会、经济、科技发展的水平。

第一节　农时节令

岁时节庆具有鲜明的农业文化特色。进入立夏，万物生长，草木绿绿葱葱，动物勃发，新粮还没有出来，旧粮即将吃完，俗称“冬谷既尽，宿麦未登，青黄不接”，瘴气、虫害、疾病肆虐，农事渐渐开始忙碌，没有多少闲暇，更兼炎夏暑热，疾病易生。夏季节日主要有：端午节，主要以驱邪避瘟、除恶祛毒为主。盛夏酷暑，还有“曝书”、“伏闭”等驱避习俗。

进入立秋，新谷登场、瓜果成熟。丰收的果实是神灵的保佑，祖先的荫庇。丰收的喜悦需要家人团聚共享，需要亲朋好友共欢。秋季节日主要有：中元节、中秋节、重阳节等。人们怀着丰收的喜悦，在七月半时，把新收获的稻谷煮成米饭，祭祀祖先，同时拯救地狱里的孤魂野鬼。在八月十五中秋节，人们团聚赏月。九月初九重阳节，人们饮酒登高。

进入立冬，草木凋零，寒风瑟瑟，蛰虫休眠，万物活动趋向休止。人们一年劳作几近结束，仓廪丰足，猪羊满圈。人们舂米磨面、酿酒少肉、十月初一“送寒衣”、冬至"履尊长"、"数九"消寒、饮酒"扶阳"。直到喝完"腊八粥",又开始准备"忙年"——新一轮的循环又重新开始。

一、二十四节气

岁时节庆与农事活动密切相关,是指导农事活动的重要依据。俗话有:"正月撮吃撮喝,二月打藤扭索,三月犁耙水响,四月人人赤脚"的说法。农历二月备耕,准备套牛拉犁的绳索和犁,拣谷种备种,清明前薄膜育秧,三月整田和种棉,水田要二犁、二耙、三耖。四五月抢插、抢收、抢种,接着是薅草、锄草、施肥除虫、放水管理,每次雨后都要锄草,"棉锄七次白如银",八月前后抢收早稻,挖花生,收黄豆,捡棉花,抢插二季稻,不违农时。特别是二十四节气与农事活动密切相关。北斗星的斗指向不同,二十四节气不同。所谓斗,是指北斗七星[①]的斗纲,也就是北斗七星中的魁、衡、勺三颗星。魁、衡、勺三星随着天体的运行,斗纲指向不同的方向和位置,其所指的位置就是所代表的季节和月份。斗柄朝向可以指示季节。古人有四句话:"斗柄朝东,天下皆春;斗柄朝南,天下皆夏;斗柄朝西,天下皆秋;斗柄朝北,天下皆冬。"

二十四节气根据太阳在黄道上的位置变化,月初、月中的日月运行位置和地面气候演变次序,将全年划分为日期大约相等二十四段落,每部分约十五天,分列在十二个月里。二十四节气是民间的传统节令。早在春秋时期,人们用圭表测日影来定出春分、夏至、秋分、冬至四个中气[②]。后逐渐完善,到秦汉时期,二十四节气已经完全确立。中国古代习惯以春分、夏至、秋分、冬至为各季的中间,立春、立夏、立秋、立冬表示四季的开始。公元前104年,由邓平等制定的《太初历》,正式把二十四节气订于历法,明确了二十四节气的天文位置。二十四节气反映了太阳的周年视运动,所以节气在现行的公历中日期基本固定,上半年在每月六日、二十一日前后,下半年在每月八日、二十三日前后,相差不超过1～2天。

古时把节气称"气",因为每月有两个气:前一个气叫"节气",后一个气叫"中气"。每月第一个节气为"节气",即:立春、惊蛰、清明、立夏、芒种、小暑、立秋、白

---

① "北斗七星"位于北天大熊星座。前四颗星叫"斗魁",组成"勺",由外向内分别叫做:天枢、天璇、天玑、天权;后三颗星组成"勺柄",由内向外分别叫做:玉衡、开阳、摇光。由天璇向天枢引一条直线,向前约5倍的距离上,有一颗星,就是"北极星"。

② 又称仲春、仲夏、仲秋和仲冬四个。

露、寒露、立冬、大雪和小寒等十二个节气；每月的第二个节气为“中气”，即：雨水、春分、谷雨、小满、夏至、大暑、处暑、秋分、霜降、小雪、冬至和大寒等十二个节气。“节气”和“中气”交替出现，各历时十五天，现在人们已经把“节气”和“中气”统称为“节气”。为了便于记忆，人们编出了二十四节气歌诀：

春雨惊春清谷天，夏满芒夏暑相连。
秋处露秋寒霜降，冬雪雪冬小大寒。
每月两节不变更，最多相差一两天。
上半年来六廿一，下半年是八廿三。

《夏至九九歌》。老河市流传有描绘夏至后的《九九歌》，“夏至入头九，羽扇握在手；二九一十八，脱冠着罗纱；三九二十七，出门汗欲滴；四九三十六，卷席露天宿；五九四十五，炎秋似老虎；六九五十四，乘凉进庙祠；七九六十三，床头摸被单；八九七十二，子夜寻棉被；九九八十一，开柜拿棉衣。[①]”《夏至九九歌》，从夏至起，每九天算一“九”。夏至数九就是从“夏至”这天算起。“夏至”往后数九天称为“头九”，第二个九天为“二九”，第三个九天为“三九”，依此类推。一直数到第九个九天，共八十一天。用《九九歌》表达人们对冷暖的感受、表现和行动等，反映夏季气候变化的情况。

“三伏天”。一般出现在小暑与大暑之间，是一年中气温最高且又潮湿、闷热的日子。每年入伏的时间不固定，中伏的长短也不相同。从夏至后第三个“庚”日算起，初伏为十天，中伏为十天或二十天，末伏为十天。我国古代流行“干支纪日法”，用十个天干与十二个地支相配而成的六十组不同的名称来记日子，循环使用。每逢有庚字的日子叫庚日。庚日的“庚”字是“甲、乙、丙、丁、戊、己、庚、辛、壬、癸”十个天干中的第七个字，庚日每十天重复一次。从夏至开始，依照干支纪日的排列，第三个庚日开始十天内是初伏，第四个庚日开始十天或二十天内是中伏，立秋后第一个庚日为末伏。当夏至与立秋之间出现四个庚日时，中伏为十天，出现五个庚日则为二十天。夏至后，庚日出现的早晚将影响中伏的长短，所以，有些年份伏天三十天，有些年份伏天四十天的情况。民间认为在“三伏天”

① 详见老河市禹王庙《夏至九九歌》。

里天气太热，老人、小孩宜伏不宜动。“三伏天”有风、寒、暑、湿、燥、火”等六暑邪。在夏日里暑邪会逐渐的深伏于体内，而不为人知。如暑邪不除，到了秋天，火邪克金而伤肺气，导致人的免疫力下降，因而患感冒、咳嗽、发热等疾病。进入冬季以后，这些病会反复发作。“秋为痎疟，奉收者少，冬至重病。”

数九消寒。“数九”从冬至日开始，是民间传说习俗之一，中国传统习惯用它来描述“冬至”后两个多月里的气候变化。早在南朝已有数九之俗：“俗用冬至日数及九九八十一日，为寒尽”[①]。民间古称冬至日为“交九”或“数九”，此后进入“三九”寒冬。从冬至起，每九天算一“九”。“冬至数九”，就是从“冬至”这天算起，“冬至”是“头九头”，往后数九天称为“头九”，第二个九天为“二九”，第三个九天为“三九”，依此类推。一直数到第九个九天，共八十一天。鄂北流传的《冬至九九歌》说，“一九二九，夹裤换棉裤；三九四九，房中生火炉；五九六九，外面找不到路；七九八九，沿河插柳；九九八十一，行人路上把衣袒。”江汉平原一带流传的《冬至九九歌》说，“冬至是头九，两手藏袖口；二九一十八，口中似吃辣（椒）；三九二十七，见火亲如蜜；四九三十六，关住房门把炉守；五九四十五，开门寻暖处；六九五十四，杨柳树上发青绿；七九六十三，行人脱衣衫；八九七十二，柳絮满地飞；九九八十一，穿起蓑衣戴斗笠”。

二、节气事象

根据太阳在黄道上的位置，一年中的自然现象与农事季节特征相对应，二十四个节候成为指导农事的补充历法，是农民从事农业生产、生活活动的物候指南。“阴阳合历”不能完全反映太阳运行周期，但农事完全根据太阳进行，因此农业需要严格了解太阳运行的情况，在历法中加入反映太阳运行周期的“二十四节气”，反映季节的变化，主要对生产生活等方面有着很大作用，指导农事活动，指导千家万户的衣、食、住、行等。民间农谚“种田无定例，全靠看节气。立春阳气转，雨水沿河边。惊蛰乌鸦叫，春分滴水干。清明忙种粟，谷雨种大田。立夏鹅毛住，小满雀来全。芒种大家乐，夏至不着棉。小暑不算热，大暑在伏天。立秋忙打垫，处暑动刀镰。白露快割地，秋分无生田。寒露不算冷，霜降变了天。立冬先封地，小雪河封严。大雪交冬月，冬至数九天。小寒忙买办，大寒要过年。”

① 《荆楚岁时记》。

并用作确定闰月的标准。在地理领域,对研究天气与气候也有着极大的作用。

到了立春,万物复苏,生机勃勃,“阳和起蛰,品物皆春”。“立春春打六九头,春播备耕早动手,一年之计在于春,农业生产创高优。”农民开始清理农具,准备一年的劳动,“小孩盼过年,大人盼种田。”

到了雨水,此时冬去春来,气温开始回升,空气湿度不断增大,冰雪融化,空气湿润,雨水增多,所以叫雨水。“立春天渐暖,雨水送肥忙。”冷空气活动仍十分频繁。农民开始将农家肥播撒到田间地头,经春雨的浇灌腐烂,待到惊蛰后,耕田掩埋。“雨水春雨贵如油,顶凌耙耘防墒流。多积肥料多打粮,精选良种夺丰收。”在没有工业肥料时,需要将猪粪、牛粪、鸡粪、鸭粪、草木灰、人粪尿作为肥料。增加肥源的方法有如下几种:水田积肥采取“打青蒿”。在整秧田前,割青草、野蒿丢在水田里沃肥;或者红花菜子、兰花草子作绿肥。在旱地里将砍来的小灌木、杂草堆放在地中,分层盖上干土,点燃熏烧,待燃尽后撒在田中作为肥料,俗称“烧火粪”。塘泥、居室内的地皮土、拆旧房的土墙,均可作为肥料,称为“陈土肥”。

到了惊蛰,江汉平原就要进入春耕季节了。“惊蛰天暖地气开,冬眠蛰虫苏醒来。冬麦镇压来保墒,耕地耙耘种春麦。”乍寒乍暖,气温和风的变化都较大。“惊蛰一犁土,春分地气通。”农民开始耕田打糟。“惊蛰没到雷先鸣,大雨似蛟龙。”“二月惊蛰又春分,种树施肥耕地深。”如果要植树造林,需要挖好坑,待到春分后栽种,“夜半饭牛呼妇起,明朝种树是春分”。

到了春分,春季大忙季节就要开始了,春管、春耕、春种进入繁忙阶段。“春分风多雨水少,土地解冻起春潮。稻田平整早翻晒,冬麦返青把水浇。”三月下旬平均气温一般为13℃至15℃。神农架已经雪融冰消,平均气温约5℃至10℃。江汉平原气温一般已达18℃至20℃。有利于水稻、玉米等作物播种,植树造林也非常适宜,小麦等越冬作物进入春季生长阶段。“春分有雨家家忙,先种瓜豆后插秧。”“春雨贵如油”,一场雨,一场忙。“春分种麻种豆,秋分种麦种蒜。”江汉平原农民赶雨势,忙播种。耽误一场雨,就要耽误农田的收成,是夏天蔬菜丰收与否的重要因素。“春分种菜,大暑摘瓜。”中国古代将春分分为三候:“一候元鸟至;二候雷乃声;三候始发电。”便是说春分日后,燕子便从南方飞来了,下雨时天空便要打雷并发出闪电。降水迅速增多,进入春季“桃花汛”期。少雨年份要抓紧春灌,浇好拔节水,施好拔节肥,还要防御晚霜冻害。多雨年份搞好排涝防渍工作，早稻育秧。早春天气冷暖变化频繁，常常有一次较强的冷空气入侵，气温显著下降，最低气温可低至5℃以下。根据这个特点，应充分利用天气预报，抓住冷尾暖头适时播种。“冷尾暖头，下秧不愁。”在冷空气来临时浸种催芽，冷空气结束时抢晴播种，播后有三五个晴天，则可以保一播全苗。春茶已开始抽芽，需要追施肥料，防治病虫害，确保“明[①]前茶”的收获。有时还有小股冷空气接踵而至，形成持续数天低温阴雨，对农业生产不利。

到了清明，气温回升，天气转暖。农民继续忙于春耕、春种。“清明春始草青青，种瓜点豆好时辰。植树造林种甜菜，水稻育秧选好种。”从前，在清明节这一天，有些人家都在门口插上杨柳条，还到郊外踏青，祭扫坟墓，这是古老的习俗。

到了谷雨，就是“雨生百谷”，雨水增多，利于谷类生长。“谷雨前后，种瓜种豆。”由于雨水滋润大地，五谷得以生长，农民继续忙于春种、春管。“谷雨雪断霜未断，杂粮播种莫迟延。家燕归来淌头水，苗圃枝接耕果园。”

到了立夏，雷雨增多，万物生长，欣欣向荣，农作物进入旺季生长的一个重要节气。“立夏麦苗节节高，平田整地栽稻苗。中耕除草把墒保，温棚防风要管好。”农民要忙于春栽、春管，有时需要排涝。

到了小满，大麦、冬小麦等夏收作物已经籽粒饱满，但尚未成熟，所以叫小满。“小满温和春意浓，防治蚜虫麦秆蝇。稻田追肥促分蘖，抓绒剪毛防冷风。”农民要忙于春管、春防，稻田施肥，麦田防病虫害。

到了芒种。“芒”指有芒作物如小麦、大麦等，“种”指种子。芒种即表明小麦等有芒作物成熟，可以收藏种子。芒种前后，长江中下游地区雨量增多，气温升高，进入连绵阴雨的梅雨季节，空气非常潮湿，天气异常闷热，各种器具和衣物容易发霉，所以在我国长江中、下游地区也叫“霉雨”。玉米间苗和定苗，稻田中耕勤除草。

到了夏至，这一天是北半球白昼最长、黑夜最短的一天。从这一天起，进入三伏天的炎热季节，万物在此时生长最旺盛。所以古时候又把这一天叫做日北至，意思是太阳运行到最北的一日。过了夏至，太阳逐渐向南移动，北半球白昼一天比一天缩短，黑夜一天比一天加长。要拔杂去劣选下一年度的种子，有时要防治冰雹灾害。

到了小暑，天气已经很热，但不到最热的时候，所以叫小暑。此时已是“三伏

① 明：清明节。

天”[①]的初伏前后。农忙时节犹如龙口夺食，抢时间中耕、培土，还要防雨、防火等。

到了大暑，正值中伏前后，要做好防暑降温工作，但也有反常年份。“大暑不热”，雨水偏多。这个节气雨水多，有“小暑、大暑，淹死老鼠”的谚语。要注意防汛防涝。大暑大热暴雨增，复种秋菜紧防洪，测预报告稻瘟病，深水护秧防低温。

到了立秋：从这一天起秋天开始，秋高气爽，月明风清，草木开始结果。此后，气温由最热逐渐下降。秋雨淋淋，需要防治玉米螟，田地要深耕，晾晒以备秋播。

到了处暑，暑气就要散了，正值秋收之际，降水十分宝贵。它是温度下降的一个转折点，是气候变凉的象征，表示暑天终止。需要加强粮、菜后期勤管理，平整土地，沤肥准备冬小麦的播种，蔬菜要防治病虫害，浇肥灌水。

到了白露，气温下降很快，天气凉爽，晚上贴近地面的水气在草木上结成白色露珠，由此得名“白露”。晚上睡觉要盖好被子，防治着凉。白天热，需要勤于添减衣服。地面水汽结露最多，是播种冬麦的好时节。早稻收割后，要放水晒田，忙于收葵花、摘苹果。

到了秋分，从这一天起，阳光直射位置继续由赤道向南半球推移，北半球开始昼短夜长。依我国旧历的秋季论，这一天刚好是秋季九十天的一半，因而称秋分。但在天文学上规定，北半球的秋天是从秋分开始的。水稻已经熟了，要抢时间收割，太晚受到霜露影响，水稻容易霉变。

到了寒露，气温继续下降，天气更冷，露水有森森寒意，故名为“寒露风”。到了寒露，则露水日多，且气温更低了。所以，有人说寒是露之气，先白而后寒，是气候将逐渐转冷的意思。而水汽则凝成白色露珠。草木枯萎，开始收获洋芋、甜菜、萝卜和白菜等蔬菜。农民一般在田里烧掉秸秆施肥。

到了霜降，天气已冷，开始有霜冻了，所以叫霜降。农民需要“抓紧秋翻蓄好墒，冻日消灌冬水，脱粒晒谷修粮仓”，霜对生长中的农作物危害很大。

到了立冬，即一年的田间管理劳动基本结束了，作物收割之后要收藏起来的意思。立冬一过，牲畜圈要修牢，准备防寒过冬。农民都将陆续转入农田水利基本建设和其他农事活动中。

到了小雪，鄂北、鄂西北开始降雪。此时为初雪阶段，雪量小，次数不多，逐渐进入封冻季节。栽葡萄树、银杏树等，用冬天的闲暇时间积肥料，继续进行农

① “三伏天”的“伏”就是指“伏邪”。

田水利基本建设。

到了大雪，神农架已经是“千里冰封，万里雪飘”的严冬了。农田要时耙耘保好墒，农民需要找肥源多积肥料。

到了冬至，阳光直射位置逐渐向北移动，北半球的白天就逐渐长了。谚云：吃了冬至面，一天长一线。牲畜圈里要放稻草，以备牲畜睡觉防寒。开始准备年货，杀猪宰羊，杀鸡熬糖。

到了小寒，冷气积久而寒。小寒是天气寒冷但还没有到极点的意思。小寒进入三九天，丰收致富庆元旦。冬季参加培训班，不断总结新经验。

到了大寒，其前后是一年中最冷的季节。大寒正值三九刚过，四九之初。谚云：“三九四九不出手。”大寒以后，立春接着到来，天气渐暖。至此地球绕太阳公转一周，完成了一个循环。

第二节 节令与农事

一年之际，进入立春，万物开始复苏，冬天的寒冷没有消退，冻土还没有融化，农田的事务不多，农民生活相对闲适。春季节日主要有：春节、元宵、上巳、清明等。人们在这些节日团聚欢悦、祭天敬祖、祈福还愿、鞭春劝农、走亲访友、拜大年、赏花灯、闹社火、过花朝，感应春气萌动，踏青郊游，临水祓禊等活动。通过春天的节日，播下希望的种子，企盼着秋天的好收成。

一、社节

社在古代指土地神和祭祀土地神的地方、日期和祭礼。传说是共工的儿子，“共工之子位社神”[①]。社指祭祀用的台，“二五家为社，各树其土所宜之木”[②]。“社”就是筑起一个高高的“台”，台上栽树或立石。古“社”字是土上立木(石)之像，此木便是社树。在这里，社树是大地的象征，是氏族、部落、族群的象征，对祭台和社树的毁坏，标志对该氏族、部落、族群的征服。“过社而摇其枝”，就是对祀

① 《春秋傳》。
② 《周礼》。

社者的侮辱。人们向社树求丰收,求子息。

楚人的社树是橘树。橘树跟着楚人走。鄂东一带的社树是樱桃树,“庭前春鸟啄林声,红夹罗襦缝未成。今朝社日停针线,起向朱樱树下行”[①]。社稷的“社”是土神,意象是国家的疆域;“稷”是谷神,意象是财富、经济基础。古代君主都祭社稷,就是祭祀土神、谷神。社稷,后用以借指国家。社日是指祭祀土神的日子,有春社和秋社之分。春社在立春后的第五个戊日,春天播种后向土地神祈求保佑丰收。秋社在立秋后第五个戊日。秋社送神,意象是以感谢土地神的恩赐,或向土地神献祭,以求秋天播种后的收获。随着时间的推移,人们重视春社,基本不过秋社了。社祭之日,人们在社树下围坐,举行献祭仪式,并且大吃大喝,欢歌狂舞,祈求土地神赐予丰收。社饭指祭社时所供的饭食。社酒指祭祀社神用的祭酒。社赛指祭祀酬谢社神的赛会。社肉指社日祭神的牲肉。

荆楚汉族祭社已经不多见,主要祭祀土地爷。每个乡村修建土地庙,以祭社。恩施州的“社节”遗留有传统祭祀习俗。社节是恩施最隆重的传统民俗之一,是恩施人每年必过的岁令节日。特别是恩施市芭蕉侗族乡和宣恩县椒园镇,当地人称为过社,规模不亚于春节,甚至持续时间比春节还长,在立春后第五个戊日——春社日前,即社期内进行,有“年前赶过年、年后望过社”。

恩施州的“社节”以祭祀、吃社饭和拦社为主。农民在祭社之前,准备糯米酒和社饭。早饭后,到土地庙祭祀,烧香化纸,祭拜社神,祈佑风调雨顺,五谷丰登,六畜兴旺。祭毕,与土地神共餐同乐。当天祭祀日不能晾衣、下地劳作、上山烧火、挑柴进寨等。

吃社饭。吃祭神后的祭饭。“社日,四邻并结宗会社,宰牲牢,为屋于树下,先祭神,然后飨其胙”[②]。“社日,采蒿作饮,杂以肉糜,亲邻转相馈赠,谓之社饭”[③]。社节来临,农妇上山采摘野生香蒿、野蒜、地米菜等。将野生香蒿洗净切碎,或者装入布袋,在水中反复搓揉,除净苦水;或者在锅中用文火焙烤,制成干品保存,俗称“社菜”蒸“社饭”。就是将“社菜”香蒿与腊肉丁、腊肠丁、腊豆干丁、野葱、大蒜、粘米、糯米等混合蒸熟。恩施人吃社饭,多请亲朋好友或左邻右舍合聚品食,并相互馈赠。由于社蒿(野蒿)具有很好的药理作用,能治疗和预防多种疾病,社

① 唐·张籍:《吴楚歌词》。
② 南朝梁·宗懔所著《荆楚岁时记》。
③ 清同治版《恩施县志》。

饭是土家人的传统药膳。吃社饭已从当初的祭祀文化演变成如今不折不扣的饮食习俗。

春社。这天,人们齐聚在社庙,点烛烧香,摆酒供菜,叩头礼拜,给土地神过生,以求五谷丰登,家庭和睦,兴旺发达。供品包括社酒、社肉(也称"福肉")、社饭、社面、社糕、社粥等。祭祀完毕,就将社酒、社肉、社饭分给参加祭社的人享用。

拦社。在春社日之前,到新坟上进行祭奠活动,祭扫新坟,是恩施社节中的另一个主要内容。三年内新丧人家在社日前为亡人拦社。请花锣鼓班子参与祭祀,俗称拦响社。花锣鼓班子可由主人家自请或由亲戚人家请。一个花锣鼓班子俗称"一拨锣鼓"。除花锣鼓班子外,还要添置旗、伞、宝盖等物,祭坟时插在坟上。这是一种仪仗形式,即以一定的规格送死者灵魂真正进入鬼魂世界。

四旗一伞二宝盖为一套。民间认为旗代表战旗,伞代表万民伞,宝盖代表銮驾。过去旗、伞、宝盖都是篾扎纸糊,现在一般用毛巾或被面代旗、布伞代纸伞。宝盖因工艺特殊,还是纸扎。新丧第一年在拦社时扎一台,新丧第二年在拦社时扎二台,新丧第三年在拦社圆坟[①]时扎三台,一般装饰有花鸟等,复杂的扎人物故事,如十八罗汉、八仙过海、双龙抱柱、观音坐莲、金童玉女等。第三年拦社圆坟时,要给坟墓挂红布祭幛,由最亲的后戚人家准备祭幛。挂祭幛时,有碑的坟在碑头扎成绣球状,无碑的坟沿坟环绕一周。主家邀请参加圆坟的至爱亲朋来家中一起过社。圆坟时祭祀肃穆虔诚,场面之热闹,氛围隆重,进餐时吃社饭,饮社酒。参加拦社的亲朋好友在社节前三十至四十天内不得参与红白喜事,女人和家有孕妇的男人禁止参加。

春节过后不久,在那桃红柳绿的时节,社饭的清香便会弥漫恩施城乡的各个角落。恩施境内土地庙遍布各地,凡节期庆典都要祭祀土地神。社期敬祀土地神,更是人们最看重的祭祀行为之一。社节承载了中国几千年来尊重自然、爱护土地的优良传统[②]。

民间"茵陈香蒿"俗信。三国时名医华佗为治病遍访民间偏方,发现绵软如茵的蒿子,嫩时采撷入药,能治黄痨病(肝硬化腹水)。一个曾被他认为不治的黄痨病人,因春荒无粮,只得采集蒿子嫩叶充饥,一两个月后竟然不治而愈。华佗

① 第三年拦社称圆坟。
② 详见恩施市文化馆"恩施社节"相关资料。

虚心求教，悟出清明前后冬去春来，阳气上升，蒿子还没有开花结籽，药力全在茎叶上，药力强，且色味俱佳。蒿子嫩叶软如茵垫，经冬不死，因旧苗而生。他形象地给蒿子取了个中药名——“茵陈”，还编了一首歌：“三月茵陈四月蒿，传与后人需记牢，三月茵陈治黄痨，四月青蒿当柴烧。”恩施社饭的主料是糯米。糯米滋阴，主要配料就是茵陈。蒿是菊科多年生草本植物，味苦，性微寒，归脾、胃、肝、胆、经，清热利湿，治湿热黄疸、小便不利等症。“茵陈”（茵陈蒿）这个药名一直沿用到现在。此药是中医治黄疸的常药。而四月当柴烧的青蒿，则被今天的高科技制成“青蒿素”成为治寒热病的良药[①]。

二、桂花节

咸宁是桂花之乡，植桂历史长达两千多年。“乘鄂渚而反顾兮，欸秋冬绪风”[②]。从郢都出发经鄂渚（今武昌）登岸南行的屈原过“步余马[③]兮山皋，邸余车兮方林”后，留下了大量桂花题材的文章。咸宁的桂花节与祭祀嫦娥密切相关。咸宁也是嫦娥之乡，与其说是桂花节，不如说是嫦娥节。桂花文化是嫦娥文化的载体和附着物，两者是相连的，密不可分的。嫦娥原名姮娥，是大羿（后羿）的妻子。“羿请不死之药于西王母，姮娥窃以奔月，怅然有丧，无以续之”[④]。荆楚出土文物验证了这一传说。“归妹曰：昔者恒我窃毋死之□□□（奔）月而支（枚）占□□□（说明：方框表示的是竹简上无法辨认的字）”[⑤]。咸宁祭祀和庆典活动，有的与桂花和嫦娥有着直接的关系。祭祀有敬桂花神、守月华、扛春神，庆典有结婚、撒帐等。

“穿白衣祭桂花神”[⑥]。各家各户在打桂花前，先要在自家最高大的一棵桂花树前敬香。敬香者为男性，一般为打桂花挥杆之人。他须洗手净面，一般穿白服行敬香之礼，表示对桂花神的敬重。男性上树打桂花，女性和伢崽在树下牵白布接花。牵白布也有讲究，来月经的女性不得靠拢桂花树，以免触犯桂花之神。

主祭人穿白衣，大概跟《唐明皇游月宫》有关。相传八月十五唐明皇站在高

① 详见恩施市文化馆“恩施社节”相关资料，或详见袁木兰整理的“说‘社’”相关资料。
② 屈原《涉江》。
③ 余马：今咸宁市咸安区彭碑。
④ 《淮南子·览冥训》。
⑤ 详见1993年出土于湖北江陵的王家台的秦简《归藏》。
⑥ 详见咸安区文化馆收集整理，雷顺祥讲述的资料。

处赏月时，谓道士叶净能说："月中之事，其可测焉？"净能奏曰："臣说恐无益，臣愿将陛下往至月宫游，看可否？"皇帝曰："何以得往？"净能奏曰："陛下自行不得，与臣同往，其何难哉？"皇帝又问曰："着何色衣服？"净能奏曰："可着白色锦衣。"皇帝曰："因何着白色锦衣？"净能奏曰："缘彼是水晶楼殿，寒气凌人。"皇帝装束便行。净能作法，须臾便到月宫。这个习俗因此延续下来，拜桂神祭月神都要白衣素服了。

"守月华"[①]。月华，即出现在月亮周围的光环。月华之状如锦云捧珠，五色鲜荧。桂花之乡的咸安人认为月华是嫦娥因思念后羿，从月宫现身。

咸宁人的守月华活动主要在桂花产地桂花镇一带。中秋时节，桂花盛开，香溢十里。桂花镇人认为桂花是嫦娥送来的，非常感恩。民间认为守月华祭祀月神，可以保佑风调雨顺打桂花，保佑来年桂花丰收。在八月十五中秋夜，在盛开桂花的树下，对着月亮进行祭祀。由道士或者民间巫师担任主祭。主祭人必须身穿白衣，表示对洁白月亮神的崇敬。一般有摆设香案，祭祀嫦娥；挂天灯，照亮天路；吹箫引凤，呼唤嫦娥；神歌演唱，思念嫦娥等步骤。

具体步骤分四步。一、开始：摆香案（祭品主要是月饼）、放铳、放鞭、挂天灯。二、请神：由主祭人唱请神歌或者读请神词。请神词："挥起鼓槌兮，打起鼓响；燃起鞭炮兮，高声颂唱；挂起天灯兮，将路照亮；迎接月神兮，降临我乡。"三、合奏祭祀曲：由民间乐班演奏《大开门》或其他敬神曲目。四、送神：由主祭人唱送神歌或者读送神词。送神词："祀礼告成兮，合打钟鼓；月华来临兮，众人歌舞；歌师领唱兮，从容合谱；永远不断兮，千秋万古。"

"扛春神"[②]。每年春节之后立春之前，有大型祭祀桂花神的活动，俗称扛春神。天寒地冻，人们都还在穿棉衣烤火取暖的时候，一名男子光着上身，下穿短裤，头上戴一用桂树枝条扎的圆圈，左手拿一个酒葫芦，右手持一把蒲扇，坐在竹椅上，四个人用竹杠抬着他游乡，一边两名护卫，每人手持竹片，不停向人群中搭泥巴，引起阵阵骚动。只听扮神者边喝酒边说道："好热，好热呀！"进了村后，扮神者口中念念有词："天灵灵，地灵灵，桂花仙子下凡尘。本仙来也。"接下来唱扛春神歌。

---

① 详见咸安区文化馆收集整理，顾明德、雷世民、雷顺祥讲述。

② 详见刘民的相关收集整理资料，王竹英讲述。

在这个村唱完了,又到下一个村,是一种游走式的祭祀活动。扛春神的装扮和表演,有一种原始宗教崇拜的余影。现在看来,扛春神也是一种宣传活动。春天来了,告诉各家各户要好好给桂花树复垦追肥,争取中秋桂花大丰收。

"桂花撒帐文、新娘赛嫦娥"[①]。新娘新郎进新房后,傧相要向新娘身上撒桂花、花生、枣子等。桂花是贵子,花生是生男又生女,儿女双全。枣子是早生的意思。傧相边撒边呼彩,其他人一起应和。

"桂花酿美酒"[②]。玉皇大帝和王母得知嫦娥背着天庭偷偷下凡,在咸宁西河旁边与一位名叫吴刚的英俊小伙一起生活,便派天兵天将把嫦娥捉回天庭,打入月宫。嫦娥走后,吴刚日夜思念她。他把对嫦娥的思念之情倾注在桂花之上,精心培植桂花树,常常带一把桂花在身边。八月中秋之夜,吴刚又在思念嫦娥,对着月亮喝起了闷酒。院子里突然刮起一阵旋风,把吴刚桌上的一棒桂花刮进了酒碗。美酒加桂花,喝起来又香又甜。

"嫦娥成仙"。嫦娥是由凤凰修炼而成的(当地人称凤凰为金鸡)。金鸡在咸宁市咸安区大幕乡钟台山的桃花洞中修炼,后来经过钟台寺中佛祖点化成仙。嫦娥见山下村庄大旱,她从桃花洞中打开桃花水救了当地民众。后来,村民集资修了一个道观叫桃花观,观中供有一尊木雕的嫦娥神像。武昌、大冶的人都到观里朝拜,说嫦娥仙有灵气,老者拜了能延寿,少妇拜了能添子,贫者拜了能赐富。

(异文)嫦娥是咸宁市咸安区桂花镇睏龙山下的一少女,那里有嫦娥梳妆的石像。嫦娥照例到崖上的一块石镜前梳妆。猪八戒装扮成一个化缘的假和尚躲在她身后偷看,被她的丈夫后羿打猎回来碰到。猪八戒吓得转身逃跑,后羿持箭在后头追。追到一块石壁下,后羿一箭射去,神箭穿身,将假和尚贴在石壁上不得下来。至今,石壁下的村庄仍叫石和尚。

"仙人蹬"。嫦娥修炼成仙要飞天,到底飞天在哪里起步呢?桂花镇盘源村山上有块巨石,光洁如镜面。据说,这块巨石就是嫦娥飞天时的垫脚石。石头上有嫦娥飞天踏的脚印。这地方人们叫它仙人蹬。

祭祀嫦娥习俗打破了汉族地区"男不拜月、女不祭灶"的习俗。从民间文化遗存来看,嫦娥已成为咸宁区桂花种植、生产的"保护神"。

---

① 详见咸安区文化馆收集整理,雷顺祥讲述。
② 详见饶才杰搜集整理。

第三节　汉族节日风俗

节日的起源和发展是一个逐渐形成，潜移默化地完善，慢慢渗入到社会生活的过程。荆楚是一个九省通衢、交通发达、人来物往的交汇地区。北与中原习俗文化互相渗透，西受川蜀习俗的浸染，东受到吴越习俗影响，南与湘粤习俗文化互相融合。

远古时期，楚人的习俗受到或多或少的改变。远古时，一年主要有立春节、火神诞辰节、春社社节、"大火"[①]节、上巳节、端午节、火节（或称星回节，或称火把节）、七夕、鬼节、祈月节（或称中秋节）、重阳节、大蜡节、太一节等。南北朝时期，荆楚地区传统节日已经有元月初一拜天地、祭祖先、贴春联、贴门神，放鞭炮、辟除邪恶的元旦节，元月初二的祭财神，元月十五的上元节（十三至十七为上灯节），二月二的龙抬头，三月扫墓、踏青、插柳枝于坟头的清明节，五月初五门前插菖蒲或艾蒿，食粽子的端午节，六月初六的晒衣，七月七的乞巧节，七月十五祭祖先的中元节，八月十五吃月饼的中秋节，九月九登高的重阳节，十月初一的送寒衣，十一月十五祭祖先的冬至节，十二月初八的腊八节，十二月二十三日的送灶神，十二月三十守夜迎诸神的除夕[②]。

一、汉族节日

荆楚汉族各地区承袭远古的岁时节日略有增减，侧重略有不同。一些节日人们普遍重视，一些节日各地偏爱的情况不一。山区较重立夏，沿江较重端午。湖北东、西部节日既有共同的，也存在不同，差异比较明显。鄂西北和鄂西南、鄂中江汉平原南部与北部，亦略有不同。有的重视七月半，有的重视七巧节。有的喜"闹花朝"，有的喜"荡十五"。过节的风味肴点或软曲粑，或绿豆粑，或鱼面，或春卷，或鱼肉分食，或吊锅台菜，喜好各异，习惯不同。湖北各地均有春节、元宵、清明节、端午节、中秋节、重阳节、腊八节、小年等节日。其中，鄂东地区主要有花

---

① 大火：二十八星宿中心宿第二号星。

② 南朝梁·宗懔《荆楚岁时记》。

朝、半年节、乞巧等传统节日，个别地区还有青苗会、观音会、鬼节、佛主会、灯火会、武圣会、五猖会、杨泗将军会、六月会、孟兰盆会、令公会等。鄂西地区主要有上巳节、寒食节、中元节、冬至节等，个别地区还有天贶节、嫁毛娘、磨刀节、晒衣节、打柴节等。

"过小年习俗"。有的地方二十三"过小年"，有的地方二十四"过小年"。"过小年"也是灶祭日，又称小除，又叫过"伢奀年"，打扫卫生、祭灶神。荆楚民间俗信，灶王爷自上一年除夕以来就一直留在家中，以保护和监察一家人。举行过灶祭后，揭去灶神旧纸像，换新像，又拟联"上天言好事，下界降吉祥"，正式做迎接过年的准备。从此夜起，灶头点盏麻油灯到正月十五以后。罗田人观看灶灯的亮度，占卜新年丰歉。改革开放前，农村生产队在"过小年"前分红[①]，企业发清职工的工资和奖金，分发春联。有的地方从此日起开始杀年猪、办年货、打豆腐、扯挂面，扫扬尘、洗衣被、操办年事，赊欠挪借的"有钱还钱，无钱交言"。年前讨账不算小气。是日夜，备酒菜、香烛，"送灶神"、"接祖宗回家过年"。旧时守岁烤火叫"换贴门神、挂门钱，挂红灯笼，洗澡，换新衣服。"

在春节前扫尘搞卫生，是我国人民素有的传统习惯。办年货包括鸡鸭鱼肉、茶酒油酱、南北炒货、糖饵果品，都要采买充足，还要准备一些过年时走亲访友时赠送的礼品，小孩子要添置新衣新帽，准备过年时穿。过了二十三、二十四，新婚男女要到舅家、姑家、女方外婆家"辞年"。

"还福"时间在腊月二十八至三十晚，山区有火塘的地方把火烧旺，挂吊锅，放了鞭炮、祭祀祖先后，聚各样菜于一锅且煮且食。有的于节前在住宅的大门上贴用红纸写成的春联。屋里张贴色彩鲜艳寓意吉祥的年画，门前挂大红灯笼或贴福字及财神、门神像等。福字还可以倒贴，路人一念福倒了，也就是福气到了。所有这些活动，都是为节日增添足够的喜庆气氛。黄梅县有送节习俗，到墓地向已故祖先辞岁。或在吃年饭前，或在吃年饭后，焚香化纸，添上新土。路远的，腊月二十八前后提前辞岁。

民间习惯将腊月二十三(或二十四)"过小年"到第二年正月十五的时间称为"春节"。其中，腊月二十三到年三十这段时间叫做"迎春日"，办年货也叫"扫尘日"，是备节时期。黄梅有"二十四，打扬滞(即扬尘)；二十五，打豆腐；二十六，剁

---

① 分红：生产队根据每个农民的工分，计算一年农民应得的收入。

年肉；二十七，拿起笔(写春联)；二十八，‘福’(杀)鸡鸭；二十九，家家有(样样有)；三十夜，砣啦啦”的童谣。实际上备年从冬月初就开始了，烫豆粑、蒸糯米粑、晒冻米，给全家添置新衣服、剃年头等。

“年三十习俗”。年三十的春节欢庆方式有贴春联、贴门神、吃年饭、祭祖先、放鞭炮、拜年、放压岁钱、辟除邪恶等习俗。人们的年俗庆祝活动异常丰富多彩。过大年是我国民间最隆重、最热闹的一个传统节日。旧有“穷人过年如过劫”的说法。旧时守岁烤火叫“换岁火”，睡觉的叫“享福”，有的亲友聚在一起打牌。春节的历史很悠久，它起源于殷商时期年头岁尾的祭神祭祖活动。

大年三十早上，家家张贴春联。春联越来越大，金字，有花纹，也有墨印、墨笔书写的，长年不褪色。春联贴在门柱上，“门神”贴大门板上。门神模拟秦叔宝、尉迟恭像。罗田、英山等一些地方人家不贴对联和年画，只在门墙贴“新年大吉”、“不禁童青，万事如意”等。户户置办美酒佳肴，准备团年。团年前先祭土地，祭祖先亡灵，希望土地神保佑来年五谷丰登，先人神灵保佑全家健康，同时表达后辈对已故先人的孝敬之情。有的聚族到祖堂、祠堂祭祀祖宗，按辈分高低年纪大小的顺序叩拜，旧时敲磬三百六十响。凡这一年家中有喜事的，都会自带鞭炮到祖堂来燃放。近二十年作兴放礼花炮，鞭炮也越放越长。

吃饭前要燃鞭炮，关上大门。除夕中午吃“团年饭”。吃年饭(也叫“还福”、“吃团圆饭”)。家中菜肴要有公鸡、鸭、鱼、肉、豆腐、芋圆、鲤鱼等，青菜豆腐寓意一清二白，芋圆寓意遇缘，鲤鱼不刮鳞，鲫鱼四至八条不刮鳞，因鲫、吉同音，有吉利之意。过年要大鱼大肉，一般人家十碗八碗。吃年夜饭搛菜不能从盆底往上翻，放碗时碗底须剩一些饭菜，叫有吃有剩。年饭一般都煮得多，够吃几天。饭桌上的东西掉在地上不捡，忌说破口话。有的人家墙上贴有“不禁童言”的红纸条。一家人最好一个不缺，已故的亲人也留其座位。春节是个欢乐祥和的节日，也是亲人团聚的日子，离家在外的孩子在过春节时都要回家欢聚。放鞭炮是吃年饭的标志，放长鞭显示年事的丰盛。

团圆饭后小孩开始给家中长辈和左右邻舍“拜跑年”，长辈要给压岁钱，邻舍要拿出瓜子糖果招待拜年者。晚上要燃起大树蔸守岁，火要烧到第二天早上不熄，预示新的一年红红火火。全家围坐火盆旁，叙家常，直至深夜，此为“守岁”。夜半子时，鞭炮齐鸣，辞旧迎新。旧时，五更时分要“出天行”，其时内外灯火通明,堂上拜“天地君亲师位”,室外拜“财神”、“喜神”。

饭后,打扫庭街,备足食用水,并放鞭封井,此后两日,不担水,不扫垃圾,不泼水室外。说话要“禁嘴”,不要说“砖消瓦败”之类的“破口话”,如大蒜只能称“佐料”(讳“散”),睡觉称“挖窖”,火熄了要说“圆了”等等。除夕夜通宵不熄灯,俗称“三十夜里火,月半(元宵节)晚上灯”。

当晚,各家堆草屑在大门前烧烟火。相传它原是反抗元朝残暴统治的联络信号。在堂屋烧明火,表示生活越过越“红火”。罗田、麻城一带山区的人家特备干树蔸朋柴而烧。麻城东木人有句俗语“老米酒,蔸子火,除了皇帝就是我”。农家老人从火堆中取红裳十二枚,摆在坟上,观其燃灭情况,预测明年十个月晴雨变化。腊月三十夜,也叫除夕,又叫团圆夜。在这新旧交替的时候,守岁是最重要的年俗活动之一。除夕晚上,全家老小都一起熬年守岁,欢聚酣饮,共享天伦之乐。也有民众看罢“春节大联欢”电视节目,不约而同放鞭炮焰火,喧闹一阵而后“封门”歇息。待第一声鸡啼响起,或是新年的钟声敲过,街上鞭炮齐鸣,响声此起彼伏,家家喜气洋洋,新的一年开始了。

“正月初一习俗”。春节是中国的传统节日,是农历正月初一,又叫阴历年。俗称“大年”。《荆楚岁时记》记载南朝时春节正月初一有“长幼悉正衣冠,以次拜贺,进椒柏酒,饮桃汤。进屠苏酒、胶牙饧,下五辛盘[①]。进敷于散,服却鬼丸[②]。各进一鸡子。造桃板著户,谓之仙木。必饮酒次第,从小起”。辛辣的刺激类食物,在春节食物丰裕期间可以解决因噎废食的状况。《荆楚岁时记》记载,“正月七日为人日。以七种菜为羹[③];剪彩为人,或镂金薄为人,以贴屏风,亦戴之头鬓;又造华胜以相遗。”《老子》记载春节人日有“众人熙熙,如登春台”。《楚辞》也记载春节人日有“目极千里伤春心”。在正月初七,有登高迎春祭祀的习俗。

---

① 晋·周处《风士记》:“元日制五辛盘。”原注:“五辛,所以发五藏之气。即大蒜、小蒜、韭菜、芸薹、胡荽是也。”

② 却鬼丸:《荆楚岁时记》隋注记载了这样一个传说,江夏刘次卿在正月初一清晨到集市上去,看见一个书生到了集市,众鬼都躲避起来了。刘次卿问书生说:“你有什么方术能做到这样呢?”书生回答说:“我本来没有什么法术,只是出来的那天,我的师傅给了我一颗丸药,用红色的袋子包着,叫我把它系在臂膀上,预防邪恶之气罢了。”于是刘次卿就向书生借了这种丸药,到曾见到过鬼的地方去。果然,各种鬼都逃跑了。因此现在很时兴这种丸药。丸药的处方是:用武都雄黄丹散二两,用蜡调和,使它像弹丸一般。正月初一早晨,男子佩戴在左臂上,女子佩戴在右臂上。

③ 七宝羹:用芹菜、芥菜、菠菜、青葱、大蒜等七种菜果做成的菜羹。

按照我国农历，正月初一古称元日、元辰、元正、元朔、元旦等，俗称年初一。到了民国时期，改用公历，公历的一月一日称为元旦，把农历的一月一日叫春节。腊月过了一半，荆楚各地就开始有了年终的气氛，街上有了西瓜子、花生米、年糕等各种各样的年货出售。此外，印着灶王爷、门神、财神的“年纸”，象征喜庆吉祥的“年画”、“春联”也纷纷上市出售。春节期间儿孙拜父母尊长，谓之“拜年”，长者赠给儿孙“压岁钱”。初一拜父母，初二拜丈母，初三、初四拜朋友。机关、团体、企事业单位时兴春节举办“迎新春团拜会”。居民则注重合家团聚，拜亲访友。

民间尚有“过年”说，“年”是一种为人们带来坏运气的想象中的动物。年一来，树木凋敝，百草不生；年一过，万物生长，鲜花遍地。年如何才能过去呢？需用鞭炮轰，于是有了燃鞭炮的习俗。这其实也是烘托热闹场面的又一种方式。

每到初一这天，家家户户争相燃放爆竹，以吓退怪兽。“正月一日，绘二神贴门户左右，左神荼、右郁垒，谓之门神。”为祈求平安，人们还在门户上贴门神、挂桃符来驱逐邪恶。旧时很多人家在大门边贴“开门大吉”、“出方大利”的红纸条。开门即放鞭炮。乡下先到祖堂，把鞭炮点燃，对天地作揖，四方都拜，以求方方大利。鄂东地区初一凌晨，当家人先起来，开门放鞭，俗称“出方”。初一凌晨零点，人们纷纷出家门，放炮出天方。从火灶、火塘里取半燃的柴头甩到门外，旋即出门按农历所示的“大利”方向望天而拜。浠水、蕲春一带尚有“牵牛出方”习俗。初一早餐吃汤圆，或吃鸡汤糍粑，取昌吉、圆满。尔后，主妇给小伢换干净衣服到邻居拜年。邻家主妇送瓜子、花生、板栗、糖果等。男女老少人人穿戴整齐，到亲戚朋友和邻居家拱手作揖，相互祝贺拜年。人们频频举杯，畅饮丰收美酒，年幼者首先品尝，享受着节日的优待。

“正月初二习俗”。男子到亲友家拜年。拜年限于上午，下午去拜年人家不高兴。去拜年时要燃放爆竹。新婚夫妻回娘家拜年，则由娘家燃放爆竹接待新姑爷。堂屋摆上香烟、瓜子等。

“正月初三习俗”。吃“开张饭”（新鲜饭）。到亲友家拜年留下吃饭，舅子、女婿、外甥吃鸡腑子，以示礼遇。初一至初三，债主一般不来，商家歇市三日。这三天卜卦、送财神、打蓬花落等活动频繁。

从初一到初五为止，新年的各种禁忌将解除。初五又称为“破五”。从初六起人们开始做家务，干农活。初七以后去拜年，长辈不高兴。从十三到十七为“灯节”，商店、大街上到处张灯结彩、玩狮子、舞龙灯、采莲船、唱地方花鼓。《太平广记》载：在江陵，提灯祭是在一月十五日举行。这天无数的男男女女沿着河边走过。十五日既是灯节的中心日，又是元宵节。人们把它看做新年的最后一天，吃元宵，逛灯会，喜庆万物更新，新的一年有一个好开头。这样，自“过小年”以来近一个月的荆楚正月节令活动便告结束。

“元宵节习俗”。元宵节，又称“上元节”，即阴历正月十五日，是我国一个重要的传统节日。在古书中，这一天称为“上元”，其夜称“元夜”、“元夕”或“元宵”。“元宵”这一名称一直沿用至今。由于元宵有张灯、看灯的习俗，民间又习称为“灯节”，玩龙灯、看龙灯。玩龙灯大都从初三开始，二十几日结束。元宵节晚上是高潮。“三十火，十五灯，过了十五没洋经(没趣味)。”还有猜灯谜、“荡十五”、“赶菜虫”、“请紫姑”、“诅咒老鼠”、踩高跷、吃元宵、“送灶神”、给祖先坟台“送亮”、“送烟包”等等风俗。我国古代历法和月相有密切的关系，每月十五，人们迎来了一年之中第一个月满之夜，这一天理所当然地被看做是吉日。早在汉代，正月十五已被用作祭祀天帝、祈求福佑的日子。后来古人把正月十五称“上元”，七月十五称“中元”，十月十五称“下元”。最迟在南北朝早期，“三元”已是举行大典的日子。“三元”中，上元最受重视。到后来，中元、下元的庆典逐渐废除，而上元经久不衰。

鄂东一带，十五清晨，人们吃罢元宵(或称鸭蛋酥)，更换衣裳，扶老携幼，慢慢“荡”到戏场。晚上，男人先回“送亮”(给祖先坟台插蜡烛)，妇女随后“荡回”，俗称“荡十五”。晚上，农民到菜地烧烟包，祈祷“赶菜虫，虫赶走了，赶到湖里吃藁草”，俗称“赶菜虫”。在广水一带，晚上让小孩拿着葫芦瓢，边敲边祈祷“葫芦瓢，敲敲敲，敲得老鼠生儿不长毛”。俗称“诅咒老鼠”。

黄陂的元宵灯会以祭祀花木兰为主。木兰山北麓建有将军庙。明末祭祀活动达到鼎盛。据传，万历后期的一年新春，众道聚玉皇阁，观峰下将军庙祭祀木兰将军的活动。道长玉宗感慨曰：“热闹热闹真热闹，木兰山快比不了将军庙。”辽东巡抚张涛奏疏朝廷，题建木兰殿、木兰将军坊、娘娘殿的举措，使木兰山的道教在万历时得到了较快的发展。

当阳正月十五的元宵节，俗称“过小年”。晚上家家户户彩灯通明，县城的

"灯展",乡村的龙灯,还有狮子舞、采莲船、高跷、蚌壳精、皮影子戏、八仙等习俗活动。每家必备糯米汤圆、元宵团子,意为合家团圆,美满幸福。晚上,要赶毛狗。白天各家备好干柴、柏树枝、竹子等,在房侧高地搭起"毛狗棚",晚上放火烧棚,鞭炮齐放,众人大声吆喝"毛狗子呜嗦!"村村遥相呼应,此起彼落。"赶毛狗",意在驱逐一切灾祸。"毛狗"即"灾祸"。

汉川人认为过年为小,正月十五为大,俗称"年小月半大"。元宵节这天,多以吃月半团子和汤圆,以示团圆。月半团子是用大米粉炒熟后调和,内包红白萝卜丝、干子丁等馅,也有的用肉或红糖作馅。月半团子做成球形,蒸熟后食。汤圆用糯米粉搓圆,有的内包红糖、桂花等,煮熟或油榨。汤圆亦称元宵。夜晚城镇张灯结彩,大街小巷玩龙灯、划彩船、跳竹马、踩高跷、舞狮子、蚌壳精、猜灯谜、放焰火。农村说善书、赛花灯,甚是热闹,俗称"闹元宵"。逢龙灯至,请入室穿堂而过,以求"除魔驱邪,求福降至,来年吉祥"。

"花朝节习俗"。民间认为二月十五,一说为十二,或说为二十二,是百花生日,也称"花神节"。古有"花王掌管人间生育"之说,民间选此日婚嫁的很多。此时,草青叶绿,百花并来尽红。妇女只肯踏青,不赏花。罗田、英山等地的农妇采嫩蒿(俗呼"软曲")舂烂和米粉制作"软曲粑",作为节日食品馈送亲友。各地都接班唱戏问花朝。新洲旧街、麻城朱埠盛行花期物资交流会。其间,还有戏曲、武术、杂耍、游艺等活动,热闹非常。参加的人超越乡境,县域。

有的农家用糯谷爆禾泡,以示丰登大熟之意。女孩子要在这天穿耳环孔。择此日结婚的多,取花好月圆、良辰美景为吉庆。晚上烧花灯,头年结婚的新妇,由娘家和内亲送来观音送子灯和麒麟灯,要在这天晚上烧去麒麟灯,而观音送子灯则待新妇生子后的次年花朝节晚上烧去。

"寒食节习俗"。寒食节,亦称"禁烟节"、"冷节"、"百五节",在农历冬至后一百零五日,一般是清明节前一两日。当日禁烟火,只吃冷食,有祭扫、踏青、秋千、蹴鞠、牵勾、斗卵等风俗活动,称为民间第一大祭日。有的人们携带纸钱酒馔,到先辈坟前摆上祭品,鸣放鞭炮,称之"扫墓"。

"清明节习俗"。清明节祭祖扫墓,也叫"做清明"。清明节盛行踏青上坟,时间限于节前三天、节后四天,逢"隔"回避;死者的第一个清明必须提前做。各家用彩纸做成各式纸幡,系于小竹竿上,称为"清明吊",携带祭品赴亲人坟前祭扫。

鄂东山区的人们在坟上培土，压张纸钱，或作五色纸花绑竹竿、术棒上标坟，俗称“标亲”。房前屋后要伐的大树在清明这天才能够伐。同姓族人聚集在一起到本族祖坟，或自家祖坟上祭祖，向列祖烧香叩头，鸣放鞭炮，燃烧纸钱，将坟土加以修饰。现在，机关单位、学校、城镇居民有时会组织去烈士陵园、名人墓地祭奠。

“甘蔗节习俗”。武昌曾有甘蔗节习俗，民间认为农历三月二十八这天吃甘蔗可以清火明目。“三月二十八，洪山敬菩萨。钱多吃甘蔗，钱少吃麻花。”这天也是东岳大帝的诞辰，各行各业的手艺人停业休息。寺庙举行“天齐会”。现在没有该习俗了。

“端午节习俗”。五月五日俗称“小端阳”，五月十五俗称“大端阳”，二十五为“老端阳”，或“末端阳”。一般重视小端阳。活动方式多样，有“插艾”、“包粽子”、“做香壤”、“煮盐蛋”、“配制雄黄酒”、“送瘟神”、“赛龙舟”等活动，意在镇邪压魔，免除灾祸。民间常在临河傍水的地方举办划龙舟竞赛活动，竞赛时设“标”，获第一名者谓抢头标。据传，老端阳划了龙船，水势大。

鄂州纪念屈原划船比赛的船，大都是偷来的。比赛前一天，参加赛船的人在江河湖港间选定赛船以后，并不告知船的主人，主人即便发现形迹可疑，也装聋作哑，并不防范。夜晚，人们带上船桨，悄悄奔向目标。准备好后，放鞭炮向船主传递信号，此船将去为主人争光。赛后，偷船者各在所偷的船上搭一条红布，敲锣打鼓，送还原处。同时燃放鞭炮，通知主人完璧归赵，多谢主人。

端午节这日，家家门前悬挂艾和菖蒲，插在门头、窗头。有的人家还在门上贴钟馗画像“驱邪”。室内阴暗处焚雄黄粉。放雄黄爆竹，水缸里投“管仲”消毒除虫，小孩身上擦雄黄药。中午烧香敬神，全家团聚，穿夏令时装，谓之“摆端阳”、“过端阳”。“做香壤”，即用五彩丝线作袋若猫头状，内装蒲艾等药物，给小伢佩戴，为驱蛇、蝎、蜂、蚊、蝇瘟疫五毒，“送瘟神”。用竹篾扎龙船，先请道士打醮，再宰雄鸡，将鸡血涂抹船头、船尾，着四健汉抬龙船奔向荒郊，道士执桃弓柳箭追赶，至空旷处停止，纵火焚烧。黄石西塞山是将“神舟”送到长江，让其漂走。农村主妇要采集蛤蟆叶(车前草)，洗净、晒干与挂艾和菖蒲一起收藏，到夏天用于驱蚊逐虫。节日食品有粽子、蛋、新麦粑、鸡蛋糕、水晶包子、皮蛋、盐蛋、蛋糕。黄梅滨江沿湖一带以“划龙船”欢度，历久不衰。龙舟头部竖木雕龙头，尾部安丈余长的木棹。一人驾棹，一人击鼓，一人鸣锣。划船手由身强力壮的青年人组成，九至十五对不等，每人一把桡板，分坐船两边，最前面的叫"划破水"，伏在船上；最后面的叫"划八梢"，仰在船上；驾棹的掌握方向，鸣锣击鼓的掌握节奏。划船比赛距离一二里远。沿途人请亲戚看船，亲戚送礼。看热闹的以麦粑、鸡蛋、糕点招待选手。

"磨刀日与龙晒衣"俗信。当阳民间认为，五月十三是关羽磨刀日。这一天玉泉小关庙、关陵都要举行祭祀仪式，许愿还愿者甚多。人们以这一天的天气预测下月天气情况。"你不给我磨刀雨，我不准你六晒衣。"意即五月十三无雨，六月初六就会下雨。农历六月初六家家将所有的衣物、戏服搬到屋外让太阳暴晒，称为"六月六，晒红绿"。俗称"龙晒衣"。晒后衣物不带日荤气味，能长期保持干燥，不霉变，易于保管。在这一天要晒宗谱和书籍，由保管宗谱者及祠堂管事者在这一天慎重地将宗谱摆在木板上晾晒。家中木桶木盆等家具，也要在这一天拿出来放在太阳下晾晒，并抹上桐油。

"乞巧节习俗"。民间相传七月初七夜是牛郎织女鹊桥相会的日子，入夜躲在芭蕉树下能听见俩人哭诉。年轻女子拜祭织女，就着月光穿针引线，名曰"乞巧"。人们仰望天空，观赏巧云，比着吃热腾腾、香喷喷的汈汊菱角，看谁吃得多、吃得快。俗称"咬巧"。弘治《黄川府志》载"是夜，民间陈瓜果于庭，拜牛女星，以乞巧"。次日晨有蜘蛛结网其上，俗称"得巧"。郧西妇女都要穿针引线，做香包、绣球、鞋帽、枕头、服装挂饰等刺绣物品，大多送给准情郎或是心上人。谁做得快，谁就能得巧。汉川俚歌："七月七日翻巧云，搭起鹊桥迎亲人。牛郎织女喜相会，天上人间多少情？姐妹们，好开心，合起菱角摆星星，南斗星、北斗星、牛郎星、织女星、大姐摆个金牛星，他是一个牵线人。还有二姐手法高，摆的是个梭子星，金梭子、银梭子，月姐帮我几梭子，织成缎、织成锦、织出人间多少情。小幺妹，手多巧，偷偷地，不吭声，织个月亮圆又圆，织个月下会情人。"郧西人家喜欢种植凤仙花(指甲花)，到了七月初七这一天，这里的已婚妇女、姑娘都要采集各种鲜花，放在盛着水的铜盆里，露置院中，第二天取来搽面，据说可使皮肤娇嫩白净。也有些人则用指甲花，取汁染"红指甲"。不管是搽脸、染指甲，都会得巧。大多数郧西妇女为了得巧，到了七月初七这天晚上捣碎指甲花，再放些明矾在指甲盖上，外面包上核桃树叶，再用花线缠住，第二天指甲就变红了，而且色泽红艳，不易褪色。

“中元节习俗”。农历七月十五日，俗称“月半节”，又称“鬼节”、“盂兰盆节”。俗话说：“七月初一鬼门开”，“年小月半大，神鬼也歇三日驾。”当天晚上，百姓常焚香化纸，奠水酒，接新旧亡人回来过节，悼念祖先亡灵烧包袱。包袱上要写清楚自家祖先的名号及本地土地神名，希望土地神维护秩序，使焚化的纸钱顺利转达到已逝的祖先的手中。中元节这天，食品为明菜花、油饼、乳糕、年糕之类，用以祭祀祖宗。在人死三年孝满后，有的在七月十一或初九日，将供放在堂屋的纸扎灵堂拿出去烧，称“除灵”。超度亡灵，赈济孤魂野鬼。有的请道士做斋、念经“超度亡魂”。夜里要“放河灯”，江陵尚存“放河灯”习俗。河灯是用红纸或绿纸剪出四个花瓣，中间装上灯油灯捻，点燃后放于水面。因灯形似荷花，因而又称荷花灯。有的敲锣打鼓，有求子、求寿者在河中抢头灯的习俗。中元节也是亲人聚会的日子，届时，出嫁女要回娘家省亲，过月半。

图 7-1　冥币(正面)

图 7-2　冥币(背面)

“中元节”初为佛教节日，为追荐祖先而举行，寺庙要举行“盂兰盆会”，道观要设普度坛。“盂兰盆”是天竺语，意为“解救倒悬”。传说释迦弟子目连见其母在地狱受苦，如处倒悬。目连十分不忍，求佛祖超度。释迦牟尼要其在七月十五僧众安居终了之日，备百味果实，供养十方僧众，可使其母解脱。佛教据此兴起“盂兰盆会”，后演为民间节日。戏剧有《目连救母》。

“中秋节习俗”。中秋节，又称“团圆节”，有“开天门”之说。传说谁有幸看见月亮开花，便可多子多福。旧时月饼由长辈按人数切成小块，不在家的将其一份留着，表示合家团圆。现在很少人家这样做。人们把圆月作为团圆的象征，吃饼赏月是中秋节的主要活动，晚上一家人聚集在一块守月华，大冶阳新、咸宁一带盛行此俗。是夜陈列团圆果品于月下，在阳台或楼顶，一边吃月饼、喝茶，一边谈天说地。配以团圆茶、团圆酒，赏月、食果品、饮茶酒、讲嫦娥奔月的故书，谈论秋收的厚报，表达家人团聚的喜悦心情。其间，还以果品馈送亲友、师长，向岳丈家送节茶、送月饼的习俗。其时，亲朋好友互赠月饼，晚上全家老幼聚集门前赏月。汉川月饼始于元代，有六百年的历史，其原料用面粉调和，内馅用冰糖、桂花、青梅等烘熟。乡村有“拖木”和“摸秋”的习俗，晚上三五成群，外出偷摘他人田地瓜果。如果摸得南瓜，就象征“得男”，将其系上彩红，送往无子家，祝人早生贵子。被盗的人不仅不怪，且以能成人之美为乐。

“重阳节习俗”。农历九月九日谓之重阳节，今称为老年人节。旧有祭祖和登高以避灾、避邪的习俗。合族男丁抬上猪头三牲、酒果祭品，到祖先坟前祭拜；祭后，大鱼大肉饱餐一顿。年逾花甲或古稀的老人，不分男女，每人另赠白肉。有用麻雀豆、绿豆拌糯米煮食，登高，饮菊酒、插茱萸等习俗。人们信奉重九插茱萸可避邪。三五成群登山观景，俗称“重九登高”，可消灾、避祸。有城乡居民依俗例以缸置米酒于自家门前，任人品赏。其酒名为“缸面子酒”。斯时，亲朋邀约饮宴，或怀亲思远，或互道祝词，或咏诗放歌。现今重阳节，已定为“敬老节”。每逢节至，老人们或聚会或赏菊，尽享天伦之乐，村干部带上肉、酒、糖，到年逾八旬的老人家里看望；退休人员的所在单位，组织他们外出旅游或集餐。

“腊八节习俗”。腊月初八吃腊八粥，民间将大米、花生米、红枣、黄豆、绿豆、豌豆、核桃、葡萄、莲子等五谷杂粮合在一起煮粥，名曰“腊八粥”，以这种方式品味一年的劳动果实。“腊八粥”品种越多越好，但不得少于八样。黄冈、新洲人认为是“撤痢菩萨生旧”，吃腊八粥免生癞痢。相传，朱元璋幼时家很穷，冬月常挖鼠洞取粮充饥。一次从一鼠洞得五谷百藏若干，合而为粥，香甜可口。做了皇帝还念念不忘，每逢腊八必令御厨烹饪。后传出宫，民间纷纷效仿。《荆楚岁时记》

记载，腊月初八除了“村人并击细腰鼓，戴胡头，及作金刚力士以逐疫”，分享用大米、红枣、薏仁、莲子等食品熬成的腊八粥之外，还有“其日，并以豚酒祭灶神”。很多农村妇女在这天做“腐乳”、“豆豉”，会味道鲜美，可长久保存。

“三月三、打柴节等习俗”。荆楚地区各地风俗不一，习性有别，除了以上共同节日外，还有三月三、打柴节等其他的节日。

二月龙抬头。二月初二是土地爷的生日。一个土地神，要管十家左右，每家只供一年。这一天，这十来家的人们在一起庆贺，把土地爷从这一家搬到那一家，还要烧香敬神，是一个吉利的日子。汉川一带流传三月三地米菜挂门闩。据传：地米菜挂了门闩，热天黑夜蚊子少，又吉利。此时也是人们踏青扫墓的日子。上巳日各家悬荠菜于门上，且在这日扎纸鸢出门放风筝。民间有“杨柳青，放风筝”的歌谣。亦有人选当地名胜或风景幽静处，结伴寻芳探胜，欢乐幽会。

吃新节。七月初一是新米炊饭的“吃新节”，要打鲜鱼、宰鸡鸭为菜，改善生活。罗田有歌“山里伢好伤心，过了立夏望吃新”。同时掐几刁谷穗置土地、社庙前供神。农人烹饪早熟果实“品新”，外出亲人赶会“试新”，初嫁女回娘家“分新”，亲友邻居间互相“赠新”，无不郑重其事。

打柴节。传说农历十月十六是寒婆婆过江拾柴的日子。民间多以这一天阴晴占冬季寒暖。为这一天晴天，无风无雨，说明她过去了，来年非有倒春寒不可。反之，说明她没有过江拾柴，来年就不会出现倒春寒。此日晴，寒婆婆过江打了柴，此年冬天就会冷；若此日阴雨，寒婆婆不能过江打柴，她就不让下雨雪，这年冬天就会多晴日。

郧西一带，盛行十月初一“送寒衣”的寒衣节，民众以此日为寒婆婆上山拾柴占卜冬季寒暖。

冬至节。冬至日以后要新添寒衣，开始腌制鸡鸭鱼肉以备过年之用。咸宁乡村有在这一天穿“冬至萝卜”的习惯，用长篾或铁丝，将新鲜的萝卜串起来晾晒，制成萝卜干。

民众在现代节日元旦、三八国际劳动妇女节、三月十二日植树节、五一国际劳动节、五四青年节、五月十二日国际护士节、六一国际儿童节、七一中国共产党的生日、八一建军节、九月十日教师节、十一国庆节等节日里有举行婚庆的习惯。近年来，国外二月十四日情人节、四月一日愚人节、五月第二个周日母亲节、六月的第二个周日父亲节、十二月二十四日平安夜、十二月二十五日圣诞节等一些节日，也渗透到国内某些城市的民众生活中。元旦节，元月一日，俗称阳历年。

二、节日趣俗

人生活在这个世界上，从生到死每个环节都与社会发生关系，要受礼仪的制约。不懂礼的人难"立身处世"。岁时节日里，呼朋交友、迎来送往、请客送礼等等，无不需要懂得各地的礼仪习俗。平时，人在生产、生活、学习、交游、过节、待客、仕客中必须晓之以理。有些礼仪过于繁琐，渐被虚弃；有些礼仪不合时宜，得以改造；有些礼仪怪癖，不能通行；有些礼仪简便易行，则传之久远。麻城望花山"背祖人"回家过年，其他地方的人认为不可思议，则不能播布流传。来客奉茶、让坐，见面让道、点头、问好、握手简单易行，这些礼仪传承久远。节日礼仪在春节得到集中体现，其他节日零星有点特殊礼仪。

骂人本来是不文明的言行，但中秋节骂人"摸秋"，骂得理所当然，被骂者心安理得，有越"骂"越"欢"。骂人却成为沟通感情的一种媒介，很有人情味。还有结婚日骂媒婆，骂偷梁木"贼"，骂许久不见好友，夫妻间的"骂是亲，打是爱"等别有趣味。

熬糖是一种颇费时间的劳动，在冬至到腊月过小年间，各家各户要熬制米糖，或苕糖等。民间认为熬制了糖的人家，可以封住灶王爷的口。民间为官人家腊月二十三过小年，一般民家在二十四过小年，水上人家则为二十五过小年。小年后要将屋子进行一次大扫除，"腊月二十四，掸尘扫房子"，室内屋外，房间屋后，彻底进行打扫，衣被用具、洗刷一新，干干净净地迎新春，俗称"灰尘藏魔鬼"。

春节里到亲朋好友家和邻居那里祝贺新春，向长辈叩岁俗称拜年，拜年要跪拜，长辈给"压岁钱"红包，因为红色象征活力、愉快与好运。派发红包给未成年的晚辈①，是表示把祝愿和好运带给他们。平辈相互道贺俗称贺年，双手作恭贺状。

春节燃放鞭炮、张贴春联、年画、耍龙灯、舞狮等等样样有礼仪。如，团圆饭前的鞭炮要响，更要长，一般有家主放鞭，不能够捡人家过年的鞭炮，否则表示不尊敬人家。春节舞狮活动必须伴随着锣鼓声，人们一般不站在狮头前欣赏，狮头面对的方向不是主人，就是神灵。在别人家门前舞狮，要面对家主。

踩高跷的人要化装，足踩三四尺的木跷，手执扇子，舞来舞去，有对舞，也有

① 未婚者表示未成年。

三人起舞,俗称“高人”,人们不能在踩高跷人中穿梭,对自己不吉利,需要在旁翘首仰望。

“耍龙灯”,也叫“舞龙”,又称“龙灯舞”,没有生小孩的人家,则往往偷偷扯一根龙须带回家,大龄男青年往往偷偷跨过龙身,以求来年找个女朋友。要参加考试的读书人,就摸一摸龙珠,以求来年有个好成绩。

端午节家家户户悬钟馗像,挂艾叶菖蒲。七夕姑娘们要穿针引线,青年男女送定情物。送礼给女孩要送能够永久保存的物品,送礼给女孩父母要送饮食类物品。如果送的不对,不送礼比送错礼更好。

第四节　少数民族节日风俗

一、土家族、苗族节日风俗

土家族除年节外,还以四月十八和六月初六为大节。土家人过年比汉族提前一天,叫“过赶年”。如果农历腊月大就是二十九过年,腊月小就是二十八过年。一到腊月,家家户户要杀年猪、打糍粑、磨豆皮、煮甜酒、赶场打年货等等,“春来忙田,腊来忙年。”到了过年这一天,每家每户都要把屋内外打扫得干干净净,贴上春联,吃团年饭,放爆竹,人人洗澡后换上新衣服。晚上,一家人坐在火坑旁烤大火、守岁,小孩等长辈给压岁钱。零点时候,各家又要燃放爆竹,称作“出天行”。从正月初二开始,人们就要带上糍粑、面条、白酒和腊肉或猪蹄等东西去亲戚家拜年,正月十五日拜年结束。

民间“过赶年”说。明嘉靖年间,湖广土司奉调征讨倭寇,率士兵战于江浙前线。春节前,预计倭寇可能在过年时,乘我军不备,采取突然袭击。于是就提前一天过年,做好应战准备,严阵以待。三十那天,倭寇果然向我大举进攻,我方突然向敌人进行反击,敌人大败。以后土家人就提前一天过年,来纪念祖先这次赫赫功勋。

民间“过赶年”亦说。土家祖先在一次战争中失败了,提前一天过年,准备撤退。在过年时,偷偷在堂屋里杀猪,并藏在门背后,用蓑衣盖起,以免被敌方发现。

在团年的席上只坐三方，靠近大门的一方空着，以观察敌情。席上办有大肉，每人一块。如敌人来了，好拿着边走边吃。这就是杀猪在门后和吃大肉的由来。

苗族重视过“小年”。所谓“小年”，即苗年。过小年是相对过大年而言，过大年与汉族时间相同。过小年是从每年正月初一算起，逢“午”日或逢“子”日都过小年，因此苗族兴过两个年。过小年时很隆重，那天美味佳肴，十分丰富，衣着讲究，梳洗装扮一新。先祭祖宗，然后合家取箸共餐，欢快非常。

正月十五元宵节，又称上元节、正灯节、花灯节，是土家人重大的喜庆节日。晚上，各家各户在屋内屋外都要点上灯（蜡烛）、吃汤圆等。有舞狮子、玩龙灯、演板凳龙、猜灯谜等活动。龙象征着吉祥，人们迎接龙灯意味着迎接吉祥。龙灯最少有九节，加上前面的宝珠，要有十个灯，再加上宝珠前还有排灯，少则几十个，多则几百个，浩浩荡荡，灯火通明。

四月初八“牛王节”是土家族、苗族的共同节日。已有三百多年历史的来凤县高洞、旧司、大河等地，在村寨场坝中供一纸扎牛头模型，摆上食物，叩头祭奠，还围着牛头和牛王牌位，赤裸着上身跳舞，法师则赤脚登上高耸的刀梯进行表演。

民间“牛王节”说。有年四月初八这天，土司带兵与敌交战失败且负了伤，被敌人追赶不止。正在无计可施时，又被一条大河挡住去路。正在这时，忽然来了头大水牛，将土王驮过河去，免除了性命之忧。为感谢牛的救命之恩，土王便把这天定为“牛王节”，还修建有牛王庙。

民间“牛王节”亦说，相传很久以前，居住在这里的苗族人靠捕猎野兽和采摘野果度日，长年身受饥饿的威胁。寨子旁边有一个天湖，据说天湖那边种有金灿灿的仙谷。人们对于能吃到天湖那边的仙谷米非常向往。但天湖深而无际，波涛汹涌，无法渡过。为了生存，一些年轻人冒着生命危险，扎起木排想渡过天湖去盗仙谷，可总是一去不归，葬身湖底。苗家山寨的强壮小伙子越来越少，剩下的都是老弱病残、孤寡年幼者，只能在饥饿和野兽的威胁中苦苦挣扎。

天湖旁有一头因犯天条被玉帝罚下凡间受罪的神牛，它被苗家青年舍命渡天湖的精神所感动。一天深夜，它潜水偷渡过天湖，进入仙谷田里一阵乱滚，让身上沾满了谷粒，但在潜回时身上的仙谷被水冲走了。幸好，神牛鼻子尖尖上和耳朵里还有几十粒仙谷没被冲走。它把谷送给了当地的苗族人。从此有了谷种，连年五谷丰登，过上了好日子。但神牛却因身受重伤和苦累，死于农历四月初八。苗人非常悲哀，便将神牛厚葬。并在每年的农历四月初八这天，给所有的牛披红挂彩，用最最隆重的礼仪来祭奠神牛。由此形成了“牛王节”。

向王节是鄂西土家族的祭祀节日。传说向王生于武落钟离山赤穴。向王不仅是土家人的远祖，而且是开辟清江的人。民间还流传着一首歌谣：“向王天子一支角，吹出一条清江河。声音高，洪水涨，声音低，洪水落。牛角弯，弯牛角，吹成一条弯弯拐拐的清江河。”六月初六这天在清江河遇难。为了纪念他，人们在清江两岸修建了向王庙，每年六月初六这天，驾船的、放排的行到向王庙前时，必须鸣放鞭炮，张灯结彩，一边祭祀，一边祈求向王天子保佑航行平安。人们都要换上干净的衣服，到向王庙去烧香进贡果。

恩施民间“六月初六晒龙袍”说。元朝，朝廷派兵镇压土家族人民，民族英雄覃土王抗击暴元，在六月初六这一天不幸战败，血染战袍。但他宁死不屈，终被元军杀害。因覃土王战袍上绣有龙，故称龙袍。从此，每年的六月初六，当地各家各户都要以晒衣服代替战袍，表示哀悼。六月初六这天，家家户户把家中的衣服、被子、书画等物搬到太阳底下暴晒，借用阳光杀死蛀虫及细菌，同时达到防霉、防蛀的作用。

七月初七女儿会发端于恩施市的石灰窑和大山顶，是土家族、苗族的情人节。节日当天，凡欲择婿的女孩儿将自己最漂亮的衣服都穿上，上衣穿滚有多道花边且衣袖又短又大的左襟大褂，下着八幅长裙，把长的穿在里面，短的穿在外面，一件比一件短，层层都能被人看见，俗称“亮折子”。姑娘们赶会时，捎带一些土产山货，伪装赶集售物，把背篓里的土产山货摆在街道两旁，自己则稳稳当当地坐在倒放的背篓上，等待意中人来买东西。欲觅对象的男子则身背空背篓，假装购物，看中哪位姑娘，走到姑娘面前搭讪“购物”。在“讨价还价”中，各显才智，增进了解。若讲不下来价，表明姑娘不答应，小伙子应知趣的走开；反之，则表明姑娘有意相许，于是双方退出闹市，找一僻静处自订终身，通过女问男答的对歌形式，互通心曲，以定终身。

“女儿会”分对歌相亲、考验定亲、拔河争亲、拜堂成亲四部分。土家青年男子向自己心仪女子发歌，以歌代言，倾吐心中爱慕之情，姑娘若看中男子，则向自己的如意郎君抛香袋。另外，土家青年男子以拔河比赛竞选女婿，准姑爷客过吃土家盖碗肉、抵竹竿关，男女双双“边边会”。

八月十五中秋，又称“仲秋节”、“团圆节”。恩施土家人也有祭月、拜月、赏月、吃月饼和“摸秋”等习俗。传说元朝为了强化统治，给恩施地区一带五户人家派一名官兵监督，也就是五户人家供养一位官兵。这位官兵倚仗权势，无恶不作，使这一带的山民深恶痛绝。山民们便决心除掉这个官兵，于是约定八月十五这天晚上统一行动，行动暗号叫“摸秋”。结果，全部除掉了这批无恶不作的官兵。为了纪念这个有意义的日子，当地人便把“摸秋”作为一种娱乐活动流传了下来。后来的“摸秋”是指当天晚上，农村的青年到地里“偷”人家的瓜果吃。但这种“偷”是善意的，不在“偷”得多，只要“偷”到手吃了，就表示有收获。被“偷”的人家不管发现与否，都是不能骂的，这与汉族不同。第二天大家见面了，都会告诉对方昨晚“摸秋”的情节。

二、其他少数民族节日风俗

荆楚地区的少数民族众多，每个民族的年俗也各不相同。侗族的节日以春节、祭牛神(农历四月初八或六月初六)、吃新节(农历七月间)较为普遍。有些地区还有在十月或十一月过侗年。由于民族之间的交往，侗族也有清明、端午、中秋、重阳等节。侗族春节流行过“重年”。过重年就是一天吃两次年饭，第一次吃白饭或吃青菜稀饭。民间认为侗人祖辈穷，年三十无米下锅，只能吃点青菜稀饭，待上山挖了蕨菜之后才有了一顿稍微丰盛的年饭。第二次吃“合米饭”和丰盛的酒肉饭。相传朝廷捉拿侗人，各家各户于年三十吃了几口饭就跑，天黑时才安顿下来，但发现带来的菜和饭已混到一起了，于是就弄一餐“合米饭”吃了。一般人家过侗年时杀鸡宰鸭，宴请亲友。侗族人民认为在五谷丰登、六畜兴旺、一切农耕事务完毕的秋后，便是劳作的一年已经过去，新的一年到来的时候。因此，有些地方把农历十一月当做新春的岁首，有的地方则视为旧年的终末。这被认为是旧岁已去、新年到来、禾谷满仓、禽畜满圈之时，家家杀猪宰羊庆贺，年复一年而沿袭成侗族的新年吉庆。

侗族也有二月春社之日吃社饭之俗，但不搞什么活动。做社饭的方法是用野菜、野蒿、腊肉、花生、胡萝卜……和多种蔬菜切碎搅和糯米同蒸，加入油盐即成，吃起来别有风味，其功能是防疫去瘟，促进健康。节日期间，各家或杀猪宰羊，或杀鸡杀鸭，请客访友，宴饮作乐。节日前一天，备豆腐、鱼虾，当晚用酸水煮熟，经一夜冷却成“冻菜”，节日当天便以“冻菜”祭祀祖先。是日，侗家备好各种酸菜、冻鱼、糍粑以馈亲友，叫“吃杨粑”。过农历大年时，对方要如数奉还，称“还杨粑”。

侗族在“六月六，早禾熟”时也有尝新节，有的地方择吉日尝新。尝新节是侗族地区共同的节日，各地尝新节内容大同小异。尝新节这天，狗是上宾，新米饭煮出来，让狗尝过以后人才尝。因为传说远古时期，洪水滔天，绝了谷种，是一条白色的神犬漂洋过海，在西王母的晒谷坪里打了一个滚，满身粘谷粒，在回来时身上的谷粒被水洗掉了，只有狗翘在水面上的尾巴尖带着几颗谷粒。人类靠这几粒谷种才发展到今天。为了不忘狗的功劳，因此新谷登场要请狗先尝。

民间认为，在很久很久以前，世上刚有五谷杂粮，人们还不会管理，五谷杂粮长得不好，产量低，人们饥一餐饱一餐，艰苦度日。有一天中午，人们都在睡瞌睡，飞山神杨再思给人们托梦说：“要想五谷长得好，得靠粪水淋青苗。”人们醒来一讲，都是同一个梦，大家认为这是祖德和天意。于是都把厕所里的粪水挑去淋庄稼。只六七天工夫，庄稼就长得青枝绿叶，根粗苗壮，这年获得好收成，人们过上吃饱饭的日子。原来飞山神托梦这天，正是六月初六。

后来侗家人在这一天，就要把刚成熟或接近成熟的谷物摘取下来，煮成新米饭，伴以鸡、鸭、鱼、肉供奉祖先，不忘恩德，并取名为“尝新节”，沿袭至今[①]。

湖北有钟祥市九里回族乡、洪湖市老湾回族乡、仙桃市沔城回族镇、郧西县湖北口回族乡等四个回族聚居地。回族的传统节日是与伊斯兰教分不开的，主要有开斋节、古尔邦节、宰牲节、圣纪节等。

开斋节是回族的主要节日之一。“开斋”是阿拉伯语“尔德·菲图尔”的意译。中国通用汉语的穆斯林视开斋节为盛大节日，称之为“大尔德”。时间是伊斯兰教历十月一日。是日早晨沐浴盛装，喜气洋洋地赴寺参加会礼，并按规定交纳开斋捐（即索德盖·菲退勒），借以完善全月斋功，周济贫穷，共度佳节。会礼结束时，互道“色兰（目）”，表示节日祝贺，并依礼俗宴请宾客，互赠节日食品。穆斯林有的在家诵读《古兰经》，祈求真主赐福；有的游坟诵经，悼念亡人。按规定，傍晚日落而食，东方鱼肚白停止餐饮，是谓“封斋”（守斋、把斋）。庆祝开斋节则含有纪念艰苦、克服困难、取得胜利的意味。回回封斋控制饮食，律己怜贫，磨砺

---

① 详见米凡的相关整理。

意志，耐力耐心。回族历经坎坷，备受艰辛，依然能自立于当今世界民族之林，靠的就是顽强的毅力和坚忍的耐力。在开斋节那天，穆斯林要穿着节日盛装，点燃芭兰香，到清真寺参加会礼，庆祝节日。

宰牲节，是阿拉伯语“尔代·阿祖哈尔”的意译。又称古尔邦节。伊斯兰历十二月十日为古尔邦节，即自封斋日算起一百天为古尔邦节。古尔邦、阿祖哈尔含有“牺牲”、“献牲”之意。是回族仅次于开斋节的盛大节日。回族隆重过这个节日，有提倡牺牲自我，献身人类之精神的意思。

古尔邦节起源于一个伊斯兰教故事。相传真主为了考验先知伊卜拉欣的忠诚，在夜里降梦给伊卜拉欣，叫伊卜拉欣宰杀自己的儿子献祭。伊卜拉欣毫不犹豫地照办了。在他要用刀子切割亲生儿子伊斯玛仪的喉管时，真主便派使者用一只黑头绵羊替代了伊斯玛仪。宰牲节这一天，大家都要严整衣冠，沐浴馨香，着节日盛装，齐集清真寺，到清真寺参加会礼。回族群众根据自己条件宰鸡、宰羊、宰牛，然后分成“份肉”(一份一份的肉)接待宾客或分送亲友。过节期间并相互串门祝贺，到处是一派欢乐的景象。也有的穆斯林祭坟扫墓，诵经祈祷，缅怀先人。

圣纪节是回族重要节日之一，是伊斯兰创始人穆罕默德的诞生纪念日。是阿拉伯语“茂鲁德节”的意译，与开斋节、宰牲节并称为伊斯兰教三大节日。亦称“圣纪”。据传，阿拉伯太阴历元年(象年)三月十二日(571 年 4 月 20 日)为伊斯兰教创始人穆罕默德诞生之日。希吉莱历十一年三月十二日(632 年 6 月 8 日)又是先知穆罕默德归真之日，故称“圣忌”。穆斯林习惯上把生日和归真日合并纪念，亦称“圣会”。届时，穆斯林聚众举行纪念活动，诵经、赞主赞圣，宣讲穆圣传教历史和圣训以及个人生平事迹等。在清真寺诵经纪念，然后与会者会餐，炸油香，吃打卤面、全羊菜等；宰牛羊集体设宴庆贺，表示对穆圣的缅怀。

第八章 其他习俗拾遗

荆楚民众生活既有习俗信仰、惯习,也有地名、器乐、游戏、竞技等充满智慧、诙谐与趣味的习俗。荆楚地区婚礼上的“公公背新娘”习俗,充满了诙谐与趣味。这些习俗寄托了当地居民的特殊情感、语言本色、心理状态、风俗习惯、时代印记,往往赋予某一事象特定的吉祥意涵。在漫长的社会历史演变中受到发展水平的制约,传习演绎而成地名、民乐、趣味别号(称呼)、0酒令、游戏等习俗。其吉祥意涵的赋予,经历了从当地少数人使用到逐渐为众人所知,直至被社会大众广泛使用。趣味习俗有描绘自然景观的、人文历史的,还有寓托思想感情的、古老原始吉祥意涵移用的等。

第一节 地名、国名与雅号、别号

湖北人历来重视名称的取舍,喜欢以名正德,以名正行。命名(婴儿命名在第一章已经介绍,这里不再介绍)是一件十分庄重而讲究的礼仪习俗。赋予某一特定空间位置的专有名称,往往寄托了当地居民的特殊情感。地域专有名称经过传习而成自然或人文地理实体。地名类型有描绘自然景观的、人文历史的、寓托思想感情的、古老原始名称移用地名序号等。名称是否吉祥,是社会发展、民众生活、民众情感的一件大事。

一、地名

地域命名方式多种多样,有以江河、湖泊、溪、泉、塘、潭命名的,有以地理山川、岭、冲、沟命名的,有以动植物命名的,有以田畈、堤岗命名的,有以历史事件、活动命名的，有以建筑物、屋宇命名的，有以十二生肖、方位、姓名命名的，有以声音、数字、颜色、使用工具、地理环境命名的，等等。

"江河、湖泊命名"。人的方位感觉最初表达为河湖、山川等自然地理景象。以各种自然景象命名是一种初级认知世界的描绘，一种自然心理的流露，是一种对事物客观的概括。湖北因在洞庭湖之北，取名"湖北"。潜江市因境内有河道分流汉水入长江，取"汉出为潜"而命名"潜江"；又因湖港交织，滩涂众多，该市乡镇地名以"口、滩"居多，如，积玉口镇、浩口镇、熊口镇、泽口镇、竹根滩镇等等。宜昌古称"夷陵"，因"水至此而夷，山至此而陵"而得名。远安县古称"临沮县"，西汉武帝建安元年"以其临沮水"而取名临沮县。仙桃市原称"沔阳县"，因在沔水之北①而得名沔阳（古称江、河北岸为阳，南岸为阴）。襄阳因在襄水之北而得名。浠水县，古称希水县，在希河以西而命名"希水"。一江一湖，一河一滩均成为地名的命名要素。

"山川、峰石命名"。湖北省有以境内"诸山崇聚"而命名的"崇阳"县②再现江南丘陵起伏的美景。汉江边的天门市因境内西北有天门山而得名。九宫山优美风光所在的通山县，以通羊、青山二镇各取一字命名"通山"。横跨"九曲回肠"荆江两岸的石首，因"有石孤立"于城区江边得名。黄石市古称黄石矶，"江之右岸有黄石山，水迳其北，即黄石矶也，一名石茨圻，有西陵县也。③"因其"石色皆黄④"故名黄石矶。古称阴国的老河口市，因位于荆山山北而得名"阴国"（古称山南为阳，山北为阴）。荆门则因在荆山之头的荆门山，东南面向广阔的江汉平原，犹如荆山的门户而命名"荆门"。历史上地处荆山南面的荆州，因其南有长江，东南有洞庭湖，东接水泽遍地的古云梦泽⑤，而命名"荆州"。利川市因清江自西向东横贯境内而镶嵌于平川大坝与山地丘陵两岸，为有利之川，故名"利川"。罗田县骆驼坳镇因其地形如"骆驼"而得名。一山一川，一石一域，构成眼花缭乱的地名。

"动、植物命名"。以农业为本的祖先，常与动、植物为邻，故为我们留下许多

---

① 沔水之北：我国古代将河流的北岸称为"阳"，南岸称为"阴"；山南为"阳"，山北为"阴"。下同。

② 清・顾祖禹《读史方舆纪要》。

③ 北魏・郦道元《水经注》。

④ 章学诚：《湖北通志》，湖北教育出版社 2002 年 4 月版。

⑤ 《禹贡》记载，荆州为大禹时的九州之一："荆及衡阳惟荆州"，意思是北起湖北省南漳县一带的荆山，南到湖南省南岳衡山以南的广大地区，都是古代荆州的范围。

动、植物地名。谷城“因神农氏在此尝植五谷得名”[1]，蕲春则以“水限多蕲菜”（水芹菜）得名。来凤县以翔凤山上飞来凤凰的传说而得名。鹤峰县以“白鹤绕峰岭，青山伴鹤舞”而显名。建始县因其历史上玉米出名，每当秋天一到，放眼望去，到处是金灿灿的一片，所以人们就叫它金建始。等等。这些以动植物命名一方。

“大千世界命名”。以经济立市，也以经济命名。如，曾为楚国都城郢外港的沙市，在唐代位于古长江与沮漳河、夏水之间三角洲顶端，以鱼米著名的市镇而称沙头市，简称沙市。监利县则在三国时期东吴“令官督办”以监盐渔之利，而从华容县划出一小块地方设立监利县。

有的与流民侨居有关。如，东晋时期，庐江郡松滋肥（今安徽霍丘县）的流民避兵乱到荆州一带，官府侨置流民，取名松滋县，从此县名延续到今。

有的与宗教关系密切。如，武穴市原称广济县。在唐代天宝元年间（742年），因与河南永宁县和江南东道永宁县同名，乃取佛教语“广施佛法，普济众生”之意改名广济县。

“文学命名”。有的与《诗经》相联系。如，原称沙阳县的嘉鱼县，在南唐借《诗经·小雅·南有嘉鱼》：“南有嘉鱼，烝然罩罩。君子有酒，嘉宾式燕以乐”而命名嘉鱼县，后历代相沿。有的取于诗篇、文章。如，赤壁古称“蒲圻”，因孙权作“蒲草千里，圻上故垒；莼蒲五月，川谷对鸣”的诗句得名蒲圻。长阳以“佷阳古地，夷水名疆”为称。

“皇事命名”。有的与皇帝帝号同名的，如，咸丰县取“咸庆丰年”之意。也有表达皇帝隆恩的，如，乾隆元年（1735年）建县的宣恩县取“传布恩德”之意。有的因皇帝分封而得名，如，樊城因公元前827年周宣王封仲山甫于樊而得名。

与三国时期相关的还有宜都市、公安县等。建安十五年（210年），刘备改临江郡为宜都郡，取“宜于建都”之意，命名“宜都”。昔称七省孔道的公安，在刘备领荆州牧时，扎营油江口，改孱陵为公安县，以图谋霸业。

“史事命名”。有的与军队、战争相连。如，在南北朝时期，当时后赵南侵西阳郡、县，麻秋的军队在今麻城市地域筑城以守，因而将该地称为麻城。仙桃的命名也与战争有关。明末，李自成起义军逼近沔阳时，明朝官府增兵驻守布防，取名曰“仙镇哨”，后在此设行政机构“仙镇公署”，命名为“仙桃镇”。1986年，撤

---

① 元·朱思本《九域志》。

沔阳县建市，以县治地名为市名。保康因“邑归属房，宋雍熙三年(986年)置保康军，邑名始此[①]”而得名。

“地名互换”。两地地名互换，特别是相同地域范围，地名更迭，名称移用成为民俗流传的一种客观现象。如，武昌与鄂州地名互换。三国时，孙权自公安迁来鄂县(今武汉市武昌区)，取“以武而昌”之义，改鄂县为武昌县。唐时，行政与军事机构分开设立，行政机构设在今鄂州地界，军事建制武昌军设在今武汉市武昌区。元朝成宗大德五年(1301年)，鄂州路改称武昌路，武昌路行政机构设在今武汉市武昌区，武昌县行政机构设在今鄂州地界，隶属于湖北道武昌路。四十五年后，武昌路改为武昌府，武昌县隶属武昌府。明朝，有江夏县、武昌县，均属湖北武昌府。民国二年(1913年)，废武昌府，改为武昌县，取消江夏县。亦说为纪念辛亥革命改江夏县为武昌县，寓“因武而昌”之意。改今鄂州地界的武昌县为寿昌县，次年改寿昌县为鄂城县(因有鄂王岳飞，故名鄂城)。

按方位、地理、地貌、地质特点，气候特征取名，或精心或随意命名。社会在发展，生态在演变，环境在变化，地名也在不变中变化。经济的发展，社会的进步，历史的变迁，地名所指的一些地方，原意(义)有的已经发生了变异，有的地名固定下来，特别是一庄一湾，一巷一陌的地名不再改变。如，以田畈命名的，以弄、陇、地理环境命名的，以岜(山)、岭、冲、沟命名的，以溪、泉、塘、潭命名的，以湖泊、河流、水库命名的，以物产、铺、建筑物、使用工具命名的，以数字、颜色、声音、姓名命名的，以经济、生活状况、行为、活动、历史人物、历史事件命名的，以民间传说、方位、生肖命名的。许多地名，形象风趣，丰富多彩，耐人寻味。

二、国名

荆楚地区诸侯国国名，集中地反映了人们对吉祥名称追求的习俗。先秦时期的夏、商、周三代，湖北地域先后存在系列诸侯国，名称各异，趣味盎然。

庸国(位于今湖北竹山)是商代部族或方国之一。庸国的庸本义指用，需要。“庸，用也[②]。”庸(动)会意的小篆字形，从用，从庚。“庚更”同音，表更换，先做某事，然后更换做别的事。庸是指有一定劳动经验的人。“我生之初，尚

① 清同治丙寅年《保康县志新纂》
② 《说文解字》。

无庸”[①]。上古时期，能够从事农业生产，掌握农业劳动技能是了不起的事，是一种功劳，“畴咨若时登庸”[②]。在西周周成王时，封鲁侯以“山川”与“土田附庸”[③]。“庸”指从事农业生产劳动的人。周宣王时，封申伯于谢，“王命申伯，式是南邦。因是谢人，以作尔庸”[④]，意思是把谢地百姓赐给申伯从事农业生产劳动。庸在商代是商王朝统治下的一个部族，或侯国，或方国，都城建立竹山的方城山。“方城山，庸之都城。其山顶上平，四面险峻，山南有城，长十余里，名曰方城”[⑤]。方城遗址的城墙历经三千余年风雨仍然屹立，表明庸人的建筑艺术高超。庸人的军事艺术水平也较高，“惟庸人善战，秦楚不敌也”[⑥]。商纣王对东夷用兵时，周武王亲率“戒车三百乘，虎贲三千人，甲士四万五千人，以东伐纣”[⑦]，“庸率卢、彭、濮等八国以兵相从”[⑧]。周代，庸国因率群蛮伐纣有大功，被封子国。公元前611年，庸国率领南蛮附庸各国的军队会聚到选(今湖北枝江)大举伐楚。楚与秦、巴三国联军大举破庸，庸都方城四面楚歌，遂为楚、秦、巴三国所灭。

楚国是周代的诸侯国之一。楚国的“楚”本义指一种落叶灌木或小乔木的植物，开青色或紫色的穗状小花，叶有长柄，掌状分裂，鲜叶可入药，亦称牡荆。牡，本义指雄性。牡荆意指一种有任性的植物。楚与荆指代同一种植物。“楚，丛木也，亦名荆；荆，楚木也”[⑨]。楚棘，又名荆棘。枝干坚韧，枝条可编筐篮等。古时占卜用荆木制成木棒以灼龟，也可以做杖，曾是古代的刑杖。楚国女子“好细腰”。后来人们将本义指草木丛生的“楚楚”，代指娇柔纤弱。如，门前垂柳，楚楚可人。楚国由夏商时代生活在熊山(今属河南郾城县)的芈部落穴熊逐步发展而来，后迁到陕西渭水域的荆山、楚水叶。周初年，鬻熊是周文王老师。越过秦岭沿着淅水南迁。鬻熊曾孙熊绎在荆山一带(今湖北南漳、保康一带)，僻处荆山，跋涉山

① 《诗·王风·兔爰》。
② 《书·尧典》。
③ 《诗·鲁颂·閟宫》。“附”应该读为“仆”。仆是指军事守卫者，庸是主要使用在生产劳动上的被奴役者。
④ 《诗·大雅·崧高》。
⑤ 《括地志》。
⑥ 《古代战事考》。
⑦ 《史记·周本纪》。
⑧ 《尚书》。
⑨ 《说文解字》。

林。周成王封熊绎为楚君，以子男之田，以事周成王，立为国家，国号为荆，荆楚开始跻身于诸侯之列，居丹阳（今湖北秭归），直到春秋初改为楚国。

随国（一说位于今湖北应山，一说位于今湖北随州）是周代的诸侯国之一。随国的"随"本义指跟着、顺从，任凭。随亦作隨，"从也"[①]。"隨"是《周易》六十四卦之一，属于杂卦，卦象为"泽中有雷"[②]，卦形震下兑上，意为"随无故也"[③]。随国，历经西周、春秋时代、战国时期。公元前706年，楚国攻打随，以逼周天子晋升其爵位。遭拒绝后，公元前680年熊通亲率大军再次征讨随国，大获全胜，随纳入楚国。熊通自称"楚武王"，成为天下诸侯中第一个敢于自己称王的国君。

扬越（即扬粤）是周代的诸侯国之一，位于今湖北中部江汉平原一带。夏朝称"于越"；商朝称"蛮越"或"南越"，周朝称"扬越"、"荆越"、"荆蛮"[④]。扬越泛指生活在汉水以南的部族。古代认为天上星与地上地区对应，故有许多地名星官。越是星官名，位于女宿。越即粤，古代粤、越通用，也称百越、百粤。扬，从手，昜(yáng)声。"扬飞举也"[⑤]，金文字形，像用双手举起"玉"，本义高举。商朝初期，商王朝对"荆蛮"的侵伐，使得"汉南之国"（即汉水以南的各部落）纷纷归顺。商中期，商王朝与"荆蛮"之间主要是战争关系，"挞彼殷武，奋伐荆楚，罙入其阻，裒荆之旅"[⑥]。西周中期，周昭王曾三次南征，都遭到"荆蛮"的强烈反抗。昭王十九年，周师还济汉水，全军覆没，昭王本人也死在汉水中。"南巡不返"，"卒于江上"。周夷王时，熊渠乘机出兵攻打扬粤（即扬越），扬越为楚所灭。

偃姓州[⑦]国是周代的诸侯国之一[⑧]。"州"本义指水中的陆地，"州"后作"洲"，是"洲"的本字，"在河之洲"[⑨]。从甲骨文的字形看，两边的曲折线像河流，中间像水中的陆地，"水中可居曰州"[⑩]。从小篆的字形看，像两个"川"字相重合。江汉平原水系发达，河网密布。以州为国名恰如其分。州国，一说在

---

①⑩ 《说文解字》。
② 《易·随》。
③ 《易·杂卦》。
④ 黄现璠撰《试论百越和百濮的异同》。
⑤ 《说文解字》。又如：扬，举也——《小尔雅》。
⑥ 《诗经·商颂·殷武》。
⑦ 《广雅》：州，国也。
⑧ 历史上有姜姓（今山东）、偃姓（今湖北）两个州国。
⑨ 毛本：《诗·周南·关雎》。

今湖北监利县东；一说在今洪湖市境内的黄蓬山。“州，古国名，偃姓，在今湖北洪湖东北”①。公元前701年春，楚武王灭州国②。

权国是周代的诸侯国之一。权国的“权”本义指黄花木，黄英③。意为草木萌发的状态。形声字，从木，从雚声④。木是指由木头做的称杆，雚的草字头指民众，双口指众多的民众之口。意思是，在众多的老百姓心里，大家都说好、赞成、同意，权力才被许可。权国是由商武帝武丁的后人在周初被封于权地(今湖北江汉平原一带)而建立。春秋时期，权国被楚武王打败，向西迁徙，后被巴国灭亡。

绞国是周代的诸侯国之一。绞国的“绞”本义指用两股以上的细长条扭结成一根绳索，“两绳相交而紧谓之绞”⑤。是会意字，从交、从糸，表示与线丝有关,交亦声。在山涧，绞当是绞国人重要的活动或工作，亦或一种重要的生产、生活工具。绞是偃姓国，皋陶的后裔。绞国（今湖北郧县西）是位于湖北西北的汉水中上游地区的一个小诸侯国。公元前701年，绞国帮助郧国攻打楚国。第二年，楚国屈瑕率军讨伐绞国，绞国战败，被迫与楚国签下的城下之盟。

鄀国是商代的诸侯国之一。鄀由“若”和“阝”构成。若，择菜也，从艸右，右，手也⑥。本指一种香草，“杜若，香草。⑦”后成为古代神话中的一种树名“若木”。甲骨文、金文“叒”，即“若”字，是“桑”字的树冠形状；甲骨文的字形像一个女人用手将香草插到头上；亦是一种祭祀先祖女性之物，“勖帅以敬先妣之嗣，若则有常”⑧。“阝”同“阜”。“阜”的本义是土山，原始山坡的象形，从“阝”的字，一般与高坡深谷的山地有关，如：陵、陡、险。阝同“邑”。“邑”的本义是国家，从“阝”的字，一般与地方有关，如：邦、都、郊。鄀是一个有许多香草的国家，或者是祭祀以“若”为图腾的国家。鄀为若敖建立。鄀原在湖北钟祥北面汉水边，春秋时迁到河南淅川南边内乡县境，称为下鄀。若敖是楚王熊的儿子，楚武王的祖父。本姓允，在位不久死去。由于在位时间不太长，被称为“敖”。“若”是他

① 《辞海》。
② 《春秋左传》。
③ 《尔雅·释木》。
④⑤⑥ 《说文解字》。
⑦ 《玉篇》，又见《楚辞·九歌》采芳洲兮杜若。《梦溪笔谈》杜若，即今之高良姜。
⑧ 《仪礼·士昏礼》。

的出身地点，这个“若”也就是鄀。鄀国初始为一强盛之国，地跨今河南、湖北、陕西三省所接壤之地。

罗国是周代的诸侯国之一。罗国的“罗”繁体字是“羅”，本义指用绳线结成的捕鸟网。甲骨文字形为网中有隹，像以网捕鸟的意思。小篆字形增加了“糸”(mì)，表示结网所用的材料。“罗，以丝罟鸟也，从网从维，古者芒氏初作罗”①。可见华夏族在很古的时候，就已发明罗来捕鸟。“有兔爰爰，雉离于罗”②，创造了狩猎的一种工具。“以天下为这罗，则雀不失矣”③，并以此为生。罗国由夏商时代生活在罗山（今属河南罗山县）的芈部落穴熊一个分支逐步发展而来，后迁到罗山、罗水（今甘肃正宁县东二十里）。周初封罗为子爵，正式建立周附属国罗子国。周成王时，沿汉水南迁至湖北荆山西北面的房县，后再向东走出山林，迁至汉水之滨的宜城县西二十里的罗川城。公元前 690 年，罗国被楚所灭。

巴国是周代的诸侯国之一，势力范围主要在鄂西、川东一带。“巴”的小篆字形像蛇形，本义是大蛇。“巴，巴虫也，或曰食象蛇”④。这里出产大蛇。“巴蛇食象，三岁而出其骨”⑤。周朝以前居住在今甘肃南部，后迁到武落钟离山（今湖北长阳西北），以廪(lǐn)君为首领，本有巴、樊、瞫(shěn)、相、郑五姓。周朝分封时，巴氏被封为子国，首领为巴子，叫“巴子国”。通常该地区的诸侯国简称巴国。公元前 316 年，巴王被虏，巴国为秦国所灭。

吴国。吴国是三国时期重要的国家之一。229 年，孙权在武昌⑥（今湖北鄂州）登基为皇帝，建立政权，国号“吴”，旋即迁都建业（今江苏南京市）。“吴”，本义指从口，从矢。合起来表示晃着头大声说话。大声说话，喧哗。孙权之所以取国号“吴”，一说孙权的主要地盘是春秋战国时吴国所在地，用“吴”作为国号。一说 220 年，曹丕取代汉室称帝，孙权被册封为吴王、大将军、荆州牧。一说孙权的祖先是孙武（《孙子兵法》的作者），是吴国的军师。

大汉国。陈友谅，湖北沔阳人，家世以渔为业，年轻时曾为县吏，元末“大汉”政权的建立者。“汉”则为陈友谅在“天完”政权的称号。元末农民战争爆发后，参

---

① 《说文解字》。
② 《诗·王风·兔爰》。
③ 《韩非子·难三》。
④ 《说文解字》。
⑤ 《山海经·海内南经》。注：“说者云，长千寻。”
⑥ 孙权将“鄂州”改为武昌，取“以武而昌”之意。

加徐寿辉、邹普胜、倪文俊等人领导的“天完”红巾军。初为簿书掾，后以功升元帅。元至正十七年(1357年)九月，倪文俊谋害徐寿辉未成，陈友谅乘机袭杀倪文俊，并其部众，自称宣慰使，随后改称平章，掌握天完实权。至正十九年(1359年)十二月，徐寿辉带领兵马从汉阳出发，经过陈友谅的江州。陈友谅伪装出来迎接，等到徐寿辉进入城内，将徐寿辉的兵马全部杀死在城外。挟持徐寿辉于江州号令“天完”政权的各部，自称汉王，建立汉王府，独揽“天完”政权的大权。至正二十年(1360年)闰五月，在采石杀了徐寿辉，自立为帝，建国号大汉，改元大义，以恢复汉族王朝的统治为号召。

三、雅号、别号

雅号、别号(称呼)习俗集中传承了人们的情感基因、正义与爱好、理想与展望、趋吉与辟邪等。起名方法，因人而异，因事不同，因时有异，或多或少蕴涵了民众的语言习惯、情感需求、心理状态及其所处的社会生活状况。

“九头鸟”。自我称谓，形象地反映了人们选择名称的情感、心理、习俗、愿望。湖北人用“九头鸟”自称；或被他乡人称呼“九头鸟”。俗话说“天有九头鸟，地上湖北佬”。九头鸟脱胎于《山海经》，起源于《山海经》中的九凤[①]。“大荒之中，有山名北极天桓，海水北住焉。有神九首，人而鸟身，名曰九凤”[②]。凤是中国神话中的神鸟，九是阳数，寓吉祥神圣意味。在湖北出土的春秋战国时期的文物中，有“人鸟”雕塑陪葬品。人面鸟身而九首的九凤，是楚人先祖所崇拜的一个半人半鸟的图腾形象，它是我国九头鸟形象的最早原型。

“比滋卡”。土家族人自称“比滋”或“比滋卡”。“比滋”意为“本地人”，“卡”意为“家”或“人”。比滋卡意为本地人，土生土长的意思。土家族人自称比兹、毕兹、比兹卿、比跻、比际、房、毕基卿等[③]，比滋是土家族人用土家语表达时相对其他民族使用的称呼语。如，称与其相邻的苗族为白卡，汉族为帕卡。土家人用汉语表达时自称“土家”，称迁入的汉人为“客家”，称毗邻的苗族为“苗家”。

“华滋卡”。苗族人自称“果雄”和“华兹卡”，这是苗族人的苗语自谓称谓。

① 台湾朱介凡:《九头鸟传说》，刊于《东方杂志》。

② 《山海经·大荒北经》。

③ 1953年，中央民族学院研究部派调查组会同湖南省有关部门到湘西开展大规模社会历史调查和民族识别工作。潘光旦、王静如等提交了在土家族历史上有重大影响的三篇调查报告:潘光旦先生写的《湘西北的“土家”与古代的巴人》，王静如写的《关于湘西土家语言的初步意见》，汪明瑀写的《湘西土家概况》。

有的自称“缅约”、“弥耳”。弥耳、缅约意为“人”或“我”的意思。

“仡伶”。侗族人自称“仡伶”，有的地方侗族人自称“甘”或“干”，或“更”或“金”。有的地方侗族人自称“金佬”、“金绞”、“金坦”。汉族称之为“侗家”、“房侗人”，或“峒人”，或“侗家”。苗族称之为“呆故”。“仡伶”的称谓渊源于宋朝以后分别对侗族人的称谓，有的称谓为“仡佬”、“仡伶”、“仡悦”、“仡偻”等。

第二节 酒令、民乐

荆楚民间的酒令、民乐与游戏，既有全国其他地方的习俗，亦有将他乡习俗地方化，更有传承千百年的浸蕴荆楚地域文化的习俗。荆楚民间的酒令、民乐与游戏五花八门，有雅，有俗，在于祈福、求乐、愉悦。而湖北的器乐、声腔，与民间婚丧喜庆、迎神赛会等风俗生活紧密结合。特别是吹打乐，形象地反映了人们的生活情景，生动地表达了人们的感情愿望。

一、酒令

酒令是酒席上的一种借声求喜的助兴游戏。借声求喜，是民间生活中声音习俗的一种民间事象。借声求喜依据活动规模不同，借音求喜的方式亦有变化。酒令是筵宴上助兴取乐的饮酒游戏，一般在席间推举一人为令官，余者听令轮流说诗词、联语或其他类似游戏，违令者或负者罚饮，所以又称“行令饮酒”。

“流觞曲水”酒令。流觞曲水酒令的酒宴习俗，按照顺或逆时针的方向顺序进行，拳打胜家，不得空缺，跳跃，赢了就跑，注重“曲水”。不管会哪一种酒令，也不管你用什么方式，曲水关是人人要过的。每个人说出一个地名，代表自己，地点不能重复。

有过门的酒令。第一个人说“我先来。手指尖尖，脑袋圆圆，我教过的孩子千千万，我培养的学生万万千，我生过小孩没有？没有！”其他人说一句过门的话：“请啊，派[①]啊，□□□[②]的菜[③]啊！”众人话音刚落，接令者必须马上接令：“笔

① 派：请客的意思。
② □□□：下一位接酒令人的地方。如，下一位是武汉汉阳的人，“请啊，派啊，汉阳的菜啊！”
③ 菜：“不行”、“一般般”的意思。

杆尖尖,笔头圆圆,我读过的书本有千千万,我学过的文章有万万千,我考上大学没有?没有!”

没有过门的酒令。第一位说:“我先来。一根扁担光溜溜。”按照约定的方向,接令者马上从上一位酒令中扣一个字或词“担”说:“挑担大米上成都。”下一位接令者马上从上一位酒令中扣一个词“成都”说:“成都的姑娘爱大米。”再下一位接令者马上从上一位酒令中扣一个词“姑娘”说:“我爱姑娘的花溜溜。”行令者一人念一句,如果有接不上来的,就输了,罚酒。

“两只蜜蜂”酒令。行令者对接令者说:“两只小蜜蜂呀,飞到花丛中呀,飞呀!石头、剪刀、布。”双方划拳,以行令者的拳型为准。接令者输了,行令者做打人耳光状,左一下,右一下,同时口中发出“啪、啪”两声,接令者则要顺手势摇头,做挨打状,口喊“啊、啊”,接令者喝酒;如果和了,接令者和行令者做出亲嘴状,还要发出两声配音、动作,行令者喝酒。有的地方规定,任何方面出错都必须饮酒。[1]

“传花”酒令。用花一朵,或用其他小物件如手帕等代替。令官蒙上眼、将花传给旁座一人,依次顺递,迅速传给旁座。令官喊停,持花未传出的一人罚酒。这个罚酒者就有权充当下一轮的令官。也有用鼓声伴奏的,称“击鼓传花令”。令官拿花枝在手,使人于屏后击鼓、座客以次传递花枝,鼓声止而花枝在手者炊。

“投壶[2]”酒令。投壶用的壶,可以是酒壶,亦可以是一个酒杯,亦可以是一个小口径的瓶子。用一个小物件依次在同样的距离向壶中投掷,可以规定中者为胜,罚不中者饮酒。

“点酒”酒令。点酒是敬酒人一口气喝完一定数量的酒,被敬酒人喝完相同数量的酒。要喝两盅酒时,敬酒人和被敬酒人需要说两盅酒的酒令,但是两人的语言不能重复。一盅酒的酒令有“一心敬”[3],“一条龙”,“一锭金”,“一夫当关”等。两盅酒的酒令有“两相好”,“哥俩好”,“两家好”,“双喜临门”,“双喜发财”,“礼尚往来”,“并蒂莲”等,直到十二盅酒的酒令如“月月有”,“月月高”,“月月红”等。

---

① 无名氏。

② 《礼记》记载,投壶之前,主客之间要请让三次才能进行。投壶时,有专管计数的人面东而立。如果主人投中一次,就从装着记数的竹签的器皿里抽出一支,丢在南面;如果客人投中一次,就把竹签丢在北面,最后由记数的人根据双方在南、北两地面上得竹签的多少来计算胜负。一签叫“奇”,两签叫“纯”,双方得签数相等叫做“均”。

③ 唐代诗圣杜甫:《高都护马行》:“与人一心成大功”。

“虫虫拳”酒令。流行于与河南交界的鄂北一带。用筷子敲自己的碗，或面前桌子，或两个人筷子相撞，各自喊“老虎、棒子、虫子、鸡子”等方式划拳。规则是鸡吃虫，虫吃棒，棒打虎，虎吃鸡。败者喝酒。

“划拳”酒令。每人可以用十个手指变换不同手势，表示不同数字。划拳时，中间放一盅酒。每人嘴里喊十以内的数字，喊出的数字必须小于或等于自己出的拳才有效。猜中两人所出的手指之和等于喊的数字，谁就赢，输的喝酒。如果都不对就接着划。每次必须有拇指，但是不能用拇指和食指表示2。如：甲喊六，出四个手指。乙喊五，出两个手指。四个手指加两个手指等于六个手指，六个手指与甲喊的数字六相同，甲赢。不是喊一至十，而是在数字后面加上“个”，如喊“二个”、“五个”等。或者喊“一听、哥两好、三多多、四季（发财）、五魁首、六六（顺）、七（个）巧、八匹马啊（八色）、酒端起、满堂（红）”。

二、乐器

湖北器乐的音色曲调具有地域性、内容性、审美性、即兴偶然性等多重变易。如，吹打乐重在“打”，吹、打结合，突出锣鼓在吹打乐中的重要作用。我国古代依据制造材料的不同，把乐器分为金、石、土、革、丝、竹、匏、木八种，称为八音。具有荆楚文艺音韵特色的器乐有编钟、悬鼓、建鼓、枹鼓、呜嘟、篪、琴、筝、五弦、瑟、笙、编磬、排箫等器乐。

“知音”俗信。比喻知己、知音、乐曲高妙的“高山流水”，成为湖北人借音祈福追求真善美的写照。传说春秋时期，原籍楚国郢都（今湖北荆州）的俞伯牙善鼓琴，楚国（今湖北汉阳）人钟子期善听音。伯牙所念，钟子期必得之。伯牙鼓琴而志在高山。钟子期曰：“善哉乎鼓琴，巍巍乎若泰山”之间，而志在流水，曰：“善哉乎鼓琴，洋洋乎若江河。”钟子期死，伯牙破琴绝弦，终生不复鼓琴，以为世无足复为鼓琴者[①]。

渔鼓。用竹筒和动物皮制作的一种乐器。竹筒一般长0.5～1米，中间竹节掏空，一端用猪皮、羊皮或油膜（猪膀胱膜）等蒙住，另一端敞开。敲击蒙住的一端竹筒发出砰、砰、砰的响声。唐代，道士在传道或者化募叙述道家之事和道家之情时用以伴奏，故又称“道情”。民间生活贫困的老百姓乞讨时为叙述家境贫

① 《列子·汤问》。

寒时伴奏，流传于湖北各地。渔鼓也被作为各种戏曲表演的伴奏乐器。如，早年的沔阳皮影戏（现称江汉平原皮影戏）用沔阳渔鼓伴奏各种戏曲。

简板。它往往与渔鼓同时使用。用长约0.5米到1米比较厚的竹片制成，竹片一端向外弯曲，两根为一副。两根竹片夹击发出啪、啪、啪声音，用以与渔鼓相合伴奏。

楠管。一种用楠竹制成、经过改装的类似渔鼓的乐器，流传于枝江、宜都、当阳、宜昌、远安等县。清末，枝江人将渔鼓筒的长度缩短，直径缩小，筒首蒙蛇皮或猪油波，使其音调变高、清脆，将楠管制作的渔鼓改装成可以分合的两截，使用时按照斗榫合拢，俗称“楠管”，又称楠竹筒子鼓。演奏时，左手抱楠管于胸前，右手三四指轻击鼓面以行艺讨生活。现在发展成曲艺种类“枝江楠管”。“枝江楠管”入选湖北省非物质文化遗产名录。

“嗡琴”。它是提琴戏的主要伴奏乐器，流传于崇阳县、通城县一带。拉弦时伴有“嗡嗡”之声，如群蜂出箱，故称“嗡琴”。类似二胡，但较二胡略长，竹制琴筒，但琴杆较短。一般使用圆形的桐木制作琴杆，千斤设靠近弦轴地方，下端装入当地楠竹制作的琴筒，又称“大筒”。琴筒外露，一端蒙蛇皮，一端敞开。琴筒的面板上置竹或骨制琴马，张一条马尾弦或丝弦，弦的下端系在一端带节的小竹竿的缚弦，穿过琴杆底部。用细竹或竹片拴上棕丝或马尾制作成琴弓。弓杆弯曲度较大，弓长40厘米，亦称“琵琴”。初创时期，在农村场院表演时，伴奏者往往将大筒胡琴抵在腰间站立演奏，好像提在手中演奏。鄂南方言中“琵”与“提”二音近似，其戏剧遂被讹传为“提琴戏”。提琴戏入选国家级非物质文化遗产名录。

冬冬奎。它是青年男女随身携带的玩要之物，也是土家族的一种古老而稀有的乐器，流行于酉水流域。其制作简单，吹奏容易，且音色动人，是三孔四音带簧片的竹管乐器。木叶是土家族地区各族人民广泛使用的一种乐器，青年男女们常常以吹木叶的方式传达恋情。吹木叶演奏的多是不拘格调的小调歌谣、鸟鸣兽叫，只有少量山歌、灯歌等。唐代杜佑《通典》记载：“衔叶而啸，其声清震，桔叶尤善。”为取得良好的吹奏效果，就得选择橘子树、冬青树、樟树中不老不嫩、光滑平整、软硬适度、叶纹匀称的树叶。

铜锣。它是荆楚民间广泛使用的一种乐器，有马锣、大钹、小钹、、勾锣、大锣、小锣等，往往与鼓、喇叭（唢呐）相合演奏。荆楚各地因表演方式、表演曲调、程式以及乐器种类多寡不同，呈现出不同的锣鼓艺术。如，荆州挑担围鼓、十番家什、十般家业，沙洋十番锣鼓，枝江吹打乐等等。武汉制作的铜锣称为“汉锣”，与京锣、奉锣、苏锣并称为全国“四大名锣”。铜锣制作技艺与许多锣鼓吹打艺术，已成为国家级、省级和市级非物质文化遗产名录。

编钟。曾侯乙编钟堪称湖北器乐八音中“金音”的代表。演奏悠扬悦耳，高音区清脆、明亮、悠扬；低音区浑厚，深沉，气势磅礴。以器乐表现生活，借乐器诠释情感的波动。曾侯乙编钟共有六十五枚，制作精美，全部用青铜铸造。钟架呈曲尺形，铜木结构。钟列在钟架上，分上、中、下三层。上层钟十九枚。中、下层钟是编钟的主体部分，分为三组。这三组钟形制各异。一套称为“琥钟”，由十一枚长乳甬钟组成；第二套称为“嬴司（sì）钟”，由十二枚短乳甬钟组成；第三套称为“揭钟”，由二十三枚长乳甬钟组成。每件钟体上都镌刻有错金篆体铭文，正面的钲间部位均刻“曾侯乙乍时”（曾侯乙作）。

编钟与编磬密切配合，构成“近之则钟声亮，远之则磬音彰”的效果，在同一调高上进行合奏，或同时转调演奏。

编磬。它是荆楚地区古代重要乐器八音中“石音”的代表。编磬一般用于宫廷雅乐或宗庙祭祀，在重大典礼演奏中和韶乐时使用，汉代后专用来做祭品的“明器”。古代有“四时嘉至[①]磬”的说法。王国维也曾认为“钟磬独以嘉至名者，以其为庙乐之首也。”编磬用石或玉制作。编磬就是把若干只磬排成一组，每磬发出不同的音色，可以演奏旋律。它的音色，除黄钟、大吕、太簇、夹钟、姑洗、仲吕、蕤宾、林钟、夷则、南吕、无射、应钟等十二正律外，又加四个半音，演奏打击时，发出不同的音响。

二十世纪七十年代以来，先后在湖北的江陵和随县出土了大型编磬。湖北随州曾侯乙墓出土的全套编磬共四十一枚，石制，分上下两层悬挂，上层十六枚，下层十六枚，另有九枚可随时调用。湖北江陵纪南古城，是春秋战国时期楚国的国都。1970 年在这里出土了一套二十五枚的编磬。磬体用青色石灰石制成，上部作倨句形，下作微弧形，表面都有较清晰的彩绘花纹和略显凹凸的花纹。其中四枚绘有凤鸟图，色彩高雅，线条流畅。

埙。它是荆楚地区古代重要乐器八音中“土音”的代表。在整个古乐队中起

---

① 嘉至：西汉宗庙迎神乐名。

到充填中音，和谐高低音的作用。古人说：“正五声，调六律，刚柔必中，轻夺迷失，将金石以同恭，启笙竽于而启批极”。把埙看做与钟、磬一样，具有同等地位。

篪。它是荆楚地区古代重要乐器八音中“革音”的代表。常与埙一起演奏。一般在祀神或宴享时演奏。吹奏时，可能双手掌心向里，篪身放在大拇指、食指之间，吹孔与出音孔向上成 180 度，左手食、中、无名指分别按一、二、三孔，右手中、食两指按四、五两孔。宋以后，因主要用于宫廷雅乐而逐渐失传。

笙。它是荆楚地区古代重要乐器八音中“匏音”的代表，一般用于欢迎宾客，办理欢乐、喜庆事象。“我有嘉宾，鼓瑟吹笙。吹笙鼓簧，承筐是将[①]”。笙是中国古老的吹奏乐器，是世界上最早使用自由簧的簧管乐器，能奏和声。春秋战国时期，笙与竽并存，非常流行，在当时不仅是为声乐伴奏的主要乐器，而且也有合奏、独奏的形式。早期的笙为竹制，后来改为铜制。笙有方、圆、大、小各种不同的形制。“女娲氏风姓，有神圣之德，代宓仪、立号曰女希氏，作笙黄”[②]。今天云贵两省的苗、傜民族用数根的竹黄管参差插入葫芦干壳内制成笙。

鼓。它是荆楚地区古代重要乐器八音中“木音”的代表。寓意率直、原真、高贵、典雅、洪大、恢弘，在招魂、驱除恶鬼、祭祀等重大场合使用，是开典领奏的乐器。再现充满奇异色彩的楚国。虎座凤架鼓是楚国乐器的典型代表器物。虎座凤架鼓高度约 1 米，以对称布局的双凤、双虎作为鼓架。底座为两只背向而踞的伏虎，虎背上各站立一只鸣凤。薄薄的鼓身蕴涵楚人含蓄的意识表达，卧虎与凤鸟俏丽优雅，颇为神异，形态极为生动。青铜雕龙建鼓出土于湖北随州擂鼓墩曾侯乙墓，这是目前所知我国年代最早的建鼓实物，距今已有两千四百年历史。鼓框木制，鼓身长约 100 厘米，两面蒙皮。鼓面直径 80 厘米，鼓身中间垂直贯穿一根直径 7 厘米的木柱，并牢固植于一个青铜盘龙鼓座上。鼓座高 50 厘米、直径 80 厘米，由数十条青铜雕龙相互纠结盘绕而成。其中有十六条大龙对称缠绕，在每条大龙的头、身、尾部均攀附数条小龙。龙身上嵌绿松石，制作技艺无比精美。

排箫。它是荆楚地区古代重要乐器八音中“竹音”的代表，流传于民间，是老百姓娱乐消遣的器乐。以竹制作，长约 80 厘米。紫竹箫约六至八个竹节。用绳子、竹篾片编起来，或用木框镶起来。如果竹管长短一致，则在管中采取堵腊（深

① 《诗经》·《小雅·鹿鸣》。
② 史记补三皇本记。

浅不同)而得到高低有别的乐音。故排箫有无底、封底两种,分别叫做“洞箫”和“底箫”。从最初的三管籥起,管数有十、十三、十六、二十、二十一,直到最多的二十四管,每管只发一音。其形制为:上端封口(或开口)的竹节边缘开吹孔,管身一般开有指控六个,前五孔,后一孔,下方另有两对音孔,底端为开管,音程为两个八度,经训练还可奏出超吹四度音程,但不常用。排箫形制美观,富有民族风格。1956年8月,中国第一届音乐周在北京举行时,经过广泛征求意见,文化部和中国音乐家协会确定以排箫的图案,作为中国的音乐标志——乐徽,用以代表中国悠久的文化和丰富多彩的民族音乐艺术。

三、曲调

音分为器乐音和人发出的声腔,表达人们的情感与期望。声腔有鸡鸣腔、哦呵腔等。借言祈福存在于民间的方方面面,是一种特殊的押韵言语。地域不同,押韵言语内容略有出入,往往打上时代的烙印。既有祝贺喜庆吉祥,又有调侃戏谑的意味,表现在婚嫁、乔迁、祈福、寿庆、岁时节日等喜庆时刻和丧葬、驱邪、避灾、攘病等祈祷的时候。有一人吟诵,众人答;有一人祈祷、一人应答,有单独一人宣祷等祈福形式,以渲染热闹气氛,众人同贺。

“鸡鸣腔”。“鸡鸣腔”源于东周时期的楚国《四面楚歌》,唱腔优美,富有古朴的楚文化风格;调式多样,具有浓郁的乡土气息,是我国传统音乐中的“活化石”。其源头有史料可查的,可追溯至《山海经》和楚辞[①]。《山海经》中大凡谈到歌乐,必称“鸾凤”,注明“其状如鸡”。“鸡鸣腔”一般用于表现孤独、高亮、慷慨、悲歌的情绪,借以祈求上天保佑,获得新的生命,具有强烈的孤高浪漫气息。“鸡鸣腔”现在主要存在江汉平原皮影戏表演中。

“杀鸡调”。在演唱崇阳提琴戏时,不论台上行当角色的年龄、性别差异,唱腔乐句的尾音或尾腔都必用假嗓;特别是男腔的尾音或尾腔往往陡然翻高后收腔,像宰杀公鸡时公鸡发出的声音,亦像子鸡初啼。民间十分形象地称为“杀鸡调”,使观众过耳不忘。

“哦呵腔”。“哦呵腔”是受高腔影响而形成的民歌小调。高亢委婉,音域宽、起伏大,演唱时有特定的锣鼓伴奏(称“十三锣”)和程式严格的人声帮腔,其语音

---

① 罗来国:《楚风遗韵》,中国言实出版社。

韵味具有“哦呵”的典型特色。人们借助“哦呵腔”宣泄内心的情感,洋溢着浓郁的乡土气息,渗透了千年厚重文化的底蕴。演唱时都用人声帮腔,锣鼓伴奏。黄梅采茶、东路花鼓和黄孝花鼓主要使用这种声腔。“哦呵腔”再现我喜人贺,我悲人帮的众人群体心声,具有强烈的社会人文气息。

第三节　游戏、竞技

荆楚地区既有其他地区产生的游戏、竞技(传统体育),也有传统遗存的,甚至成为非物质文化遗产的民间游戏、竞技(传统体育)。游戏、竞技,既有与全国其他地区不同打法的武汉麻将、潜江麻将、襄阳麻将、武当武术、岳家拳,亦有与全国大同小异的躲猫猫、跳绳、踩高跷、抖空竹、放风筝、击鼓传花、拔河等。既有老少皆宜的传统游戏“通城拍打”,又唱又跳、互相戏弄的建始“打花鼓子”(俗称“喜花鼓”),太极拳等;亦有一些程式化的群体游戏竞技已经脱离了原初的游戏竞技,而成为一种专业演出的娱乐歌舞,如咸丰的地盘子、麻城的花挑、肉连响等。既有产业化的网络游戏(湖北省有21家游戏企业,2009年生产了11个网络游戏,2010年生产了27个网络游戏[①]);也有个人制作和恶搞的网络游戏,武汉网络游戏玩家自主开发的游戏产品《星魂传说》;2006年,武汉人胡戈恶搞陈凯歌电影《无极》创作的短片《一个馒头引发的血案》等。

童年的游戏竞技丰富多彩,每一样都是那么有趣,玩到精彩之处有着莫大的乐趣!既要比身体素质和灵巧性,又要比小脑袋是不是转得快,还要比协作精神,如儿童玩耍的打飘飘、滚铁圈、打陀螺、跳天堂、斗膝角等等游戏。有些属于男孩子的游戏,如高跷、打陀螺、踢盒子、跑胜利、战台湾、骑马打仗、手推车、掰手腕、打弹弓、滚铁圈、翻单被、骑大马、纸飞机、打水漂、打群仗、画丁老头、滚铁环、九宫棋(九丘棋)、乘三棋等。有些属于女孩子的游戏,如翻格子、跳绳子、跳房子、过家家、纸风车、藏猫猫、吹肥皂泡等。实际上,有些游戏没有严格的男女孩子之分。

跳皮筋。这是女孩子玩的游戏。两个人原地站立,用腿或身体将长长的皮筋绷直,皮筋一节一节地从脚移至脖颈,甚至用手举过头顶。一个或多个女孩钩

① 《湖北日报·关注》版,2011年12月27日。

住皮筋一节一节跳，随着游戏的深入，难度也一点一点地加大，越到后面女孩们越像猴子一样甚至倒立翻身。又称跳猴皮筋。有的地方还边跳边唱一些儿歌，“一二三四五六七，马兰开花二十一，二五六，二五七，二八二九三十一”。围观的女孩有节奏地拍巴掌。

打溜滑。这是农村男孩子玩的游戏。雨后的泥巴斜坡比较滑，男孩子找一个塑料袋或书包，坐在上面，风驰电掣般自上而下从斜坡上滑下来。往往跌跤摔跟斗，灰头土脸，有时还磨破裤子。

跳绳。一般是女孩子玩的游戏，有单人跳绳和多人跳绳。单人跳绳是双手握绳，向前或向后甩动，每当绳甩到脚下时，即双脚同时或两脚交替起跳，以绊住绳子为输。多人跳绳一般由两人甩动一根长绳，跳绳者排成队伍，一个接一个依次跳入长绳，每人在绳中按规定跳一次或多次，然后跳离长绳。跳绳过程中如有人腿脚绊住绳子，即退出队伍，与甩绳者交换位置。被替换下的甩绳者排进跳绳队伍。

踢毽子。一般是女孩子玩的游戏。毽子是用线将五根左右的鸡毛根部穿起来扎牢固插入铜钱的方孔中，鸡毛根部用火烧一下（不能烧到线），使之与铜钱底面相平。然后，再用线和布把鸡毛和铜钱扎牢固，使之不分离。可以单脚或双脚踢，一般有比快、比数、打环等比赛方法。

撞拐。这是男孩子玩的危险游戏，又称“撞拐子”、“斗膝”、“斗鸡”。把一条腿拐起来，膝盖向前形成直角，用一只手抓住这只脚的脚脖子，另一只手抓住这只脚膝盖处或大腿处的衣服。然后，以膝盖为武器与其他人对撞，用这条腿的膝盖挑或打压对方，也可以撞击对方身体，特别是对方的屁股处。对方不能维持平衡，或对方抓住脚脖子的手松开，或对方双脚着地者，为输。

老鹰抓小鸡。这是一种儿童们的群体游戏。一个儿童扮演老鹰，一个儿童扮演母鸡，其他儿童扮演小鸡排成长队，一个揪住另一个的衣服，跟在母鸡身后，受母鸡的保护。老鹰站在母鸡对面，不能侵犯母鸡。母鸡把“小鸡”挡在身后，保护它们不被“老鹰”捉住；“小鸡”的任务是跟在母鸡的身后跑，保护好自己不被“老鹰”捉住。有的约定，老鹰必须冲破母鸡的阻拦，去抓住排在队尾的一只小鸡，直到把所有的小鸡全部抓住为止。有的约定“老鹰”进攻几次，捉住“小鸡”，“老鹰”胜；捉不住“小鸡”，“老鹰”败。有的约定“老鹰”捉住一只“小鸡”，游戏结束，再重新开始选“老鹰”、“母鸡”。

推人。这主要是男孩子玩的游戏，有单手推拉、双手推拉、绳索推拉、单脚推拉等几种。单手推拉是两个人摆出类似于马步的姿势，前脚相抵，四个脚在一条线上，两个人的单手握在一起，通过向对方推拉，尽可能使对方失去平衡而获胜。双手推拉是两个人面对面站立，用双手推对方，首先失去平衡而挪动脚步者为输。绳索推拉是两个人相隔一定的距离，面对面类似于马步的姿势，拿一根足够长的绳子呈S形绕在两个人腰上，通过双手控制绳子的“收”与“放”，失去平衡而挪动脚步者为输。单脚推拉是单脚着地站在一个圆圈中，用手互相推拉，尽可能把对手推出界外，或者使对方双脚着地。

打宝。宝是一种用纸折叠而成的玩具。一人把“宝”放在地上，另一人用自己的“宝”往对方“宝”旁边用力砸，靠气流把它冲翻。也有直接往“宝”上砸的。

拍洋画。这是一种城郊男孩玩的游戏。从小商店买来的“洋画”，凑在一起放在桌子上，采用“拍”和“吸”两种方式让洋画翻过来，连续翻身为胜。“洋画”一般与典型电视剧紧密联系，随着电视剧的变换，“洋画”也在变换。

打弹珠。这是一种农村男孩玩的游戏。在泥土的场地中挖几个洞，在场地边画线为界。刚开始，各自把弹珠从界线处打向最近的第一个洞，进洞则继续打，都不进洞，离第一个洞最近而且不出界的获得优先权。进完所有的洞之后就成为“老虎”，然后打谁灭谁。

喜花鼓。在建始县一带，为了庆祝姑娘出嫁后在婆家生了男孩，双方家族定下吉日隆重庆贺。岳父母便邀约亲族本房筹备礼物到女儿家做“外婆”，百十人挑着担子，浩浩荡荡，十分排场到女婿家。因客多，夜里没有床铺睡觉。酒足饭饱后，不得已“坐夜”。为了度过五更长夜，客人与婆家族邻、妯娌们嘲弄嬉戏。宾客们用唱歌跳舞来渡过漫漫长夜，双方亲家将事先备好的锅灰抓在手上向众人脸上涂抹，个个涂成大花脸，引起宾客们满堂大笑，将唱歌跳舞的气氛推向高潮。唱歌跳舞“坐夜”长久地传承下来，渐渐成为习俗。出现了渐成定制的《闹五更》、《黄四姐》、《郎爱姐儿好人才》、《桑不缠柳柳缠桑》等三十多首民歌。其中，《黄四姐》是最为优秀的一首男女对唱的民歌，是每次欢闹的必唱歌曲。人们特别喜爱《黄四姐》歌词易记、上口、幽默、风趣。“男：黄啊四姐哎。女：你喊啥子嘛。男：我给你送了一个丝帕子嘛。女：要你一个丝帕子干啥子嘛。男：戴在妹手上啊。女：哎。男：行路又好看喽。女：哦。男：走着有人瞧嘞，我滴个干妹子。

男:黄啊四姐哎。女:你喊啥子嘛。男:我给你送了一个金簪子嘛。女:要你一个金簪子干啥子嘛。男:插在妹头上啊。女:哎。男:行路又好看喽。女:哦。男:坐着有人瞧嘞,我滴个干妹子。男:黄啊四姐哎。女:你喊啥子嘛。男:我给你送了一件绸衫子嘛。女:要你一件绸衫子干啥子嘛。男:穿在妹身上啊。女:哎。男:行路又好看啰。女:哦。男:走着有人瞧嘞,我滴个干妹子。男:黄啊四姐哎。女:你喊啥子嘛。男:我给你送了一对金戒指嘛。女:要你一对金戒指干啥子嘛。男:戴在妹手上啊。女:哎。男:行路又好看喽。女:哦。男:走着有人瞧嘞,我滴个干妹子。男:黄啊四姐哎。女:你喊啥子嘛。男:我给你送了一双丝袜子嘛。女:要你一双丝袜子干啥子嘛。男:穿在妹脚上啊。女:哎。男:行路又好看呐。女:哦。男:坐着有人瞧嘞,我滴个干妹子。女:哎呀我滴哥哟,你送上这么多啊。男:东西里个少些撒,您不要这么说(都是的个水货色,你莫要这么说)!"喜花鼓已经入选湖北省非物质文化遗产名录。

打子。这是女孩子玩的游戏,亦称"打子儿","拾子儿"。子儿不大,一节大拇指大小,做子儿的材料多种多样,有的用厚瓦片打磨成圆形的,有的用碗底儿打磨,有的用猪蹄中有凹凸面的小块骨头,有的用鹅卵石或小石头子。一般用4颗以上的"子儿"玩。将所有"子儿"随手抛洒在平台上,任取一颗"子儿"作为打子,先将这颗石子抛向空中,在这颗石子落下来的过程中,迅速抓起平台上的"子儿",然后接住落下来的"子儿",将抓起的"子儿"放到另一只手中。用同样方法,直到全部抓完。各地规则不同,具体玩法各异。可以两人玩,也可以多人玩。"打子"是锻炼儿童右手灵活的有益游戏。

有的用布装上沙子做成小沙包,与上面玩法一样,俗称"抓沙包"。

三棒鼓。二十世纪八十年代偶尔可以看到,现在已经较难看到了。文化工作者称其为一种曲艺艺术。主要存在于江汉平原一带。其中,尤以天门、沔阳、潜江等地要三根特制的鼓棒击鼓而有名。玩时,将一个扁鼓挂在胸前,手轮三根小木杖,三杖轮次击鼓,并以一杖轮流抛掷空中。汉江(天门、潜江一带称为襄河)堤防时常缺口,致使当地十年九水,连年遭灾。为了生存,老百姓纷纷以打三棒鼓、敲碟子、唱小曲等形式沿门乞讨,奔走四方。特别是每年春节,以三棒鼓形式沿村沿户乞讨,走村串寨拜年,不论贫富,户户必到。遇见特别贫寒的农家,表演者还会将乞讨的食物馈赠。有的边要边唱,有的只要不唱,有的一人要一人唱。“身背三棒鼓，流浪到四方，鼓儿咚咚，锣儿哐哐，含着眼泪去卖唱，好不叫人痛断肠。”还有的双人两鼓，用几根小木杖，相互轮流抛掷空中，轮次击鼓。有的不用鼓，而是耍刀。随着老百姓流浪乞讨，流传于全国各地，影响及于云、贵、川、西藏等省区。同治年间，天门人携儿带女靠打三棒鼓、唱渔鼓到国外谋生。三棒鼓流传到乌克兰、英、美、法、意大利、印度、巴基斯坦和东南亚等国。江汉平原的汉江南岸，稍微能够生活下去的人家，遇到乞讨的人，均会给予一点“打发”。曾记得儿时，遇见乞讨之人，马上跑回家关紧大门。已经残疾的母亲看到我们关紧大门，往往要训斥几句，要求我们重新打开大门，逼迫我们到米缸里舀出一小碗米给乞讨者。有时，米缸里的米不多了，也要抓几把米给“打发”。米缸没有米了，也要将家里的红薯啊、粑粑啊、土豆啊等给几个。遇到老年乞讨者，不仅给“打发”，还要将家里的饭和菜给乞讨者吃。

“耍耍”。土家语的“耍”是“玩”的意思，所以又称“喜乐耍”或“耍花招神儿”。耍耍流传于恩施、宣恩一带。耍耍原本是端公祭祀神灵时一种程式化言行，故亦称“跳神”。后来，演变为庆祝新年、男婚女嫁、添丁满月、祝寿做生等各种喜庆活动的一种游戏。不拘场合，玩耍的人可进可出，往往一男一女为一对，男拿扇子，女握方巾，男女且跳且唱。后由文化工作者加以整理提炼，使之成为一种动作滑稽诙谐、唱腔明快优美的“踏歌耍唱”类的曲艺品种。现有专业人员或民间艺术团参与庆祝活动。“耍耍”入选湖北省非物质文化遗产保护名录曲艺类。

图 8-1 “打莲湘”乞讨生活

打莲湘。这是一种用莲湘敲打身体的肩、臂、胸、背、脚等部位以乞讨的活动，又称莲湘、莲湘舞。莲湘是用一根比拇指粗1米长的竹竿制成，竹竿两端各刻一个或几个槽，每个槽中装上几个铜钱，故称竹莲湘，又俗称霸王鞭、九节鞭。现在，打莲湘演变成一种娱乐活动。宜昌一带将莲湘涂以彩漆，有铜钱的两端装饰花穗彩绸，亦称"竹签"、"花棍"。咸宁一带边打边唱，以地方小调为打莲湘配上音乐，配上唱词。有的地方演变成群体性娱乐舞蹈活动，称谓莲湘舞。

肉连响。这是一种男性只穿裤衩或替代物徒手裸身用双掌击打额、脸、肩、臂、肘、腰、腿、臀等部位以强身健体的娱乐游戏的活动，又称肉莲湘，流传于利川一带。这种活动渊源于三峡地区的"泥神道"。"泥神道"是贫苦穷人沿街行乞的一种活动，在春节前后赤裸上身，头上、脸上、身上涂满稀泥，双手拍打，口里念着："泥神道，泥神道，顶顶懂懂三大炮。火药'初'完了，要几个火药钱。"或念："泥神道，泥神道，泥神道来了硬是要"，然后端着泥巴盆子向摊点主人讨钱。后来，利川人吴修富将秧歌、耍耍、跳丧、莲湘等动作揉进"泥神道"，配上"莲花落"的曲调，逐渐发展成为独具特色的土家民间舞蹈肉连响。"肉连响"已经入选国家级非物质文化遗产名录。

通城拍打。这是一种小孩或大人互相拍打、玩耍自娱自乐的游戏。一边唱当地的山歌小调，一边以拍打身体为伴奏，用拳掌交错拍打大腿、膝、臂、手、肩、背甚至拍脸等。小孩子们边放牛，边玩耍，边嬉戏。喜庆活动中，男男女女，成群成对，边唱，边打，边摸。农闲时节，大人亦陪伴小孩边唱，边拍。现在，文化工作者对其加工整理，形成了一种舞蹈，甚至一台表演节目。入选湖北省非物质文化遗产名录。

高跷。二十世纪八十年代以前的江汉平原一带，在雨雪天气，道路泥泞，小孩子出门不方便，便自己做一个高跷，踩着到处玩耍。高跷一般用2米左右的竹竿，中间绑一个小短棍制成。手扶脚踩，在道路上行走。现在，农村已经较少看见儿童踩高跷玩耍了。

南漳县东巩镇的高跷甚至成为一种表演方式。将高跷分为"文跷"和"武跷"两种。"文跷"是在高跷上用花鼓的说唱、歌谣向人们贺吉祥、送祝福。"武跷"是在高跷上表演各种动作，甚至表演一些大劈叉、后滚翻、单腿跳、用嘴叼起一桶水等动作绝活。东巩高跷入选湖北省非物质文化遗产名录。

熊门拳。清朝嘉庆年间，京山县人熊开元对民间武术挖掘整理，在其基础上加以发展而形成的一套湖北地方武术拳种系统。熊门拳术、熊门功法、熊门医学、熊门养生等，构成一个完整的武术体系，现已列入湖北省非物质文化遗产名录。

岳家拳。这是一种流传于武穴、黄梅一带的民间竞技武术。相传岳飞所创。岳飞爱将张保世世代代学练岳家拳，经由张保后裔传承、创新、发展了岳家拳。现在已经入选国家级非物质文化遗产名录。

武当武术。武当武术是中华武术中的瑰宝，久负盛名，饮誉海内外，是中华民族多姿多彩的文化宝库中一颗“宝石”，直达弥足珍贵的人类艺术化巅峰。武当武术，亦名内家武术，就功法和风格而言，是中华武术两大流派之一，素有“南尊武当，北尊少林”之说。武当武术以武弘道。用灵、巧、劲、捷中的精思巧想、精选优化而成以龟、蛇、乌鸦、黑虎等命名武术套路、招形名称。历史悠久，博大精深，经过千百年的传承与锤炼，在承继先辈武术攻防的基础上，形成了独特的武术文化。武当武术作为一种文化，它深深根植于数千年华夏文化的沃土中，蕴含着深刻的中国传统哲理奥妙，把中国古代太极、阴阳、五行、八卦等哲学理论，特别是道教内丹功法理论，融入拳理、拳技、练功原则和技击战略中，探讨了人类生命活动的规律。武当武术技术（武当拳种拳架内容）、武当武术练功器械、场地、服装、相关武当武术书籍等器物，构成了武当武术文化的载体。武当武术组织方式、传承方式、教授方式、礼仪规范、武德内容、比赛方式等社会关系，构成了武当武术文化的主体。武当武术价值观念、思维方式、审美趣味、道德情操等观念形态，构成了武当武术文化的核心。武当武术入选国家级非物质文化遗产名录。

第四节　趣味生活习惯举隅

从远古一路走来的荆楚人，其独有的习俗已经不多见了，各种习俗发生了相当大的变异。只能从当今习俗中依稀看到远古习俗遗留的因子。荆楚远古习俗借助不同表现形式，仍然顽强地存在着，影响人们对事物的看法，影响人们对行为的选择，影响人们情感的寄托，影响人们价值的尊崇。一个地域或族群所创造、享用和传承的生活习惯，可能起源于区域群体生活的需要，在特定的民族、时代和地域中不断形成、扩大和演变，为民众的日常生活服务。从习俗发生的角度看，自然习俗、人文习俗、社会习俗呈现出异彩纷呈的态势。从习俗行为者角度看，祭祀者、娱乐者、观赏者等呈现多种多样的定式。从习俗内容看，生产劳动习俗、日常生活习俗、社会组织习俗、岁时节日、游艺习俗、民间知识、民间文学、人生礼仪等。

一、“会扯筋”的咸宁人，“要实在”的潜江人

自然习俗是人们在适应自然，并与自然互动中被不断创造，为人们提供对自然价值认同感和持续感的生活文化。人们对自然穷根问底，获得直接知识以指导人们。为什么绝大部分人都以右手执筷？为什么劳动时要高唱劳动号子？为什么有鄂西南的吊角楼与鄂中高台建筑不同类型的民居建筑？自然习俗是生活最自然而然的状态，它悄然支配着、规范着人们的衣食住行、礼仪礼貌、待人接物等。不辨天时，春天休闲夏天播种，则将颗粒无收。

自然习作是人们在各种物质生产活动中产生和遵循的一定惯例。这类惯例伴随着物质生产的进行，多方面地反映着人们的民俗观念，在历史上对保证生产的顺利进行有一定的作用。在农业、牧业、渔业、林业、养殖、手工业、服务业等方面都有一些不能违反的规矩、预兆、谚语等。

以满足生理需要为目的，随着社会的发展和社会的分工的复杂化、等级身份的严格化，加以生产条件的差异、人生仪礼的繁复、重大历史事件的作用，以及宗教信仰、审美观点、政治观念、社会心理的差异等，各民族生活民俗也日趋多样化、复杂化，它所满足的已不仅是胜利的需要，同时也包含安全的需要、归属的需要和自我实现的需要等更高一级的层次。

荆楚人喜欢吃猪肉，各地对买卖猪肉、烹调猪肉却不同。在鄂东南的咸宁，猪的前胛肉（俗称“前夹肉”）容易卖，而且要比猪的后胛肉（俗称“后腿肉”、“后坐肉”、“后座肉”）每斤贵 0.5 元到 1 元钱。咸宁人认为猪的前胛肉有筋是活肉，味道鲜嫩，后胛肉肉质粗糙。咸宁人一般用猪肉做“汽水肉”，或“打汤”。在鄂中江汉平原的潜江，猪的后胛肉（俗称“后腿肉”、“后坐肉”、“后坐肉”）容易卖，而且要比猪的前胛肉（俗称“前夹肉”）每斤贵 1 元到 1.5 元钱。潜江人认为猪的前胛肉的筋多难扯，后胛肉实在，瘦肉多。潜江人一般用猪肉做“辣椒炒肉”，或“肉烧土

豆”。咸宁人会扯筋不怕肉有筋，潜江人不怕肉粗糙，要的是实在。咸宁人、潜江人饮食习俗不同，与各自所处的自然环境有关。咸宁人身处山区，各种飞禽走兽均有较多接触，对动物的各个部位了解透彻，山珍野味挑选品尝丰富。潜江人地处平原，与植物打交道，注重果实的收获，对实在的物品比较偏重。

楚人在制作和饮食方面喜食羹，有“吴羹”、“胹羹”、“鲜羹”、“豺羹”、“熬鹄”、“熬鹤”、“熬凫”、“雁”、“熬阴鹑”、“熬爵（雀）”、“熬炙姑（鹧鸪）”等等[1]。荆楚人喜欢喝汤，但各地喝汤的时机、喝汤的内容略有不同。

咸宁人喜欢喝汤，无汤不餐。咸宁多山，瘴气虫害肆虐，山高水远，人们往往要到很远的地方劳动，取水不容易，吃饭时需要汤，以补充人体所需要的水分。

江汉平原人平时一般不喝汤，要喝汤一定是有客人，或逢年过节，或婚丧嫁娶，或祝生庆寿等场合，而且只能是羹[2]。江汉平原劳动量大，流汗多，人们认为喝汤容易饿，饿后没有力气不能从事繁重体力劳动。

楚人非常擅长腌制食物，制作冷膳。在楚国宰杀家畜和捕杀野兽后，除一部分肉用于制作熟食、马上吃掉外，大部分的肉或者制作成干肉和肉酱，以被随时食用。春节前，荆楚人喜欢制作腊肉，但各地制作腊肉的方法、保存方式略有不同。鄂东、鄂西因地处山区，冬季潮湿温热，一般制作熏腊肉。咸宁人的酱一般是小麦甜酱。鄂中因地处平原，风大阴冷，一般制作腌腊肉，江汉平原人的酱一般是咸辣酱。

二、女人接水，男人接龙

几家或十几家形成一个村寨的鄂西苗族，喜欢聚族而居。苗族人建好房后，需要举行“接龙”仪式避灾祈福。根据建寨和建房的不同需要，接龙可分为村寨接龙和家庭接龙。这两种形式过程基本相同，先祭龙，再接龙，最后安龙。充当“龙女”的女主人在端公的引导下到江河边，或溪水边，或井台边取一壶水，俗称“龙水”，带回家埋在房屋正中间。意象表明龙接回家了。

“接龙”一般在黎明时分进行。首先，在新居的正堂屋点满灯烛、遍插彩旗，铺开大竹罩摆好红、黄、黑、白、青五匹彩布、五色纸、闪亮的银饰等，摆上“龙粑”酒肉等祭品。祭台上摆有一只小花猪，一只小黑猪和一只大白公鸡。祭祀开始

---

① 宋公安、张君：《楚国风俗志》，湖北教育出版社。

② 羹：肉汤。

时，身着大红袍的端公一手舞铜铃，一手舞柳巾，绕祭坛狂跳，嘴里念念有词。充当“龙女”的女主人则着盛装，佩戴各种银饰静坐一旁。端公从龙的始祖唱到龙子龙孙，虔诚地代主人向龙神祈祷。祭龙仪式完毕后，众人便抬着女主人，扯起五彩布，跟着端公去小溪或水井边接龙。走的线路一般是东方道上去，西方道上归。端公在江河边，或溪水边，或井台取回一壶“龙水”交给着盛装的女主人提回家，众人吹吹打打，一路遍插五彩旗，簇拥相随。女主人一路叩拜回到新居，男主人远远点燃鞭炮相迎。端公提“龙水”绕屋行走三周，再跪拜“安龙”。安龙须用上好的瓷碗两只，一只盛满见水，内放银粉米砂在下，将另一只覆盖在上，深埋于正堂屋的地穴中，然后掩土，再用一青圆珠石封牢，叫“龙宝”。安放好龙宝，就算把“龙”接回了家里，便可保佑家庭避灾去邪，连年五谷丰登，六畜兴旺。“龙宝”是苗家的命根子，是苗家的禁地。进苗家做客，不能拿脚去踩那圣洁的“龙宝”，否则会惹主人家生气。

图 8-2 《黑暗传》手抄本，南漳文化馆工作人员摄

上梁时，先把梁在地上扎好，把丈余长的大红布挂在上面，贴“紫徽高照”的红色横幅，两头披红挂彩。由首席木匠、砌匠师傅一人一头，抬着去山墙尖，每上一步，都要说句吉庆话，如“上梁上梁，金银满堂”。下面的人齐声喝彩：“发达。”一直说到架好为止。架毕，燃放鞭炮，上梁师傅往下抛糖果，糕饼，让下面人抢。土家族建新房上梁时，必须男主人的本家人和女主人的娘家人各抬大梁的一端上梁。意象是廪君与盐水娘娘相争，土家族最终定居之所，表明了男人、女人共同缔造土家族居住之所。首先，“上梁”选一个吉日，邀请亲友，置办喜酒。女主

人的娘家要和族亲们一同结彩抬梁、挑篼送礼，提前一天到达。彩礼挂在大门上，大梁放于新屋堂中。第二天早晨举行缠梁、上梁、抛梁仪式，唱仪式歌，主家和娘家各抬大梁的一端，沿梯子攀上房架，看哪一方抢先将大梁抬上房顶。整个场面热闹非凡，鞭炮齐鸣，唢呐声声，人声鼎沸，喜气洋洋。

第五节　神灵信仰与现实需求

图 8-3　鄂东老百姓送神用的横幅和罗伞

一、瘟神要送，子嗣需求

黄石市西塞神舟会作为一种保留原汁原味端午习俗的民俗，成为世界人类非物质文化遗产代表作之一，受到国际社会的关注。民众送神舟(俗称“送瘟神”)时，神舟上装载有一百多位有名有姓的瘟神。人们认为通过送神舟，将人间一切邪神、妖魔鬼怪通过长江送走，以避害禳灾、保境安民。无论男、女、老、少，均参与其中。在神舟会的祭祀中，还有一些没有生育的妇女到神舟中偷一双用纸做的小鞋带回家，祈望来年能够生一个小孩。“瘟神要送，子嗣需求”。神舟上的神灵扮演双重角色。不仅如此，有一些商人面对神舟跪拜叩头，祈求生意兴隆，万事如意。神舟上的神灵一如人类，扮演多重角色。

图 8-4 西塞神舟巡游

鸡作为一个动物,被人们宰杀后,作为一种饮食,能够填饱人的肚子,满足人生存的需要。除此之外,尚不能扮演什么社会功能。然而,鸡在地域习俗文化中,并不仅仅是一只鸡,还是一个文化标记,扮演多重角色。

图 8-5 学校参加端午节"西塞神舟会"

在苗族,客人来访,主人必杀鸡宰鸭盛情款待。若是远道来的贵客,有的地方还要在寨前摆酒迎接。吃鸡时,鸡头要敬给客人中的长者,鸡腿要给年纪最小的客人。家里年纪最大的主人用筷子把鸡心或鸭心拈给客人,客人也不能自己吃掉，再把鸡心平分给在座的老人。

在土家族，家有来客，必盛情款待。若是逢年节，主人拿出雪白的糍粑去烤，待烤得两面金黄开花时，吹拍干净，往里灌白糖或蜂蜜，双手捧给客人。有的地方给客人吃糍粑还有些讲究，即把烤好的糍粑给客人后，客人不得吹拍火灰，要接过就咬。若客人不马上吃，或吹拍火灰，这时主人会抢回去吹打拍净，蘸上糖再给客人。

同样是祭祀。由于祭祀对象不同，时段不同，祭品一定有别。土家族每逢年节都要大敬祖先，初一、十五也要进行小敬，祭祖的食品有猪头、团馓、粑粑、鸡鸭和五谷种等。农历六月初六为祭土王，每个村寨设摆手堂，放摆手堂前的祭品是猪头、果品等。在修房造屋时祭鲁班，祭品除酒肉外，还要一只大公鸡。新香[①]内，有的在每餐饭前，先用筷子夹少量的菜插在饭上敬默一会儿，表示请已故先人先吃，然后自己才开始食用。汉族祭祀祖先的祭品有面饼（发糕或蛋糕），鲜果（如桃、李、龙眼、荔枝、芒果、李子等），牲礼（如牛、猪、羊，或鸡、鱼、肉等），酒，茶等。似死如生，借助祭品与祖先通话，或告慰或祈求或敬仰祖先，以完善祭祀者现实社会的角色扮演。

二、敬畏与规矩

图 8-6　虔诚跪拜

① 新香：亲人去世的头一年。

法律是调节社会行为规范的基本准则，“法无禁止，不违法”，这是对法律的遵守，也是对法治的限制。民众生活丰富多彩，并不是事事都是由法律来调整，除刑法外“民不告，官不咎”。大量生活交往由习俗，及其习俗基础上产生的道德调节。习俗的调节依靠什么？是因敬畏神灵，是因忌讳生活，抑或其他。

江汉平原有“男人的头，女人的腰，只许看，不许挠”。男人的头可以被男人摸，但男子的头不许女人摸。民间认为“摸”头意思是“杀头”。“把什么杀了”，俗称“把什么摸了”。被女人“摸”，有被女人杀了的意象。男人可以被男人杀头，但不能被女人摸，摸了就侵犯男子汉的尊严。剃头匠是不收女弟子的，民间没有女人当剃头匠。女人的腰只能看，男人不能摸。民间认为女人是水做的，摸了女人的腰，男人的运气（俗称“火气”）就熄灭了、没有了。人的头、腰因信仰观念的不同而习俗有别。一定的社会价值观下，男人和女人从自然属性差异推演到社会属性差异。这种差异被赋予为神灵的敬畏，生活的忌讳，行为的禁忌，言语的灵行。

事物或人所体现出的超自然力量，依自然的、间接的、浸染的方式附着在神灵上产生敬畏。神灵被认为是“魔鬼的”、“不可接触的”。“夫忌讳非一，必托之神怪，若设以死亡，然后世人信用畏避”[①]。

图 8-7 黑爷神

① 王充《论衡》。

民间认为“床头嵌镜，招惹鬼魅”。主人会经常头疼、失眠。大门与客厅应设玄关或矮柜遮挡，使内外有所缓冲，理气得以回旋后聚集于客厅，住宅内部也得到隐蔽，外边不易窥探。住宅内部隐蔽深藏，象征福气绵延。进入大门后首先应看见客厅，而卧房、厨房以及其他空间应设在房子后方。空间运用配置颠倒，会造成退财格局。客厅地板不宜高低不平，家运会因地板的起伏而多坎坷。客厅悬挂龙、虎、鹰等猛兽，要将画中猛兽的头部朝外，形成防卫的格局，不可将猛兽之头部向内威胁自己。客厅塞满古董、杂物或装饰品，容易使人气血不顺，健康衰败。

图 8-8　黄石市火居道道士在做道场，老百姓在祭拜

土家族设坛祭虎神，或在神龛上供坐堂白虎，或挂中堂白虎，对坐堂白虎敬，过堂虎畏。信奉“白虎当堂坐，无灾也无祸。”“当堂坐的是家神”，民家堂屋里多设有白虎神坐堂。畏惧“白虎当堂过，无灾也有祸”，视过堂白虎为凶神，并忌讳“虎”字，多以“猫”代之。

土家人敬畏白虎，一说土家就是“白虎之后”。在远古时，土部落首领巴务相被推举为五姓部落的统一首领——廪君。此后，他率领部落西征，行至盐池，识破盐神女之计，最终杀了凶残的盐神女，使部落得以定居长阳。臣民安居乐业，百姓生活稳定，廪君深受臣民爱戴。廪君晚年长辞后，灵魂化为白虎升天。从此，土家人以白虎为主神，每家每户都在神龛上用上好的木材雕成九白虎供奉。年青人结婚时一定要在正堂的大方桌上铺一块红底白虎毯，表示不忘虎祖。

民间说巴人早先是由江西迁徙四川的。后来，因为发生部落争斗，其中的一支，在土司、头人的带领下，从四川向东南方向的故地迁徙。迁徙途中，环境、条件十分恶劣，前有虎狼，后有追兵。部落首领带着大家经常要顶风冒雪，艰难跋涉。他们要"钻山洞，过悬崖，涉沟豁，穿山洞"。后来，被一座大山挡住了去路，前进不得。若要返回改道，后有追兵。正当万分危急之时，山里走出一位手持马尾鞭的白发童颜老翁。他摇鞭一指："西山有一龙洞，能通夷水；要想穿过此洞，需走七天七夜。"于是，部落在土司首领的带领下，找到了洞口。臣民们经过简单的准备，便打着灯笼火把穿洞而行。一天、两天、三天，可走了第四天之后，所带的燃料都烧完了。无奈之下，人们只好摸黑在山洞里前行。前进中，不少人的头被乱石撞破了，有的甚至被撞死了。于是头人便号召大家，都把身上所带的衣服撕成布条当"头巾"，把头包起来继续前进。此举，终于感动了上天。第七日，忽然有一只白虎从天而降，全身金光闪闪，把山洞照得通亮。这只白虎始终在队伍前头引路，照耀着前进的人们。在这只白虎的带领下，部落在洞中闯过了一道又一道难关。他们前后共计走了九夜七天，大部分人马，终于走出了洞口。在土家民间，流传着"高山大洞任我走，闯过'七七四十九'。自古巴人有神通，白虎引路来搭救"的民谣。终于走出山洞，来到清江流域一带，顺利地完成了东征，到达了目的地——长阳清江流域。这时，只见天空红光一道，白虎早已化着一团白云，冲天而去[①]。

生活的忌讳，以克制、限定欲望满足习俗的需要。欲望是人的本能要求，"社会"的人与生活环境的交往，要对自我欲望进行抑制。这种对欲望的抑制，便是生活的忌讳的根本来源。

土家族的未婚女子在日常生活中，不可以随意与不相识的男人，特别是年龄、辈分长于自己的男人插话、搭腔。否则，会被人视为"轻浮"，不检点，不尊重长者。女人不得祭灶、跳丧。俗称"女人跳丧，家破人亡"。已成年的女子到亲戚

① 详见覃章林收集整理的《土家人的歌、舞、禁忌与忌讳》。

或别人家串门时，一定不得倚靠、依跨、骑坐在正对堂屋的大门“门槛”上。否则，是对别人家的不尊、不敬。成年女子在月经期间，或是产后未满月时，不能到别人家去；如果乘船时，不能站在船头、不得骑舵杆；特别是经血、产血，不能沾别人之身。谁要是被沾上了，那他就会“背时”（时运不好）的。女人洗晒的衣裤，不要晾晒到有男人们出入的通道上；男人们行走时，要避开，不能从女人衣裤底下穿过，否则不吉利。女人怀孕后，不能用刀“剁门槛、剁梯子”；不能在家里到处钉钉子、挖墙土。逢年过节，别人家打豆腐、做醪糟（米酒）时，东家不请，或是自己是孕妇、产妇，不要去帮忙。否则豆腐会醒，米酒不上窝。

男人走路遇到年长女人、孕妇，要主动避让。在田埂、窄道上相遇时，男人要下埂、下路避让，绝不能硬挤硬抢。否则被骂“没规矩”。男人不得与未婚女子和不相识的成年女人随意搭讪；不得随意与女人，特别是年长的、未婚女人说脏话、粗话、荤话。男人抽旱烟时，不得在别人家里的门蔸上、梯子上搁烟斗、挖烟屎（淹死）、倒烟灰。男人借了人家的东西，一定要亲自去还；绝不能让女人去还。否则，忌晦“男人死了”①。

行为禁忌在仪式的恪守和服从中。仪式的规定是人们必须无条件服从的。仪式确保行为顺利、圆满地完成。仪式有“不可抗拒的约束力量”②。

传统“三献礼”礼仪按初献礼、亚献礼和终献礼三个阶段进行，每个阶段分别进献香、鲜花、瓜果、酒水等祭品。初献礼：先是由祭祀者向神灵或祖先进膳、进菜，乐人吹奏，祭祀者向厨师叩头礼拜，在祭坛前行叩拜大礼；其次是进祝文(亦称献祭文)，一般是事前拟好的祭文，由“礼宾司”宣读。宣读时点蜡烛，祭祀者按长幼伏跪地下，祭文宣读完毕后，祭祀者拈香、祭酒、化纸后呼号。二献礼(亦称亚献)，先由乐人吹奏乐曲，然后戏班、皮影等同时演唱祭灵、哭墓等苦戏，以增加献礼的肃穆气氛。三献礼(亦称终献礼)。与初献礼仪式略同，三献礼后，祭祀者不能立即离去，静默缅怀。

从失败或错误中取得的民间观念，是一种因果关系的推导过程。这种推导作用于民众的意识形态领域，往往造成偏差，形成对“偶然因素”的共同解读，经过民间长期传承，已经成为一种言语灵行的风俗习惯。

---

① 详见覃章林收集整理的《土家人的歌、舞、禁忌与忌讳》。

② 弗雷泽《金枝》。

每年到了腊月，特别是年三十和正月初一到十五期间，任何人不得随意诅咒发誓。走亲访友时，一定不得说："该死"、"不得好死"、"翻跟头的"、"遭雷打的"、"该死"、"该杀该刮"(寡)、"亡"、"死"、"丢"、"输"；"血"、"伞"(散)、"乱"、"帆"(翻)等等。万一有这方面的事要说，采用代言或代词。可以把"死"说成"过"；把"亡"说成"去"；把"血"说成"见红"；把"散"说成"开"；把"打伞"说成"撑户"、"撑遮盖"、把"翻"说成"划"、把"乱"说成"杂"。造船、撑船时，讲究"上不顶桑，下不踩槐"。因为"桑"同"丧"音；"槐"是"木不离鬼"。驾船时，不能讲"翻过来"，要说成"折过来"、"湾过来"。如果失口说错了，要自己"掌嘴脸"，以示抱歉、赔礼和自罚。①土家人对外族人不能用粗话、鄙话和不礼貌等土家语语言讲话，晚辈对长辈不能直呼姓名，平辈呼叫姓名要带姓，男女之间不能呼"逮、喂"，晚辈对长辈不能呼"逮、喂"，不能长声呼叫，如"啊——"。有病人不能说"不高、不长、死、亡、完了"等语；有人去世，不能直说"死亡"，而改用"作古"、"归天"、"走了"等替代。对生意人不能说"折、亏、损、耗"等字。婚嫁喜庆之际，不准说"分开、分离"之类的话，更不能谈丧葬之事，否则，认为会带来灾祸。

土家族人还有用符、咒充当文字、语言符号，代替语言力量作为避邪镇妖的物事。如，骟马阉牛要在地上画字符，并将画字符处的灰尘撮起糊在伤口处。

荆楚传统的民俗活动，丰富多彩，难以尽述。各种风俗活动的产生，显示了我们祖先对自然运动规律的认识与把握，探究其根源，是荆楚祈望的物质外壳。

图 8-9　龙图腾下的讨生活

① 详见覃章林收集整理的《土家人的歌、舞、禁忌与忌讳》。

俗话说:“行船跑马三分忧”,故行船的规矩很多。船只行驶相遇,各走左边。遇船叫号,靠左呼“搭着”,靠右呼“翘着”。夜间行船,悬挂桅灯。纤工相遇,上水船纤工走里(近岸),下水船纤工走外。撑篙不触及他人船体,必要时向对方打招呼,征得同意,触及船舷或船尾。船只靠岸,不从船群中插入,停靠在已停船群的上游或下游。

后　记

历经多年的收集、整理,《荆楚民间风俗》即将出版之际,掩卷沉思,昔日田野作业时的场景历历在目,衷心感谢全省各市、州、县、乡的文化部门及民俗文化工作者提供了方便。遗憾的是,由于地址变更等因素,书中少数图书及材料的引用无法与作者商榷,希望作者见书后与我们联系,在此一并致谢!

在编撰过程中,还得到武汉出版社责任编辑李俊等诸多同志的大力支持,在此谨表深深的谢意!由于学识及资料的有限,书中错、讹、疏、漏之处在所难免。敬请方家和广大读者批评指正。同时,是书有编有撰,编的部分涉及一些文化常识,未能一一注明出处,在此亦谨表歉意和谢意。